실전 알고리듬
트레이딩 레벨업

실전 알고리듬
트레이딩 레벨업

파이썬 백테스트 활용

안드레아스 F. 클레노우 지음 이기홍 옮김

i!i
에이콘

 에이콘출판의 기틀을 마련하신 故 정완재 선생님 (1935-2004)

내 아내 Eng Cheng과 내 아들 Brandon에게
이 책을 바친다.

그들의 사랑과 지지, 헌신 덕분에
이 책이 나올 수 있었다.

지은이 소개

안드레아스 F. 클레노우 Andreas F. Clenow

스위스 취리히에 기반을 둔 스웨덴계 스위스 작가로서 자산운용 매니저, 기업가이며, 한 패밀리 오피스의 최고투자담당자CIO를 담당하고 있다. 테크 기업가, 금융 컨설턴트, 헤지 펀드 매니저, 금융공학 전문가, 퀀트 트레이더, 금융 고문, 회사의 중간 관리자 및 이사회 임원으로도 활동했다. 저서로는 『Following the Trend추세 추종 전략』(Wiley, 2013), 『Stocks on the Move모멘텀 주식 전략』(2015), 『Most Private Bank프라이빗 뱅크의 세계』(Equilateral Capital Management GmbH, 2021) 등이 있다.

감사의 글

나는 이 책을 누구의 도움도 없이 쓸 수 있었다고 말하고 싶지만 현실은 그렇지 않았다. 그동안 받은 도움은 정말 소중했으며 그 도움 없이는 이 책을 완성할 수 없었을 것이다. 이 사람들이 없었다면 이 책은 결코 쓰이지 않았거나 완전히 재앙이 됐을 것이다. 특별한 순서 없이 이분들께 감사의 말씀을 드리고 싶다.

John Grover, Matthew Martelli, Robert Carver, Riccardo Ronco, Thomas Starke, Tomasz Mierzejewski, Erk Subasi, Jonathan Larkin.

옮긴이 소개

이기홍(keerhee@gmail.com)

카네기멜론대학교에서 석사 학위를 받았고, 피츠버그대학교의 Finance Ph.D,
CFA, FRM이자 금융, 투자, 경제 분석 전문가다. 삼성생명, HSBC, 새마을금고중
앙회, 한국투자공사 등과 같은 국내 유수의 금융기관, 금융 공기업에서 자산 운용
포트폴리오 매니저로 근무했으며 현재 딥러닝과 강화학습을 금융에 접목시켜 이를
전파하고 저변을 확대하는 것을 보람으로 삼고 있다. 저서로는 『엑셀 VBA로 쉽게
배우는 금융공학 프로그래밍』(한빛미디어, 2009)이 있으며, 번역서로는 『포트폴리오
성공 운용』(미래에셋투자교육연구소, 2010), 『딥러닝 부트캠프 with 케라스』(길벗, 2017),
『프로그래머를 위한 기초 해석학』(길벗, 2018)과 에이콘출판사에서 펴낸 『실용 최적화
알고리즘』(2020), 『초과 수익을 찾아서 2/e』(2020), 『자산운용을 위한 금융 머신러닝』
(2021), 『존 헐의 비즈니스 금융 머신러닝 2/e』(2021), 『퀀트 투자를 위한 머신러닝 ·
딥러닝 알고리듬 트레이딩 2/e』(2021), 『자동머신러닝』(2021), 『금융 머신러닝』(2022),
『퇴직 연금 전략』(2022), 『A/B 테스트』(2022), 『행동경제학 강의 노트 3/e』(2022) 등이
있다. 누구나 자유롭게 머신러닝과 딥러닝을 자신의 연구나 업무에 적용해 활용하
는 그날이 오기를 바라며 매진하고 있다.

옮긴이의 말

이 책은 좀 더 체계적으로 트레이딩하려는 사람들을 위한 내용으로, 갖고 있는 아이디어를 어떻게 백테스트하고 구현하는가를 보여주는 책이다. 기관 투자자들이 참고하면 많은 도움이 될 것이나 특히 개인 투자자들도 사용할 수 있도록 많은 배려를 하고 있으며, 이를 위해 공개적으로 접근 가능한 파이썬과 이를 기반으로 하는 최고의 백테스트 및 성과 분석 소프트웨어인 Zipline, PyFolio, Empyrical을 사용하고 있다. 주식과 선물 시장에서의 기본적인 시스템 트레이딩 기법들을 예를 들고 있으며, 이들만 잘 응용해도 광범위한 전략 구사가 가능하리라 믿는다.

이 책은 에이콘출판사와 내가 구상하고 있는 알고리듬 트레이딩 생태계의 일부로 세바스티앙 등의『실전 알고리즘 트레이딩 배우기』(2020)와 스테판 젠슨의『퀀트 투자를 위한 머신러닝 · 딥러닝 알고리듬 트레이딩 2/e』의 갭을 메우는 데 크게 기여할 것으로 믿는다. 특히 책의 Zipline을 활용한 백테스트를 확실하게 익힌다면 스테판 젠슨의 머신러닝/딥러닝을 구현하는 데 있어 크게 도움이 될 것이다. 추가로 독자들이『실전 알고리즘 트레이딩 배우기』에 나오는 좀 더 고급의 시스템 트레이딩 기법을 이 책에서 배운 Zipline을 통해 백테스트 연습을 하기를 권장한다. 이를 통해 독자들의 실력 향상을 점검할 수 있을 것이며, 독자들이 갖고 있는 트레이딩 전략의 실전 구현 가능성을 확인할 수 있을 것이다.

참고로 이 책에 나오는 코드는 저자의 사이트 https://www.followingthetrend.com/trading-evolved/에서 다운로드할 수 있다.

IT와 금융의 융합 및 퀀트 투자의 길을 독자들에게 안내할 수 있도록 이들 책들의 출간을 가능하게 해주신 권성준 사장님에게 거듭 감사드리고, 또한 이 책들이 최고의 품질로 출간되도록 열과 성을 다해 애써주신 조유나 과장님께 감사드린다.

차례

01
이 책에 대하여

이 책은 파이썬에 익숙해지는 방법부터 퀀트 모델링의 로컬(예를 들어 데스크톱 PC) 환경 설정 방법, 트레이딩 전략 구성 및 분석 방법에 관해 단계별로 안내한다. 파이썬, 백테스트 또는 트레이딩에 관한 책이 아니다. 두 가지 주제 모두에 대한 전문가가 되도록 이끄는 것이 아니라, 두 분야에 걸쳐 확고한 기반을 제공하는 것을 목표로 한다.

트레이딩 전략을 백테스트하는 것과 같이 복잡한 무언가에 접근할 때, 그 사이의 모든 단계에서 다양한 방법으로 접근할 수 있다. 이 책은 파이썬 트레이딩 전략의 모든 접근 방법을 다루지 않는다. 모든 방법을 다루려면 이 책보다 몇 배나 더 두꺼울 것이다. 게다가 그런 책은 많은 사람에게 겁을 줘 도망가게 만들 수도 있다.

내가 쓴 모든 책은 겉으로 보기에 복잡해 보이는 주제를 시도해볼 수 있도록 돕는다. 대부분의 사람들이 어려워하는 주제를 현장에 처음 온 사람도 이해하고 소화할 수 있는 방식으로 설명하고 싶었다.

내 첫 번째 책인 『Following the Trend』는 앞서 말한 전제를 바탕으로 썼다. 한동안 추세 추종 헤지펀드 세계에서 시간을 보낸 후, 이 추세 추종 트레이딩 전략을 둘러싼 신화와 오해가 얼마나 깊은지 깨닫고 깜짝 놀랐다. 단지 간단한 트레이딩 전략 하나를 설명하려고 책 전체를 쓰기로 했을 때, 나는 그 책이 세계적으로 엄청난 호응을 얻을 것이라고는 예상치 못했다. 국제적인 베스트셀러로 출발한 것이 매우 즐거웠고 이 책이 받은 인기에 나보다 더 놀란 사람은 없었다.

두 번째 책인 『Stocks on the Move』는 계속 접하게 되는 흔한 질문에 대한 답변이었다. "추세 추종 접근법은 주식에도 적용될 수 있는가?"라는 질문에 대한 나의 본능적인 대답은 "확실하지만 규칙을 조금 수정해야 할 것 같다"였다. 생각해보니 주제 자체가 책 한 권 분량을 필요로 한다는 것을 알게 됐고, 주식 모멘텀 모델은 추세 추종과 충분히 달라서 별도의 상이한 전략으로 분류돼야 한다는 것을 알았다. 이러한 가운데 '주식 모멘텀Stocks on the Move'이 탄생했다.

처음 두 권의 책에서는 모든 것에 접근할 수 있도록 노력했다. 이해할 수 있을 뿐만 아니라, 이 책을 읽는 사람이라면 누구나 따라 할 수 있을 정도로 상세하게 설명했다. 나는 저비용 소프트웨어와 데이터를 조사해서 누구나 예산 범위 내에서 사용할 수 있는 것을 확인했으며 독자들에 의해 트레이딩 전략과 백테스트가 재구성될 수 있도록 썼다.

그 모든 것을 복제하고 테스트하는 과정을 거친 독자들로부터의 수년에 걸쳐 메일을 받을 수 있어서 좋았다. 그러나 백테스트를 구성할 수 있는 기술력이 부족한 독자들로부터 온 메일도 많았다. 심각한 포트폴리오 모델링을 하기에는 너무 간단한 백테스트 소프트웨어를 사용하는 경우가 많았으며, 어떤 사용자는 좀 더 강력한 환경을 어디서부터 설정해야 할지 잘 몰랐다.

이로부터 새로운 책 아이디어가 탄생했다. 이 책은 트레이딩 전략의 계량적 백테스트를 누구나 접근할 수 있도록 하는 데 초점을 맞췄다.

이 책에서의 트레이딩 전략

이 책은 1천 달러를 다음 주에 100만 달러로 바꿀 초 비밀 트레이딩 전략으로 가득 차 있지 않다. 단지 몇 가지 현명한 트레이딩 전략이 있다고 생각하고 싶지만 최첨단이거나 혁명적인 것은 아니다. 나는 이 책을 통해 대부분의 독자들이 트레이딩 모델에 대해 몇 가지 흥미로운 것들을 배울 것이라고 생각하지만, 비단 이 책의 요점은 아니다.

파이썬을 사용해 트레이딩 아이디어를 테스트하는 방법을 알려주기 위해 테스트할 트레이딩 아이디어를 보여야 한다. 내가 도움이 됐으면 하는 몇 가지 모델을 보여주겠다. 다양한 복잡성의 정도를 가진 ETF, 주식 및 선물에 대한 완전한 트레이딩 모델을 볼 수 있다. 나는 이러한 트레이딩 전략을 통해 당신에게 필요한 역량과 이러한 전략을 실현하기 위한 방법을 설명할 것이다.

나는 종종 책에서 어떤 트레이딩 전략도 당신이 나가서 거래할 수 있는 것이 아니라 가르치는 도구라고 강조한다. 나는 이 말을 책에서 반복할 것이다. 다른 사람의 트레이딩 전략을 모방해 맹목적으로 거래하는 것을 강력히 단념시키고 싶다. 하지만 결국 이 책이 나오게 된 이유는 바로 다음과 같다.

내가 추천하고 싶은 것은 당신이 다른 사람들의 트레이딩 전략에 대해 읽어보라는 것이다. 그들에게 배우라. 적합한 백테스트 환경을 구축하고 전략을 모델링하라. 그런 다음 당신이 무엇을 좋아하고 무엇을 싫어하는지 생각해보라. 원하는 부분을 수정하고 자신의 접근법에 통합할 수 있는 방법을 찾아 트레이딩 방식을 개선할 수 있다.

모델을 완전히 이해하기 위해서는 자신의 모델을 만들어야 하고, 완전히 신뢰하기 위해서는 모델을 이해해야 한다. 이 책은 이 일을 완수하는 데 필요한 도구와 기술을 제공할 것이다.

이 책을 읽는 방법

트레이딩 전략에 대한 계량적 백테스트를 진지하게 생각하는 사람이라면 이 책을 오래 보고 싶을 것이다. 많은 책들의 경우 처음부터 끝까지 읽으면 내용을 쉽게 소화시킬 수 있다. 이는 나의 이전 책의 경우이지만 그 책들은 각각 전달해야 할 핵심 정보가 상당히 적었고, 그에 관해서 많은 페이지를 소비했다.

이전 책들과 달리 이번 책은 소스 코드가 상당히 많이 들어가 있다. 나의 원칙은 컴퓨터와 트레이딩에 대해 어느 정도 이해하고 있는 사람이라면 사전 프로그래밍 지식 없이도 이 책의 내용을 이해하고 소화할 수 있어야 한다는 것이다. 하지만 프로그래밍 코드를 구축해본 경험이 없는 사람이라면 근처에 컴퓨터를 두고 여러 번 검토해봐야 할 것이다.

이는 실용적인 책이며, 실제로 자신을 위해 무언가를 시도하는 것을 대체할 수 있는 방법은 없다. 우선 책 전체를 처음부터 끝까지 한 번 읽어보기를 추천한다. 그러면 주제에 대한 좋은 개요가 파악되며, 가장 관심 있는 분야가 무엇인지 알 수 있다.

파이썬이 처음인 경우 책의 초반부에서 더 쉬운 예부터 시작하라. 무거운 것으로 옮기기 전에 기본적인 것을 확실히 이해하라.

기술적인 관점에서 이 책에서 가장 어려운 부분은 Zipline 백테스터로 데이터를 가져와 이를 기반으로 백테스트를 실행하는 것이다. 이 부분을 최대한 쉽게 설명하려고 노력했지만 일이 잘못될 수 있는 경우는 많을 것이다.

여기서 나의 가장 중요한 조언은 포기하지 말라는 것이다. 초기 학습 곡선은 가파르겠지만 가치 있는 것들은 항상 쉽지 않다. 기술 용어와 무서워 보이는 코드에 겁먹지 마라. 대부분의 사람들이 배우려면 좀 힘들겠지만 실은 누구나 배울 수 있는 것이다.

이 책의 저술 방식

내 의도는 기술 지식이 전혀 없다는 가정부터 시작해 복잡한 퀀트 트레이딩 전략을 수립할 수 있는 기술을 갖출 수 있도록 단계별로 안내하는 것이다.

이것은 실용적인 안내서이며 주변에 컴퓨터를 두고 있으면 좋다. 대부분의 독자들은 아마도 책을 읽고 컴퓨터로 돌아가 책을 옆에 두고 자신이 읽은 내용을 시험해볼 것이라고 추측한다.

적어도 더 어려운 장에 도달하기 전까지는 이 책은 매우 질서정연하게 쓰여져 있다. 각 장에서는 이전 장의 지식을 습득했다고 가정한다. 아직 파이썬에 능숙하지 않다면, 당신은 아마도 책을 순서대로 읽고 싶어 할 것이다.

코드가 쓰여진 방식

프로그래밍 코드는 보통의 책과 마찬가지로 다양한 스타일과 용도로 작성될 수 있다. 이 책의 코드는 명확하고 이해하기 쉽도록 쓰여 있다. 항상 가장 효율적인 코드 작성 방법은 아닐 수도 있고 실행 속도가 가장 빠르지 않을 수도 있다. 하지만 여기서 중요한 건 그게 아니다. 요점은 당신이 배우는 것이다.

종종 다양한 방법으로 수행될 수 있는 작업이 설명된다. 가능한 한 나는 다른 모든 가능한 방법들을 설명하기보다는 하나의 접근법을 선택하고 그 접근법을 고수하려고 노력했다.

『파이썬 라이브러리를 활용한 데이터 분석』(한빛미디어, 2019) 또는 『파이썬을 활용한 금융 분석』(한빛미디어, 2022)과 같이 파이썬에 관한 심층적인 지식만 원한다면 다른 훌륭한 책도 있다. 시스템 트레이딩에 관심이 있다면 적절하게 명명된 책인 Carver의 『System Trading』(Harriman House, 2015)을 살펴보는 것도 추천한다.

이 책은 앞선 책들의 교차점이다. 두 가지 주제 모두 깊이 있는 것은 아니지만 주제를 결합해 가시적인 결과를 얻을 수 있는 실용적인 기술을 제공한다.

이 책에는 소스 코드가 꽤 많이 들어 있다. 프로그래밍 코드는 다른 글꼴을 사용해 강조 표시했다. 마찬가지로 라이브러리 이름과 주요 기술 용어가 굵게 표시된다.

독자 지원

책의 주제를 쉽게 접근할 수 있도록 노력하고 있으며, 첫 책을 출간한 이후로 많은 양의 이메일이 오는 것이 매우 즐거웠다. 전 세계의 흥미로운 사람들을 많이 알게 됐고 그들과 연락하고 지낸다.

그런데 이 책을 쓰기 시작했을 때 걱정스러웠던 것은 기술적인 조언이나 코드, 디버깅 등을 요청하는 류의 메일이었다. 미안하게도 이 문제에 대해 도와줄 시간이 없으며 만약 내가 돕는다면 나는 다른 사람의 코드 디버깅에만 매달려야 할 것이다.

기술적인 문제로 내가 도와줄 수 없더라도 양해 부탁드린다. 모든 독자들과 소통하는 건 좋지만 개인적인 지원을 해줄 수는 없다. 이해해주길 바라며, 이 책에 모든 것을 담고 오타 및 관련 기사들로 책 홈페이지(https://www.followingthetrend.com/trading-evolved/)를 업데이트할 수 있도록 최선을 다하겠다.

정오표

한국어판의 정오표는 에이콘출판사의 도서정보 페이지 http://www.acornpub.co.kr/book/trading-evolved에서 볼 수 있다. 한국어판에 관해 궁금한 점이 있다면 에이콘출판사 편집 팀(editor@acornpub.co.kr)이나 옮긴이의 이메일로 문의하길 바란다.

02
시스템 트레이딩

이 책은 시스템 트레이딩에 관해 알려준다. 즉, 컴퓨터를 사용해 트레이딩 방법에 관한 수학적 규칙을 모델링하고 테스트하며 구현한다. 이러한 작업 방식은 현장의 일부 입문자들에게는 지름길로 보일 수 있지만 결코 지름길이 아니다. 앞으로 예측 가치가 있는 탄탄한 수학적 모델을 구축하는 것은 벅찬 작업이 될 수 있다. 그러므로 열심히 일하고 연구해야 한다. 그러나 다른 한편으로는 이러한 작업 방식을 통해 시장에 대한 여러분의 신념을 테스트할 수 있으며, 더 중요한 것은 과거에 트레이딩에 대한 여러분의 아이디어가 어떻게 수행됐을지 테스트할 수 있다는 것이다.

트레이딩 방법 검증

시스템 트레이딩 및 계량적 모델링의 영역을 사용하는 타당한 이유는 자신의 아이디어 또는 그 문제에 대한 다른 사람의 아이디어를 검증하기 위해서다. 여러분은 어떤 지표가 어떤 값에 도달했을 때, 혹은 선이나 그와 비슷한 것을 넘을 때 사라고 하는 책이나 웹사이트를 본 적이 있을 것이다. 그건 어쩌면 타당한 접근일 수도 있고 아닐 수도 있다. 이 규칙들에 내기를 해서 알아낼 수도 있고, 아니면 트레이딩 모델로 만들어 테스트해볼 수도 있다.

이런 방식으로 처음 아이디어를 테스트하기 시작하면 그것은 눈을 뜨이게 할 수 있다. 가장 먼저 깨닫게 될 것은 대부분의 그러한 조언이 퍼즐의 작은 부분만을 나타내거나 혹은 확고한 트레이딩 규칙으로 바꾸기가 어렵거나 불가능할 수 있다는 것이다.

완전한 시스템 트레이딩 규칙을 구현하고 싶든 아니든 아이디어를 테스트하고 검증하는 능력은 매우 중요하다. 많은 참가자들은 이러한 아이디어를 검증하기 위해 애쓰지 않고 시장의 작동 방식에 대한 오래된 상식, 이른바 상식에 의존한다.

겨울 동안 시장이 가장 잘 돌아간다는 통념을 일컫는 '5월에 팔고 가라'는 속담처럼 흔한 말을 들어보자. 그러한 접근 방식에 가치가 있는지 알아보기 위해서는 시스템 트레이딩을 더 깊이 이해해야 한다.

당신은 장기적으로 어떻게 70%의 주식과 30%의 채권을 보유해야 하는지, 왜 10월이나 그 비슷한 시기에 주식을 절대 보유해서는 안 되는지에 관한 현명한 이야기들을 들었을지도 모른다. 이 책을 읽고 나면 당신은 이러한 아이디어를 테스트해볼 수 있는 충분한 툴킷을 구비하게 될 것이다.

아이디어를 테스트할 수 있는 능력은 비판적 사고를 키울 수 있다. 아이디어를 테스트하려면 무엇이 필요한지, 완전한 트레이딩 모델을 구성하는 논리적인 부분 그리고 분류해야 할 세부 사항들을 이해하면 제안된 트레이딩 방법이 모델링 가능한지의 여부를 빠르게 알 수 있다. 이렇게 하면 제안된 것이 완전한 방법인지, 아니면 단지 작은 일부일 뿐인지를 이해하는 데 도움이 될 것이다.

이런 식으로 생각하고 누군가의 문장을 트레이딩 규칙으로 바꿀 수 있는 방법을 찾으면 시장에 대한 다양한 접근법을 둘러싼 주장에 더 비판적으로 사고하기 시작할 것이다. 수학적으로 보이는 시장에 대한 많은 접근법들은 일단 여러분이 모델을 구축하려고 하면 어떤 식으로도 계량화할 수 없다. 피보나치나 엘리엇 웨이브 아이디어를 테스트할 수 있는 접근법으로 구현해보라. 그러면 여러분은 중국 찻주전자가 가운데 떠 있는, 바닥 없는 논리적 구덩이에 빠져 있는 자신을 발견할 것이다.

과학적 접근법

시스템 트레이딩은 과학적 접근을 목표로 한다. 대부분의 시스템 트레이더들이 학문적 연구원이 문제 삼을 지름길을 택하기 때문에 "목표로 한다"는 말을 사용하겠다. 실무자로서 시스템 트레이더는 진실을 추구하는 사업이 아니라 돈을 버는 사업이다. 때로는 일부 과학적 원칙이 단축될 수도 있지만 원칙은 그대로 유지하는 것이 중요하다.

과학에서는 가설이 공식화되고 그에 대한 테스트가 고안된다. 기본 가정은 항상 주어진 가설이 거짓일 수 있으며 검정에서 이를 증명하려고 한다. 검정이 가설의 타당성을 보여주지 못하면 기각된다.

이것이 직감 트레이딩과 다소 과학적인 접근법과의 핵심 차이다. 생각과 달리 결과물을 내기 어렵다면 갖고 있던 신념을 재고해야 한다.

그러기 위해서는 먼저 가설의 모든 측면을 확고한 규칙으로 만들어야 한다. 이것은 그 자체로 여러분의 아이디어를 논리적인 요소로 분해할 수 있는 가치 있는 기술이다.

다음 단계는 이러한 규칙에 대한 테스트를 구성하는 것이다. 이를 위해서는 규칙을 테스트할 수 있는 백테스트 환경이 필요하다. 또한 관련 데이터가 필요하며, 이 데이터가 정확하고 깨끗하고 아이디어를 테스트하기에 적합한지 확인해야 한다. 자산 클래스, 기간 및 복잡도에 따라 상대적으로 단순하고 비용이 낮을 수도 있으며, 다소 까다로울 수 있다.

소위 백테스트라고 부르는 테스트를 구성하고 실행할 때 항상 회의적인 사고방식을 가져야 한다. 당신의 기본 사고방식은 규칙을 거부하는 방법을 찾는 것이어야 한다. 가치를 더하지 못하면 버려야 함을 나타낸다. 그런 경우엔 처음부터 다시 시작해야 한다.

일하는 다른 방법, 즉 규칙의 가치를 보여주는 방법을 찾는 것은 쉽다. 스스로의 규칙이 잘 작동하는 것을 보이고자 의도적으로 백테스트를 구축한다면 "보고 싶은 것만 보는" 당신의 확증편향으로 인해 예측 가치가 없음에도 불구하고 그러한 가치 없는 아이디어를 계속해서 받아들일 것이다.

백테스트는 역사적 가격 시계열에 일련의 트레이딩 규칙을 적용해 과거에 거래했다면 이론적으로 어떤 일이 벌어졌을지 조사하는 과정이다. 이 책에서는 파이썬을 사용해 이러한 백테스트 환경을 설정하는 방법과 과거 성과를 테스트하기 위한 코드를 작성하는 방법을 자세히 설명한다.

그러나 이 책은 트레이딩 모델 구축의 다양한 측면에 과학적 원리를 적용하는 것에 대해서는 어떤 수준에서도 깊이 있게 다루지 않을 것이다. 그것은 책 한 권 분량이 필요한 방대한 주제다. 다행히도 그러한 좋은 책이 이미 존재한다(『System Trading』).

일관성 있는 방법론

트레이딩은 종종 감정적으로 지칠 수 있다. 재량 거래는 지속적인 집중력을 요구하며 어떤 날의 정신 및 감정 상태에 크게 의존할 수 있다. 외부 요인은 트레이딩 실적에 쉽게 영향을 미칠 수 있다. 만약 당신이 연애에 문제가 있거나, 사랑하는 사람이 건강상의 문제가 있거나, 당신이 좋아하는 축구 팀이 중요한 경기에서 졌을 때, 당신의 성질이나 집중력 부족이 당신의 성적에 큰 영향을 미칠 수 있다는 것을 알 수 있다.

당신의 트레이딩과 직접적인 관련이 있는 요인이 당신을 힘들게 할 수도 있다. 일례로 큰 손해를 보았다면 시장이 돈을 돌려주도록 하려고 하거나, 더 적극적으로 트레이딩함으로써 자신의 능력을 증명하려고 하는 스스로를 발견할 수도 있다. 당신의 성격에 따라 손해는 당신을 겁먹게 할 수도 있고, 당신이 더 방어적으로 거래하게 하거나 전혀 하지 않게 할 수도 있다.

시장이 어려운 시기에, 이러한 현상은 대부분에게 영향을 미친다. 뉴스티커에 큰 표제가 나와 물가가 폭락하고 연일 폭등하는 모습을 보이면 대부분의 사람들은 돈을 잃는다. 대부분의 사람들은 아드레날린이 가득 차 화를 내거나 겁을 먹은 상태로 하루를 보낸다. 이는 대부분의 사람들에게 중요한 결정을 내리기 위한 좋은 심리 상태가 아니다.

어떤 성격 유형은 시장 위기가 야기하는 고압적인 환경에서 번창하지만, 대부분의 사람들은 그러한 상황에서 매우 좋지 않은 결정을 내린다.

이것이 바로 시스템 트레이딩이 빛을 발하는 지점이다. 그것은 명확한 규칙을 제공함으로써 트레이딩의 이러한 감정적인 측면을 제거할 것이다. 당신이 당신의 일을 잘 해내고 확실한 트레이딩 규칙을 세웠다면 당신은 그저 규칙들이 그들의 일을 하도록 내버려둔다.

시장이 붕괴되고 주변의 모든 사람이 공황 상태에 빠졌을 때 여러분은 이러한 유형의 시장 상황에 대한 테스트를 거쳤으며 무엇을 기대해야 하는지 알고 침착하게 규칙을 계속 따를 수 있다. 비난을 받으며 성급한 결정을 내릴 필요는 없다. 그냥 규칙을 따르라.

정상적인 시장 상황에서도 규칙 구속적이고 체계적인 접근법을 통해 더욱 일관되고 예측 가능한 성능을 달성할 수 있다. 당신이 더 높은 수익을 얻을 수 있는지 없는지는 물론 전혀 관련이 없는 질문이다.

시간 관리

대부분의 시스템 트레이더들은 하루 종일 스크린에 앉아서 시장을 지켜볼 필요가 없다. 그것은 그들이 해변에서 하루 종일 시간을 보낼 수 있다는 것을 의미하지는 않지만, 일반적으로 그들은 하루를 계획하는 데 더 자유롭다.

하루 종일 틱차트를 보는 것은 중독성이 강할 수 있다. 더 짧은 기간으로 거래하고 시장에서 볼 수 있는 것에 기초해 결정을 내린다면, 여러분은 아마도 하루 종일 블룸버그나 로이터 앞에 앉아 있어야 할 것이다. 세계 시장 트레이딩과 거래소 개시 시간을 고려하면, 이것은 당신이 절대 비번으로 근무하지 않는다는 것을 의미할 수도 있다.

많은 시스템 트레이더들이 장시간 열심히 일하지만, 당신은 훨씬 더 융통성이 있다. 개인 계정을 트레이딩하는 것이 목적이라면 매일, 매주 또는 매월 트레이딩하는 규칙을 개발할 수 있다. 이것은 당신이 취미로 트레이딩을 할 수 있게 해주고 당신의 일상적인 직업을 유지할 수 있게 해줄 것이다. 당신은 당신의 스케줄에 맞는 규칙을 개발할 수 있다.

대부분의 시스템 트레이더는 특히 취미로 할 때는 수동으로 트레이딩을 실행한다. 즉, 규칙이 정확하고 모든 트레이딩 신호가 준수되더라도 트레이딩에 참여하는 작업은 여전히 당신의 몫이다. 이런 식으로 일하는 것은 문제가 되지 않는다. 테스트된 규칙을 무시하고 앞서려고 노력하는 것을 막을 수 있다면 말이다.

그 예로 매일 거래소 개장에서 거래하는 트레이딩 모델이 있을 수 있다. 트레이딩 모델은 하루 동안 거래 리스트를 생성하며, 매일 출근하기 전에 해당 거래 리스트를 시장에 입력한다. 이것은 취미 거래자들을 위한 장기 트레이딩 모델의 일반적인 접근법이다.

고급화됨에 따라 거래를 자동화하고 주문을 브로커에게 바로 전송하도록 할 수도 있다. 이것은 매우 편리하며 빠르게 거래할 수 있지만 코드에 버그가 생길 위험이 있다. 소수점이 틀린다면 10배의 노출이 생기고, 그 노출로 인해 하루를 망치게 만들 수 있다. 자신이 무엇을 하고 있는지 알기 전에 자동 경로를 밟지 말자.

이 맥락에서 이해해야 할 중요한 점은 모델이 자동화되더라도 절대로 감독되지 않은 채로 놔두면 안 된다는 것이다. 알고리듬이 당신을 위해 거래하도록 훈련을 시킨 후 휴가를 가고, 돌아와 당신의 계좌에 몇백만 달러가 늘어난 것을 발견하는 상상은 황홀하다.

하지만 트레이딩 모델을 자신의 장치에 맡기고, 누군가가 지속적으로 감독하지 않는 상태에서 거래하는 것은 좋은 생각이 아니다. 컴퓨터는 프로그래밍하는 사람만큼만 똑똑할 뿐, 보통 그렇게 똑똑하지도 않다. 자동 트레이딩 모델을 지속적으로 모니터링하라.

03
트레이딩 모델의 개발

트레이딩 전략은 일련의 구성 요소로 나눌 수 있다. 이러한 구성 요소는 항상 트레이딩 전략의 일부이거나 적어도 그래야 한다. 이 모든 것에 주의를 기울이지 않으면 결함이 있고 성과가 떨어지는 모델이 될 수 있다.

사람들은 너무 자주 이러한 구성 요소 중 하나에 지나치게 많은 관심을 기울이고 나머지 구성 요소를 얼버무린다. 가장 주목받는 것은 진입 방법entry method이다. 바로 언제 포지션을 열 것인지 결정하는 방법이다.

사실 진입 방법의 중요성은 매우 다양하다. 일부 유형의 트레이딩 전략의 경우 진입 방법이 매우 중요하다. 다른 방법은 크게 중요하지 않다. 예를 들어 모델을 따르는 장기 추세 추종long term trend following의 경우 정확한 진입 방법과 타이밍은 그다지 중요하지 않다. 단기 평균 회귀 모델short term mean reversal model의 경우 진입 방법이 매우 중요하다.

모델 목적

맞다, 당신의 모델은 목적이 있어야 한다. 그리고 그 목적은 "돈 벌기"가 아니다. 검토할 가치가 있는 모든 트레이딩 모델은 특정 목적을 위해 설계되며 특정 목표를 달성하기 위해 특정 시장 현상을 트레이딩한다. 모델 목적이 무엇인지 모른다면 시뮬레이션에서 긍정적인 결과가 나타날 때까지 여러 지표가 함께 던져지고 변화할 가능성이 높다. 지나치게 최적화된 규칙 집합으로 실제로는 실패할 가능성이 매우 높다. 신뢰성 있는 모델은 특정 유형의 수익률 프로파일을 목표로 실제 시장 현상을 트레이딩한다.

당신이 정말 피해야 하는 것은 내가 "우연한 모델"이라고 하는 것이다. 내가 본 바로는 비전문가들이 개발한 모델의 상당 부분은 사실 우연한 모델이다.

우연한 모델은 당신의 목적이 단순히 돈을 버는 무언가를 고안하는 것일 때, 계획 없이 출발할 때 일어나는 현상이다. 매우 빠르게 강한 수익률을 보여주는 백테스트를 얻을 때까지 어떤 지표를 함께 던져 넣고, 설정을 조정하고, 최적화를 실행하고, 지표, 값 및 수단을 변경한다.

높은 수익률을 보여주는 백테스트를 만드는 것은 그리 어려운 일이 아니다. 요령은 좋은 예측 가치가 나올 때까지 계속 찾는 것이다. 결과가 좋아 보일 때까지 설정을 바꿔가며 실험한 경우 알고리듬을 알려진 데이터에 적합화시키는 작업만 수행한다. 이는 예측 가치가 없으며 앞으로도 실제 데이터에 대해 매력적인 수익률을 낼 가능성이 매우 낮다.

적절한 트레이딩 모델은 시장 행태에 대한 이론으로 시작해야 한다. 어떤 시장 현상을 트레이딩하는지에 대한 명확한 목적이 있어야 한다. 합리적 이유가 있어야 한다.

고백하자면, 처음 이 아이디어를 들었을 때 나는 그 아이디어가 엉터리인 줄 알았다. 1990년대 중반쯤으로 기억한다. 이것은 나의 시장에 대한 신념에 근본적인 의문을 제기하는 것이었다. 정말 말도 안 되는 소리였다. 결국 내가 시장에 대해 믿었던 것은 트레이딩 시스템에 대한 지표와 설정의 적절한 조합을 알아내면 빨리 부자가 될 수 있다는 것뿐이었다. 내가 어찌됐든 활용 가능한 시장 행태에 대한 이론을 가지게 될 것이라는 생각은 그 당시에는 조금 무리한 생각처럼 보였다.

당신의 초기 반응이 같다면 걱정할 필요가 없다. 곧 알게 될 것이다.

모델 목적을 바라보는 두 가지 일반적인 방법이 있다. 그중 한 방법은 금융업계에서 아직 일하지 않은 사람들에게는 놀라울 수 있다.

첫 번째 방법은 꽤 간단하다. 당신이 예상할 수 있는 것이다. 당신은 어떤 이론부터 시작한다. 시장에서 관찰한 내용이나 읽은 내용일 수 있다. 이제 진짜 효과가 있는지 테스트해보고, 그 가설을 테스트할 수학적 규칙을 만들어보라. 이것이 성공적인 트레이딩 모델들을 시작하는 방법이다.

두 번째이자 어쩌면 놀라운 방법은 인지된 필요 또는 비즈니스 기회를 기반으로 한다. 트레이딩 알고리듬을 개발하며 풀타임으로 일하는 사람은 자신이 원하는 것을 꿈꿀 여유를 갖지 못할 수도 있다. 회사가 무엇을 필요로 하는지 또는 시장이 무엇을 필요로 할 수 있다고 생각하는지에 따라 여러분은 특정 보고서를 만들 수 있다.

이러한 보고서는 보유 기간이 장기 양도소득세를 얻기에 충분할 정도로 긴 반면, 기존 주식 전략과의 상관관계가 합리적으로 낮아서 하방 방어 메커니즘이 있는 롱 온리 주식 모델을 구축하는 것이 그 예가 될 수 있다. 또는 보고서는 경쟁 자산 운용 회사가 확장하고 있는 전략 유형을 연구해 자금 모집 경쟁에 동참할 수 있는지 알아보는 것이다.

트레이딩 모델의 수익 잠재력은 상대적으로 중요도가 낮을 수 있다. 목적은 대규모로 확장할 수 있는 반면 단순히 현재 사용되는 접근법과 거의 0에 가깝거나 부정적인 상관관계를 달성하며, 가급적 연간 2% 정도의 약간의 양의 기대수익률을 보이는 것일 수 있다. 이와 같은 모델은 대형 운용사의 분산을 크게 개선해 운용사의 전반적인 장기 성과를 향상시킬 수 있다.

특히 대형 퀀트 트레이딩 회사에서는 모델 보고서가 비즈니스 필요로부터 시작될 가능성이 높다. 이것은 최대 수익률을 극대화할 방법을 찾는 것이 아니다. 비즈니스적으로 타당하지 않기 때문이다.

특별한 요구 조건 없이 처음부터 시작해 단지 가장 많은 돈을 버는 모델을 찾는 식의 개념은 매우 드물다. 이는 다른 대부분의 사업과 동일한 사업이다. 자동차 산업에서 부가티Bugatti보다 더 빠른 차를 만들려고 하는 것은 모든 사람에게 전혀 타당하지 않을 것이다. 현대Hyundai 스타일의 차에 대한 수요가 더 많다.

어느 쪽이든 트레이딩 규칙이나 데이터를 고려하기 전에 계획부터 세워야 한다.

규칙과 변형

일반적으로 가능한 한 적은 규칙과 가능한 한 적은 변형을 목표로 해야 한다.

일단 모델 목적에 도달하면 트레이딩 규칙 측면에서 이 목적을 공식화하는 방법을 알아내야 한다. 이 규칙들은 가능한 한 간단하고 적어야 한다. 장기적인 관점에서 작동하는 강력한 트레이딩 모델은 단순하게 만들어진다.

복잡성이 가중되면 보상을 필요로 한다. 복잡성은 본질적으로 나쁜 것으로, 그것의 존재를 정당화할 필요가 있는 것으로 봐야 한다. 모델에 추가하려는 모든 복잡성은 명확하고 의미 있는 이점이 있어야 한다.

게다가 당신이 추가한 어떤 복잡성이나 규칙도 실생활의 설명이 필요하다. 백테스트 성능이 향상되는 것 같다고 해서 규칙을 추가할 수는 없다. 규칙은 모델 목적의 논리에 맞아떨어져야 하고 그 목적을 달성하기 위한 명확한 규칙 역할을 해야 한다.

시장 이론을 테스트하기 위한 일련의 규칙에 도달한 후에는 몇 가지 변형을 시도해보는 것이 좋다. 테스트 변형과 최적화 사이에는 차이가 있다.

평균 회귀 전략 유형을 테스트한다고 가정하자. 주식이 60일 선형회귀선 아래로 4 표준편차가 떨어지면 2 표준편차가 다시 반등하는 경향이 있다고 보는 것이다.

이미 여러 파라미터가 사용 중이다. 이러한 규칙을 모델링하고 테스트하는 것은 매우 간단한 작업이다. 30일 또는 90일 회귀 분석 또는 타깃 반동 거리의 변형을 사용해 바운스를 3~5 표준편차로 예상하는 몇 가지 변형을 시도할 수 있다.

파라미터 안정성 테스트와 과적합 위험을 완화하기 위한 규칙의 일부 변형에 대해 이와 같은 몇 가지 변형을 사용하는 것은 유용하다.

당신이 원하지 않는 것은 73일 회귀에서 1.54 표준편차의 타깃을 사용해 최적 진입이 3.78 표준편차임을 알아내기 위해 최적화를 실행하는 것이다. 이렇게 도출된 데이터는 완전히 쓰레기다.

최적화기는 과거에 대해 완벽한 파라미터가 무엇이었는지 알려준다. 또한 안정성에 대한 잘못된 인식을 심어주고 예측 가치가 있다고 믿게 만들 것이다. 전혀 그렇지 않다.

최적화는 건너뛰어라. 하지만 합리적이고 의미 있는 숫자를 사용해 규칙을 몇 가지로 변형하라.

데이터 취급

트레이딩 전략 개발, 전략 테스트, 평가 등에 데이터를 어떻게 활용해야 하는지가 논란이 되고 있다. 그것은 그 자체로도 충분히 책을 쓸 가치가 있는 주제이고, 이 책은 그 주제에 대해 어떤 실질적인 깊이로 들어가고자 하는 것은 아니다.

이런 맥락에서 이해해야 할 몇 가지가 중요하다. 가장 중요한 것은 일련의 시계열 데이터에 대해 전략을 더 많이 테스트할수록 테스트가 더 편향된다는 것을 이해하는 것이다. 의식적이든 아니든 과거 데이터에 모델을 적합화시킨다.

간단한 예는 2008년의 처리일 것이다. 롱 주식 모델을 개발하고 있다면 2007년까지 잘될 것으로 보였던 것이 2008년에 갑자기 큰 폭의 하락을 보일 것이라는 것을 금방 깨닫게 될 것이다. 그해는 꽤 다사다난했고, 만약 너무 어려서 그걸 알 수 없는 독자들이 여기 있다면, 내가 말할 수 있는 것은 오직 운이 좋다는 것뿐이다.

그러니 이제 당신은 이 끔찍한 해를 피하기 위해 필터 같은 걸 씌울지도 모른다. 그 필터는 초기에는 수익성이 떨어졌을지 모르지만, 장기적으로는 효과가 있었다.

이는 브라운 운동의 좋은 예가 될 것이다. 아니, 그런 종류 말고. 영화 〈백 투 더 퓨처〉의 닥터 에밋 브라운처럼 말이다. 시간 여행에서처럼. 혹시나 재미가 없더라도 난 이 개그에 대해 사과하지 않을 것이다.

2008년에 대처하기 위한 구체적인 규칙을 추가해 백테스트를 멋있게 만들 수 있지만, 이는 과적합화로 이끈다. 소위 시뮬레이션된 '트랙 레코드(실적)'는 이 유난히 어려운 한 해 동안 놀라운 성과를 냈을 것임을 나타낼 것이다. 하지만 정말 그랬을까?

이러한 종류의 실수의 위험을 완화하는 방법은 다양하지만, 가장 쉬운 방법은 적합화에 데이터 시계열의 일부를 사용하고 테스트에 데이터 시계열의 다른 일부를 사용하는 것이다. 즉, 규칙을 개발하는 데 시계열 데이터의 일부만 사용하고 규칙을 작성한 후에는 사용되지 않는 부분에 대해서만 테스트한다.

이것은 당신이 더 깊이 파고들기를 권하는 주제이지만, 내가 너무 자세히 이야기하면 너무 많이 차지하게 될 주제이기도 하다. 게다가 로버트 카버는 이미 이 주제를 다루는 훌륭한 책(『System Trading』)을 썼다.

자산 클래스

자산 클래스를 분류할 때 다양한 관점을 취할 수 있다. 예컨대 주요 자산 클래스는 주식, 채권, 통화 및 상품이라고 하는 것이 타당할 것이다. 대부분의 시장 참여자들에게는 자산 클래스를 바라보는 이러한 방식이 가장 타당하다.

그러나 시스템 퀀트 트레이더들에게는 또 다른 정의가 더 실용적일 수 있다. 이용할 수 있는 다양한 시장을 볼 때, 우리는 그것들을 다른 방법으로 분류할 수 있다. 자산 클래스를 분류하는 한 가지 방법은 자산을 트레이딩하는 데 사용되는 금융 상품의 유형을 살펴보는 것이다. 금융 상품의 유형은 시스템 트레이더에게 종종 기초 시장의 속성보다 더 중요하다.

곧 보게 되겠지만 어떤 것이든 균일한 방식으로 트레이딩할 수 있는 선물^futures에서 특히 명확해진다. 선물은 기계적인 관점에서 주식과는 상당히 다르게 행동하며, 이는 트레이딩 모델을 구축할 때 중요하다.

통화 공간은 이 개념을 재미있게 보여준다. 현물 통화를 거래하거나 통화 선물을 거래할 수 있다. 실제로 동일한 기본 자산이지만, 두 가지 유형의 금융 상품의 역학은 매우 다르기 때문에 다른 방식으로 모델링해야 한다.

이러한 이유로 자산 클래스는 금융 상품의 기계적 특성에 기초한다.

이 책에서는 주로 주식과 선물을 다룰 것이다. 거기에는 두 가지 이유가 있다. 첫째, 이 책에 소개될 백테스트 소프트웨어는 이 두 가지 자산 클래스만 지원한다. 둘째, 개인적으로 가장 선호하고 경험도 많은 자산 클래스다.

투자 유니버스

투자 유니버스는 여러분이 트레이딩할 시장의 집합이다. 그것은 당신의 트레이딩 전략에 매우 중요한 고려 사항이다. 이 책을 통해 가정할 때 당신은 하나의 시장이 아니라 어떤 시장들의 집합을 거래하는 것을 목표로 한다. 일반적으로 단일 시장을 거래하는 것은 좋지 않은 생각이고 대부분의 전문 등급의 전략은 포트폴리오 전략으로 설계된다.

트레이딩할 단일 시장을 선택하는 것으로 시작한다면, 이미 가장 중요한 결정을 내린 것이다. 누군가가 다우존스 지수의 상승장을 포착하기 위한 훌륭한 모델을 만들고자 한다면, 그는 이미 자신을 제한한 것이다. 아마도 그가 설계한 전략은 괜찮겠지만 이 특정 시장은 향후 몇 년 동안 실적이 좋지 않을 수도 있다. 분산이 최선이다. 여러 시장에 트레이딩 전략을 적용하면 성공할 가능성이 훨씬 높아진다.

투자 환경을 선택하는 방법은 매우 중요하다. 의식적이든 아니든 대부분의 사람들이 하는 일은 최근에 아주 잘된 시장을 선택하는 것이다.

투자 환경 선택은 자산 클래스마다 다르게 작동한다. 모든 자산 클래스에는 고유한 문제와 해결 방법이 있으며, 자세한 내용은 나중에 이 책의 각 자산 클래스 관련 부분에서 살펴보겠다. 그러나 한 가지 명심해야 할 점은 치명적인 큰 오류가 주식 부문에 잠재해 있다는 점이다.

배분과 리스크 수준

배분은 어떤 대상 즉 포지션, 트레이딩 모델, 트레이딩 모델의 변형, 포트폴리오 등에 얼마만큼의 리스크를 할당하고자 하는지에 대한 것이다. 단순한 포지션 크기 결정$^{position\ sizing}$보다 훨씬 광범위한 주제다.

궁극적으로 당신이 대답하고 싶은 질문은 당신이 얼마만큼의 자산을 보유해야 하는가다. 답을 얻는 방법은 꽤 복잡할 수 있고 많은 유동적 부분이 있을 수 있다.

어떤 배분 방식을 취해야 할지 고려할 때 리스크 측면에서 생각해 볼 필요가 있다. 리스크로 내가 의미하는 것은 금융에서 용어가 사용되는 방식을 의미한다. 이것은 리테일 트레이더들이 너무 자주 오해하는 주제다.

4장에서는 금융 리스크에 대해 더 자세히 다룰 예정이며, 이는 중요한 주제다. 취미 트레이딩에서 전문가의 세계로 나아가고 싶다면, 리스크와 그것이 배분과 어떻게 연관되는지를 이해하는 것이 가장 중요하다.

이 책에서의 모델들은 일반적으로 기관 자산 운용에 허용 가능한 범위에 있는 것으로 간주되는 리스크 수준이 목표다. 그들은 전문적인 환경에서 사용될 수 있는 수준의 리스크 프로파일을 유지하면서 충분히 신경 쓸 가치가 있는 매력적인 수익률을 목표로 한다.

반면, 더 강한 것을 찾는다면 나는 여러분이 로버트 카버의 『Leveraged Trading』(2019)을 보길 권하고 싶다. 같은 작가를 두 번이나 추천했는데, 이건 그만큼 내가 그의 책을 정말 좋아한다는 뜻이다(아니면 지난 1년 동안 롭의 지하실에 갇혀 그의 책만 읽는 것만이 유일한 탈출구인 상황에서 이 책을 쓰고 있는 상황일 것이다).

진입과 청산 규칙

대부분의 사람들이 트레이딩 모델을 설계할 때 가장 먼저 떠올리는 것은 이것이다. 가장 분명한 부분이지만 꼭 가장 중요한 부분은 아니다.

당연히 어떤 트레이딩 모델도 언제 포지션을 시작하고 언제 닫을지에 대한 규칙이 필요하다. 일부 전략의 경우 이러한 사건의 정확한 타이밍이 매우 중요할 수 있다. 그러나 정확한 진입 지점과 청산 지점의 중요성이 부수적인 전략도 있다.

진입/청산 규칙이 중요하지 않다고 말하는 것은 타당하지 않을 것이다. 다만 전략에서 중요한 부분은 그들만이 아니라는 것을 명심하라. 많은 포트폴리오 기반 모델은 정확히 언제 해당 모델을 여는지보다 어떤 포지션의 결합을 가지고 있는가에 더 많이 좌우된다.

리밸런싱

리밸런싱rebalancing 부분은 트레이딩 모델에서 종종 무시된다. 단기 트레이딩 모델에는 필요하지 않지만, 보유 기간이 긴 모델에는 상당한 영향을 미칠 수 있다.

리밸런싱이란 원하는 배분을 유지하는 것이다. 시스템 트레이딩 회사의 트레이딩 블로터trading blotter를 한 번 보라는 초대를 받는다면 예상했던 것보다 훨씬 더 많은 거래가 이루어졌음을 알 수 있을 것이다. 전략이 장기 추세 추종일지라도 포지션 크기가 자주 어쩌면 심지어 매일 조정되는 것을 볼 수 있다. 작은 변화, 위아래로, 앞뒤로, 뚜렷한 이유 없이.

당신은 롱 포지션이 1월에 열리고 9월에 청산되는 것을 볼 수 있다. 하지만 그 사이에 많은 양의 소규모 트레이딩이 있을 수 있고, 포지션의 크기가 위아래로 바뀔 수 있다. 포지션이 상승하거나 하락하게 된 원인이 무엇인지 궁금할 것이다. 하지만 이 경우 그런 원인은 없었다.

이러한 트레이딩은 리밸런싱 거래로 원하는 위험 수준을 유지하는 것을 목표로 하는 것이다. 그들은 포지션을 바꾼 것이 아니라 단지 유지했을 뿐이다. 대부분의 전문 트레이딩 모델은 한 포지션에 일정량의 포트폴리오 리스크를 유지하는 것을 목표로 한다. 리스크 계산에는 금융 상품의 변동성 및 포트폴리오의 규모와 같은 것들이 포함된다. 이들은 정적이지 않다.

시장의 변동성이 변화하거나 다른 포지션로 인해 전체 포트폴리오가 변화함에 따라 당신의 포지션 리스크도 변화할 수 있으며, 동일한 리스크를 유지하기 위해 조정이 필요할 수 있다. 그게 바로 리밸런싱이다.

모든 모델이 리밸런싱을 필요로 하는 것은 아니며, 이를 사용하지 않기로 결정하더라도 그 개념과 리밸런싱을 하지 않는 것의 의미를 이해해야 한다.

금융 리스크

금융 리스크^{financial risk}는 시간 단위당 잠재적 가치 변동에 관한 것이다.

이 문장은 독자적인 문단을 만들기에 충분히 중요하다. 이는 매우 기본적인 개념이며 금융 산업에 종사하는 모든 사람에게 절대적으로 분명한 개념이다. 만약 당신이 금융 관련 학위를 갖고 있거나 업계 전문가로서 시간을 보냈다면 이것은 당신에게 이미 매우 명백할 것이다.

그러나 안타깝게도 취미 트레이딩 부문에서 위험의 개념이 오용되는 경우가 많다. 취미 트레이더를 대상으로 한 많은 양의 책과 웹사이트가 위험의 개념을 뒤죽박죽으로 만들고 도박, 숫자학, 사이비과학에 기반한 방법론을 지속적으로 홍보하고 있다.

4장에서는 금융 상황에서 리스크가 의미하는 것과 리스크가 어떻게 측정되고 시스템 트레이딩 모델에 사용될 수 있는지에 대해 설명하고, 용어가 일반적으로 어떻게 잘못 사용되는가와 이러한 오용으로부터 발생되는 리스크에 대해 설명하고자 한다. 하지만 먼저 그 핵심 문장을 다시 한 번 보라.

금융 리스크는 시간 단위당 잠재적 가치 변동에 관한 것이다.

리스크의 계량화

리스크를 계량화하는 가장 일반적인 방법은 과거의 변동성을 측정하는 것이다. 변동성이란 특정 기간 동안 자산의 변동, 상승 또는 하강 경향과 관련이 있다. 예컨대 Microsoft는 지난 몇 달 동안 하루 평균 약 0.5%의 변동을 보이는 반면 테슬라는 매일 그 두 배의 변화를 보인다는 결론을 내릴 수 있다.

이는 테슬라가 Microsoft보다 더 변동성이 크다는 것을 의미하지만, 그것이 더 위험한지 아닌지는 테슬라에 얼마나 투자하느냐에 달려 있다. MS의 변동성이 정확히 절반이라면, 테슬라보다 2배 이상 투자할 때 이론적으로 같은 위험 수준을 달성할 수 있을 것이다. 이론적으로 앞으로 각 주식에서 동일한 가치 변동을 보게 될 것이다.

이것은 금융 리스크에 대해 생각하는 방법을 요약한 것이다.

특히 내가 실제 금융 리스크 전문가들을 너무 불쾌하게 만들기 전에 나는 금융 리스크가 매우 복잡한 주제가 될 수 있음을 지적하고 싶다. 리스크 관리자 또는 대규모 포트폴리오, 다수의 포트폴리오 또는 전체 은행처럼 복잡한 포트폴리오의 리스크 관리자인 경우 리스크는 매우 집약적으로 수학적일 수 있다. 하지만 이 책의 내용은 그것이 아니다. 이 책은 단일 포트폴리오 또는 적어도 소수의 포트폴리오를 거래하는 것과 관련된 리스크를 다루고 있다.

그러한 관점에서 이해해야 할 가장 중요한 부분은 리스크는 수익과 마찬가지로 항상 시간 요소를 가지고 있다는 것이다. 만약 당신이 10%의 수익을 제공받는다면 당신은 기간에 대한 지식 없이 이것이 좋은지 나쁜지를 말할 수 없을 것이다. 한 달에 10%, 1년에 10%, 또는 10년에 10%는 모두 다른 상황이다.

자연히 리스크 측면도 마찬가지다. 하루만에 2%를 잃는 것은 1년만에 2%를 잃는 것과는 다르다. 이러한 이유로 자산의 과거 변동성을 사용해 하루에 얼마나 자산이 오르내리는지를 측정해 리스크에 노출되는지를 계산한다.

리스크는 시간 단위당 잠재적인 가치 변동과 관련이 있다는 개념만 이해한다면, 취미 트레이딩 사고 방식에서 크게 벗어나게 된 것이다.

항상 그렇듯이 이 간단한 개념에는 잠재적으로 복잡한 요소들이 있다. 그 자체로만 책 한 권이 될 것이므로 자세한 내용은 자제하겠지만 어떤 내용인지 간단히 설명하겠다.

첫 번째 이슈는 상관관계와 관련이 있다. 여러 개의 포지션이 열려 있을 때 고려돼야 하며, 이들이 서로 어떻게 관련이 있는가와 관계가 있다. 서로 높은 상관관계를 갖는 유사한 두 개의 주식에 대해 두 개의 포지션을 보유하면 동일하거나 유사한 리스크 요인이 추가된다.

반면 주식^{stock}과 상품^{commodity}을 보유한다면 잠재적으로 완전히 무관할 수 있으며, 둘 다 보유하는 것은 이들 중 하나만 보유하는 것보다 전반적인 리스크가 낮을 수 있다. 이게 너무 복잡해 보이면 걱정할 필요 없다. 이 책의 목적을 위해 나는 공분산 행렬 분석$^{Covariance Matrix Analysis}$이라는 재미있게 들리는 주제에 대해 깊게 생각하지 않고 단순하게 다룰 것이다.

최근의 변동성을 미래의 변동성에 대한 예측으로 사용하는 것과 관련된 또 다른 문제는 이러한 관계가 항상 잘 풀리는 것은 아니라는 것이다. 즉, 때때로 미래의 변동성이 과거와 상당히 다를 수 있다. 아니면 쉬운 말로 말해 때때로 상황이 변한다.

그러나 전반적으로 미래의 변동성을 추정하기 위해 과거의 변동성을 사용하는 것이 그렇게 하지 않는 것보다 낫다.

이러한 변동성 개념은 미래보다 변화의 정도가 다소 떨어지는 상태인 과거에도 적용될 수 있다. 트레이딩 포트폴리오의 과거 성과를 평가할 때 포트폴리오 A가 포트폴리오 B보다 더 높은 성과를 보였다고 하는 것으로 충분하지 않다. 이들이 어떤 리스크를 취하고 그러한 성과를 달성했는지 상황을 파악해야 한다. 수익률의 변동성이 얼마나 높았는지를 파악해야 한다.

그렇기 때문에 샤프 비율^{Sharpe Ratio}이 가장 일반적으로 사용되는 비교 척도 중 하나로 남아 있다. 이 비율은 전체 수익률을 취하며, 같은 기간 동안 무위험 이자율을 차감하고, 이를 표준편차로 나눈다.

시가 평가

시가 평가^{Mark to Market}라는 용어는 알려진 모든 요소를 고려해 가장 최근의 시장가격으로 무언가를 평가하는 원칙이다. 이는 명백한 개념으로 보일 수 있지만 금융 교육이나 시장 경험이 부족한 사람들에 의해 간과된다.

보유 자산뿐만 아니라 전체 포트폴리오도 항상 현재 시가 평가 기준으로 평가해야 한다. 그렇게 복잡할 것 같진 않아 보인다. 누군가가 이 규칙을 어기는 예를 들어 설명하는 것이 가장 좋을 것 같다.

사람들은 도박을 비유하는 것을 좋아하는 것 같다. 한 남자가 카지노에서 블랙잭 테이블 위에 100달러짜리 칩을 내려놓는다. 이제 그가 돈을 벌어 200달러의 칩을 앞에 가지고 있다. 그의 마음속으로는 지금 카지노의 돈을 가지고 게임을 하고 있다고 생각한다. 그는 100달러를 잃은 후까지는 위험을 지고 있다고 생각하지 않는다.

하지만 그렇게 작동되는 것은 아니다. 그가 돈을 두 배로 늘린 후, 시가 평가 포트폴리오는 200달러다. 만약 그가 테이블에서 나가기 전에 10달러를 잃으면, 그는 190달러를 갖고 나가게 된다. 이는 그가 자리에 앉았을 때보다는 상승한 것이지만, 시가 평가의 관점에서는 최고점에서 하락한 것이다.

이제 트레이딩 예를 보자. 누군가는 이니텍^{Initech} 주식 500주를 20달러에 사는데, 이 거래로 최대 1,000달러의 손실을 감수할 계획이다. 그 주식은 바로 상승해서 30달러까지 올라간다. 현재 10,000달러의 초기 포지션이 15,000달러에 도달했다. 그러고 나서 가격이 한동안 내려가기 시작한다. 마침내 18달러가 됐고 그는 포트폴리오 가치 9,000달러로 1,000달러의 손실을 입었다.

하지만 그런 식으로 작동하지 않는다. 포지션은 한때 1만 5천 달러의 가치가 있었고, 그는 그로부터 6천 달러를 잃었다.

가치 평가의 관점에서 볼 때, 당신이 당신의 포지션을 청산했는지는 중요하지 않다. 포지션의 가치는 포트폴리오를 확장할 때 여전히 포지션을 가지고 있는지 여부에 영향을 받지 않는다. 현재 가치는 중요한 값이며, 현재 가치는 포지션이 열려 있는 경우는 주식의 최종적으로 알려진 시장 가격에 기초하고, 청산된 경우는 현금 수입에 기반을 둔다.

시가 평가를 이해하기 위해서는 상태state의 측면에서 생각해야 한다. 포트폴리오의 현재 상태를 고려하라. 지금 이 순간의 가치를 고려하라.

공통 리스크의 논리적 오류

이전 절에서 도박 비유를 사용한 것은 우연이 아니다. 도박 비유는 취미 트레이딩에서 매우 흔하며, 아쉽게도 위험에 대한 도박 접근법도 마찬가지로 취미 트레이딩에 매우 흔하다. 이러한 접근법은 매우 위험할 뿐만 아니라 상당히 터무니없는 경향이 있고 기본적인 경제학을 무시하는 경향이 있다.

이러한 방법은 일반적으로 자금 관리Money Management라는 포괄적 용어로 통합된다. 금융계에서는 듣기 힘들겠지만 취미 분야에서는 꽤 흔해 보인다.

이 공간에서 인기 있는 아이디어는 소위 포지션 크기 피라미딩position size pyramiding이라고 부르는 것이다. 이 전제는 당신이 성공과 동시에 포지션을 높이므로, 시장에서 번 돈을 가지고 놀기 때문에 위험성이 낮다는 것이다.

하지만 앞서 봤듯이 이는 리스크가 무엇이고 그것이 무엇을 의미하는지에 대한 가장 기본적인 생각을 뒤집는다. 나는 왜 그것이 말이 되지 않는지 설명할 것이다.

한 트레이더가 피어스 & 피어스Pierce & Pierce 주식 1,000주를 주당 10달러에 산다. 며칠 후 가격이 잘 올라 현재 20달러에 거래되고 있다. 그 시점에 겁 없는 트레이더는 그의 포지션을 두 배로 늘리고, 1,000주를 더 사기로 결심한다. 가격은 오르라

내리락하지만 며칠 후 트레이더는 주식이 25달러인 것을 발견하고는 1,000주를 더 사들인다.

이것이 피라미딩의 일반적인 생각이다. 성공을 기반으로 포지션을 높이는 것이며, 이는 타당하지 않다.

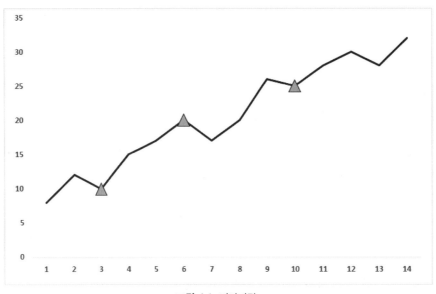

그림 4.1 피라미딩

이 간단한 예에서 왜 트레이더가 정확히 1,000주를 사기로 결정했는지 잘 모르지만, 그것이 시작이었다. 며칠 뒤 첫 진입점이 유리하게 나타났다는 이유만으로 리스크가 두 배로 늘었다.

문제는 당신의 과거 트레이딩은 미래에 영향을 미칠 마법의 능력이 부족하다는 것이다. 당신이 10달러에 샀다는 사실이 여기서부터 가격이 오르내릴 확률에는 전혀 영향을 미치지 않는다. 그러나 당신은 당신의 포지션을 두 배로 늘리기로 결정했다.

만약 당신이 어떤 이유로 10에서의 첫 번째 진입을 놓쳤다면 어떻게 했을지 자문해보라. 당신이 화면을 보러 돌아왔을 때 가격은 이미 20달러가 됐다. 이제 어떻게 할 것인가? 1,000주를 살 것인가? 2,000주? 아니면 거래를 하지 않을 것인가?

이는 중요한 질문이다. 이것은 상태에 대한 생각의 중요성을 다시 새기게 되며 그 질문에 대한 당신의 대답은 당신이 아직 금융 논리를 따르는지 아닌지를 보여줄 것이다.

만약 당신이 10달러에 첫 거래를 했고 지금 포지션을 두 배로 늘렸다면, 원래 계획에 따라 당신은 지금 2,000주를 보유하고 있을 것이다. 논리적 관점에서 볼 때 첫 거래를 놓쳤다면 이제 2,000주 전부를 사야 한다. 그래야만 원래 의도했던 것과 동일한 포트폴리오 상태가 된다.

만약 당신이 1,000주만 사거나 그 거래를 건너뛰어야 한다고 대답한다면, 당신은 당신의 과거 거래가 미래에 마법처럼 영향을 미칠 수 있다고 믿는 것 같다. 그리고 실제로 이러한 피라미딩과 소위 '자금 관리 전략'이라고 부르는 대부분의 전략에는 문제가 있다. 그들은 논리, 수학, 금융에 바탕이 없는 일반적인 도박 오류에 바탕을 두고 있다.

비슷한 아이디어는 거래당 리스크의 개념이다. 처음에 거래당 얼마의 위험을 감수하냐는 질문을 받았을 때 나는 매우 어리둥절했다. 나는 그 질문이 무엇을 의미하는지 알 수 없었다. 거래당 그리고 일일 리스크?

이것은 또 하나의 위험한 오류다. 거래당 리스크는 특정되지 않은 미래의 어느 시점에 상상의 손절stop loss 지점이 도달될 경우 얼마나 많은 돈을 잃게 되는가라는 리스크의 개념이다. 리스크에 대한 이런 사고방식은 명백히 잘못된 것이다. 이런 식으로 생각하면 안 된다. 리스크를 정의하는 이러한 방식은 단순히 금융 맥락에서 단어의 의미를 오해하는 것이다.

두 개의 포트폴리오를 예로 들어보자. 각 포트폴리오에는 1백만 달러가 있다. 우리는 IBM 주식만 살 것이며, 현재 180달러에 거래되고 있다. 포트폴리오 1의 경우 총 72만 달러에 4,000주를 매입할 예정이다. 포트폴리오 2를 통해 우리는 2,000주만 구입하고, 이에 따라 노출의 절반인 36만 달러를 갖게 된다.

우리는 포트폴리오 1의 손절 지점을 170으로, 포트폴리오 2의 손절 지점을 155로 설정했다. 어떤 포트폴리오가 더 위험한가?

표 4.1 거래당 리스크

	포트폴리오 가치	보유 주수	주식 가치	손절 지점	"거래당 리스크"
포트폴리오 1	1,000,000	4,000	720,000	170	40,000
포트폴리오 2	1,000,000	2,000	360,000	155	50,000

포트폴리오 2를 선택했다면 리스크를 바라보는 시각을 재고해야 한다. 이것은 매우 중요한 문제이며, 취미 트레이딩 문헌이 주제를 얼마나 모호하게 만드는가에 대한 문제다.

이 이상한 거래당 리스크 추론에 따르면, 포트폴리오 1은 손절 지점 170에 도달하면 최대 4만 달러의 손실을 볼 것이고, 포트폴리오 2는 손절 지점 155가 도달하면 최대 5만 달러의 손실을 볼 수 있다. 하지만 리스크는 이런 것이 아니다. 확실히 포트폴리오 1은 포트폴리오 2보다 2배 더 위험하다.

내일 IBM이 1달러 하락할 경우 포트폴리오 1은 4,000달러 손실을 보고 포트폴리오 2는 2,000달러 손실을 보게 된다. 항상 수익률에 시간 요소가 있듯이, 리스크에도 항상 시간 요소가 있다.

성과를 내기 위해 지불해야 하는 대가로서의 리스크

성과는 항상 감수하는 리스크의 맥락에 놓아야 한다. 이 게임은 1년만에 누가 가장 높은 수익을 얻느냐에 대한 것이 아니다. 리스크 단위당 수익률이 가장 높은 사람이 누구인지에 대한 문제다. 전 재산을 17번에 걸고 룰렛을 돌려 이긴 도박꾼은 많은 돈을 벌었다. 그러나 그는 다소 극심한 리스크를 걸었다.

전문 트레이더가 되기 위한 가장 중요한 단계 중 하나는 무엇이 가능하고 무엇이 가능하지 않은지 이해하는 것이다. 현장에 진입하는 많은 사람들은 거의 또는 전혀 리스크를 감수하지 않고 마법처럼 보이는 수익률 수치에 대한 믿음을 갖고 있다. 아쉽게도 이러한 꿈을 팔 수 있도록 기꺼이 도와주는 사기꾼들의 산업이 번창하고 있다. 그들은 모두 그들이 단기간에 어떻게 수백만 달러를 벌었는지, 어떻게 시장의 비밀을 알아냈는지에 대한 다채로운 이야기를 갖고 있다. 그리고 나서 그들은 멘토링이나 시스템 판매 사업을 하기로 결정했다.

연간 세 자릿수 수익률을 목표로 하고 이 책을 읽고 있다면 당신은 엉뚱한 곳에 온 것이다. 그것은 그렇게 작동하지 않는다. 아무도 그런 것을 이루지 못했으며 당신은 성공하지 못할 것이다.

1년 안에 무슨 일이든 일어날 수 있다. 누구나 때때로 아주 좋은 한 해를 보낼 수 있다. 그러나 시간이 지남에 따라 세 자릿수를 얻는 것을 예상하는 것은 100미터 달리기를 2초 만에 시도하는 것과 같다.

잠시 동안 사기꾼들이 옳다고 상상해보라. 그들의 트레이딩 시스템과 멘토링에 대한 대가를 지불한다면, 당신은 매년 100% 일관된 수익률을 달성할 수 있다. 그게 무슨 뜻일까? 그 수학은 꽤 간단하다. 차를 팔고 1만 달러를 투자해 1년 후면 2만 달러가 될 것이다. 2년 안에 4만 달러를 갖게 될 것이고, 10년 안에 당신은 1천만 달러를 갖게 될 것이다. 시작한지 20년이 지나면 100억 달러의 자랑스러운 소유자가 될 것이고 26년만에 처음으로 1조 달러를 보게 될 것이다. 그런 환상이 통한다면 좋겠지만, 알고 보면 마법은 진짜가 아니고 스포일러도 아니며 산타도 아니다.

연간 세 자릿수 수익률을 달성하는 것을 목표로 하는 사람이라면 수학적으로 확신하는데, 만약 그들이 테이블에 계속 남아 있다면 그들의 모든 돈을 잃게 될 것이다. 이런 게임에서는 오래 할수록 파멸의 확률이 1에 가까워진다.

상황을 종합해보면 세계에서 가장 우수한 헤지펀드 중 일부는 연간 약 20%의 실제 복리 수익률을 보이고 있다. 그리고 그것들은 최고 중의 최고다. 워렌 버핏과 조지 소로스가 뛰고 있는 바로 그 리그다.

도대체 무엇을 기대할 수 있을까?

가장 먼저 이해해야 할 것은 리스크를 감수할수록 가능한 수익률이 더 높아진다는 것이다. 룰렛 테이블의 남자처럼, 만약 당신이 모든 것을 잃을 확률을 매우 높게 갖는 것을 꺼리지 않는다면 당신은 엄청난 이득을 얻을 수 있다.

지식, 노력, 기술은 결과를 향상시킬 수 있지만 불가능한 것을 이룰 수는 없다.

나쁜 소식은 당신의 수익률이 장기적으로 15% 미만일 가능성이 높다는 것이다. 좋은 소식은 당신이 그것을 이룰 수 있다면 이 사업에서 많은 돈을 벌 수 있다는 것이다. 그러나 물론 성과는 변동성을 가지며 대가를 치러야 한다.

아무도 변동성을 좋아하지 않는다. 매일 조금씩 벌어서 일직선으로 올라갈 수 있다면 얼마나 좋을까? 그러나 안타깝게도 수익을 창출하려면 변동성이 필요하다. 우리가 달성하고자 하는 것은 성과에 대해서 지불하는 변동성을 가능한 한 적게 사용하는 것이다. 그리고 그것이 바로 샤프 비율이 측정하는 것이다.

$$\text{샤프 비율} = \frac{\text{연율화 수익률} - \text{무위험 이자율}}{\text{연율화 표준편차}}$$

이 공식에서 가장 많은 의문을 제기하는 부분은 무위험 이자율이다. 적어도 내가 보기에 적절한 방법은 더 짧은 단기 금융이나 정부채 수익률을 사용하는 것이다. 즉, 일일 수익률을 일일 전략 수익률에서 차감한 일련의 수익률이며, 단순한 고정 값이 아니다.

하지만 이것은 실용적인 책이고, 내가 실용적인 조언을 하겠다. 이 책을 읽는 대부분의 독자들에게 무위험 이자율 측면은 불필요한 합병증처럼 보일 수 있다. 단순히 전략을 서로 비교하는 것이 목적이라면 0을 무위험 이자율로 사용하는 지름길을 사용하는 것이 좋다.

공식을 고려할 때 낮은 것보다 높은 샤프 비율을 원하는 것이 분명하다. 우리는 낮은 변동성으로 높은 수익율을 원한다. 하지만 여기선 현실적이어야 한다. 당신은 1.0을 초과하는 샤프 비율은 드물며 반드시 문제가 되는 것은 아니라는 것을 발견할 것이다.

일부 전략은 0.7 또는 0.8의 샤프를 보여주면서도 매우 성공적이고 수익성이 좋다. 1.0 이상의 실현된 샤프 비율은 가능하지만 예외적이다. 이런 종류의 범위를 목표로 하는 것이 타당하다.

샤프가 3이나 심지어 5인 전략은 존재하지만, 소위 네거티브 스큐 부류^{negative skew variety}인 경향이 있다. 그 표현은 수익률 분포의 모양을 가리키는 것으로, 큰 손실을 입기 전까지 대부분의 경우 작게 이긴다는 것을 의미한다. 이러한 전략의 경우, 오랜 기간 동안 지속적인 승리를 볼 수 있지만, 갑작스럽고 때로는 재앙적인 손실을 겪을 수 있다.

샤프 비율은 전체 내용을 알려주지 않으며, 그 자체로 전략을 평가, 선택 또는 폐기하는 데 사용해서는 안 된다. 다른 분석 및 상세 분석과 함께 사용하는 것이 타당하다.

샤프 비율이 매우 유용한 이유는 4장에서 주입하려는 핵심 개념을 직접 반영하기 때문이다. 수익률의 개념은 항상 변동성의 맥락에 놓여야 한다. 샤프 비율의 논리를 이해함으로써 금융 리스크의 개념에 대한 이해를 도모할 수 있다.

05
파이썬 소개

드디어 여기에 이르렀다. 내가 앞서 출간한 책에서는 간단한 공식과 각각의 전략으로 누구나 이해할 수 있게 천천히 설명했다. 그리고 이제 당신은 프로그래밍 책을 사도록 유도당했다는 것을 깨달았을 것이다. 하지만 환불해달라고 하기에는 늦었다.

책값도 이미 냈으니 그냥 여기서 뭔가를 배우는 게 나을 것이다. 5장에서는 프로그래밍을 가르쳐줄 것이다. 크게 어렵지는 않지만 신발 끈을 매고 준비하자. 프로그래밍을 마치려면 오래 걸릴 것이다.

몇 가지 필요한 이야기들

나는 많은 독자들이 태어나기 전부터 컴퓨터를 사용했다. 그건 얘기하기 고통스러운 일인데, 1980년대 컴퓨터는 대부분 쓸모없는 장난감으로 치부됐기 때문이다. 사실 컴퓨터는 나름 꽤 재미난 장난감이었다. 1990년대 초만 해도 아무도 컴퓨터를 심각하게 생각하지 않았다. 이 시절은 나 같은 스칸디나비아 아이들이 작은 '데모'를 프로그래밍하던 시절이었다. 지금 생각하면 아주 간단한 프로그래밍도 '스마트하다' 공언하며, 그것을 5.25인치 플로피 디스크에 저장하고 컴퓨터 게임 사본을 종이 봉투에 넣어 비슷한 생각을 가진 여러 나라의 사람들에게 우편을 보냈다. 참 이상한 시절이었다.

지각 변동은 1995년 말에 일어났다. 그 당시 나는 대학 컴퓨터 동아리와 파티 동아리의 멤버였다. 1995년 말 동아리의 회장이 내게 와서 9600bps 모뎀을 새로운 14.4k로 업그레이드할 가치가 있냐고 물었을 때, 나는 세상이 끝났다는 것을 알았다. 야만인들이 문 앞에 있었으며 그들을 막을 수 있는 건 아무것도 없었다.

내 예감은 맞아떨어졌고, 카산드라처럼 나도 그걸 바꿀 수 없었다. 갑자기 모든 사람들은 컴퓨터가 가장 멋진 것이라고 생각했다. 1994년에 이메일은 컴퓨터 애호가들을 위한 애호물이었다. 1996년 우리들의 할머니는 저마다 홈페이지를 갖고 계셨다. 정말 충격적인 경험이었다.

하지만 모두 나쁜 것만은 아니었다. 갑자기 가장 기본적인 컴퓨터의 기술도 협상할 수 있는 자산이 됐으며 이제 거의 모든 작업에서 컴퓨터는 필수적인 요소로 자리 잡혔다. 이메일, Word, Excel을 사용하지 않고는 버틸 수 없다. 지금은 거의 상상하기 어렵지만 1994년에는 파일과 폴더(그 당시에는 디렉터리라고 불렸지만)의 개념에 대해 아는 사람이 거의 없었다.

다른 사람도 이 기억을 더듬어보는 데 의미가 있는지 모르겠지만, 현재까지의 변화를 돌이켜보는 것은 중요하다.

오늘날 대부분의 사람들은 프로그래밍을 프로펠러 헤드의 특수한 작업이라고 생각한다. 프로그래밍은 하루 종일 프로그램만 하는 사람들인 프로그래머를 위한 것이다.

당신은 프로그래머가 될 필요가 없다. 당신보다 프로그래밍을 훨씬 잘하는 사람들이 항상 있을 것이다. 그렇다고 해서 그 주제에 대해 계속 무지해야 한다는 뜻은 아니다.

프로그래밍은 대부분의 사람들이 생각하는 것만큼 어렵지 않다. 일단 배우기 시작하면 화면에서 결과를 보는 것은 매우 만족스러울 수 있다. 그리고 당신은 깊이 들어갈 필요가 없다.

일단 기초적인 프로그래밍을 배우면 스스로 완성할 수 있다. 더 이상 전문가를 통해 이러한 작업을 수행할 필요가 없다. 그러니 이제 기술 공포증을 극복했다면 다음으로 넘어가자.

파이썬은 논리적 선택으로 등장한다

금융 및 트레이딩 관점에서 프로그래밍 언어로서의 파이썬^{python}은 객관적으로 특별하다. 구문이 조금 다르고 사소한 차이가 있는 또 하나의 언어가 아니다. 이것은 잠재적인 판도를 바꿀 수 있는 요소이며 여러분이 정말 주목해야 할 사항이다.

파이썬은 배우기가 매우 쉽다. 프로그래밍을 처음 하든 경험 많은 C++ 코더를 하든 파이썬을 매우 빠르게 사용할 수 있다. 이 구문은 의도적으로 매우 읽기 쉽다. 파이썬에 대해 아는 것이 없고 약간의 코드가 표시돼 있다면 파이썬의 기능을 바로 확인할 수 있다. 이는 대부분의 프로그래밍 언어에는 해당되지 않는다.

파이썬은 금융을 목적으로 구축됐다. 헤지 펀드 퀀트에 의해 설계되고 모든 사람이 무료로 사용할 수 있는 도구들이 있다. C 스타일 언어로 프로그래밍을 많이 해야 하는 작업이 종종 코드 한 줄에서 이루어질 수 있다. 지난 30년 동안 다양한 언어로 프로그래밍을 해왔기 때문에 파이썬처럼 빠르고 쉽게 일을 처리할 수 있는 언어를 본 적이 없다.

파이썬은 인터프리터 스타일의 언어^{interpreted language}이다. 즉, 코드를 이진 파일로 컴파일하지 않는다. 그 문장들이 당신에게 아무런 의미가 없다면 걱정하지 않아도 된다. 중요한 게 아니다.

윈도우를 사용하는 경우 시스템에 표시되는 **exe** 및 **dll** 파일이 컴파일된다. 텍스트 편집기에서 열 경우 겉으로 보기에 랜덤으로 표시되는 가비지가 표시된다. 컴파일된 코드는 해석된 코드보다 빠르지만 빌드 및 유지 관리가 쉽지 않다. 반면, 해석된 코드는 텍스트 파일에 불과하다. 실행 중이라 즉석에서 번역된다.

지난 몇 년 동안 파이썬은 퀀트들의 선택 언어로 부상했다. 이로 인해 상당한 커뮤니티와 많은 양의 오픈 소스 도구가 탄생했다. 금융업에서 일하는 사람들에게 퀀트 커뮤니티는 놀랄 만큼 공유에 개방적이다.

물론 파이썬에는 몇 가지 분명한 문제가 있다. 현재 파이썬을 사용하는 대부분의 사람들이 하드코어 퀀트라는 점을 감안할 때 파이썬 설명서는 사용자가 이미 모든 것을 알고 있으며 사용자에게 친숙할 것이라고 가정하는 경향이 있다. 파이썬을 시작하기에 앞서 가장 먼저 극복해야 할 장벽은 기술적인 거만함이다.

파이썬을 사용하는 대부분의 사람들은 텍스트 프롬프트에서 거의 모든 작업을 수행하며, 간혹 간단한 그래프를 뽑기도 하지만 대부분 텍스트만 사용한다. 여담이지만 그래픽 환경이 부족한 것은 기술적으로는 문제가 없지만 문화적인 이유 때문일 것이다.

이 책을 통해 거래자들이 파이썬을 더 쉽게 접할 수 있기를 바란다. 파이썬은 정말 훌륭한 도구다. 겁먹지 마라.

프로그래밍 교육 방법

대부분의 실제 프로그래밍 책과 다르게 모든 데이터 유형, 제어 구조 등을 살펴보는 것으로 시작하지 않을 것이다. 사실 프로그래밍 책이 구성되는 일반적인 방식은 많은 독자들을 겁주거나 지루하게 만드는 경향이 있다. 게다가 심도 있게 기술적 측면을 설명하는 책들이 이미 많다.

대신 조금 다른 방법을 택하겠다. 그냥 당신을 물에 빠뜨리고 수영할 수 있도록 만들겠다. 이건 실용적이고 실무적인 책이고 나의 목표는 최대한 빨리 여러분을 일으켜 세우는 것이다. 튜플tuple과 세트set의 구체적인 차이점을 배우는 것은 처음부터 중요하지 않으며, 이 책을 읽으면서 여러분은 중요한 일을 완수하기에 충분한 지식을 얻게 될 것이다.

또한 가능한 한 모든 다른 방법을 설명하지 않겠다. 지금은 당신에게 바로 도움이 될 것 같은 방법을 고르겠다. 대부분의 경우 다양한 방법, 라이브러리 또는 도구를 사용할 수 있다. 이 책에서 다 설명하지는 않을 것이다. 내가 여러분에게 일을 완수하는 한 가지 길을 보여드리겠다. 일단 여러분이 충분히 탐험할 수 있을 만큼 자신감을 갖게 되면 여러분은 같은 일이 여러 방법으로 이뤄질 수 있음을 알게 될 것이다.

먼저 컴퓨터에 파이썬을 설치하고 설정하는 방법부터 알려주겠다. 그런 다음 파이썬을 사용해 코드를 테스트하고 작동하는 방식을 알아보자. 그 후 파이썬 기반 백테스트 엔진을 설치할 예정이다. 그것이 우리가 이 책에서 시뮬레이션을 실행하기 위해 사용할 것이다. 우선 몇 가지 기본적이고 간단한 시뮬레이션을 할 것이다. 책이 진행됨에 따라 점점 더 복잡하고 사실적인 모델링을 하게 될 것이다. 여러분이 이 책의 과정을 통해 파이썬 백테스트에 점점 더 익숙해질 수 있도록 하는 것이 목표다.

이와 같은 언어 환경과 함께 일하게 되면 뭔가 변할 위험은 항상 존재한다. 이 책 이후 새로운 버전이 출시되고 있으며, 일부 부분은 더 이상 제대로 작동하지 않을 수 있다. 그런 위험을 줄이기 위해 최선을 다하겠지만 모두 함께 피할 수는 없다. 이러한 문제가 발생하면 내 웹사이트에서 업데이트 및 설명을 확인하라.

파이썬 설치하기

파이썬은 여러 종류의 컴퓨터에서 실행할 수 있다. 일부 웹사이트를 통해 실행할 수도 있으며, 다른 사용자가 서버에서 모든 것을 관리한다. 어떤 경우에는 좋은 생각이지만, 이 책에서는 모든 것을 로컬에서 당신의 컴퓨터로 실행할 것이다. 이렇게 하면 코드, 데이터 및 환경을 완벽하게 제어할 수 있다.

이 책의 목적을 위해서는 Windows, MacOS 또는 Linux 어느 것을 사용해도 상관없다. 나는 Windows를 사용하고 있다. 즉, 해당 환경에서 스크린샷이 생성된다는 의미이며, 다른 운영체제에 있는 경우 사소한 차이가 있을 수 있다. 하지만 크게 문제가 되진 않을 것이다.

이러한 운영체제를 다른 운영체제보다 더 낫거나 더 적합하다고 선언할 이유가 없다. Windows를 사용하는 이유는 Windows에서만 사용할 수 있는 일부 금융 소프트웨어가 있고 Windows와 함께 작업하는 것을 선호하기 때문이다. 단지 도구일 뿐이다.

파이썬을 위한 매우 유용한 소프트웨어 패키지는 **아나콘다**^Anaconda이다. 이 책의 많은 부분에서 사용할 것이다. 무료 소프트웨어 패키지이며 Windows, MacOS 및 Linux에서 사용할 수 있다.

아나콘다는 파이썬을 사용해 개발하고 테스트하기 위한 사실상의 업계 표준 소프트웨어 패키지다. 메인 **아나콘다** 패키지를 다운로드할 때 모두 설치되는 프로그램 모음이다.

아나콘다를 사용하면 몇 가지 그래픽 도구를 사용할 수 있으며, 명령 프롬프트에서 모든 작업을 수행할 필요가 없어서, 파이썬의 삶을 더 쉽게 만든다.

아나콘다 웹사이트(https://www.anaconda.com/download/)로 이동해 운영체제용 최신 패키지를 다운로드하라. 파이썬 버전 3 또는 2를 다운로드할 수 있다. 파이썬 3를 사용하도록 하자.

파이썬 2는 이제 꽤 오래됐고 사용할 이유가 거의 없다. 만약 당신이 파이썬 2를 선택해야 할 이유가 없다면 버전 3를 선택하라.

코드 몇 개 실행하기

파이썬 코드를 쓰고 실행할 수 있는 다양한 애플리케이션과 환경이 있다. 가장 일반적인 것 중 두 가지는 **아나콘다** 설치와 함께 미리 패키징돼 있으므로 현재 컴퓨터에 이미 설치돼 있다.

나는 이 책의 거의 나머지 부분 동안 사용할 동일하게 철자가 거슬리는 **주피터 노트북** 환경에 대해 더 자세히 설명하기 전에 유용하지만 철자가 거슬리는 애플리케이션인 **스파이더**^Spyder에 대해 간략히 언급하고 싶다.

스파이더는 대부분의 사람들이 프로그래밍 환경에서 기대하는 것과 매우 비슷하게 생겼고 행동한다. 코드 작성 경험이 있다면 이곳이 편안할 것이다.

스파이더 환경은 여러 소스 파일로 작업하고 파이썬 파일을 만들거나 편집하며 코드 라이브러리를 구축하는 데 적합하다. 파이썬에 익숙해질수록 이 환경을 자세히 살펴보길 바란다. 나는 **스파이더**가 유용한 도구라고 생각하며, 이는 주피터 환경을 잘 보완해준다.

이 책이 스파이더를 사용하지 않는 유일한 이유는 많은 독자들이 파이썬과 프로그래밍을 모두 처음 접하기 때문이며, 나는 서로 다른 동작의 두 개의 애플리케이션을 가지고 있는 추가적인 혼란을 피하고 싶다.

트레이딩 전략을 모델링하기 위해 나는 **주피터 노트북**이 우수하다고 생각한다. 일반적으로 몇몇 경험 많은 코더들이 문제를 제기할 것이라고 확신한다. **스파이더**는 진지한 프로그래밍에 좋은 반면 **주피터**는 이것저것하고 테스트하기에 아주 좋은 편이다.

트레이딩 모델 구축은 매우 이것저것 하고 테스트하는 과정이기 때문에 이 책에서 주피터를 독점적으로 사용할 것이다.

아나콘다를 설치했을 때 실제로 **아나콘다** 패키지의 일부인 몇 가지 다른 프로그램이 동시에 설치됐다. **아나콘다 내비게이터**^Anaconda Navigator 프로그램을 연다. 이곳은 모든 새로운 파이썬 도구의 메인 제어 센터인 허브다. 이 책에서는 이 프로그램을 더 많이 사용하게 될 것이며, 이 프로그램이 상당히 유용할 것이라고 확신한다.

아나콘다 내비게이터를 열면 **아나콘다** 패키지의 몇 가지 애플리케이션이 표시되는 그림 5.1과 유사한 항목이 표시된다. 보다시피 **주피터**와 **스파이더** 모두 여기에 나열돼 있다.

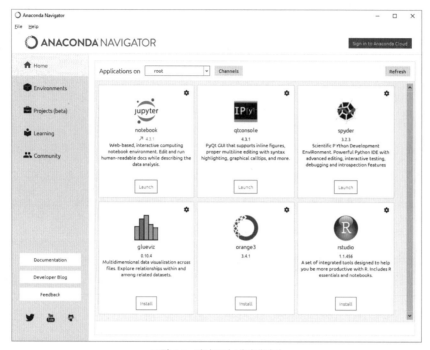

그림 5.1 아나콘다 내비게이터

주피터의 실행 버튼을 클릭해 어떻게 되는지 확인한다. 웹 브라우저가 실행되고 사용자 폴더의 파일 및 폴더가 나열된 웹 페이지가 눈앞에 있는 것을 보고 놀랄 수 있다. 그림 5.2와 매우 유사한 내용을 볼 수 있을 것이다.

믿거나 말거나 이 이상하게 보이는 웹 페이지는 사실 이 책에서 진지한 트레이딩 모델을 만들고 테스트하는 데 사용할 강력한 도구다.

그림 5.2 주피터 노트북

첫 코드를 작성할 새로운 파일을 만들 것이다. 깔끔하게 정리하기 위해 먼저 새 폴더를 만들 수 있다. 오른쪽 드롭다운을 통해 폴더와 새 파이썬 파일을 모두 만들 수 있다(그림 5.2 참조).

새 파일을 만든 후 새로운 웹 페이지가 나타난다. 이 페이지는 그림 5.3과 유사하다. [ ]:의 텍스트 바로 뒤에 있는 텍스트 상자를 셀이라고 한다. 이와 같은 노트북에서는 코드를 실행하거나 실행하기 전에 셀에 코드를 작성한다. 이 노트북의 이름을 아직 지정하지 않았으므로 맨 위에 Untitled라는 텍스트가 표시된다. 원하는 경우 해당 항목을 클릭하고 노트북의 이름을 변경할 수 있다. 그러면 해당 파일 이름이 자동으로 업데이트된다.

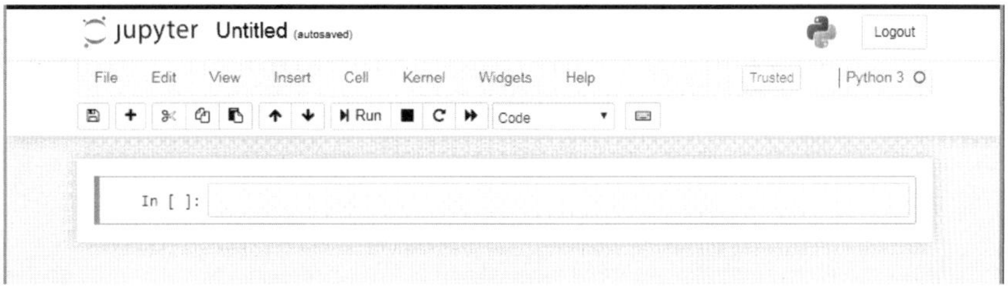

그림 5.3 빈 주피터 노트북

첫 번째 파이썬 코드를 작성하고 실행할 때다. 이것은 이 특정 언어에 대한 몇 가지 중요한 개념을 가르치기 위해 고안된 간단한 코드 조각이다.

새 노트북의 셀을 클릭하고 다음 코드를 입력한다.

```python
people = ['Tom','Dick',"Harry"]
for person in people:
    print("There's a person called " + person)
```

이제 코드를 실행해 도구 모음에서 실행 버튼을 클릭하거나 Windows 플랫폼이 아닌 경우 Ctrl-Enter 또는 동등한 기능을 눌러 노트북 내부에서 직접 실행할 수 있다. 코드는 즉시 실행되며, 그림 5.4와 같이 결과 출력이 셀 바로 아래에 표시된다.

여기서 나오는 결과는 어느 정도 예상할 수 있을 것이다.

```
There's a person called Tom
There's a person called Dick
There's a person called Harry
```

보다시피 파이썬 코드의 일부를 보고 즉시 그 기능을 확인할 수 있다. 그게 이 언어의 정말 좋은 부분 중 하나다. 얼마나 읽기 쉬운가. 하지만 이제 이 작은 코드 조각을 자세히 보고 실제로 어떤 기능을 하는지 알아보자.

첫 번째 행인 people = ['Tom', 'Dick', [Harry]는 리스트list를 정의한다. 리스트는 다른 언어들이 배열arrays이라고 부르는 것과 거의 비슷하다. 단순히 물건들의 리스트다. 파이썬에게 생성할 변수 유형을 알려주지 않아도 된다. 다른 언어에 익숙한 경우 변수를 선언하고 입력할 필요가 없다.

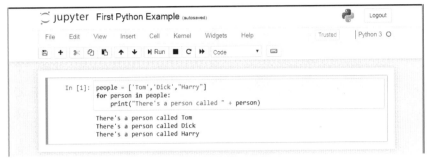

그림 5.4 최초의 파이썬 코드

두 번째 행 `for person in people:`의 루프를 시작한다. 이것은 또한 대부분의 다른 언어들보다 훨씬 쉽다. 단지 코드에게 리스트에 있는 모든 항목들을 반복해서 살펴보라고 시킨다. 먼저 해당 행 끝에 있는 콜론(:)을 확인한다. 이것은 우리가 코드 블록을 공급하려고 한다는 것을 의미하며, 이 경우에는 루프를 통해 제공될 것이다. 콜론은 코드 블록을 도입한다.

"이제 내가 말하고자 하는 것을 아래에 하라"는 식으로 생각해보라. 다음은 코드 블록이다. 이 루프에서 수행할 작업에 대한 지침이다. 나중에 조건을 만들 때 매우 유사한 구문을 볼 수 있다. 예를 들어 무엇인가가 다른 무엇과 동일하면, 코드 블록을 실행하라.

다음으로 중요한 점은 파이썬에서 코드 블록을 정의하는 방법이다. 이것은 파이썬에서 매우 중요한 개념이다. 들여쓰기indentation를 주의하라.

많은 언어는 중괄호를 사용해 코드 블록을 그룹화한다. 파이썬은 그렇게 하지 않는다. 여기서 코드 블록은 들여쓰기 수준에 따라 정의된다. 즉, 텍스트 왼쪽에 있는 공백의 양이다. 왼쪽 가장자리까지의 거리가 같은 동일한 수준의 텍스트가 그룹이다.

따라서 프린트(print)로 시작하는 행에 대해 탭을 사용하는 것이 절대적으로 필요하다. 이것은 이전 코드와 다른 코드 블록임을 나타낸다. 여러분은 이 책을 통해 이 개념을 항상 볼 수 있을 것이다.

이 간단한 예에서는 루프하고자 하는 작업이 하나만 있다. 텍스트 몇 행을 인쇄한다. 더 많은 작업을 하려면 동일한 수준의 들여쓰기에 대해 프린트문 아래에 더 많은 행을 추가하기만 하면 된다.

코드 첫 번째 행에 작은 따옴표(')와 큰 따옴표(")가 이상하게 섞여 있는 것 같다. `people = ['Tom', Dick', "Harry"]`. 물론 내 복사 편집기가 그걸 정리하기로 결정하지 않았다면 말이다. 나는 일부러 문자열이 큰따옴표로 묶이는 정말 보기 흉한 구문을 사용했다. 큰따옴표가 중요하지 않다는 것을 보여주려고 썼을 뿐이다. 작은따옴표 또는 큰따옴표를 사용할 수 있다.

하지만 내가 프린트 문구에 인용구의 종류를 섞은 이유는 다른 것을 보여주기 위해서다. 보다시피 문장의 일부분인 인용문을 출력하려고 한다. 이 경우 가장 쉬운 해결책은 문장 전체를 큰 따옴표로 묶는 것이다.

프린트문은 텍스트 문자열을 각 사용자의 이름과 연결해 콘솔에 출력한다. 이 바보 같은 코드 샘플에서 여러분은 리스트, 루프, 들여쓰기, 인용, 콘솔 출력에 대해 배웠다.

여러분에게 복잡하게 느껴진다면 잠시 시간을 갖고 이 코드를 조금씩 바꿔보면서 시험해보라. 다른 종류의 리스트를 만들고 다른 것을 프린트하라. 요령을 터득하는 가장 좋은 방법은 직접 시험해보는 것이다.

주피터 노트북으로 작업하기

앞의 예에서 주피터 노트북에서는 셀에 코드를 작성하고 실행되면 셀 바로 아래에 결과가 표시된다. 노트북은 많은 셀들을 가질 수 있는데, 각각의 셀은 고유의 코드를 갖고 있다. 경우에 따라 코드를 몇 개의 다른 셀로 나누고, 추적하기 쉽게 하며, 작은 부분을 변경할 경우 모든 코드를 다시 실행할 필요가 없도록 하는 것이 매우 유용할 수 있다. 이렇게 하면 손보기가 쉬워진다.

이해해야 할 점은 노트북의 셀이 공통 네임스페이스를 공유한다는 것이다. 그게 의미하는 건 각 셀이 다른 셀의 결과를 알고 있다는 것이다. 한 셀에서 코드를 실행한 후에는 다른 셀에서 코드를 사용할 변수를 참조할 수 있다.

이 개념을 테스트하려면, 같은 노트북에 새 셀을 만들라. 이전에 리스트를 가지고 연습했던 셀 아래에 있다. 도구 모음에서 더하기 기호를 누르면 새 셀이 나온다.

이 새 셀에 다음 코드를 써보자.

```
print("The first person is " + people[0])
```

이 줄에서 나는 두 가지를 보여주고 싶다. 첫 번째는 이 두 번째 셀이 첫 번째 셀에서 우리가 만든 가변적인 인물을 알고 있다는 것이다. 여기서 두 번째로 알아야 할 점은 리스트가 0을 기반으로 한다는 것이다. 즉, 구문 people[0]을 사용해 이 리스트의 첫 번째 요소를 파악한다. 리스트가 0을 기준으로 하므로 첫 번째 요소는 0이고 두 번째 요소는 1이다.

그림 5.5는 이것이 어떻게 보이는지와 코드 출력이 어떻게 표시되는지 보여준다. 이와 같은 셀로 작업하고 셀에서 코드 영역을 작성하고 실행하는 아이디어는 파이썬을 다룰 때 유용하게 사용할 수 있다.

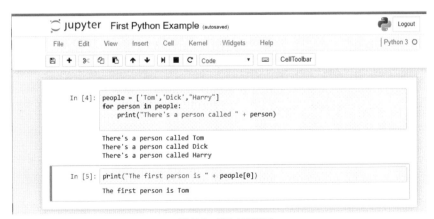

그림 5.5 셀로 작업하기

딕셔너리 룩업

항상 접하게 될 매우 밀접한 두 가지 개념은 리스트와 딕셔너리^{dictionary}이다. 이전 절에서 리스트가 작동하는 방법의 예를 살펴봤다. 리스트는 그냥 들리는 그대로다. 거의 모든 것들의 리스트. 반면 딕셔너리는 두 항목을 서로 일치시키는 룩업 테이블이다. 진짜 사전과 같은 것이다.

위에서 살펴본 바와 같이 리스트는 대괄호를 사용해 정의된다. [하나, 둘 셋]. 반면 사전은 중괄호를 사용한다. 이렇게 하면 리스트를 다루고 있는지, 딕셔너리를 다루고 있는지 코드에서 쉽게 알 수 있다.

딕셔너리가 무엇이고 어떻게 작동하는지에 대한 감을 주기 위해 간단한 예를 들어보겠다. 다음의 티커^{ticker}와 일치하는 회사 이름의 리스트처럼 중괄호를 사용해 새 사전을 만들 수 있다.

```
stocks = {
        "CAKE":"Cheesecake Factory",
        "PZZA":"Papa John's Pizza",
        "FUN":"Cedar Fair",
        "CAR": "Avis Budget Group",
        }
```

딕셔너리를 정의하는 위의 코드는 코드의 한 줄에 불과하다. 보다시피 줄을 띄어서 읽기 쉽게 할 수 있다. 딕셔너리는 콜론으로 구분된 리스트 쌍을 정의하며, 이 경우 티커 다음에 콜론 뒤 이름이 따른다.

또 하나 알아챌 수 있는 건 마지막 아이템 세트 후 쉼표를 남겨뒀다는 것이다. 아무것도 뒤에 오지 않으니 그럴 필요 없었을 것이다. 상관없다는 걸 보여주려고 두고 온 것이다. 대부분의 다른 프로그래밍 언어와 달리 파이썬은 이에 대해 불평하지 않을 것이다. 파이썬이 더 쉽고 간단한 또 하나의 작동 방식이다.

이제 이 딕셔너리에서 값을 찾아보거나 모든 항목을 하나씩 검색할 수 있다. 티커 PZZA 뒤에 있는 회사 이름을 조회하기 위해 stock['PZZA']만 쓰면 된다.

```python
print(stocks["PZZA"])
```

아니면 우리가 그 아이템들을 반복해서 모두 인쇄하고 싶다면 다음과 같은 논리를 사용하면 된다.

```python
for ticker, name in stocks.items():
    print("{} has ticker {}".format(name, ticker))
```

이는 앞으로 더 많은 것을 볼 파이썬에서의 영리한 하나의 기능이다. 아이템 쌍을 풀고, 각각의 루프를 통해 티커와 이름을 얻을 수 있다.

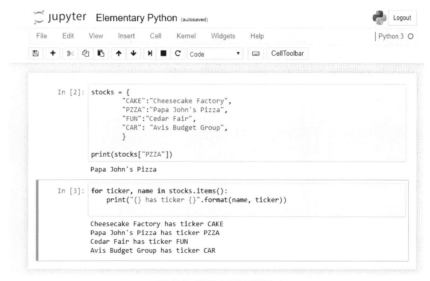

그림 5.6 딕셔너리로 작업하기

또한 여기서 텍스트 문자열을 구성하는 유용한 파이썬 방법을 사용했다. 이전에는 더하기 기호를 사용해 문자열을 구성했지만 이 방법이 훨씬 더 쉽다. 더하기 기호를 사용하면 다음과 같이 문자열을 연결할 수 있다.

```
name + " has ticker " + ticker
```

그것도 괜찮지만 문자열 전체를 먼저 쓴 다음 변숫값을 올바른 위치에 삽입하는 것이 훨씬 편리하다. 또한 이 방법을 사용하면 나중에 수행할 숫자 값과 같은 형식을 선택할 수 있다는 장점이 있다.

```
"{} has ticker {}".format(name, ticker)
```

이렇게 하면 동일한 문자열이 생성되지만 관리하기가 더 쉬워진다. 텍스트 문자열의 중괄호는 변수를 삽입할 위치를 나타내며 함수 format()이 이를 처리한다. 원하는 수의 변수를 텍스트 문자열에 삽입할 수 있다.

주피터 노트북을 시작할 때의 가능한 문제

이 책의 초판을 바탕으로 한 독자는 그의 로컬 머신에 주피터를 시작하려고 할 때의 문제를 보고했다. 이 문제는 파이썬 패키지 tornado를 5.1.1에서 4.5.3으로 다운 그레이드함으로써 해결됐다. 이 책 프로젝트의 개발 컴퓨터에는 5.0.2 버전을 문제없이 설치했다.

조건부 논리

다음 기본 개념은 조건문을 작성하는 방법이다. 예를 들어 일부 값이 다른 값보다 높으면 몇 가지 작업을 수행하도록 코드에 알린다. 가격이 이동 평균 이상이거나 비슷할 경우 매수하고자 하는 트레이딩 논리를 생각해보라. 물론 이 책의 후반부에서 다루게 될 것이다.

조건문은 방금 본 루프와 비슷한 방식으로 작동한다. 조건문을 만들고자 한다면 루프를 만들었던 것처럼 그 문장을 콜론으로 끝내야 한다. 그리고 다음에 들여쓰기가 필요하다.

리스트를 사용해 방금 습득한 지식을 바탕으로 잠시 시간을 내 다음 코드를 살펴보라.

```python
bunch_of_numbers = [
    1, 7, 3, 6, 12, 9, 18
    ]

for number in bunch_of_numbers:
    if number == 3:
        print("The number three!")
    elif number < 10:
        print("{} is below ten.".format(number))
    else:
        print("Number {} is above ten.".format(number))
```

간단한 코드 영역에서 배워야 할 몇 가지 중요한 사항이 있다. 지금쯤 첫 번째 행이 익숙할 것이다. 이번에는 여러 숫자들로 구성된 리스트를 만드는 것부터 시작하자. 그런 다음, 5장의 앞부분에서와 같이 모든 숫자를 반복하는 루프를 시작한다. 아직까지는 새로운 것은 없다.

하지만 첫 번째 조건부 구문이 있다. 이중 등호(==)를 주의하라. 오타가 아니다. 파이썬에서는 대부분의 다른 프로그래밍 언어와 마찬가지로 단일 등호(=)가 값을 할당하는 데 사용되는 반면, 이중 등호가 비교에 사용된다. 이 경우 "현재 숫자가 3이면 다음을 수행하라"라고 지시하는 것이다.

여기에 중첩된 들여쓰기^{nested indentations}도 유의하라. 루프가 시작된 후 다음 코드 블록에 대한 들여쓰기가 있다. 그런 다음 if문이 있는데 조건이 충족될 경우 실행할 코드 블록을 표시하기 위해 자체 들여쓰기가 필요하다.

if 구문 후에 처음에는 그렇게 명백하지 않을 수 있다. "elif"라는 새로운 단어, 이것은 단지 "else if"의 줄임말이다. 숫자가 3이면 첫 번째 조건이 충족됐고 우리는 elif 행에 도달하지 못할 것이다. 이것은 숫자가 3이 아닌 경우에만 평가되며, 우리는 첫 번째 조건을 충족하지 못했다.

elif 구문은 숫자가 10보다 작은지 확인한다. 그렇다면 텍스트 한 줄을 프린트하고 다음 번호로 이동한다.

마지막으로, 두 조건이 모두 충족되지 않으면 다른 조건이 충족될 것이다. 이 경우 우리는 숫자가 3이 아니었고 10 이상이었다는 것을 알고 있다.

공통 실수

이 시점에서는 가장 일반적인 오류 원인을 조기에 제기하는 것이 좋다. 파이썬으로 처음 시작했을 때 나를 계속 곤란하게 만든 것은 들여쓰기 논리였다는 것을 기억한다.

파이썬은 코드 블록을 왼쪽 가장자리에서 얼마나 떨어져 있는지 기준으로 그룹화한다. 대부분의 경우 이 들여쓰기는 편집기에 의해 자동으로 수행된다. 예를 들어 행을 콜론으로 끝낼 때 대부분의 파이썬 편집기는 Enter 키를 누르면 자동으로 왼쪽 탭 하나에서 시작한다. 그것은 당신이 새로운 코드 블록을 만들려는 것을 알고 있다.

하지만 그것이 가끔 발생하는 실수를 막지는 못한다. 예컨대 행의 시작 부분에 실수로 공간을 두면 코드가 실행되지 않는다. 다음 코드는 앞서 조건문을 보여주기 위해 사용한 코드와 동일하지만, 고의적인 오류가 있다. 찾을 수 있는지 확인해보라.

```
bunch_of_numbers = [
    1, 7, 3, 6, 12, 9, 18
    ]
```

```
for number in bunch_of_numbers:
    if number == 3:
        print("The number three!")
     elif number < 10:
        print("{} is below ten.".format(number))
    else:
        print("Number {} is above ten.".format(number))
```

위의 코드 부분에서는 쉽게 볼 수 없다. 이제 elif로 시작하는 행 앞에 공백이 추가돼 if 및 다른 문과 잘못 정렬된다. 이 코드를 실행하려고 하면 "Indentation-Error"에 대한 메시지가 표시된다. 그림 5.7에서 이를 확인할 수 있다. 이 책은 흑백으로 돼 있지만, 이를 노트북에 써 보면 코드 안의 elif 단어가 자동으로 빨간색으로 강조 표시돼 여기에 문제가 있다는 것을 알 수 있다. 자세히 보라. 바로 눈에 띄지 않으면, elif가 있는 행이 위의 if문과 정렬되지 않는다.

```
In [5]:  # There's a deliberate error in this cell
         bunch_of_numbers = [
                 1, 7, 3, 6, 12, 9, 18
                 ]

         for number in bunch_of_numbers:
             if number == 3:
                 print("The number three!")
              elif number < 10:
                 print("{} is below ten.".format(number))
             else:
                 print("Number {} is above ten.".format(number))

           File "<ipython-input-5-242463f8ada6>", line 9
             elif number < 10:
                ^
         IndentationError: unindent does not match any outer indentation level
```

그림 5.7 들여쓰기 오류

때로는 파이썬 오류 메시지가 친근하고 도움이 될 때도 있고, 때로는 무례하고 혼란스러울 수도 있다. 친절하고 친근한 오류 메시지의 좋은 예는 프린트 문장의 괄호를 잊어버린 경우다. 이전 버전의 파이썬에서는 이러한 괄호가 필요하지 않았기 때문에 이는 매우 흔한 실수다.

그림 5.8에서 행 7의 괄호가 누락된 동일한 코드를 다시 볼 수 있다. 콘솔에서는 오류 메시지가 사용자가 잘못한 부분을 파악하고 수정 사항을 제안하는 방법을 볼 수 있다.

```
In [6]:  # There's a deliberate error in this cell
         bunch_of_numbers = [
             1, 7, 3, 6, 12, 9, 18
             ]

         for number in bunch_of_numbers:
             if number == 3:
                 print "The number three!"
             elif number < 10:
                 print("{} is below ten.".format(number))
             else:
                 print("Number {} is above ten.".format(number))

           File "<ipython-input-6-9c419f40eebe>", line 8
             print "The number three!"
                                     ^
         SyntaxError: Missing parentheses in call to 'print'. Did you mean print("The nu
         mber three!")?
```

그림 5.8 괄호의 누락

라이브러리 설치

일반적으로 파이썬 라이브러리 설치는 터미널에서 수행된다. 터미널은 이전 명령 프롬프트와 마찬가지로 명령과 프로그램을 실행할 수 있다. 실제로 일반 명령 프롬프트에서 이 작업을 수행하는 것이 가능하지만 여기서 보여주는 방법이 더 쉽다.

다음번에 다른 책을 통해서 이 문제에 직면 가능성이 높기 때문에 여기서는 명령문 줄의 설치만 언급하겠다. 텍스트 명령을 사용해 설치를 처리하는 것이 일반적이지만, 지금은 이러한 추가적인 번거로움을 피할 수 있다.

이 책을 읽을 대부분의 독자분들이 가능한 한 텍스트 명령을 피하고 싶어 할 것 같아, 같은 작업을 수행하는 시각적인 방법을 보여주겠다.

5장의 앞부분에서 설명한 것처럼 **아나콘다** 패키지를 설치할 때 설치된 애플리케이션 중 하나가 **아나콘다 내비게이터**였다. 찾아서 열어보라. 이 애플리케이션은 많은 일반적인 파이썬 작업을 단순화하는 데 도움이 될 수 있으며, 이 작업을 많이 사용하게 될 것이다.

아나콘다 내비게이터를 열면 왼쪽에 사이드바 메뉴가 표시된다. 이러한 메뉴 아이템 중 하나가 환경이다. 그쪽으로 가라. 조만간 새로운 환경을 만들 예정이므로 조금 더 나중에 이 환경에 들어갈 것이다. 특정 라이브러리 및 버전이 있는 환경을 특정 목적에 맞게 설치할 수 있으므로 여러 환경을 사용할 수 있다.

현재로서는 **아나콘다**를 새로 설치했다면 아마도 하나의 아이템을 가질 것인데, 이를 루트root 또는 베이스base라고 부른다.

루트 환경을 선택하면 화면의 오른쪽이 업데이트돼 이 환경에 설치된 라이브러리를 정확하게 표시한다. 그림 5.9에서 볼 수 있듯이, 이미 설치된 라이브러리 또는 사용 가능하지만 아직 설치되지 않은 라이브러리를 볼 것인지 선택할 수 있는 드롭다운dropdown도 있다.

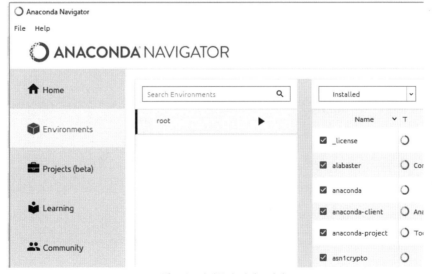

그림 5.9 아니콘다 라이브러리

새 파이썬 라이브러리를 설치하는 가장 간단한 방법은 여기로 이동해 해당 드롭다운에서 Not Installed를 선택해 설치할 수 있는 라이브러리를 확인하는 것이다. 필요한 라이브러리를 찾아서 확인한 후 하단에 있는 **적용** 버튼을 누른다.

이때 설치해야 하는 라이브러리와 그 이유가 무엇인지 궁금할 것이다. 내가 라이브러리 설치 방법을 일찍 말하는 이유는 가끔 아직 설치하지 않은 라이브러리를 사용하는 코드 샘플을 만나게 될 것이기 때문이다. 필요할 때는 어떻게 해야 할지 미리 알고 있는 것이 좋다.

이 책 초반에는 일반적인 라이브러리가 필요하므로 6장으로 넘어가기 전에 라이브러리가 설치돼 있는지 확인하라. 이미 설치돼 있을 수 있지만 확인해보자.

그림 5.9에서 볼 수 있는 드롭다운의 모든 라이브러리를 선택한 다음 **판다스**^{pandas}를 찾는다. 맨 위의 검색 필드를 사용해 더 빨리 찾을 수 있다. 이 라이브러리 옆에 체크 표시가 있으면 이미 설치돼 있고 모두 정상이다. 그런 다음 동일한 방법으로 MatPlotLib이 설치됐는지 확인한다. 설치돼 있지 않으면 옆에 있는 **확인**을 클릭하고 변경 사항을 적용한다.

이 두 개의 매우 흔한 라이브러리들은 이 책의 모든 샘플 코드에 사용할 것이다. 첫 번째 라이브러리는 시계열 프로세싱에 혁명을 일으키고 파이썬이 금융 모델링에서 부상하는 가장 큰 이유이며, 두 번째 라이브러리는 데이터를 시각화하기 위한 것이다.

이 책에서 곧 다룰 여러 환경을 사용하고 있다면 방금 설치한 라이브러리가 모든 환경에 설치되지 않았다는 점을 기억해야 한다. 선택한 루트 또는 기본 환경만 사용할 수 있다.

더 복잡한 일부 라이브러리는 다른 라이브러리에 종속될 수 있다. 이 경우 모든 종속성도 자동으로 설치된다. 이를테면 대부분의 백테스트 라이브러리에는 다른 라이브러리 집합을 설치해야 한다. 백테스트 라이브러리를 설치하면 다른 모든 필수 라이브러리가 설치된다.

판다스 등장

이제 뭔가 유용한 일을 해보자.

판다스 라이브러리는 파이썬의 세계에서 절대적인 게임 체인저다. **판다스**에 관한 많은 책들이 있는데, 가장 중요한 것은 『파이썬 라이브러리를 활용한 데이터 분석』 이다. **판다스** 라이브러리를 처음 쓴 Wes McKinney가 쓴 책이다. 나는 그가 하는 것 같은 세부 사항 근처에는 가지 않을 것이다. 하지만 나는 이 책에서 그의 빛나는 라이브러리를 계속 사용할 것이다.

판다스는 구조화된 데이터를 다루는 라이브러리다. 트레이더들에게 가장 중요한 것은 시계열 데이터를 처리하는 데 탁월하다는 것이다.

다음 트릭을 위해 파일에서 시계열 데이터를 읽고 이에 대한 이동 평균을 계산 한 다음 그래프를 표시한다. 아까 했던 루프보다 좀 더 복잡하게 들리지 않는가?

첫 번째 질문은 어디서 데이터를 얻느냐다. 만약 당신이 2017년 이전에 작성된 임의의 파이썬 책을 집는다면, 그것들은 당신에게 Yahoo나 Google에서 코드 한 줄에 있는 데이터를 자동으로 얻는 방법을 보여줄 것이다. 뭐, 알고 보니 잘 되지도 않았고, 저자들의 잘못도 없었다. Yahoo나 Google 모두 사전 통보 없이 이 서비스 를 중단하기로 결정했으며, 수천 개의 코드 샘플이 책과 웹사이트에 영구적으로 손상됐다.

이 첫 번째 연습에서는 사용할 수 있는 데이터가 포함된 로컬 쉼표로 구분된 파일이 있다고 가정하겠다. 편리한 프로그램이 없다면, 내 웹사이트 www.following thetrend.com/trading-evolved에서 다운로드하라. 첫 번째 시계열 실험은 단순하게 진행되며, 파일 레이아웃에는 두 개의 열만 있다. 첫 번째는 날짜가 적혀 있고 두 번째는 가격이 적혀 있다. 내 파일은 이러하다.

```
2009-06-24, 900. 94
2009-06-25, 920. 26
2009-06-26, 918. 9
2009-06-29, 927. 23
2009-06-30, 919. 32
2009-07-01, 923. 33
2009-07-02, 896. 42
2009-07-06, 898. 72
2009-07-07, 881. 03
2009-07-08, 879. 56
2009-07-09, 882. 68
2009-07-10, 879. 13
2009-07-13, 901. 05
2009-07-14, 905. 84
2009-07-15, 932. 68
2009-07-16, 940. 74
2009-07-17, 940. 38
2009-07-20, 951. 13
...
```

여기서는 yyyy-mm-dd 형식을 사용한다.

편의를 위해 이 csv 파일을 파이썬 코드를 저장할 폴더와 동일한 폴더에 저장하라. 물론 원하는 곳에 저장할 수 있지만, 같은 폴더에 있지 않으면 코드에 경로를 지정해야 파일을 찾을 수 있다.

이제 코드를 작성할 준비가 됐다. **주피터 노트북**으로 돌아가 새 파일을 만들라. 이번 시간에는 몇 가지 새로운 개념을 더 배워보겠다. 첫 번째는 우리의 코드에 사용할 라이브러리를 가져오는 것이다. 이 경우에는 **판다스**다.

이 데이터를 읽으려면 이동 평균을 계산하고 차트를 표시하면 된다. 다음 코드만 있으면 된다.

```
%matplotlib inline
import pandas as pd
data = pd.read_csv('sp500.csv', index_col='Date', parse_dates=['Date'])
data['SMA'] = data['SP500'].rolling(50).mean()
data.plot()
```

나쁘지 않다. 대부분의 다른 프로그래밍 환경에서 요구되는 것과 비교해 얼마나 쉬운지 생각해보라.

이 코드가 하는 일은 이렇다. 첫 번째 기발해 보이는 행 %matplotlib inline은 앞으로 많이 보게 될 것이다. 현재 이 행이 필요한 이유는 중요하지 않지만, 그래프가 노트북에 표시되도록 하려면 이 행이 필요하다. 해당 행을 잊으면 텍스트 출력만 나오고 그래프는 표시되지 않는다.

다음으로, **판다스** 라이브러리를 사용하고 **판다스**를 pd로 import하고 싶다고 코드에게 말한다. 흔히 볼 수 있는 것처럼 판다스의 가명을 만들어 판다스 대신 pd가 참고할 수 있도록 했다. 그것은 앞으로 이 라이브러리가 많이 사용될 것이기 때문에 단어 전체를 반복해서 타이핑하는 것을 피하기 위해서다. 이 별칭은 자주 볼 수 있으며, 이 책에 있는 코드가 pd를 나타낼 때마다 Pandas 라이브러리를 참조한다.

그러면 다음 행 data = pd.read_csv('sp500.csv', index_col='Date', parse_dates=['Date'])가 디스크에서 data라는 변수로 파일을 읽는다. 여기서는 날짜 머리글이 있는 열이 인덱스이고 Pandas가 이 열의 날짜 형식을 구문 분석하도록 지정한다. 날짜 형식은 상관없다고 말씀드렸다. 비록 유럽 형식이 확실히 우월하긴 하지만,

여기서 **판다스**가 해결해줄 것이다.

그러고 나서 data['SMA'] = data['SP500'].rolling(50).mean() 행을 갖는데, 이는 이동 평균 또는 일반적으로 고급 데이터 과학자가 언급하는 롤링 평균이다. 이미 짐작했듯이, 동일한 구문을 사용해 롤링 윈도우에 적용할 수 있는 수많은 다른 함수가 있다.

여기서의 롤링 평균은 열 sp500에서 계산된다. 그 이름이 어디서 왔는지 궁금할 경우 답은 간단하다. 내 샘플 csv 파일의 레이아웃을 다시 살펴보라. 그것은 두 번째 열의 이름, 즉 종가가 포함된 열의 이름이었다.

판다스가 머리글의 이름을 읽을 것이고, 여러분은 나중에 이런 식으로 참고할 수 있다. 우리가 csv 파일을 읽어 만든 객체를 **데이터프레임**이라고 한다. 그것은 이 책에서 자주 언급할 중요한 **판다스**의 개념이다.

데이터프레임을 스프레드시트로 생각하라. 단지 더 좋을 뿐이다. 스프레드시트와 마찬가지로 행과 열이 있으며, 사용자는 해당 행에서 수학적 함수를 쉽게 수행할 수 있다. **데이터프레임**에는 행 번호이거나, 시계열의 경우 날짜와 같이 더 유용한 인덱스가 있다. 열에는 이름이 지정된 헤더가 있을 수 있으므로 쉽게 참조할 수 있다.

우리 코드의 마지막 행은? 단순 함수 호출 plot()을 사용해 데이터 차트를 생성한다. 출력은 그림 6.1과 거의 비슷해야 한다.

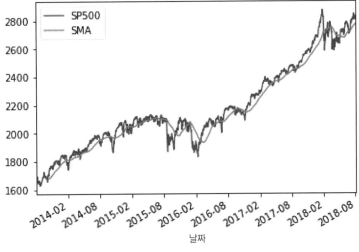

그림 6.1 처음 그래프

꽤 깔끔하지 않은가? 데이터를 수집하고, 날짜를 분석하고, 분석을 계산하고, 차트를 작성했다. 이 모든 것이 몇 줄의 코드로 이루어졌다. 이 시점에서 이 모든 것을 처음 접하는 분들이라면 파이썬의 가치가 느껴지기를 바란다.

여기서 정말 흥미로운 행은 롤링 평균을 계산하는 행이다. 확실히 수학은 아주 간단하지만, 그건 요점이 아니다. 여기서 정말 흥미로운 것은 어떻게 하느냐다. 그냥 시계열만 취하고 롤링 윈도우를 얻고 직접 계산을 할 수 있다는 것이다.

왜 이렇게 깔끔한지 이해하기 위해 잠시 시간을 내 어떻게 Excel에서도 동일한 작업을 수행했을지를 생각해보라.

Excel에서 csv 파일을 여는 것은 문제가 아니다. 그런 다음 열 머리글이 맨 위에 있으므로 51행에서 50번째 데이터 점까지 스크롤할 수 있다. 여기서는 =AVERAGE (B51: OFFSET(B51, -49,0))와 같은 공식을 작성한다. 그리고 나서 이걸 복사한다. 이는 시트에 이미 많은 개별 함수가 있음을 의미한다. 그리고 Excel이 스프레드시트의 모든 공식을 다시 계산한다는 것도 잊지 마라. 물론 Excel에 대한 주요 이슈 중 하나다.

Excel의 오프셋offset은 시작 셀인 B51도 계산되므로 50이 아니라 49가 돼야 한다.

파이썬을 사용하면 전체 시계열에 한 번에 함수를 적용할 수 있다. 이 경우 간단한 수학이지만 나중에 보다시피 복잡한 계산에서도 동일한 방식으로 작동한다.

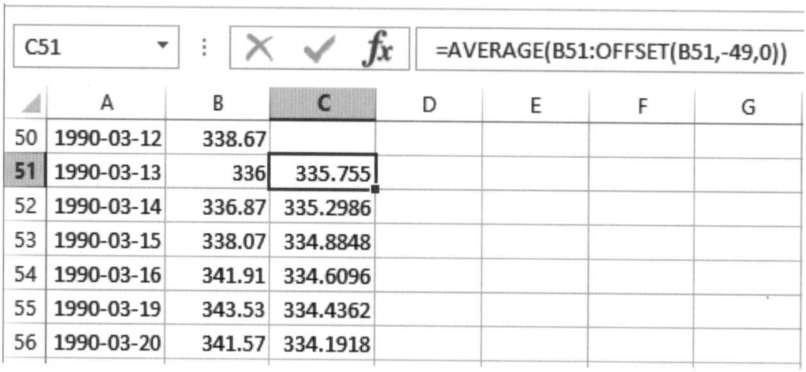
C51 =AVERAGE(B51:OFFSET(B51,-49,0))

	A	B	C	D	E	F	G
50	1990-03-12	338.67					
51	1990-03-13	336	335.755				
52	1990-03-14	336.87	335.2986				
53	1990-03-15	338.07	334.8848				
54	1990-03-16	341.91	334.6096				
55	1990-03-19	343.53	334.4362				
56	1990-03-20	341.57	334.1918				

그림 6.2 Excel에서의 이동 평균

Excel의 경우 이 간단한 작업은 수천 개의 개별 공식과 동일한 파일에 있는 데이터와 논리의 혼합을 필요로 한다. 이제 다양한 금융 시계열과 다양한 분석 간에 전환하고자 하는 경우를 상상해보라. Excel 파일은 점점 복잡해지고 유지 관리가 불가능해질 수 있다. 파이썬 방식은 훨씬 우수하다.

설명서와 도움말

이전 절에서 코드 샘플을 보고 Pandas가 인덱스 열을 설정하거나 날짜를 구문 분석하기 위해 어떤 인수를 사용할지 어떻게 알 수 있는지 물어보는 것은 타당하다. 어떻게 다른 가능한 논쟁들이 있는지 알 수 있었는지는 말할 것도 없고.

두 가지 방법으로 접근하면 결국 동일한 정보를 얻을 수 있다. 한 가지 방법은 인터넷을 검색하는 것이다. 그러면 선택한 검색엔진에서 처음 몇 줄의 반환에서 공식 문서와 다양한 사용 샘플이 제공된다.

다시 한 번 자세한 내용은 기본 제공 설명서를 참조하라. 마법의 단어를 말하면 화면에 나타날 것이다. 모든 또는 적어도 대부분의 파이썬 라이브러리에는 이러한 종류의 설명서가 내장돼있다. 시범으로 Pandas를 사용해 판다스가 무엇이며 어떻게 작동하는지, 어떤 기능을 사용할 수 있는지, 마지막으로 read_csv()를 정확히 사용하는 법을 알아보겠다.

새 주피터 노트북을 다시 연다. 아니면 정말 귀찮다면 책 사이트에서 샘플을 다운로드받는다. 모든 코드 샘플이 거기 있다. 판다스를 먼저 import하는 방법은 이전과 같다.

```
import pandas as pd
```

이제 별칭 pd로 참조할 수 있다. 다음 셀에서는 이 코드 줄을 실행하기만 하면 된다.

```
help(pd)
```

그러면 Panda가 무엇인지, 어떤 버전을 사용하고 있는지, 현재로서는 별로 관심이 없는 기술 정보를 간략히 볼 수 있다. 출력은 다음 텍스트와 비슷하거나 비슷해야 한다.

```
Help on package pandas:

NAME
    pandas

DESCRIPTION
    pandas - a powerful data analysis and manipulation library for Python
    ====================================================
```

pandas is a Python package providing fast, flexible, and expressive data structures designed to make working with "relational" or "labeled" data both easy and intuitive. It aims to be the fundamental high-level building block for doing practical, **real world** data analysis in Python. Additionally, it has the broader goal of becoming **the most powerful and flexible open source data analysis / manipulation tool available in any language**. It is already well on its way toward this goal.

Main Features

Here are just a few of the things that pandas does well:

- Easy handling of missing data in floating point as well as non-floating point data
- Size mutability: columns can be inserted and deleted from DataFrame and higher dimensional objects
- Automatic and explicit data alignment: objects can be explicitly aligned to a set of labels, or the user can simply ignore the labels and let `Series`, `DataFrame`, etc. automatically align the data for you in computations
- Powerful, flexible group by functionality to perform split-apply-combine operations on data sets, for both aggregating and transforming data
- Make it easy to convert ragged, differently-indexed data in other Python and NumPy data structures into DataFrame objects
- Intelligent label-based slicing, fancy indexing, and subsetting of large data sets
- Intuitive merging and joining data sets
- Flexible reshaping and pivoting of data sets
- Hierarchical labeling of axes (possible to have multiple labels per tick)
- Robust IO tools for loading data from flat files (CSV and delimited), Excel files, databases, and saving/loading data from the ultrafast HDF5 format
- Time series-specific functionality: date range generation and frequency conversion, moving window statistics, moving window linear regressions, date shifting and lagging, etc.

...

도움말 기능은 판다스 라이브러리에 대한 개요 정보를 제공하지만 **판다스** 라이브러리에는 어떤 객체가 있는지, 어떻게 작동하는지에 대한 세부 정보가 없다. 걱정마라. 서류에 더 자세히 들어갈 수 있다.

데이터프레임에서도 동일한 도움말 기능을 실행할 수 있다. **주피터 노트북**에서 다음 줄을 실행해보라.

```
help(pd.DataFrame)
```

이렇게 하면 **데이터프레임** 개체에 내장된 기능의 리스트가 상당히 길어진다. 일반적으로 지금은 밑줄로 시작하는 기본 제공 함수를 모두 무시해도 된다. 나타나는 텍스트는 **데이터프레임**이 무엇인지, 데이터프레임의 용도를 알려주고, 함수 및 특성을 나열한다.

이 도움말 비즈니스를 한 단계 더 발전시키고 read_csv() 함수 자체에 대한 세부 정보를 요청할 수 있다.

```
help(pd.read_csv)
```

이 행을 실행하면 csv 파일을 읽는 데 사용할 수 있는 모든 인수와 이러한 인수의 기본값 및 각 인수에 대한 설명이 표시된다. 그러면 이 함수의 사용법에 대해 알아야 할 모든 것을 알 수 있을 것이다.

여기 예에서는 인덱스 열과 날짜 구문 분석에 대한 정보를 찾고 있었다. 그러면 이들에 대해 이 문서에 무엇이 나와 있는지를 자세히 살펴보겠다.

index_col : int or sequence or False, default None
    Column to use as the row labels of the DataFrame. If a sequence is given, a
    MultiIndex is used. If you have a malformed file with delimiters at the end
    of each line, you might consider index_col=False to force pandas to _not_
    use the first column as the index (row names)

이것은 우리가 숫자나 이름을 제공해 인덱스 열을 결정할 수 있다는 것을 의미하지만, 숫자가 없는 것도 결정할 수 있다. 숫자를 사용할 경우 파이썬 세계의 모든 항목이 0을 기반으로 하므로 파일의 첫 번째 열에 0이 된다.

그러면 동일한 문서로 날짜 구문 분석도 확인하겠다. 그 표현식은 코드에 텍스트 문자열을 분석해 날짜를 만드는 것을 말한다.

parse_dates : boolean or list of ints or names or list of lists or dict, default False

```
* boolean. If True -> try parsing the index.
* list of ints or names. e.g. If [1, 2, 3] -> try parsing columns 1, 2, 3
  each as a separate date column.
* list of lists. e.g.  If [[1, 3]] -> combine columns 1 and 3 and parse as
  a single date column.
* dict, e.g. {'foo' : [1, 3]} -> parse columns 1, 3 as date and call result
  'foo'
```

If a column or index contains an unparseable date, the entire column or index will be returned unaltered as an object data type. For non-standard datetime parsing, use ``pd.to_datetime`` after ``pd.read_csv``

이 텍스트는 날짜를 구문 분석하려면 한 가지 방법은 parse_dates=True를 설정하는 것이다. 그렇게 하면 **판다스**가 인덱스 열을 이용해서 날짜를 만들려 할 것이다. 때로는 다른 열을 구문 분석parse하도록 지시할 수도 있으므로 열 번호 또는 이름 리스트를 제공해 날짜로 분석하고 구문 분석할 열을 지정할 수도 있다.

이러한 문서 획득 방법은 실질적으로 모든 것에 사용될 수 있다. 분실 시 검색엔진에 함수 이름을 입력하거나 내장된 도움말 기능을 사용하라.

간단한 파이썬 시뮬레이션

이제 파이썬이 얼마나 빨리 유용해질 수 있는지를 보여주는 또 다른 데모를 통해 한 발자국 더 나아가 보자. 이 데모에서는 동일한 S&P 500 데이터를 사용해 시뮬레이션을 작성할 것이다. 50일 이동 평균이 100일 이동 평균보다 높을 때 롱을 취하고, 다시 그 아래로 이동할 때 청산하면 어떻게 될 것인지 알아보자.

그것이 트레이딩하기에 좋은 전략이라고 얘기하는 것이 아니다. 단지 하나의 예일 뿐이다. 코드화하기 매우 쉬운 예다. 또한 여기서 사실주의를 지향하지 않는다. 6장에는 없다. 그것은 파이썬 소개 장이 끝난 후다. 그래서 지금으로서는 일을 상당히 단순하게 진행할 것이다.

이 시뮬레이션을 위해 **판다스** 라이브러리를 다시 사용할 예정이며, 매우 유용하고 일반적인 라이브러리도 하나 더 사용할 예정이다. **넘파이**^{Numpy}는 Numerical Python의 줄임말로, 모든 종류의 유용한 수학 함수를 갖춘 라이브러리다. Python Land에서 더 쉽고 빠르게 생활할 수 있다. **판다스**가 보통 pd로 별칭이 있듯이, Numpy도 np로 별칭이 지정된다. 그게 내가 여기서와 책 전체에 걸쳐서 할 수 있는 방법이다.

루트 환경에 **넘파이**가 이미 설치돼 있을 가능성이 높지만, 5장에서 살펴본 것처럼 **아나콘다 내비게이터**에서 항상 확인할 수 있다. 설치돼 있지 않으면 설치하라. 당신이 아마 많이 사용할 또 다른 라이브러리다.

당신이 논리대로 할 수 있도록 차근차근 해나가겠다. 날 믿으라. 이건 복잡한 것이 아니다. 적어도 아직은. 여기서 코드 10줄 정도를 더 이상 사용하지 않을 것이다. 심지어 더 적은 수로 할 수도 있다.

```
# 그래프가 나타나도록 확인하라.
%matplotlib inline

# 필요한 라이브러리를 임포트하라.
import pandas as pd
import numpy as np
```

좋다. 그럼 지금쯤 처음 라인들이 분명해졌을 것이다. 먼저 노트북에 그래프가 나타나는지 확인한 다음 몇 개 import 구문을 표시해 **넘파이**와 **판다스**의 기능을 사용할 수 있도록 한다.

```
# 디스크로부터 데이터를 읽어라.
data = pd.read_csv('sp500.csv', index_col='Date', parse_dates=['Date'])
```

우리가 전에 본 적 있는 것이다. 우리는 데이터를 파일에서 **판다스 데이터프레임**으로 읽고 있다.

```
# 2개의 이동 평균을 계산한다.
data['SMA50'] = data['SP500'].rolling(50).mean()
data['SMA100'] = data['SP500'].rolling(100).mean()
```

이 코드 라인은 시뮬레이션에 사용할 두 이동 평균을 계산한다. 보다시피 각각 50과 100의 롤링 시간을 참조하고 그 평균을 계산한다.

```
# 만약 SMA50이 SMA100의 위에 있으면 1로 설정한다.
data['Position'] = np.where(data['SMA50'] > data['SMA100'], 1, 0)
```

다음 줄은 우리가 어떤 요일에 길어야 하며 어떤 요일에 일을 쉬어야 하는지 확인한다. 더 빠른 이동 평균이 더 느린 이동 평균보다 높으면 롱을 취하는 전략이다. 즉, SMA50 열이 SMA100보다 높을 때 우리는 롱을 취할 것이다. 그렇지 않으면 우리는 포지션을 취하지 않는다.

위의 선은 SMA50이 SMA100보다 높은 위치에 있는 열 Position을 1로 설정하고 다른 모든 날을 0으로 설정하는 것이다.

그런데 논리적으로 중요한 부분이 있다. 코드의 이 시점에서 포지션 열은 평균이 교차하는 날에 변경된다. 즉, 우리는 평균 계산 따라서 시그널에 근거한 것과 동일한 가격, 즉 종가로 즉시 거래한다. 그건 분명히 부정 행위다. 이게 공정하게 진행되려면 트레이딩을 시그널 다음날로 미뤄야 한다. 다행히도 이것은 매우 쉽게 할 수 있다.

```
# 하루 후에 매수한다. 열을 이동한다. (shift the column)
data['Position'] = data['Position'].shift()
```

다음으로 우리는 전략이 하루에 몇 퍼센트씩 변화하는지 계산한다. 생각해보면 이건 쉬운 일이다. 우리는 지수가 하루에 몇 퍼센트 움직이는지 알고 있다. 그리고 50일 이동 평균이 100을 넘으면 우리는 지수의 100%를 롱long할 것이라는 것을 알고 있다. 그렇지 않다면 우리는 아무것도 보유하지 않을 것이다.

```
# 전략의 일일 퍼센트 수익률 계산
data['StrategyPct'] = data['SP500'].pct_change(1) * data['Position']
```

지수의 일일 퍼센트 변화를 계산하고 방금 만든 Position 열에 곱한다. 우리가 롱이라면 이 열은 1이 되고 그렇지 않으면 0이 된다는 것을 기억하라.

지수에서 얼마나 쉽게 수익률을 얻을 수 있는지 알아보라. 판다스 **데이터프레임**에서 해당 열을 참조하고 pct_change() 함수를 호출한다.

```
# 누적 수익률 계산
data['Strategy'] = (data['StrategyPct'] + 1).cumprod()
```

다음은 전략의 수익률을 계산할 차례다. 일일 수익률 숫자는 이미 알고 있으므로, 그것으로 시계열만 만들면 된다. 가장 간단한 방법은 모든 수익률에 숫자 1을 더한 다음 판다스 함수 comprod()를 사용하는 것이다. 이렇게 하면 시리즈의 누적 곱이 계산된다.

위의 코드 행에 더하기 부호를 사용해 열의 각 행에 숫자를 더할 수 있다. 다른 프로그래밍 언어에서는 우리가 개념을 혼합하고, 숫자 리스트에 정적 숫자를 추가하려고 한다고 불평할 수 있다. 하지만 판다스는 우리가 무엇을 의미하는지 알아내고 모든 줄에 숫자를 더할 것이다.

```
# 누적 수익률 계산
data['BuyHold'] = (data['SP500'].pct_change(1) + 1).cumprod()
```

전략 옆에 있는 매수 및 보유의 경우를 그림으로 그려 두 가지를 비교할 수 있도록 하는 것이 유용하다. 여기서 방법은 전략 수익률을 계산할 때와 같으며, 대신 실제 S&P 시계열을 기준으로 한다.

```
# 결과 그리기
data[['Strategy', 'BuyHold']].plot()
```

마지막으로 마지막 행, 두 선을 표시한다. 마지막으로 단지 두 열만이 있고, 둘 다 표시하려고 했기 때문에 표시할 열을 지정하지 않았다. 표시할 열을 지정하지 않으면 모든 열을 얻을 수 있다. 그것은 스파게티처럼 보일 것이다. 여기서 신경 쓰는 것은 매수와 보유 벤치마크 옆에 우리 전략의 주식 곡선을 보여주는 것이다. 그게 바로 이것이 하는 일이다.

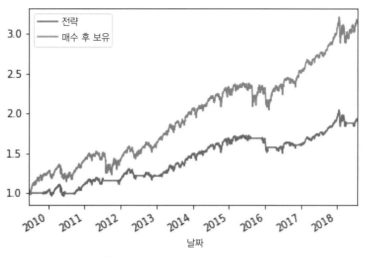

그림 6.3 간단한 시뮬레이션 결과

이 책이 흑백으로 쓰여 있고, 우리가 파이썬 플롯^{plot}에서 점선이나 점선을 만드는 법을 아직 배우지 않았다는 사실을 감안하자. 나중에 다룰 것이다. 하지만 그것이 차트 맨 아래에 있는 우리의 전략인지 궁금할 수도 있다. 수익률이 낮은데 겉보기에는 변동성도 낮다. 확실히 이런 그래프는 전략이 좋은지를 판단하기에는 충분하지 않지만, 현재 신경 쓰는 것은 그게 아니다.

방금 첫 파이썬 백테스트를 완료했다. 축하한다!

여러분 대부분은 **판다스 데이터프레임**보다 Excel에 대해 훨씬 더 잘 알고 있을 것이며, 우리가 계산한 열이 Excel에서 어떻게 보였을지 보는 데 도움이 될 것이다. 우리가 만든 **데이터프레임**은 그림 6.4와 같이 구조화될 것이다. 첫 번째 열 SP500은 데이터 파일에서 바로 가져오고 나머지 열은 모두 계산된다. SMA50이 SMA100보다 높은지의 여부에 따라 Position 열에 1 또는 0이 표시된다. 1이 표시되면 전략이 포트폴리오 가치의 100% 포지션을 유지하고 있다고 가정하고, 이전 전략 값에 당일 지수 변화율을 곱한다.

Date	SP500	SMA50	SMA100	Position	StrategyPct	Strategy	BuyHold
2010-06-03	1,102.83	1,158.66	1,137.63	1	0.41%	1.00	1.23
2010-06-04	1,064.88	1,156.60	1,136.81	1	-3.44%	0.97	1.19
2010-06-07	1,050.47	1,154.29	1,135.95	1	-1.35%	0.96	1.17
2010-06-08	1,062.00	1,152.20	1,135.11	1	1.10%	0.97	1.19
2010-06-09	1,055.69	1,149.85	1,134.18	1	-0.59%	0.96	1.18
2010-06-10	1,086.84	1,148.12	1,133.69	1	2.95%	0.99	1.21
2010-06-11	1,091.60	1,146.57	1,133.11	1	0.44%	0.99	1.22
2010-06-14	1,089.63	1,144.80	1,132.62	1	-0.18%	0.99	1.22
2010-06-15	1,115.23	1,143.35	1,132.61	1	2.35%	1.02	1.25
2010-06-16	1,114.61	1,141.86	1,132.84	1	-0.06%	1.01	1.25
2010-06-17	1,116.04	1,140.53	1,133.03	1	0.13%	1.02	1.25
2010-06-18	1,117.51	1,139.15	1,133.28	1	0.13%	1.02	1.25
2010-06-21	1,113.20	1,137.53	1,133.44	1	-0.39%	1.01	1.24
2010-06-22	1,095.31	1,135.50	1,133.55	1	-1.61%	1.00	1.22
2010-06-23	1,092.04	1,133.40	1,133.73	1	-0.30%	0.99	1.22
2010-06-24	1,073.69	1,130.66	1,133.58	0	0.00%	0.99	1.20
2010-06-25	1,076.76	1,127.96	1,133.31	0	0.00%	0.99	1.20
2010-06-28	1,074.57	1,125.61	1,133.08	0	0.00%	0.99	1.20
2010-06-29	1,041.24	1,122.48	1,132.86	0	0.00%	0.99	1.16
2010-06-30	1,030.71	1,118.95	1,132.51	0	0.00%	0.99	1.15
2010-07-01	1,027.37	1,115.38	1,132.22	0	0.00%	0.99	1.15
2010-07-02	1,022.58	1,111.66	1,131.74	0	0.00%	0.99	1.14
2010-07-06	1,028.06	1,107.88	1,131.34	0	0.00%	0.99	1.15
2010-07-07	1,060.27	1,104.84	1,131.15	0	0.00%	0.99	1.18
2010-07-08	1,070.25	1,102.57	1,131.10	0	0.00%	0.99	1.20
2010-07-09	1,077.96	1,100.30	1,130.93	0	0.00%	0.99	1.20

그림 6.4 간단한 시뮬레이션 데이터의 Excel 테이블 보기

지금까지 이 예제를 따랐다면 파이썬이 어떻게 일을 빠르고 쉽게 해낼 수 있는지에 대해 조금이나마 감명을 받았으리라 생각한다. 다시 말하지만 이미 이 예제를 분석해 시뮬레이션의 타당성에 의문을 제기하기 시작했을 수도 있다.

예를 들어 거래 비용을 처리하지 않은 것을 고려할 때, 일부에서는 이것이 정말로 합법적인 시뮬레이션인지 의문을 제기할 것이다. 그것이 타당성에 관한 의문이라면 당신은 더 큰 것을 놓친 것이다. 우리는 여기서 S&P 500 지수를 '트레이딩'하고 있다. 이는 트레이딩할 수 있는 증권이 아니다. 지수를 트레이드할 수 없다. 그것만이 문제가 아니다.

그래서 우리가 방금 한 시뮬레이션은 사실성을 위해 만들어진 것이 아니다. 여기에는 수많은 문제가 있고, 우리가 모든 시뮬레이션을 그렇게 단순한 논리로만 하지 않는 데는 그럴 만한 이유가 있다. 하지만 물론 여기서 중요한 건 그게 아니었다. 포인트는 파이썬이라는 언어로 몇 가지 깔끔한 것을 보여주는 것이다.

현실적인 시뮬레이션으로 넘어가기 전에 파이썬과 파이썬이 제공할 수 있는 몇 가지 더 쉽고 재미있는 예를 살펴볼 것이다.

상관관계 그래프 만들기

다음 단계로 넘어가기 전에 몇 가지 일반적인 개념을 선보이고자 한다. **주피터 노트북**에서 새 파일을 연다. 이번에는 S&P 500과 나스닥의 시간 경과에 따른 상관관계를 보여주는 그래프를 만들 것이다.

이번에 시연하고 싶은 가장 중요한 점은 파이썬에서의 함수 작동 방식이다. 디스크에서 데이터를 가져올 수 있는 유연하고 재사용 가능한 함수를 만들 것이다. 그런 다음 이 함수를 사용해 여러 csv 파일을 읽을 수 있다. 그 데이터가 확보되면 결과를 표시하기 전에 해당 데이터를 사용해 롤링 상관관계를 계산할 것이다. 아주 쉽다.

상관관계를 계산할 때 대부분의 실무자가 로그 수익률을 사용하는 것을 선호한다는 것을 알게 될 것이다. 그 이유는 시계열 데이터를 처리 및 분석할 때 로그 수익률로 작업하는 것이 매우 편리하며, 최종 결과에 미치는 영향은 거의 없기 때문이다.

여기서 중요한 것은 개념을 보여주는 것이고, 현재로서는 좋은 이전 수익률을 고수할 것이다. 아무런 문제가 없다. 그러나 이해해야 할 중요한 것은 상관관계가 합리적이 되게 하려면 이 두 가지 대안 즉 로그 수익률 또는 퍼센트 수익률 중 하나를 사용해야 한다는 것이다. 가격 수준에 대한 상관관계를 계산하는 것 자체가 논리적으로 말이 안 되고, 달러 변화를 사용하는 것도 말이 안 된다.

다음이 상관관계 그래프 프로그램의 코드다.

```
%matplotlib inline
import pandas as pd

def get_returns(file):
    """
    이 함수 get_returns는 데이터 파일을 디스크로부터 읽고,
    퍼센트 수익률을 반환한다.
    """
    return pd.read_csv(file + '.csv', index_col=0, parse_dates=True).
    pct_change()

# 디스크로부터 S&P 시계열을 얻는다.
df = get_returns('SP500')

# 나스닥(Nasdaq)에 대한 열을 더한다.
df['NDX'] = get_returns('NDX')

# 상관관계를 계산하고, 최근 200 데이터 포인트의 그래프를 그린다.
df['SP500'].rolling(50).corr(df['NDX'])[-200:].plot()
```

이 코드에 현재 상황을 설명하는 데 도움이 되는 주석commnets이 있다. 코드에 주석을 쓰는 것은 좋은 생각이다. 스스로 기억을 하고 다른 사람이 읽을 수 있는 코드에 주석을 쓰는 것은 좋은 생각이다.

여기 보면 두 가지 주석 방법이 있다. 하나는 세 개의 따옴표(""")로 끝나는 블록 주석이다. 세 개의 따옴표 사이에 쓰여 있는 것은 모두 주석으로 간주된다.

두 번째 방법은 해시 사인(#)을 사용하는 것이고, 그 이후의 모든 것은 주석이 된다.

실제 코드로 키워드 def로 시작하는 행이 보이는가? 이것이 함수를 정의한다. 함수는 코드 조각으로, 재사용할 수 있는 일부 기능을 캡슐화한다. 이 단순 함수 get_returns는 파일 이름을 인수로 사용한다. 해당 함수에 파일 이름을 지정하면 해당 파일이 프로그램과 동일한 폴더에 있을 경우 디스크에서 해당 파일을 읽고 일일 퍼

센트 수익률을 반환합한다. 이전에도 본 적 있다.

이 함수를 두 번 호출할 것이다. 먼저 디스크의 S&P 500 데이터를 Pandas DataFrame 으로 읽은 다음 해당 DataFrame에 나스닥 데이터를 추가한다.

이 테스트를 시도할 때 사용자 자신의 데이터를 사용하거나 www.following thetrend.com/trading-evolved에서 샘플 파일을 다운로드할 수 있다.

파일에 사용한 레이아웃은 다음과 같다.

```
Date,SP500
1990-01-02, 359. 69
1990-01-03, 358. 76
1990-01-04, 355. 67
1990-01-05, 352. 2
1990-01-08, 353. 79
1990-01-09, 349. 62
1990-01-10, 347. 31
1990-01-11, 348. 53
1990-01-12, 339. 93
1990-01-15, 337
1990-01-16, 340. 75
1990-01-17, 337. 4
1990-01-18, 338. 19
        ...
```

이 다음이 재미있어진다. 이 행은 팬더에 대한 정보와 얼마나 쉽게 계산할 수 있는지를 알려주기 위한 것이다.

두 개의 시계열이 포함된 **데이터프레임**을 구축한 후에는 복잡한 여러 작업을 위해 코드 한 줄을 사용한다. 코드 샘플의 마지막 행인 단일 행에서 다음을 수행한다.

- 지수의 퍼센트 수익률의 롤링 50일 윈도우에 상관관계 공식을 적용한다.
- 마지막 200개 행을 제외한 모든 데이터를 삭제한다.
- 결과 그래프를 그린다.

이제 Excel에서도 동일한 작업을 수행한다고 상상해보라. 매우 많은 공식들이 필요할 것이다. 각 개인별 계산에 대해 하나씩. 하지만 파이썬을 사용하면 한 줄로 작업을 완료할 수 있다.

여기서 get_returns(file) 함수는 다른 코드가 호출할 때까지 실행되지 않는다. 코드가 순서대로 실행되더라도 위에서 아래로 다른 코드가 요청할 때까지 함수를 건너뛴다.

보다시피 우리는 이 코드를 매번 반복해서 쓰는 것이 아니라 다른 인수를 사용해 다른 파일을 읽는 여러 번 같은 함수를 호출할 수 있다. 그러면 필요한 코드가 줄어들어 오류를 좀 더 쉽게 유지하고 찾을 수 있다.

이제 함수를 두 번 호출한 후, 읽고 있는 각 파일에 대해 변수 df는 일일 수익률이 있는 **데이터프레임**을 보유한다. 파일은 표 6.1과 비슷하다. 여기서 명심해야 할 점은 **데이터프레임**을 테이블로 생각하거나 원하는 경우 스프레드시트로 생각할 수 있다는 것이다.

표 6.1 일일 데이터 퍼센트 수익률

Date	SP500	NDX
1990-01-03	-0.0025855597875948932	-0.007135799758480665
1990-01-04	-0.008613000334485421	-0.006125608137992011
1990-01-05	-0.009756234711952194	-0.0070088779120221982
1990-01-08	0.004514480408858601	0.0017925965761405038
1990-01-09	-0.011786653099296274	-0.010557394649727048
1990-01-10	-0.0066071735026600464	-0.02091057057600143

원본 데이터 파일 SP500.csv 및 NDX.csv에는 1990년 이후의 데이터가 포함돼 있다. 데이터 포인트가 너무 많아서 마지막 200개 행만 여기에 표시하고자 한다. 이것은 일일 데이터이므로 하루에 한 행씩 사용한다.

우리는 슬라이싱^{slicing}이라는 강력한 개념으로 사용해 데이터를 슬라이스할 것이다. 이 트릭을 사용하면 데이터프레임의 일부를 참조할 수 있으며, 동일한 논리가 다른 여러 객체 유형에도 적용된다.

기본은 아주 간단한다. 객체 뒤에 [start:stop:step] 구문을 사용해 객체를 슬라이스할 수 있다. 중요한 일이니 잠시 살펴보겠다. 슬라이싱은 여러분이 정말 이해하고 싶은 것이다.

데이터프레임과 같은 데이터 시퀀스의 경우 이 개념을 사용해 데이터 일부를 선택할 수 있다. 만약 우리가 방금 만든 객체의 일부분이나 이와 유사한 객체를 참조하고 싶다면 이 슬라이싱을 사용할 수 있다.

data라는 객체가 있고 100번째 행에서 시작해 200번째 행에서 끝나는 영역을 두 단계씩 행을 건너뛰면서 참조하려면 data[100:200:2]를 사용하면 된다. 아주 간단하다. 만약 우리가 원하지 않는다면, 세 가지를 모두 입력하지 않아도 된다. 단계 숫자를 생략하면 모든 행을 얻을 수 있다.

구문 data[50:60]는 50행에서 60행까지의 모든 행을 제공한다. data[-50:-20]를 쓰면 끝에서 끝에서 50번째 행에서 끝에서 20까지 행이 나온다. data[-10:]이라고만 말하면 마지막 열 번째 행에서 마지막 행까지 데이터가 표시된다.

이 예에서는 그래프를 쉽게 읽을 수 있도록 마지막 200포인트만 표시하려고 한다. 판다스가 처음부터가 아니라 끝에서부터 포인트 수로 해석할 출발점을 가리키는 마이너스 값을 쓰면 된다.

예제에서 생성한 변수는 물론 완전히 임의적인 이름인 df라는 점을 기억하라. df[-200:]을 입력하면 df 객체의 마지막 200포인트를 나타낸다. 우리가 슬라이스를 한다는 것을 확실히 하기 위해 콜론(:) 기호가 필요하다. 단순히 df[200]이라고 쓴다면, 200번째 행 즉, 단 하나의 행만 얻을 것이다.

하지만 우리는 df 객체 자체를 그리는 것은 아니다. df 단위의 데이터를 기반으로 하는 상관관계를 그리려고 한다.

코드 샘플의 마지막 행을 보라. df['SP500.'rolling(50).corr(df['NDX'])[-200:].plot(). 실제로 한 줄에 여러 작업을 수행한다. 열 'SP500'으로 시작해 50개의 행으

로 구성된 롤링 윈도우를 참조한다. 그런 다음 열 'NDX'에 대한 상관관계를 계산한다. 그것은 일련의 상관관계를 만들 수 있는 아주 쉬운 방법이다.

그다음에 괄호를 보면 여기서 데이터를 잘라낼 수 있다. 시리즈가 끝날 때까지 −200열부터 시작한다. 마지막으로 우리는 이 시리즈를 구성한다. 출력은 그림 6.5와 같아야 한다.

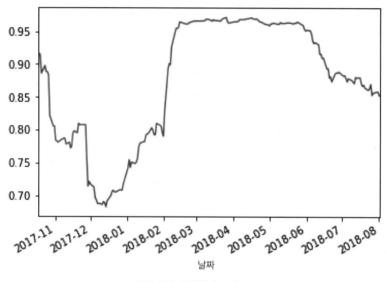

그림 6.5 상관관계 그래프

이 시점에서 파이썬이 금융 데이터 작업에 얼마나 유용한지 확인하기 바란다. 시계열을 어떻게 다뤄야 하는지 기본을 익혀야 할 것이고, 이 책이 진행됨에 따라 여러분이 사용할 수 있는 개념과 도구, 요령을 더 많이 소개하겠다.

당신이 어떤 기술적인 지식으로 이 책을 시작했든, 내 의도는 그 책이 끝날 때쯤이면 파이썬에서 금융 모델링을 편하게 할 수 있고, 당신 자신의 창의력을 발휘해 당신에게 중요한 과제를 해결할 수 있어야 한다는 것이다.

가장 중요한 것은 트레이딩 아이디어를 테스트하고 검증하기 위한 현실적인 트레이딩 백테스트를 구성할 수 있어야 한다는 것이다.

더 예쁜 그래프

지금까지 간단한 그래프를 몇 개 만들어 봤다. 매우 간단하다는 것을 알았다. 데이터가 깔끔한 **데이터프레임**에 저장되면 마지막에 .plot() 태그를 지정하기만 하면 된다.

어떤 것을 시각적으로 표현하는 방법은 여러분이 잠깐 보고자 하는 그런 즉흥적인 계산에 매우 유용하다. 하지만 이건 정말 초보적인 것이다. 여러분은 종종 더 복잡하고 더 멋져 보이는 그래프를 만들고 싶을 것이다. 그리고 여러분은 프레젠테이션의 모든 측면을 통제할 수 있기를 바란다.

6장의 앞 부분에서는 **matplotlib**을 설치했다. 그것을 여기서 사용할 것이다. 이 라이브러리를 사용하면 매우 상세하고 복잡한 플롯을 만들 수 있다. 그게 본인의 성향이라면 말이다. 때때로 파이썬으로 작업할 때 원하는 것은 한눈에 볼 수 있는 빠른 그래픽 출력뿐일 수 있다. 또 다른 경우에는 프레젠테이션 자료나 동료가 해석하고 사용할 수 있는 매우 분명한 것을 원할 수도 있다.

아직 입문 장이므로 비교적 간단하게 진행하도록 하겠다. 우리는 위의 상관관계 예제와 동일한 데이터를 사용할 것이다. 이번에는 세 개의 하위 그림 또는 차트 창을 표시할 것이다. 첫 번째는 동일한 시작 값 1로 재계산된 두 인덱스의 기준 조정 비교를 보여준다. 이는 준로그 스케일로 표시된다.

두 번째 하위 플롯은 S&P 500 대비 나스닥 지수의 상대적 강세를, 세 번째 하위 플롯은 두 가지 간의 상관관계를 보여준다. 수학적으로 아주 간단한 것들이다.

이 책에 나와 있는 모든 코드 예시와 마찬가지로 가장 효율적이거나 예쁜 코드를 만드는 것이 아니라 쉽게 읽고 이해하도록 하려는 의도다. 매우 효율적이고 예쁜 코드를 만드는 데에는 가치가 있지만, 먼저 기본적인 사항을 이해해야 한다.

코드를 조금씩 보여주면서 무엇이 중요한지 설명하고, 이 절이 끝날 때까지 완전한 코드를 함께 보여주겠다.

다음 코드에서 우리는 필요한 데이터를 계산하기 위해 이전 사례와 유사한 기법을 사용하고 있다. 코드에는 두 개의 함수가 있으며, 이 두 개의 함수 모두 익숙하고 이해하기 쉽다.

```python
def get_data(file):
    """
    디스크로부터 데이터를 가져온다.
    """
    data = pd.read_csv(file + '.csv', index_col='Date', parse_dates=['Date'])
    return data

def calc_corr(ser1, ser2, window):
    """
    두 시계열 간의 상관관계를 계산한다.
    """
    ret1 = ser1.pct_change()
    ret2 = ser2.pct_change()
    corr = ret1.rolling(window).corr(ret2)
    return corr
```

첫 번째 함수인 get_data는 단순히 파일의 데이터를 읽고 우리에게 넘겨준다. 두 번째, calc_corr는 두 개의 시계열과 시간 윈도우를 입력한 다음 결과 상관관계 시리즈를 계산해 반환한다.

그런 다음 그리려는 데이터 포인트를 여러 개 설정한다. 이 값을 변경하면 그에 따라 출력 그림이 변경된다.

```python
# 그려려는 포인트의 수를 정의한다. 이 경우 포인트는 거래 일수다.
points_to_plot = 300

# 로그 수익률 데이터를 얻는다.
data = get_data('indexes')
```

데이터 기준을 조정하는 부분을 보라. 기준 재조정^{rebasing}은 데이터 시리즈를 동일한 초깃값으로 시작해 그릴 때 시각적으로 비교할 수 있도록 하는 것이다. 내가 보여주고 싶었던 몇 개의 깔끔한 요령이 있다.

```
# 두 개의 시계열의 기준을 재조정해 그래프가 동일한 값에서 시작하도록 한다.
for ind in data:
    data[ind + '_rebased'] = (data[-points_to_plot:][ind].pct_change() + 1).cumprod()
```

이 코드에서는 **데이터프레임**의 각 열을 루핑한다. 각 항목에 대해 기준 재조정 값에 대한 새 열을 만든다. 여기서 달성하고자 하는 것은 두 시계열을 동일한 값으로 시작하게 해 그래프에서 시각적으로 비교할 수 있도록 하는 것이다. 일반적으로 기준을 재조정할 때 모든 시계열을 다시 계산해 1 또는 100에서 시작한다.

이 예제에서는 코드의 앞부분에서 정의한 대로 마지막 300포인트만 표시하려고 한다. 리밸런싱하는 것은 그래프에서 보기 좋게 하고 시각적으로 쉽게 비교하는 데 있다. 따라서 모든 것을 다시 계산해 마지막으로부터 300포인트부터 시작하며, 모두 1의 값으로 시작한다.

이전과 동일한 슬라이싱 개념을 사용해 데이터를 선택하는 방법을 주의하라. 이 코드에서는 동일한 구문을 사용해 마지막 300개 포인트를 잘라낸 다음 한 번에 한 열의 퍼센트 수익률을 얻고 숫자 1을 추가한다. 이 숫자를 추가하면 모든 행에 추가된다. 이 작업을 수행한 후에는 모든 행에 일일 퍼센트 수익률과 함께 1이 포함된다. 하지만 그 행은 아직 끝나지 않았다.

이제 cumprod()를 실행해 누적곱을 계산하면 1부터 다시 기준 재조정된 시계열이 만들어진다. 이 모든 걸 코드 한 줄에 담았다.

코드 행을 다시 한 번 보라. 그것을 설명하는 본문을 읽는 것은 복잡해 보일 수 있지만, 코드는 놀라울 정도로 간단하다. Excel 스프레드시트라고 생각하라. 우리는 한 번에 한 열을 취한다. 행별로 퍼센트 변화를 계산한다. 여기에 1을 더하고 누적곱을 연속해서 계산한다. 즉, 처음에서 시작해 이 행들을 서로 곱해 내려간다.

이 작업을 수행한 후 **데이터프레임** 데이터는 표 6.2와 유사하게 표시돼야 한다. 우리는 두 개의 새로운 열을 기준 재조정 값으로 추가했다.

표 6.2 데이터프레임 내용

Date	SP500	NDX	SP500_rebased	NDX_rebased
2017-05-26	2415.82	5788.359	1.00031055	1.001727995
2017-05-30	2412.91	5794.632	0.999105616	1.002813594
2017-05-31	2411.8	5788.802	0.998646002	1.00180466
2017-06-01	2430.06	5816.511	1.006206859	1.006599954
2017-06-02	2439.07	5881.458	1.0099376	1.017839621
2017-06-05	2436.1	5878.117	1.008707822	1.01726143
2017-06-06	2429.33	5856.769	1.005904591	1.013566965
2017-06-07	2433.14	5877.59	1.007482185	1.017170228
2017-06-08	2433.79	5885.296	1.007751328	1.018503821
2017-06-09	2431.77	5741.944	1.006914913	0.993695458
2017-06-12	2429.39	5708.18	1.005929435	0.987852292
2017-06-13	2440.35	5751.817	1.010467605	0.99540407
2017-06-14	2437.92	5727.066	1.009461423	0.991120686
2017-06-15	2432.46	5700.885	1.007200619	0.986589826
2017-06-16	2433.15	5681.479	1.007486325	0.983231442
2017-06-19	2453.46	5772.223	1.01589602	0.998935514
2017-06-20	2437.03	5726.311	1.009092904	0.990990026
2017-06-21	2435.61	5782.394	1.008504929	1.000695697
2017-06-22	2434.5	5779.87	1.008045315	1.000258896

상대 강도$^{relative\ strength}$를 계산하는 것은 쉽다. 즉 하나의 시계열을 다른 시계열로 나누는 것뿐이다. 지금쯤 상관관계 계산도 매우 익숙할 것이다.

```
# SP500에 대한 NDX의 상대강도
data['rel_str'] = data['NDX'] / data['SP500']

# 50일 롤링 상관관계 계산
data['corr'] = calc_corr(data['NDX'], data['SP500'], 100)
```

이제 우리가 필요한 모든 것은 계산돼 보여줄 준비가 된 **데이터프레임**에 있는 데이터다. 이때 데이터를 중지하고 검사해 데이터가 예상과 같은지 확인할 수 있다. 그리고 물론 그것을 위한 유용한 작은 도구들도 있다.

책 사이트에서 다운로드할 수 있는 코드 샘플 파일에는 관리하기 쉽도록 코드를 여러 셀로 나눴다. 이 절에서 지금까지 본 코드는 하나의 셀에 있으며, 데이터를 시각화하지 않고 가져와 계산한다.

만약 이 첫 번째 셀을 실행한 후 아래에 새 셀을 만드는 경우, 중지하고 데이터프레임의 모양을 볼 수 있다.

한 가지 방법은 전체 **데이터프레임**을 클립보드에 복사해 Excel에 붙여 넣고 자세히 살펴보는 것이다.

```
# 데이터프레임을 클립보드에 복사해 이를 사용할 수 있다.
# Excel 또는 유사한 것에 붙여 놓고 검사할 수 있다.
data.to_clipboard()
```

하지만 어쩌면 여러분은 레이아웃이 제대로 돼 있는지 그리고 그 가치들이 합리적으로 보이는지 확인하고 싶을지도 모른다. head() 또는 tail()을 사용해 **데이터프레임**의 첫 번째 또는 마지막 부분만 볼 수 있다.

```
# 데이터프레임의 데이터를 살펴볼 수 있다.
# head 또는 tail을 사용해 처음 또는 마지막을 프린트할 수 있다.
data.tail(20)
```

현재 **데이터프레임**이 만족스러우면 데이터 슬라이싱으로 넘어가서 이전의 슬라이싱 논리를 사용해 최근 300개의 데이터 포인트를 제외한 모든 데이터 포인트를 효과적으로 삭제할 수 있다.

```
# 데이터를 슬라이스하고, 그리지 않는 부분을 제거한다.
plot_data = data[-points_to_plot:]
```

이제 모든 데이터가 준비됐다. 이제 멋진 그래프를 만들면 된다. 여기서 볼 수 있 듯이 이전에 사용한 단순 .plot()에 비해 그래프를 더 자유롭게 포맷하고 구성할 수 있다.

이 경우 정확한 크기를 정의하면서 더 큰 수치를 원한다고 말하는 것으로 시작 한다.

```
# Make  new figure and set the size.
fig = plt.figure(figsize=(12, 8))
```

여기서 또 다른 중요한 점은 세 개의 값을 제공하는 하위 플롯(subplot) 함수다. 보이는 것처럼 이 함수를 처음 호출할 때 311이라는 번호를 부여한다. 즉, 세 개의 하 위 플롯 높이에 단지 하나의 폭만 있는 모양을 만들겠다는 것이다. 마지막 숫자 1은 이 세 개의 하위 플롯 중 첫 번째 하위 플롯을 정의하고 있다.

첫 번째 차트 창(또는 여기서 그림을 말한다)에 대해 전체 플롯이 아닌 제목을 먼저 설정한 다음 두 개의 세미-로그 플롯을 추가한다. 선 스타일을 사용해 선 하나를 실선으로 설정하고 다른 하나는 점선으로 설정하는 방법뿐만 아니라 레이블과 선 폭을 설정하는 방법에 주목하라.

```
# 처음 subplot은 높이 3, 너비 1의 하위 플롯 중 처음 첫 번째 하위 플롯임
ax = fig.add_subplot(311)
ax.set_title('Index Comparison')
ax.semilogy(plot_data['SP500_rebased'], linestyle='-', label='S&P 500', linewidth=3.0)
ax.semilogy(plot_data['NDX_rebased'], linestyle='--', label='Nasdaq', linewidth=3.0)
ax.legend()
ax.grid(False)
```

두 번째 숫자를 만들기 위해 add_subplot()를 다시 호출한다. 이번에는 숫자 312를 제공해 높이 3자리, 너비 1자리로 구성된 그림을 작업 중임을 보여준다. 두 번째 그림이다.

이것을 두 번째 호출할 때는 숫자 312를 부여하고 두 번째 하위 플롯의 모양을 정의하려고 한다. 여기에 상대 강도를 추가하고 그에 대한 레이블을 추가한다. 마지막으로 세 번째 그림을 더하면 끝난 것이다.

```python
# 두 번째 하위 플롯
ax = fig.add_subplot(312)
ax.plot(plot_data['rel_str'], label='Relative Strength, Nasdaq to S&P 500',
linestyle=':', linewidth=3.0)
ax.legend()
ax.grid(True)

# 세 번째 하위 플롯
ax = fig.add_subplot(313)
ax.plot(plot_data['corr'], label='Correlation between Nasdaq and S&P 500',
linestyle='-.', linewidth=3.0)
ax.legend()
ax.grid(True)
```

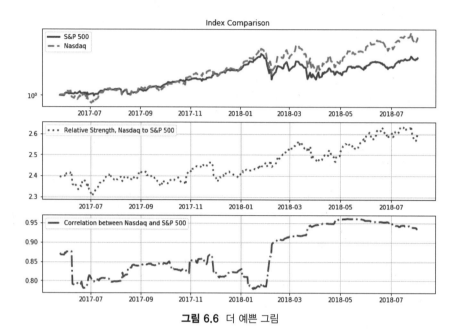

그림 6.6 더 예쁜 그림

모든 코드를 한 번에 쓰면 다음과 같다.

```python
import pandas as pd
import matplotlib.pyplot as plt

def get_data(file):
    """
    디스크로부터 데이터 가져오기
    """
    data = pd.read_csv(file + '.csv', index_col='Date', parse_dates=['Date'])
    return data


def calc_corr(ser1, ser2, window):
    """
    두 시계열간의 상관관계 계산하기
    """
    ret1 = ser1.pct_change()
```

```
    ret2 = ser2.pct_change()
    corr = ret1.rolling(window).corr(ret2)
    return corr


# 그려려는 포인트의 수를 정의한다. 이 경우 포인트는 거래 일수이다.
points_to_plot = 300


# 데이터를 얻는다.
data = get_data('indexes')


# 두 개의 시계열의 기준을 재조정해, 그래프가 동일한 값에서 시작하도록 한다.
for ind in data:
    data[ind + '_rebased'] = (data[-points_to_plot:][ind].pct_change() +
1).cumprod()


# Relative strength, NDX to SP500
data['rel_str'] = data['NDX'] / data['SP500']


# 50일 롤링 상관관계를 계산한다.
data['corr'] = calc_corr(data['NDX'], data['SP500'], 100)


# 데이터를 슬라이스하고, 그리지 않는 포인트는 제거한다.
plot_data = data[-points_to_plot:]


# 새 그림을 만들고 크기를 설정한다.
fig = plt.figure(figsize=(12, 8))


# 처음 subplot은 높이 3, 너비 1의 하위 플롯들 중 첫 번째 하위 플롯이다.
ax = fig.add_subplot(311)
ax.set_title('Index Comparison')
ax.semilogy(plot_data['SP500_rebased'], linestyle='-', label='S&P 500', linewidth=3.0)
ax.semilogy(plot_data['NDX_rebased'], linestyle='--', label='Nasdaq', linewidth=3.0)


ax.legend()
ax.grid(False)


# 두 번째 하위 플롯
ax = fig.add_subplot(312)
```

```
ax.plot(plot_data['rel_str'], label='Relative Strength, Nasdaq to S&P 500',
linestyle=':', linewidth=3.0)
ax.legend()
ax.grid(True)

# 세 번째 하위 플롯
ax = fig.add_subplot(313)
ax.plot(plot_data['corr'], label='Correlation between Nasdaq and S&P 500',
linestyle='-.', linewidth=3.0)
ax.legend()
ax.grid(True)
```

물론 이 그래프는 매우 단순하지만 데이터를 시각화하는 방식에 상당한 유연성이 있다는 것을 보여주기 위한 것이다. 이제 기본적인 것들을 살펴봤고, 바라건대 일의 방식에 대한 감각을 갖게 됐다. 이 책을 통해 그래프를 더 많이 만들 것이다.

07

트레이딩 전략 백테스트

7장에서는 파이썬에서 백테스트를 수행하는 방법에 대해 살펴보겠다. 4장에서 본 것처럼 간단한 임시 테스트를 수행하는 것은 매우 쉽다. 하지만 우리가 이 책에서 원하는 건 그게 아니다. 더 제대로 수행해보자.

첫 책에서는 독자들이 내가 쓰는 모든 것을 복제하고 검증할 수 있도록 해야겠다고 결심했다. 나와 같은 사업에 종사하는 대부분의 회사들은 소프트웨어, 데이터에 많은 돈을 쓴다. 예산이 많은 회사만 사용할 수 있는 책을 쓰고 싶지 않았다. 내가 검증할 수 없는 주장을 한다면 별 소용이 없을 것이다. 모든 세부 사항을 보여주지 않고 복제가 가능한 책을 믿지 않을 것이고, 다른 누군가가 그렇게 하기를 기대하는 것은 불합리할 것이다.

제일 먼저 한 일은 그 목적에 맞는 값싼 도구들을 연구한 것이다. 나는 사람들에게 시장 자료에만 매달 수천 달러를 쓰라고 말하고 싶지 않았다. 그럴 예산이 있다면, 좋다. 편하게 쓰도록 하라. 하지만 내 독자들 대부분이 그렇게 생각하지 않는 것은 당연하다.

저렴한 퀀트 환경을 구성해 첫 번째 책인 『Following the Trend』에서 약 500달러의 소프트웨어와 월 100달러의 시장 데이터를 사용했다. 이 사업에서 그건 정말 저렴한 것이다. 약간의 조사만으로 값싼 도구들을 구할 수 있음에 놀랐다.

말하자면 리테일 트레이더들이 사용하는 대부분의 백테스트 플랫폼들은 정말 형편없다. 특별히 누구라 얘기는 하지 않겠지만 비전문가들이 사용하는 것의 압도적 다수는 끔찍하다고 감히 말할 수 있다.

첫 번째 책을 쓰기 위해 사용하게 된 환경은 RightEdge를 기반으로 했다. 내가 아직도 사용하고 추천하고 있는 견고한 소프트웨어다. C#을 기반으로 하는 이 제품은 빠르고 안정적이지만 시작하려면 상당한 수준의 프로그래밍 지식이 필요하다. C#은 일단 알아두면 일하기 좋은 언어다. C++보다 쉽고 빠르고 강력한 언어로 필요한 모든 작업을 수행할 수 있다. 어떤 소프트웨어도 최고라고 단언하기는 어렵고, 종종 목적과 선호에 따라 선택이 달라진다. 몇 개의 좋은 것들만 남을 때까지 나쁜 것들을 버리는 것이 더 쉬운 선택이다.

나는 RightEdge가 10년만에 거의 업데이트되지 않았지만 여전히 마음에 든다. 그리고 수년 동안 계속해서 RightEdge를 많이 사용하면서 제 필요에 맞게 수정하는데 많은 시간을 투자했다. 두 번째 책『Stocks on the Move』에서도 같은 플랫폼에 의존했다.

첫 번째 책『Following the Trend』를 위해서 CSI Data의 선물 데이터를 사용했고, 『Stocks on the Move』에서는 QuantQuote와 Norgate Data의 데이터를 사용했다.

내가 왜 이런 말을 하는지 그리고 이 회사들을 언급함으로 이들에게 얼마나 많은 돈을 받고 있는지 궁금해하는 사람들도 있을 것이다. 다시 한 번 말하지만 나는 이들을 언급함으로써 돈을 받고 있지 않다. 난 그냥 내가 사용한 것에 대해 솔직하게 말하고 싶은 것이다. 이 회사들이 최고인가? 잘은 모르겠지만 이 문맥에서 무엇이 가장 좋은 것인지 정의하기는 힘들지만, 가장 좋은 것을 찾기는 힘들 것 같다. 나는 이 해결책들이 각각의 목적에 충분하다는 것을 발견했다. 또한 독자들이 나의 연구를 복제하기 위해서는 저비용 솔루션이 필요한데, 이 또한 나의 요구 사항에도 들어맞는다.

이 책들의 연구를 복제하는 데 필요한 도구들을 위해 1년에 2,000달러의 예산이 필요하게 됐지만, 그건 나에게 나쁘지 않은 거래인 것 같다.

파이썬 세계에서는 사실상 모든 소프트웨어가 무료라는 것을 알게 될 것이다. 우리 대부분이 이전의 경우처럼 세련되거나 완성적이지 않을 것이다. 대부분의 파이썬 소프트웨어는 실제로 사용하기 전에 설치, 조정 및 설정 작업을 많이 수행해야 한다. 하지만 공짜는 공짜다.

그러나 데이터는 자유롭지 못한 경향이 있다. 일부 무료 데이터 소스가 있지만 안타깝게도 모두 프리미엄으로 제공되는 추세다. 하나둘씩, 그들은 접근을 줄이거나 제한하고 유료 서비스를 제공한다.

몇 가지 기본 주식 데이터를 사용할 수 있지만 적절한 데이터를 원하는 경우 아쉽게도 무료 주식 데이터는 강력한 옵션이 아닌 것 같다.

이 책에서는 두 가지 데이터 소스를 사용했다. 주식의 경우 Norgate Data에 의존했고, 선물의 경우 CSI Data를 사용해왔다. 둘 다 저렴한 서비스로, 대부분의 일일 알고리듬 모델링을 할 수 있을 만큼 품질이 우수하며, 리테일 트레이더들에게 적합한 가격이다.

파이썬 백테스트 엔진

가장 먼저 알아야 할 것은 파이썬에서 금융 백테스트를 실행할 수 있는 단 한 가지 방법만 존재하는 것이 아니라는 것이다. C++ 또는 다른 언어에서도 작업을 수행할 수 있는 단 한 가지 방법만 있는 것이 아닌 것처럼 말이다. 프로그래밍 언어는 바로 그런 것이다. 단지 언어이다. 백테스트에 사용하기 위해서는 모든 세부 사항을 다루는 엔진을 구성하거나, 다른 사람이 이미 만든 엔진을 설치하고 사용해야 한다.

결국 AmiBroker, RightEdge, TradeStation, NinjaTrader, MultiCharts 등과 같은 기성 소프트웨어 패키지를 구입하면 후자의 경우가 발생한다. 파이썬 세계의 주요 차이점은 일반적으로 더 많은 작업을 직접 수행해야 한다는 것이다. 당신은 완성되고 세련된 비주얼 소프트웨어를 얻지 못할 것이다.

반면 대부분의 이러한 종류의 기성 패키지보다 파이썬을 사용할 때의 유연성과 잠재력이 훨씬 크다. 일단 파이썬을 시작하면, 파이썬으로 거의 모든 것을 할 수 있다는 이점을 얻을 수 있다. 다시 말하지만 무료다.

파이썬 백테스트는 아직 초기 단계다. 아직 대중적 호소에 도달하지 못했으며 그러한 점으로 인해 분명히 유용성과 문서화 측면에서 고통스럽다. 지금까지는 대부분 데이터 과학자, 퀀트 전문가, 얼리어답터들이 사용하고 있다. 그러나 사용자 기반이 성장하고 있을 뿐 아니라 더 중요하게 확대되고 있다는 것이다. 이러한 상황이 계속됨에 따라 사용 편의성과 문서화가 개선될 것으로 예상된다.

설치 파일을 다운로드하면 모든 세부 사항을 처리하는 그래픽 설치 프로그램이 얻어지고, 사용자가 선택해서 클릭한 다음 설정을 변경하고, 백테스트를 실행하면 모든 세부 정보를 보여주는 화려한 분석 페이지가 표시될 것을 기대하지 마라. 그것은 파이썬 방식이 아니다. 적어도 아직은.

반면 파이썬 백테스트 엔진은 완전히 무료일 뿐만 아니라 오픈 소스이기도 하다. 그렇다. 한 푼도 지불하지 않고 소프트웨어를 받을 수 있고, 소스 코드 전체를 제공받을 수 있어 적합하다고 판단되는 부분을 수정할 수 있다.

파이썬용 백테스트 엔진을 찾기 시작하면 선택할 수 있는 항목이 많다. 심지어 압도적으로 보일 수도 있다. 더 깊이 파고들어가다 보면 그들만의 독특한 강점과 약점이 있는 경우가 종종 있음을 알게 될 것이다.

내가 처음 이 세부 사항들을 조사하기 시작했을 때 나는 파이썬 백테스트를 나보다 훨씬 오래 해온 금융업계의 친구들에게 물어봤다. 그들의 제안은 대부분 나 자신만의 엔진을 만들라는 것이었다.

그게 어떻게 말이 되는지 알 것 같다. 하지만 난 여기서 바퀴를 재창조하려는 게 아니다. 스프레드시트 애플리케이션이 필요할 때 Excel을 열면 된다. Microsoft가 선택한 모든 설계 선택에 반드시 동의하지는 않지만, 나는 처음부터 다시 나만의 스프레드시트 애플리케이션을 구축하지는 않는다.

나는 이미 만들어진 것을 사용하는 것을 선호한다. 그러고 나서 수정할 수 있는 것이 좋다. 마음에 들지 않는 것을 바꾸고, 누락된 것을 추가한다. 그러나 여전히 기존 솔루션의 핵심 기능을 사용한다.

문제는 사용 가능한 여러 파이썬 백테스터 중 어떤 것을 사용할 것인가이다. 이 책에서는 하나만 쓸 것이다. 나는 가능한 한 모든 파이썬 백테스터를 검토하고 싶지 않다. 모든 파이썬 백테스터의 코드 예를 보여주고 모두를 혼란스럽게 만들고 싶지 않다.

대신 백테스트 엔진 하나를 골라 이 책의 모든 예에 사용할 것이다. 이렇게 하면 로컬 컴퓨터에 이 책의 모든 내용을 복제하고 이를 기반으로 자체 백테스트 환경을 구축할 수 있다.

Zipline과 퀀토피안

이 책에 사용할 백테스트 엔진은 퀀토피안Quantopian이 개발한 **집라인**Zipline이다. Zipline 패키지는 현재 사용 가능한 모든 옵션 중 가장 완성도가 높은 패키지일 것이다. 풍부한 기능을 갖추고 있으며 대량의 데이터에 맞게 매우 잘 확장된다. 그 이유는 그것을 만든 회사에 대한 간략한 배경이 필요하다. 퀀토피안은 보스턴에 본사를 둔 기술 및 자산 운용 회사로, 무엇보다도 같은 이름의 웹사이트를 운영했다. 그 웹사이트에서는 미국 주식 및 선물에 대한 미세한 수준의 데이터에 대한 고급 백테스트를 실행할 수 있는 완전 무료 백테스트 환경을 찾을 수 있다. 모두 호스팅되고 서버에서 실행되며 풍부한 기능과 분 단위 데이터를 무료로 제공한다.

퀀토피아 회사는 2020년 말에 문을 닫았고, 훌륭한 온라인 백테스트 웹사이트도 닫았다. 수천 명의 사람들과 신진 퀀트 트레이더들이 의존하던 귀중한 도구를 잃어버리다니 참으로 안타까운 일이다.

좋은 소식은 이것이 퀀토피안 라이브러리를 로컬에서 이용하고자 하는 사람들에게 어떤 식으로든 전혀 영향을 미치지 않는다는 점이다. 이것이 바로 이 책의 내용이다. Zipline backtesting 엔진을 포함해 그들이 만든 라이브러리는 오픈 소스로 남아 있으며 인터넷에서 자유롭게 이용할 수 있다. 퀀토피안의 폐쇄 이후 처음 6개월 동안 오픈 소스 커뮤니티가 소프트웨어를 인수, 개선했으며 놀라운 진전이 있었다.

앞으로 나는 당신의 컴퓨터에 로컬로 설치된 Zipline 라이브러리를 교육 도구로 사용할 것이다. 일단 여러분이 스스로 수행할 수 있을 만큼 자신감이 생기면 자유롭게 다른 백테스트 라이브러리를 시도하고 차이점과 유사점을 발견하라.

로컬 설정은 원래 조금 더 복잡하다. 또한 퀀토피안 웹사이트가 제공하는 것처럼 위에서 언급한 분량의 무료 데이터도 제공되지 않는다.

따라서 로컬 설정의 경우 데이터 측면에서 약간 즉흥적으로 구성해야 한다. 그게 사실 우리가 해결해야 할 가장 복잡한 과제다. 가장 좋은 해결책은 아니지만 Quandl과 같은 소스의 무료 데이터를 사용하는 것이다. 이러한 기능은 Zipline 패키지에 내장돼 있으며 몇 분 만에 실행할 수 있다.

그러나 당연히 무료 인터넷 데이터 소스는 적절한 백테스트에 적합하지 않다. 먼저 일부 기본 모델과 테스트에 Quandl 데이터를 사용할 것이며, 이 책에서는 적절한 데이터와 연결 방법에 대해 자세히 살펴볼 것이다.

찬성과 반대

가이드 없이 Zipline을 기반으로 적절한 시뮬레이션 환경을 설정하는 것은 매우 고통스러울 수 있다. 모든 조각을 제자리에 배치하고 올바른 라이브러리를 설치하며 고유한 데이터 소스를 설정하는 등의 작업이 필요할 수 있다. 이 책에서 이런 부분들을 안내할 수 있도록 최선을 다하겠다. 물론 이 문제가 반드시 Zipline 문제가 아니라 더 큰 파이썬 문제라고 주장할 수 있다.

파이썬 사용자 기반이 확장되고 있지만 대부분의 코드와 설명서는 강력한 프로

그래밍 배경을 가진 데이터 과학자를 대상으로 한다. 일반적으로 파이썬 커뮤니티의 설명서는 빈약하다. 하지만 점점 더 많은 사람들이 이 분야에 참여함에 따라 이것은 바뀔 것 같다.

Zipline 설명서도 예외가 아니다. 파이썬 설명서 정도로 그렇게 나쁘지 않다. 하지만 당신이 익숙한 것에 비하면, 그것은 꽤 별로일 수 있다.

자체 데이터 소스를 Zipline에 연결하는 것이 전적으로 사소한 것은 아니다. 문서가 거의 전무한데다 모든 게 제대로 돌아가기엔 좀 답답할 수도 있다. 다시 말하지만, 이 책에서는 도움이 되길 바라며, 전체 소스 코드와 샘플은 이후 장에서 찾을 수 있을 것이다.

그러나 Zipline의 가장 심각한 단점 중 하나는 단일 세계 통화만을 인식한다는 것이다. 즉, 증권이 여러 통화로 표시될 수 있다는 것을 알지 못한다. 미국 주식만 거래한다면 그건 중요하지 않을 것이다. 하지만 만약 당신이 국제 주식이나 국제 선물 시장을 거래한다면 그것은 약간 문제가 있다.

Zipline에는 좋은 점도 많다. 여기서 중요한 점은 대체 백테스트 라이브러리와 달리 이 라이브러리는 정규직 개발자의 유급 직원이 개발했다는 것이다. 이러한 점이 드라이브 개선 및 버그 수정에 확실히 도움이 되며, 이것이 Zipline이 이처럼 풍부한 함수 집합으로 성장한 이유다.

Zipline은 대부분의 최신 대안과 비교할 때 훨씬 더 현실적인 시뮬레이션을 수행할 수 있고, 훨씬 더 많은 양의 데이터를 처리할 수 있으며, 상당히 빠르다. 또한 상당히 많은 온라인 사용자 커뮤니티가 있으며, 이는 막혔을 때 질문에 대한 답을 찾기가 더 쉽다는 것을 의미한다.

Zipline은 주식과 선물 모두에서 작동하며, 나중에 자세히 살펴볼 두 분야 모두에서 매우 영리한 기능을 가지고 있다.

이런 책을 쓸 때는 인쇄를 한 후에 중요한 것이 바뀔 위험이 항상 있다. 언제 이것을 읽느냐에 따라 아마도 Zipline을 능가하는 다른 백테스트 엔진이나 Zipline과 함께 중대한 변화가 있을 수 있다. 이 위험을 완화하기 위해 나는 이 책에 있는 모든 내용을 일반적인 내용으로 유지하도록 노력할 것이다. 따라서 이 내용을 최대한 적은 수정으로 다른 환경에서도 적용할 수 있을 것이다.

여기서 중요한 점은 방법론을 배우는 것이다. 특정 백테스트 엔진에 대한 정확한 인터페이스가 아니다.

Zipline Reloaded

Zipline은 또 다른 파이썬 라이브러리일 뿐이다. 일부 exe 파일을 다운로드하고 프로세스를 안내하는 그래픽 설치 프로그램을 제공하는 독립 실행형 애플리케이션이 아니다. 파이썬은 일반적으로 그렇게 작동하지 않는다.

이 책이 나오기 전에 파이썬을 처음 접하는 사람이라면, 이 책의 작업 방식에 익숙해지는 데 시간이 좀 걸릴 수 있다. 참고 견디면 일반적인 Zipline 설치 과정을 안내해주겠다.

퀸토피안의 폐쇄 이후 Zipline 라이브러리 개발은 속도를 높였고, 우리는 숙련된 코더들이 만든 여러 훌륭한 변형을 봤다. 이 책에서는 **스테판 얀센**Stefan Jansen이 만든 Zipline-Reloaded라는 라이브러리를 사용할 것이다. 얀센은 새로운 파이썬 버전에서 잘 작동하도록 퀸토피안의 코드를 업데이트하는 놀라운 작업을 해냈다.

얀센은 웹사이트는 모든 최신 문서와 풍부한 자료를 갖고 있으며 https://zipline.ml4trading.io/를 방문하면 된다.

우선 Zipline은 Python 2.7 또는 Python 3.5에서 작동하도록 설계됐지만 스테판의 업데이트를 통해 최근 버전에서 실행할 수 있다. 이 책을 쓰고 있는 현재 즉 2021년 중반에 필요한 모든 라이브러리가 잘 작동하는 파이썬의 최신 버전은 3.8이다. 따라서 이 책 업데이트에서 이 버전을 사용할 것이다.

파이썬은 하나의 컴퓨터에서 여러 **환경**을 가질 수 있다. 환경을 실제 컴퓨터에서 실행되는 가상 컴퓨터라고 생각해보라. 원하는 만큼의 환경을 설정할 수 있으며 모든 측면에서 서로 완전히 독립적이다. 다른 버전의 파이썬에서 실행할 수 있으며 설치 및 실행 중인 라이브러리가 서로 다를 수 있다.

별도의 작업을 위해 별도의 환경을 설정하는 것이 좋다. Zipline 또는 기타 백테스트 엔진과 같은 복잡한 라이브러리에는 설치해야 하는 다른 라이브러리 버전에 대한 매우 구체적인 요구 사항이 있을 수 있다. 예를 들어 판다스의 구체적인 버전이 필요할 수도 있다.

이때, 다른 백테스트 엔진을 사용하고자 한다고 상상해보자. 또는 모든 라이브러리의 최신 버전으로 구성된 완전히 다른 것을 직접 구축하고자 한다고 떠올려보자. 이제 갈등이 생긴다.

따라서 각 유형의 활동에 대해 새로운 환경을 별도로 설정해야 한다. Zipline과 같은 백테스터는 컴퓨터에서 파이썬으로 하고 싶은 다른 작업들을 방해하지 않으면서, 필요한 모든 것을 설치하고 설정할 수 있도록 자체 환경을 갖춰야 한다.

따라서 첫 번째 단계는 Python 버전 3.8에서 실행되는 Zipline을 위한 새로운 파이썬 환경을 설정하는 것이다. 이 책의 대부분은 이 환경을 사용할 것이다.

가장 빠르고 쉬운 방법은 아나콘다 프롬프트에서 확인할 수 있다. 이것은 일반적인 명령 프롬프트와 거의 비슷하지만 파이썬 환경과 명령이 활성화돼 있다. 아나콘다와 함께 설치돼 있어 시작 메뉴에 있다.

다음을 입력해 새 Python 3.8 환경을 만든다.

```
conda create -n zip38 python=3.8
```

이제 실제 Zipline 라이브러리를 설치할 준비가 됐다.

6장에서는 아나콘다 내비게이터에서 라이브러리를 설치하는 방법에 관해 살펴봤다. 여기서는 명령 프롬프트에 라이브러리를 설치하는 과정을 진행하겠다. 이러한 작업은 온라인에 있는 다양한 설명서에서 확인할 수 있다.

다음 명령을 사용해 새 Python 환경이 활성화됐는지 확인하라.

```
activate zip38
```

환경이 활성화되면 해당 환경에서 실행하는 모든 작업이 수행된다. 즉, 라이브러리 설치를 시작하면 방금 만들고 활성화한 py38 환경에 라이브러리가 설치된다.

터미널에 Zipline-Reloaded를 설치하려면 다음 명령을 입력한다.

```
conda install -c ml4t -c conda-forge -c ranaroussi zipline-reloaded
```

Zipline 라이브러리에는 종속성 리스트가 함께 제공된다. 즉, Zipline이 기능하기 위해 의존하는 특정 버전의 다른 라이브러리다. conda 설치 프로그램에서는 이 사실을 알고 있으며, 모든 설치 작업을 진행해도 되는지 물어본다.

이 프로세스가 완료되면 컴퓨터에 Zipline이 설치된다. 물론 그것은 백테스트를 해보기 위한 몇 가지 단계 중 하나에 불과하다.

Zipline과 데이터

앞서 언급했듯이 Zipline은 퀀토피안 웹사이트에서 사용되는 백테스트 엔진과 동일하지만 상당히 중요한 차이점이 있다. 가장 중요한 것은 금융 데이터를 실제로 얻는 방법이다.

퀀토피안 사이트에는 미국 주식과 선물에 대한 분봉 수준의 데이터가 무료로 포함돼 있었다. 사이트에서 바로 사용할 수 있었다. 로컬 Zipline 설치에서는 그렇지 않다. 기초적인 무료 주식 데이터를 연결하는 것은 꽤 쉽지만, 원하는 소스의 고품질 데이터와 Zipline을 연결하는 것은 전혀 쉽지 않다.

이 책에서 우리는 둘 다 할 것이다. 우선 우리는 인터넷에서 자유롭게 이용할 수 있는 데이터를 사용할 것이다. 이것이 쉽고 편리할 수 있지만, 적절한 백테스트를 위해 좋은 생각이 아닌 이유를 설명하겠다. 이 책 후반부에서 사용자 지정 데이터가 작동하는 방법에 대해 알아보겠다.

Zipline과 데이터에 관한 한, Zipline 라이브러리 용어의 핵심인 번들^{bundle}과 인제스트^{ingest}라는 두 단어를 설명해야 한다. 이들은 Zipline 관련 용어이며, 다른 백테스트 엔진을 사용하는 경우 해당되지 않을 가능성이 높다.

번들^{bundle}은 데이터를 Zipline으로 가져오기 위한 인터페이스다. Zipline은 원하는 형식으로 데이터를 저장하는 데 그럴 만한 충분한 이유가 있다. Zipline은 데이터를 증분적으로^{incrementally} 읽을 수 있으며 특정 시간에 일부만 메모리에 보관할 수 있다.

몇개 주식의 일일 데이터에 대해 백테스트를 실행한다면, 이것은 전혀 문제가 되지 않는다. 하지만 수백 개의 주식에 대해 분 단위로 실행한다면 당신은 엄청난 양의 데이터를 처리하고 있는 것이다. 그것을 모두 읽고 기억에 저장시키는 것은 선택 사항이 아니다.

Zipline의 솔루션은 먼저 모든 데이터를 가져오고 증분 판독이 가능한 특수 형식으로 저장하는 것이다. 번들은 실제 데이터 소스에서 데이터를 읽어 처리 및 저장을 위해 Zipline에 전달하는 인터페이스다.

모든 데이터 소스에는 자체 번들이 필요하다. 기본 번들이 포함돼 있지만, 백테스트에 대해 진지하게 생각하기 시작하면 직접 작성하는 것이 좋다. 곧 알게 될 것이다.

두 번째 단어는 인제스트^{ingest}이다. 인제스트는 번들의 도움을 받아 데이터를 읽고 Zipline 고유의 형식으로 저장하는 과정을 말한다. 백테스트를 실행하기 전에 번들을 인제스트해야 한다. 터미널에서 이 작업을 수행하며, Zipline에 특정 번들을 사용해 데이터를 읽고 저장해 백테스트에서 사용할 수 있도록 하는 명령을 실행한다.

Zipline의 데이터 처리 방식은 이 백테스트 라이브러리의 핵심 강점과 핵심 약점을 동시에 제공한다. 이것은 방대한 양의 데이터에 빠르게 액세스할 수 있는 고급 방법이다. 확장성이 뛰어나며 초대형 데이터셋에서 매우 복잡한 전략을 실행할 수 있다. 그것은 내가 시도했던 어떤 다른 라이브러리에서도 말할 수 없는 것이다.

하지만 다른 한편으로, 이러한 고급 기능은 대가를 치르게 된다. 적절한 시뮬레이션을 하려면 적절한 데이터가 필요하다. 여기에는 상업용 데이터 구입이 수반될 가능성이 높으며, Zipline으로 가져올 수 있는 번들을 구성하기 위해 사용자의 장치에 맡겨진다.

지금은 이 두 단어가 무엇을 의미하는지 이해하는 것이 중요하다. 훗날 번들과 구성 방법을 자세히 알아보겠다.

퀀들 번들의 인제스트

그게 어떻게 헤드라인을 장식할 수 있는가? 당신이 서점에 서서, 트레이딩 책을 사서 이 특정 페이지를 넘기는 것을 고려한다면, 여러분은 당연히 혼란스러울 것이다.

퀀들Quandl은 금융 데이터 공급자다. 아마도 인터넷에서 데이터를 다운로드할 수 있는 종합 데이터 공급자Aggregator라고 하는 것이 더 나은 용어일 수 있다. 일부 데이터는 무료이지만 대부분 가입이 필요하다.

예전에는 인터넷에서 공짜로 기초 주식시장 데이터를 얻는 것이 더 쉬웠다. 2017년 중반 이전에 작성된 금융 모델링 주제에 대한 책을 읽으면 야후 파이낸스Yahoo Finance 또는 구글 파이낸스Google Finance에서 이 데이터를 얼마나 쉽게 얻을 수 있는지 보여주는 예를 볼 수 있다. 그렇다. 이것은 정말 쉽고 모든 목적에 유용했다. 결코 고품질의 전문 금융 데이터로 여겨지지 않았지만, 그렇다고 포인트는 아니었다. 임시변통하기에 충분했다.

그러나 2017년 중반에 이르러 금융 데이터에 무료로 API 액세스를 제공하던 두 회사가 갑자기 아무런 경고 없이 동작을 중단했다. 그 이유에 관한 그들의 설명은 여전히 잘 모르겠다.

이 무료 온라인 주식 데이터에 무슨 일이 있어났는지는 당신이 다시 당면할 가능성이 있기 때문에 알아두면 좋다. 오래된 책을 읽거나 인터넷에서 예를 찾아보면, 갑자기 작동을 멈출 때까지 모든 사람이 이 정보 소스를 사용했다는 것을 알 것이다.

적어도 현재까지는 무료 소스 중 하나가 기본 퀀들^{basic Quandl} 액세스다.[1] Zipline 에는 퀀들의 주식 데이터를 읽어들이는 번들을 포함한다. 이 초기 예제에 사용할 내용이다.

무료 퀀들 데이터를 사용하려면 계정을 등록해야 한다. 비용이 들지 않는다. Quandl.com으로 이동해 무료 계정을 만들어라. 완료되면 계정 설정에서 API 키를 찾을 수 있다. 키를 복사하라. 우리는 데이터를 다운로드하기 위해 그것이 필요하다.

다음으로 zip35 환경 터미널로 가면 된다. Anaconda에서 환경 화면으로 실행할 수 있다. 다음 명령을 실행한다.

```
Set QUANDL_API_KEY=your_own_api_key
```

Quandl.com의 설정에 따라 사용자 고유의 키를 입력해야 한다. 이 키 설정은 컴퓨터에서 한 번만 수행하면 된다. 이후 설정이 그곳에 있고 기억될 것이다. 그런 다음 데이터를 다운로드할 수 있다. 이를 위해 Quandl 번들을 인제스트해야 한다.

```
zipline ingest -b quandl
```

---

1   2018년에 나스닥이 퀀들을 인수했다. Nadaq 사이트에서 퀀들 서비스를 접속할 수 있다. https://data.nasdaq.com/ tools/api 참조 - 옮긴이

이것은 quandl이라는 번들을 사용해 인터넷에서 무료 주식 데이터를 다운로드하고 로컬에 저장하는 인제스트 프로세스를 실행한다. 진행 표시줄이 움직이는 것을 볼 수 있으며 완료하는 데 몇 분이 걸릴 수 있다.

그 후 당신은 당신의 백테스트에 사용할 일별 주식 가격에 접근할 수 있다. 물론 이것은 일회성 프로세스이며, 내일 자동으로 업데이트되지 않는다. 새 데이터를 원할 때 이 프로세스를 반복해야 한다. 또는 자동화 방법을 찾아야 한다.

Zipline 명령이 작동하지 않고 대신 도움이 되지 않는 오류 메시지 'Failed to create process^{프로세스 생성 실패}'가 나오는 경우 이 알려진 버그를 쉽게 수정할 수 있다. 이 버그는 윈도우 환경에서만 발생하며 python.exe 파일의 경로에 공백이 있는 경우에만 발생한다. 이 글을 쓰는 현재, 아직 고쳐지지 않았다. 사용자 프로파일 또는 프로그램 데이터 폴더에 있을 수 있는 zipline-script.py라는 파일을 찾아야 한다. 정확한 위치는 로컬 설치에 따라 다르지만, 이 오류가 발생한 경우 파일을 검색하면 찾을 수 있다.

이 파일을 메모장 등에서 열고 python.exe 경로에 따옴표를 붙인다.

즉 만약 zipline-script.py 파일의 맨 윗줄이 다음과 같다면,

```
#!c:/path to/your/python interpreter/python.exe
```

이렇게 변경한다.

```
#!"c:/path to/your/python interpreter/python.exe"
```

유용한 라이브러리 설치

4장에서는 파이썬 세계에서 작업을 더 쉽게 수행할 수 있는 매우 유용한 라이브러리를 설치했다. 라이브러리를 설치할 때 라이브러리는 하나의 특정 파이썬 환경에만 설치된다. 당시에는 기본 루트 환경^{default root environment}이라는 하나의 환경만 있었다. 이번 7장에서는 특별히 Zipline을 위한 새로운 환경을 만들었다. 즉, 이전에 설

치한 라이브러리가 zip38 환경에 설치돼 있지 않다. 다시 해야 한다.

5장에서 했던 것과 똑같이 할 수 있다. 그리고 그것을 원한다면 그렇게 하라. 하지만 여기서는 그것을 선호하는 사람들을 위해 더욱 시각적으로 라이브러리를 설치할 수 있는 방법을 보여주겠다.

아나콘다 내비게이터로 이동해 Environments를 클릭한 다음 생성한 zip38 환경을 클릭한다. 화면 오른쪽에 이 환경에 설치된 라이브러리를 볼 것이다. 그러나 맨 위의 드롭다운에서 "설치되지 않음$^{\text{Not Installed}}$"으로 변경해 읽으면, 사용 가능하지만 아직 설치되지 않은 라이브러리가 표시된다.

그렇게 한 다음 아래로 스크롤해 matplotlib을 선택한다. 그림 7.1과 같이 박스를 체크한다. 이제 nb_conda도 동일하게 수행한다. 이것들은 우리가 4장에서 설치한 라이브러리들이다. 선택한 후 하단에 있는 **적용**^{Apply} 버튼을 누르면 zip35 환경에 설치된다.

그림 7.1 GUI 라이브러리 설치

백테스트 알고리듬 작성 위치

파이썬의 경우처럼 동일한 작업을 수행하는 방법은 여러 가지가 있다. 다양한 소프트웨어 솔루션을 사용해 파이썬 백테스트를 작성할 수 있지만, 6장에서 사용한 것처럼 주피터 노트북을 사용할 것이다.

주피터는 보통 백테스트 개발이 수반되는 이런 종류를 다루는 것에 매우 적합하다. 코드를 테스트하기 좋은 환경이며, 출력과 결과를 빠르게 눈앞에 가져올 수 있다.

주피터로 작업할 때 명심해야 할 한 가지는 올바른 환경을 활성화하는 것이다. 이전 절에서 nb_conda 라이브러리를 설치했으므로, 이는 쉽게 수행할 수 있다.

새로운 zip38 환경에서 주피터 노트북을 실행하려면 **아나콘다 내비게이터**를 열고 Environments 뷰로 이동하라. 그림 7.1에서 볼 수 있듯이 zip38 환경 옆에 있는 삼각형을 클릭하고 주피터 노트북으로 열기를 선택한다.

주피터 인터페이스로 전환되면 그림 7.2와 같이 New 드롭다운에서 선택해 zip38 환경의 새 노트북을 만들 수 있다.

그림 7.2 새 노트북 만들기

최초의 Zipline 백테스트

이 최초의 트레이딩 알고리듬을 위해 우리는 전략의 현실성이나 실행 가능성에 대해 걱정하지 않을 것이다. 현재로서는 알고리듬 백테스트를 만드는 기본을 보고 있을 뿐이다.

우리가 먼저 만들 전략은 단일 주식인 Apple을 트레이딩하는 것이다. 만약 가격이 100일 이동 평균 이상으로 마감된다면 우리는 Apple을 롱^{long}할 것이다. 만약 그렇지 않다면, 우리는 현금을 가질 것이다. 이 경우에는 퀀들^{Quandl}에서 데이터가 제공되므로 5장에서 설명한 대로 Quandl 번들을 사용할 것이다.

이 전략의 실제 논리는 매우 간단해서 우리가 작성할 코드의 대부분은 전략을 계산하는 것이 아니라 결과를 보여주는 것이다. 결과를 보여주기 위해 우리는 더 예쁜 그래프를 만드는 방법에 대해 5장에서 설명한 것과 매우 유사한 방법을 사용할 것이다.

이전과 마찬가지로 코드 영역을 설명하면서 조금씩 보여주고 설명이 끝나면 코드 전체를 한 번에 보여주도록 하겠다.

우선 항상 그렇듯이 우리가 사용하고자 하는 다양한 라이브러리를 불러들여야 import 한다. 라이브러리를 가져오지 않는 파이썬만으로는 상당히 제한적이며 백테스트와 같은 복잡한 작업을 수행하려면 몇 가지 추가 작업이 필요하다.

이렇게 간단한 모델이라면 import 구문이 많이 필요하지 않다. Zipline 백테스트를 실행할 때마다 `run_algorithm`을 가져와야 한다. `zipline.api`에서도 몇 가지가 필요하겠지만, 백테스트에서 우리가 무엇을 하고 싶은지에 따라 정확히 어떤 것들이 필요할 수 있다. 이 경우 우리는 목표 퍼센트로 거래 주문을 할 수 있는 능력과 티커^{tikcer}를 기준으로 주식 심볼을 조회할 수 있는 능력이 필요하다. 메서드 `order_target_percent` 및 `symbol`이 이를 수행할 수 있다. 나중에 이 라이브러리에서 얻을 수 있는 더 많은 방법을 볼 수 있을 것이다.

```
# 필요한 Zipline 함수를 불러오기(Import)
from zipline import run_algorithm
from zipline.api import order_target_percent, symbol
```

우리는 또한 판다스 라이브러리를 불러오고^{import} 있는데, 우리는 이 책을 통해 많은 다른 것들에 사용할 것이다. 이 간단한 예에서는 시작 날짜와 종료 날짜에 대한 타임스탬프를 정의하기 위해 판다스가 필요하다.

```
import pandas as pd
```

최종 import 구문은 matplotlib을 위한 것으로, 백테스트 결과를 기반으로 그래프를 그릴 수 있다.

```
# 시각화 불러오기
import matplotlib.pyplot as plt
```

이 알고리듬의 코드에는 세 가지 함수가 있으며, 이 책에서는 동일한 세 가지 함수의 집합을 더 많이 볼 것이다. 이는 함수 Initialize, handl_data와 analyze이다.

테스트가 시작되기 전에 initialize 함수가 실행되며, 여기서 파라미터를 설정하고 실행 전에 준비해야 할 사항을 준비할 것이다. 이 절에서는 바로 아래의 코드 영역에서 볼 수 있듯이 두 가지 작업을 수행한다. 거래하고자 하는 주식과 사용하고자 하는 이동 평균 윈도우를 설정한다. 이 백테스트에 필요한 두 가지 설정은 그것뿐이다.

다음의 코드에서 방금 불러온 함수 symbol을 사용해 티커를 기준으로 주식 심볼을 조회하는 방법을 볼 수 있다.

```
def initialize(context):
    # 거래할 주식을 지정
    context.stock = symbol('AAPL')

    # 이동 평균 윈도우
    context.index_average_window = 100
```

다음 함수는 handle_data이며, 새로운 데이터 포인트 각각에 대해 실행된다. 우리는 여기서 일일 데이터를 다루고 있기 때문에 이 함수는 하루에 한 번 호출될 것이다. 트레이딩 논리가 바로 여기에 있다. 즉 언제 매수할 것인가, 언제 매도할 것인가 그리고 얼마를 거래하는지에 대한 규칙이 있다. 바로 여기 handle_data에 이 모든 것이 수행된다.

handle_data에서 가장 먼저 하는 일은 시계열 히스토리를 가져오는 것이다. 이는 중요한 개념이다. 거의 항상 백테스트를 위해 이를 해야 하기 때문이다.

```
def handle_data(context, data):
    # 주식 히스토리를 요구
    equities_hist = data.history(context.stock, "close",
                                 context.index_average_window, "1d")
```

위의 코드에서 볼 수 있듯이, 함수 정의에서 우리에게 전달된 데이터 객체의 일부인 history라는 함수를 사용할 수 있다. 이 함수는 단일 심볼 또는 여러 심볼에 대한 히스토리를 동시에 가져올 수 있다. 이번 경우는 단 한 개의 주식만 입력하고 있지만, 관심이 있었다면 첫 번째 인수로 전체 주식 리스트를 입력할 수 있었을 것이다.

함수 히스토리에 대한 두 번째 인수로 여기서는 "close" 문자열을 입력한다. 그 이유는 이 모델에 필요한 것은 단 한 필드, 종가$^{closing\ price}$이기 때문이다. 여기서도 ['open', 'high', 'low', 'close']와 같은 문자열 리스트를 제공할 수 있다.

그다음에는 동일한 히스토리 함수에서 원하는 데이터 포인트 수를 지정한다. 이 모델의 데이터는 이동 평균만 계산하면 된다. 우리는 이동 평균 윈도우가 몇 개의 기간인지 이미 알고 있다. context.index_average_window 변수에 해당 값을 저장했다.

마지막으로 일일 빈도를 하루 간격으로 찾는 히스토리 기능을 알려주는 문자열 "1d"를 입력한다.

역사적 데이터를 확보했으니 이제 트레이딩 논리를 세워야 할 때다. 아직도 규칙을 기억하는가? 가격이 이동 평균 위이면 롱을 취하고, 그렇지 않으면 포지션을 취하지 않는다. 바로 이것이다.

```
# 가격이 이동 평균 위인지를 체크한다.
    if equities_hist[-1] > equities_hist.mean():
        stock_weight = 1.0
    else:
        stock_weight = 0.0
```

이 코드 영역에서는 if문을 사용해 가격이 요청된 시계열 히스토리에 대한 평균 가격보다 높은지 여부를 확인한다. 이동 평균 기간과 동일한 양의 데이터 포인트를 요청했기 때문에, 우리는 그 가격들의 평균만 계산하면 된다. 실제로 평균을 "이동"할 필요는 없다. 또한 들여쓰기의 중요성과, if와 else 뒤에 우리가 그 초기 탭이 어떻게 필요한지 기억하라.

그 부분에서는 실제로 거래하지 않는다. 아직은 아니다. 방금 stock_weight 변수 값을 설정했다.

트레이딩은 handle_data의 마지막 행에 있다.

```
order_target_percent(context.stock, stock_weight)
```

여기서는 order_target_percent라는 주문 메서드를 사용하고 있다. 특정 노출 비율을 자동으로 대상으로 지정하려면 이 메서드가 유용하다. 원하는 주식 수를 계산하고 원하는 경우 order_target 메서드를 사용할 수도 있다. 이 방법은 order_target_percent와 마찬가지로 맨 위에서 불러오기[import]를 해야 한다.

마지막으로 analyze 함수가 있다. 이 함수는 백테스트가 모두 완료된 후 호출되며, 여기서 분석을 계산하고 결과를 시각화할 것이다. 이 함수가 실행되면 객체 컨텍스트가 전달되고 수행되므로 백테스트 결과에 대해 필요한 모든 정보가 포함된다. 8장에서는 이러한 함수를 사용해 수행할 수 있는 작업을 자세히 살펴보겠다.

코드 샘플 하단에 백테스트를 시작하기 전에 시작 날짜와 종료 날짜를 설정한다. 백테스트 실행을 시작할 때 사용되는 입력 파라미터를 주목하라.

```python
# 시작과 종료 날짜 설정
start_date = pd.Timestamp('1997-01-01',tz='UTC')
end_date = pd.Timestamp('2021-03-30',tz='UTC')

# 백테스의 결과를 보인다.
results = run_algorithm(
    start=start_date,
    end=end_date,
    initialize=initialize,
    analyze=analyze,
    handle_data=handle_data,
    capital_base=10000,
    data_frequency = 'daily', bundle='quandl'
)
```

여기서 Zipline 엔진에 백테스트를 시작 시점과 종료 시점을 알려준다. 백테스트 전, 도중 및 이후에 실행할 함수와 시작할 자본금의 양을 알려준다. 마지막으로 데이터 빈도와 사용할 데이터 번들을 정의한다.

첫 번째 Zipline 백테스트를 위한 전체 소스 코드는 다음과 같다. 이 책에 있는
모든 소스 코드와 마찬가지로, 책의 웹사이트에서 다운로드할 수도 있다.

```
# This ensures that our graphs will be shown properly in the notebook.
%matplotlib inline

# Import Zipline functions that we need
from zipline import run_algorithm
from zipline.api import order_target_percent, symbol

# Import pandas
import pandas as pd

# Import visualization
import matplotlib.pyplot as plt

def initialize(context):
    # Which stock to trade
    context.stock = symbol('AAPL')

    # Moving average window
    context.index_average_window = 100

def handle_data(context, data):
    # Request history for the stock
    equities_hist = data.history(context.stock, "close",
                                 context.index_average_window, "1d")

    # Check if price is above moving average
    if equities_hist[-1] > equities_hist.mean():
        stock_weight = 1.0
    else:
        stock_weight = 0.0

    # Place order
order_target_percent(context.stock, stock_weight)
```

```python
def analyze(context, perf):
    fig = plt.figure(figsize=(12, 8))

    # First chart
    ax = fig.add_subplot(311)
    ax.set_title('Strategy Results')
    ax.semilogy(perf['portfolio_value'], linestyle='-',
                label='Equity Curve', linewidth=3.0)
    ax.legend()
    ax.grid(False)

    # Second chart
    ax = fig.add_subplot(312)
    ax.plot(perf['gross_leverage'],
            label='Exposure', linestyle='-', linewidth=1.0)
    ax.legend()
    ax.grid(True)

    # Third chart
    ax = fig.add_subplot(313)
    ax.plot(perf['returns'], label='Returns', linestyle='-.', linewidth=1.0)
    ax.legend()
    ax.grid(True)

# Set start and end date
start_date = pd.Timestamp('1997-01-01',tz='UTC')
end_date = pd.Timestamp('2021-03-30',tz='UTC')

# Fire off the backtest
results = run_algorithm(
    start=start_date,
    end=end_date,
    initialize=initialize,
    analyze=analyze,
    handle_data=handle_data,
    capital_base=10000,
    data_frequency = 'daily', bundle='quandl'
```

이 코드를 실행하면 1분 정도 걸릴 수 있다. 그러면 아래에 차트 3개 모양으로 결과가 표시된다. 코드 부분에서는 세 개의 차트를 하나씩 만드는 방법을 볼 수 있다. 첫 번째는 가상 포트폴리오의 가치의 변화를 나타내는 주식 곡선을 보여준다. 두 번째 차트는 Zipline AI가 레버리지^{leverage}라 부르는 노출도^{exposure}를 보여주고, 마지막으로 세 번째 차트는 일일 퍼센트 수익률^{daily percentage returns}을 보여준다.

자, 이제 그림 7.3과 같은 그림을 볼 수 있다. 이 간단한 알고리듬이 우리에게 어떤 도움을 주었을지 대략적으로 보여주는 기본적인 결과물이다. 물론 이론적이다.

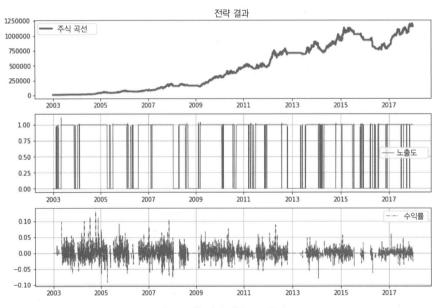

그림 7.3 첫 번째 백테스트 출력

이 시점에서 출력의 세부 사항에 압도되는 경우 두려워하지 마라. 파이썬의 주요 강점은 시계열을 분석하는 것이다. 일단 백테스트가 수행되면 바로 출력된 시계열 분석이 핵심이다. 여기서부터 데이터를 이리저리 자르고, 던지고, 표시하는 방법에 대한 많은 옵션이 존재한다.

포트폴리오 백테스트

이전 백테스트에서는 단일 종목에 매우 간단한 전략을 사용했다. 독자들 대부분이 그런 식으로 작업하진 않을 것이다. 과거에는 취미 트레이더와 산업의 전문 참여자들은 분명히 구별됐으며, 취미 트레이더들은 단일 종목 모델, 단일 자산 전략에 집중하는 경향이 뚜렷했다. 그러나 일반 대중이 점점 더 발전된 도구를 사용할 수 있게 되면서 더 이상 꼭 그렇지만은 않다.

얼마 전까지만 해도 대중이 사용할 수 있는 도구는 오로지 단일 자산 전략 플랫폼뿐이거나 아니면 그것에 사후적으로 추가되는 사후 시장 포트폴리오 확장이라는 다소 조잡한 기능을 가지고 있었다.

단일 시장 전략의 핵심 문제는 분산이 불가능하다는 점이다. 그것들은 순수한 시장 타이밍 모델이 되고, 실제로 그런 것들은 좀처럼 잘 작동하지 않는다. 분산은 전문 트레이딩의 절대적인 핵심이다.

단일 시장 전략의 또 다른 이슈는 단일 시장의 선택이다. 트레이딩 규칙은 체계적일 수 있지만 거래할 단일 주식 또는 기타 자산을 선택하는 것은 분명히 재량이다. 하나의 자산을 선택하는 것이 전체 전략 중에서 가장 큰 단일 설계 선택이다.

결국, 내가 애플^{Apple}을 앞선 사례로 선택한 유일한 이유는 애플이 좋은 결과를 보여줄 것이라는 것을 알고 있기 때문이다. 엄청난 호황을 누린 주식에 대한 롱 온리^{long only} 추세 추종 전략은 훌륭한 백테스트를 보장한다. 그러나 그것이 반드시 예측 가치가 있는 것은 아니다.

주식 모델을 구성할 때 종목 유니버스 선택을 적절하게 처리하는 것이 매우 중요하다. 즉, 알고리듬에 어떤 주식이 포함될지 신중하게 고려해야 한다. 예측 가치를 보여줄 수 있는 결전의 기회를 가지려면 종목 선택이 현실적으로 이뤄져야 한다. 10년 전의 전략을 테스트했다면 백테스트에서 10년 전에 선택한 종목은 실제 선택했을 것과 유사해야 한다.

백테스트 대상 종목을 선정하는 최악의 방법은 지금 당장 인기 있는 종목을 선정하는 것이다. 물론 좋은 성적을 거뒀기 때문에 지금 인기 있는 상태이고, 그 말은 백테스트가 시작되기도 전에 심하게 왜곡됐다는 뜻이다.

11장에서 우리는 편견의 위험을 최소화하는 것을 목표로 하는 현실적인 투자 세계를 사용하기 시작할 것이다. 하지만 그곳에 가기 전에 포트폴리오 백테스트를 구성해 여러 시장으로 작업하는 방식에 대해 알아보겠다.

사실 우리가 지금 여기서 하려는 것은 심각한 논리적 결함을 갖고 있을 것이다. 꽤 의도적인 것이다. 하지만 내가 설명하기 전에 논리적인 오류를 찾아낼 수 있는지 살펴보도록 하자.

당사의 첫 번째 포트폴리오 시뮬레이션은 다우존스 산업 평균 지수Dow Jones Industrial Average의 지수 구성 요소를 거래할 것이다. 구성 종목 30개에 대해 해당 100일 이동 평균 위와 아래에 있는지를 매일 확인한다.

만약 가격이 이동 평균 위라면, 우리는 1/30, 즉 약 3.33%의 개념적인 배분으로 롱 포지션을 취할 것이다. 이는 완벽한 강세장에서 30개 종목이 모두 각자의 이동 평균을 상회할 경우 전체 포트폴리오 익스포저가 100%가 되지만 대부분 그 이하가 될 수 있다는 것을 의미한다.

이 예에서는 트레이딩에 고려하고자 하는 주식, 우리의 투자 유니버스를 initialize 함수에 정의하려고 한다. 여기서 보는 것처럼 context 객체를 다시 사용하고 아이템 리스트를 나중에 읽을 수 있도록 첨부한다. 프로그래밍에 익숙한 독자들은 우리가 이것을 위해 글로벌 변수global variable를 사용할 수 없었냐고 물을 수도 있는데, 원한다면 그것도 괜찮을 것이다.

앞의 예와 같이 Zipline은 symbol 객체와 티커 문자열을 다르게 만든다. 우리에게 필요한 것은 symbol 객체로 만든 리스트다. 하지만 코드를 더 쉽게 읽고 편집하기 위해 먼저 티커 문자열을 나열한 다음 해당하는 모든 symbol 객체의 리스트를 단일 행에 새로 만들었다.

```python
def initialize(context):
    # 트레이더들이 할 종목 티커 리스트
    dji = [
        "AAPL",
        "AXP",
        "BA",
        "CAT",
        "CSCO",
        "CVX",
        "DIS",
        "DWDP",
        "GS",
        "HD",
        "IBM",
        "INTC",
        "JNJ",
        "JPM",
        "KO",
        "MCD",
        "MMM",
        "MRK",
        "MSFT",
        "NKE",
        "PFE",
        "PG",
        "TRV",
        "UNH",
        "UTX",
        "V",
        "VZ",          "WBA",
        "WMT",
        "XOM",
    ]

    # 티커 리스트로부터 심볼 리스트를 만든다.
    context.dji_symbols = [symbol(s) for s in dji]
```

handle_data 기능에서는 몇 개 판다스 기능을 사용해 로직을 쉽게 수행할 수 있도록 할 것이다. 먼저 우리는 역사적 데이터를 가져와야 한다. 그리고 우리는 이것을 전에 본 적이 있다. 하지만 이번에 우리는 모든 주식에 대한 히스토리를 한 번에 얻는다.

```
# 모든 주식에 대한 히스토리를 얻는다.
    stock_hist = data.history(context.dji_symbols, "close", context.index_
average_window, "1d")
```

다음은 몇 개의 **판다스** 함수다. 여기서는 주식이 평균 위 또는 아래 있는지 여부를 알려주는 열과 보유하고자 하는 주식의 퍼센트 비중을 나타내는 열이 있는 **데이터프레임**을 만들 계획이다. 판다스로 할 수 있는 방법을 알려주기 위해 이렇게 하는 것이다.

먼저 새로운 DataFrame을 만든 다음 above_mean이라는 열을 만든다. 이 열은 주식이 위에 있으면 True로 설정되고 그렇지 않으면 False로 설정된다. 이 논리가 아래의 단일 행에서 수행되는 방법을 주목하라. 우리는 마지막 가격과 평균 가격을 비교하고 있으며, iloc 함수로 마지막 가격을 찾을 수 있다. iloc 함수는 수치 위치를 기반으로 데이터프레임에서 행을 찾을 수 있다. 이 경우 −1은 마지막, 즉 가장 최근 포인트를 의미한다.

```
    # 시작할 빈 데이터프레임을 만든다.
    stock_analytics = pd.DataFrame()

    # 평균 위 또는 아래 여부를 가리키는 열을 추가한다.
    stock_analytics['above_mean'] = stock_hist.iloc[-1] > stock_hist.mean()
```

우리는 방금 만든 것과 동일한 **데이터프레임**을 계속 사용하고 weight(비중)라는 열을 추가한다. 이제 주목해야 할 흥미로운 요령이 있다. 이번에는 논리적 기준에 따라 **데이터프레임**에서 행을 찾을 수 있는 loc 함수를 사용한다.

아래 첫 번째 행은 다음을 수행한다. 이 도구는 above_mean 열이 True인 행을 찾고 이 행들에 대해 열 weight를 설정한다. 앞서 말했듯이 우리는 비중^{weight}을 전체 지수 주식으로 1을 나눈 것으로 설정한다. 이러한 방법으로 행을 찾고 값을 설정하면 빠르고 쉽게 작업을 완료할 수 있다. 모든 행을 하나씩 루핑(반복 시행)하는 대안을 고려해보라.

우리는 가격이 평균 아래인 행에 대해서도 똑같이 하고, 가중치를 0으로 설정한다.

```
# 매수할 주식에 대한 비중을 설정한다.
stock_analytics.loc[stock_analytics['above_mean'] == True, 'weight'] =
1/len(context.dji_symbols)

# 나머지에 대해서는 비중을 0으로 설정한다.
stock_analytics.loc[stock_analytics['above_mean'] == False, 'weight'] = 0.0
```

이제 우리는 어떤 종목을 롱하고 어떤 종목을 보유하지 말아야 하는지 알게 됐으며, 비중을 알게 됐다. 이제 우리는 하나씩 반복해서 거래할 수 있다. .iterrow()를 사용해 인덱스와 해당 DataFrame 행을 한 번에 하나씩 가져올 수 있다.

안전을 위해, 이때 주식 거래가 가능한지 체크하는 것을 추가했다.

```
# 각 행을 반복하고 거래를 주문한다.
for stock, analytics in stock_analytics.iterrows():
    # 주식이 거래 가능한지 체크한다.
    if data.can_trade(stock):
        # 거래 주문
        order_target_percent(stock, analytics['weight'])
```

이것은 실제 코드 행수가 그리 많지 않다. 보다시피 트레이딩 논리는 몇 가지 간단한 문장으로만 이루어질 수 있다. 이것이 바로 백테스트 환경에서 원하는 것이다. 중요한 것에 집중하고자 한다. 간단한 작업을 수행하기 위해 코드 페이지마다 작성하는 것이 아니라 트레이딩 아이디어를 테스트하는 데 시간을 투자하고자 한다. Python, Zipline과 Pandas의 도움을 받아 이를 달성할 수 있다.

```python
# 다음은 그래프가 노트북에서 적절히 보여주는 것을 보장한다.
%matplotlib inline

# 몇 개 필요한 라이브러리 불러오기
from zipline import run_algorithm
from zipline.api import order_target_percent, record, symbol
import matplotlib.pyplot as plt
import pandas as pd

def initialize(context):
    # 트레이딩할 종목
    dji = [
        "AAPL",
        "AXP",
        "BA",
        "CAT",
        "CSCO",
        "CVX",
        "DIS",
        "DWDP",
        "GS",
        "HD",
        "IBM",
        "INTC",
        "JNJ",
        "JPM",
        "KO",
        "MCD",
        "MMM",
        "MRK",
        "MSFT",
        "NKE",
        "PFE",
```

```
        "PG",
        "TRV",
        "UNH",
        "UTX",
        "V",
        "VZ",
        "WBA",
        "WMT",
        "XOM",
    ]

    # 티커 리스트로부터 심볼 리스트를 만든다.
    context.dji_symbols = [symbol(s) for s in dji]

    # 이동 평균 윈도우
    context.index_average_window = 100

def handle_data(context, data):
    # 모든 주식의 히스토리를 얻는다.
    stock_hist = data.history(context.dji_symbols, "close", context.index_
average_window, "1d")

    # 시작할 빈 데이터프레임을 만든다.
    stock_analytics = pd.DataFrame()

    # 평균 위 또는 아래 여부를 위한 열을 추가한다.
    stock_analytics['above_mean'] = stock_hist.iloc[-1] > stock_hist.mean()

    # 매수 주식의 비중을 설정한다.
    stock_analytics.loc[stock_analytics['above_mean'] == True, 'weight'] = 1/
len(context.dji_symbols)

    # 나머지에 대한 비중을 0로 설정한다.
    stock_analytics.loc[stock_analytics['above_mean'] == False, 'weight'] = 0.0

    # 각 행을 반복하고 거래를 주문한다.
    for stock, analytics in stock_analytics.iterrows():
        # 주식이 거래될 수 있는지 체크한다.
```

```
            if data.can_trade(stock):
                # 거래를 주문한다.
                order_target_percent(stock, analytics['weight'])

def analyze(context, perf):
    fig = plt.figure(figsize=(12, 8))

    # 처음 차트
    ax = fig.add_subplot(311)
    ax.set_title('Strategy Results')
    ax.plot(perf['portfolio_value'], linestyle='-',
                label='Equity Curve', linewidth=3.0)
    ax.legend()
    ax.grid(False)

    # 두 번째 차트
    ax = fig.add_subplot(312)
    ax.plot(perf['gross_leverage'],
            label='Exposure', linestyle='-', linewidth=1.0)
    ax.legend()
    ax.grid(True)

    # 세 번째 차트
    ax = fig.add_subplot(313)
    ax.plot(perf['returns'], label='Returns', linestyle='-.', linewidth=1.0)
    ax.legend()
    ax.grid(True)

# 시작과 종료 날짜 설정
start = pd.Timestamp('2003-01-01',tz='UTC')
end = pd.Timestamp('2017-12-31',tz='UTC')

# 백테스트 결과
results = run_algorithm(start=start, end=end,
                            initialize=initialize, analyze=analyze,
                            handle_data=handle_data,
                            capital_base=10000,
                            data_frequency = 'daily', bundle='quandl')
```

이 코드를 실행한 후에는 그림 7.4와 유사한 내용을 보여주는 출력이 나와야 한다.

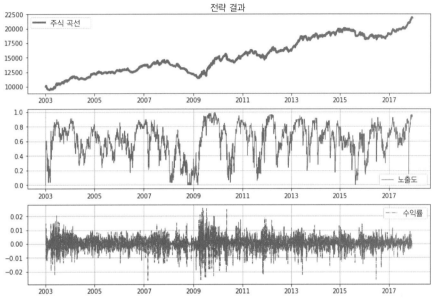

그림 7.4 첫 번째 포트폴리오 백테스트

이전에 언급했듯이 이 백테스트에 어떤 문제가 있을 수 있다고 했고, 대부분의 독자들이 이미 그것을 이해했다고 생각한다. 아직 발견하지 못했다면 돌아가서 코드를 잠시 살펴보라.

거래 비용도 없고 슬리피지도 없고 심지어 전략의 실행 가능성도 없다는 사실을 말하고 하는 것이 아니다. 보기 좋게 만들기 위해 2003년에 백테스트를 시작한 것을 말하고자 하는 것도 아니고, 계산을 위해 사용하는 것과 동일한 종가로 마술처럼 즉시 거래한 것을 말하고자 하는 것도 아니다. 아니, 훨씬 더 근본적인 문제를 말하고자 하는 것이다.

우리가 여기서 한 일은 비록 고의였지만, 매우 흔하지만 똑같이 심각한 범죄를 저지르는 것이었다. 특히 투자 유니버스를 다우존스 지수의 현재 구성 요소로 설정했다. 이 시뮬레이션이 시작된 2003년 지수에는 동일한 멤버가 없었다.

그게 무슨 상관인가? 애초에 이 종목들이 왜 지수에 있는지 생각해보라. 여느 지수처럼 지수 안에 있는 종목은 과거 실적이 좋았기 때문에 지수 안에 있는 것이다. 과거에 큰 이득을 본 것으로 알고 있는 주식으로 운영하기 때문에, 당연히 주식 매수에 의존하는 전략은 더 나은 성과를 낼 것이다.

이것은 매우 중요한 문제이며, 우리는 이 책에서 다시 이 문제를 살펴볼 것이다.

이 책에 사용된 데이터

적절한 백테스트를 구축하고 트레이딩 아이디어를 실험하려면 먼저 충분한 품질의 금융 데이터를 얻은 후 백테스트 소프트웨어가 읽을 수 있도록 가져와야 한다. 사소한 일이 아닐 수 있지만, 심각하게 받아들여야 하는 일이다. 이 책의 흐름을 유지하고 더 흥미로운 부분을 먼저 읽도록 유인하기 위해 데이터 처리에 대해서는 23장과 24장에서 더 자세히 설명하겠다.

23장과 24장에서 자신의 데이터로 Zipline을 작동하는 방법에 대해 자세히 읽어볼 수 있으며, 관련된 소스 코드와 설명을 찾을 수 있다. 나는 대부분의 독자들이 먼저 책을 읽고 풀스케일 백테스트 환경을 구축하고 모든 소스 코드를 테스트하기를 원한다고 생각한다. 나는 독자들을 위해 필요한 모든 코드를 보여줄 것이다.

이 책에서는 Norgate Data의 주식 데이터와 CSI Data의 선물 데이터를 사용했다. 내가 이 두 가지를 고른 이유는 이 두 가지가 좋은 것으로 알고 있으며, 취미 트레이더와 초보자가 모두 쉽게 접할 수 있는 가격대이기 때문이다.

Norgate는 Zipline 백테스트를 위한 작업을 크게 단순화하는 Zipline 전용 라이브러리를 만들었다. API를 사용하려면 데이터 가입이 필요하지만, 이 솔루션이 현재 Zipline에서 사용 가능한 가장 우수하고 쉬운 솔루션이라고 감히 말할 수 있다.

Norgate의 직원들은 또한 이 책의 모든 코드를 그들의 편리한 API뿐만 아니라 최신 소프트웨어 패키지에 적용할 수 있을 만큼 친절했고, https://pypi.org/project/zipline-norgatedata/에서 모든 코드를 다운로드할 수 있다.

08
백테스트 결과 분석

백테스트를 실행하는 것과 결과를 분석하는 것은 전혀 다르다. 7장에서는 간단한 백테스트를 작성했지만 결과 분석에 크게 신경 쓰지 않았다.

시계열 분석은 파이썬의 핵심 강점이며, 백테스트 결과를 어떻게 할 것인지에 대한 옵션이 부족하지 않다. 원하는 분석을 계산할 수 있는지 묻는 것은 무의미하다. 우리가 생각할 수 있는 모든 것을 계산하고 시각화할 수 있기 때문이다.

백테스트 결과를 분석하는 방법에는 두 가지가 있다. 목적에 맞게 구축된 라이브러리를 설치하고 사용할 수도 있고, 더 맞춤화된 라이브러리를 구축할 수도 있다. 8장에서는 두 가지 가능성을 살펴보고 백테스트의 성공 여부를 파악하는 데 필요한 도구와 지식을 제공하는 것을 목표로 한다. 단순히 주식 곡선을 그리는 것은 충분히 쉽지만 이는 실제 의사 결정의 기초가 될 만큼 충분한 이야기는 거의 하지 않는다.

PyFolio 설치

Zipline 백테스트 라이브러리 제작자들은 백테스트 결과를 분석할 수 있는 유용한 라이브러리도 만들었다. 이 PyFolio 라이브러리는 백테스트 분석에 적합한 진입 게이트웨이를 제공한다. 많은 사람들에게 그것이 당신에게 필요한 유일한 것일 것이다. 어떤 이들에게는 좋은 시작이고 여러분이 배우고 발전시킬 수 있는 무엇인가가 될 수 있다.

스테판 얀센^{Stefan Janson}은 다시 한 번 구조에 나섰고, PyFolio 라이브러리를 업데이트해 이제 PyFolio는 최신 버전의 파이썬 및 기타 패키지와 함께 작동한다. 나는 여기서 계속 그 버전을 사용할 것이다.

PyFolio를 설치하기 위해서는 기존과 다른 방법을 사용해야 한다. 일관성을 유지하기 위해 라이브러리를 설치하는 동일한 방법을 계속 사용하는 것이 좋겠지만, 이 글을 쓰는 시점에서는 기술적인 문제로 인해 그럴 수가 없다.

대신 우리는 다른 설치 방법을 사용할 것이다. 다시 zip38 환경이 활성화된 터미널을 연다. 가장 쉬운 방법은 Anaconda Navigator를 통해 올바른 환경을 선택한 후 터미널 창을 시작하는 것이다. 물론 아무 터미널 창이나 열고 그 명령으로 환경을 활성화할 수 있다. 그리고 나서, 다음을 입력해 PyFolio를 설치한다.

```
Conda install pyfolio-reloaded
```

나중에 직접 살펴보면서 PyFolio가 많은 보고 작업을 수행할 수 있음을 알게 될 것이다. 시범으로 PyFolio가 수익률 티어시트^{tearsheet}라고 부르는 것을 만들 것이다. 즉, 전략의 수익률에 대한 분석 개요 보고서다. 그러기 위해서는 먼저 분석하기 위한 알고리듬과 트레이딩 전략이 필요하다.

분석할 포트폴리오 알고리듬

물론 7장에서 살펴본 알고리듬 중 하나를 사용할 수도 있지만, 별로 재미있지 않을 것이다. 그 대신 앞서 구축한 정적 다우존스 포트폴리오 모델을 사용해 상황을 조금 바꾸겠다.

다른 트레이딩 논리를 사용함으로써, 이번 기회에 그쪽에서 새로운 것을 가르치고자 한다. 우리가 다우존스 트레이딩 모델의 새로운 변형을 만드는 과정에서 여러분에게 보여주고 싶은 몇 가지 멋진 요령이 있다.

우리가 결과 분석에 사용할 모델도 다우존스 주식에 근거할 것이지만, 간단한 모멘텀 접근법을 사용할 것이다. 이번에 트레이딩 규칙을 월 1회만 확인해 수수료와 세금 측면에서 초과 비용이 발생하지 않는 장기 투자 알고리듬을 만들겠다.

다우존스 산업평균지수는 30개의 종목으로 구성돼 있다. 여기 있는 알고리듬은 이들 30개 종목의 지난 달 수익률을 측정해 최고 실적에서 최저 실적까지 분류한 후 상위 10개 종목까지 매수할 것이다. 그들은 다시 동일한 비중을 갖게 되므로 각 주식의 비중은 10%가 될 것이다.

zip35 환경을 위한 새로운 **주피터 노트북**을 가동하고 구축하라. 이미 Python에 익숙하다면 직접 이러한 규칙을 만들어보라. 그렇게 어렵지 않다.

이러한 새로운 트레이딩 규칙을 작성하는 것 외에도 8장의 실제 목적인 백테스트 결과의 분석을 수행해야 한다. 그러기 위해서는 방금 설치한 PyFolio 라이브러리를 불러와야 한다.

지금쯤 여러분은 context라고 부르는 이상하게 보이는 객체를 주목했을 것이다. 이것은 Zipline 고유의 편리한 객체다. 원하는 모든 것을 이 context 객체에 추가할 수 있으며, 이 객체는 나중에 액세스할 수 있도록 영구적으로 유지된다. 우리의 경우 거래할 주식 리스트와 초기화 루틴의 일부 모델 설정에 태그를 붙인다. 그런 다음 일일 트레이딩 논리로 이 설정을 다시 읽는다. context 객체가 예약된 `handle_data` 루틴에 전달되는 방법을 주목하라.

프로그래밍에 익숙한 사람들은 우리가 왜 단순히 이러한 설정을 글로벌 객체로 올려놓지 않는지 물을 수 있다. 그것도 괜찮다, 그게 좋다면. 사실 나는 내 자신이 더 읽기 쉽고 수정하기 쉬운 코드를 만드는 경향이 있기 때문에 그것을 더 선호하며, 이 책의 뒷부분 코드에서 그것이 어떻게 작동하는지를 보여주겠다. 지금은 context 객체를 사용하는 방법을 보여주고자 한다(유용하다고 생각하는 경우).

```python
# 필요한 라이브러리 불러오기
from zipline import run_algorithm
from zipline.api import order_target_percent, symbol, \
    schedule_function, date_rules, time_rules
import pandas as pd
import pyfolio as pf

def initialize(context):
    # Which stocks to trade
    dji = [
        "AAPL",
        "AXP",
        "BA",
        "CAT",
        "CSCO",
        "CVX",
        "DIS",
        "DWDP",
        "GS",
        "HD",
        "IBM",
        "INTC",
        "JNJ",
        "JPM",
        "KO",
        "MCD",
        "MMM",
        "MRK",
        "MSFT",
        "NKE",
```

```
        "PFE",
        "PG",
        "TRV",
        "UNH",
        "UTX",
        "V",
        "VZ",
        "WBA",
        "WMT",
        "XOM",
    ]

    # 티커로부터 심볼 리스트 만들기
    context.universe = [symbol(s) for s in dji]

    # 히스토리 윈도우
    context.history_window = 20

    # 포트폴리오 크기
    context.stocks_to_hold = 10

    # 한 달에 한 번 일일 트레이딩 루틴 스케줄링하기
    schedule_function(handle_data, date_rules.month_start(), time_rules.market_
close())

def month_perf(ts):
    perf = (ts[-1] / ts[0]) - 1
    return perf

def handle_data(context, data):
    # 모든 주식에 대한 히스토리 구하기
    hist = data.history(context.universe, "close", context.history_window,
"1d")

    # 이것은 정렬된 % 수익률 테이블을 만든다.
    perf_table = hist.apply(month_perf).sort_values(ascending=False)

    # 최상 N 주식 매수 리스트를 만든다.
```

```
    buy_list = perf_table[:context.stocks_to_hold]

    # 나머지는 보유하지 않는다.
    the_rest = perf_table[context.stocks_to_hold:]

    # 최상 N 주식에 대한 타깃 매수 주문을 낸다.
    for stock, perf in buy_list.iteritems():
        stock_weight = 1 / context.stocks_to_hold

        # 주문을 낸다.
        if data.can_trade(stock):
            order_target_percent(stock, stock_weight)

# 나머지 포지션이 0인지 확인한다.
    for stock, perf in the_rest.iteritems():
        # 주문을 낸다
        if data.can_trade(stock):
            order_target_percent(stock, 0.0)

def analyze(context, perf):
    # PyFolio를 사용해 성과 보고서를 생성한다.
    returns, positions, transactions = pf.utils.extract_rets_pos_txn_from_
zipline(perf)
    pf.create_returns_tear_sheet(returns, benchmark_rets=None)


# 시작과 종류 날짜를 설정한다.
start_date = pd.Timestamp('2003-01-01',tz='UTC')
end_date = pd.Timestamp('2017-12-31',tz='UTC')


# 백테스트를 실행하다.
result = run_algorithm(start=start, end=end,
                    initialize=initialize,
                    analyze=analyze,
                    capital_base=10000,
                    data_frequency = 'daily', bundle='quandl' )
```

이 백테스트 코드에서 볼 수 있듯이, 우리는 한 달에 한 번만 거래하며, 그것을 정의하는 새로운 방법을 사용한다. initialize 함수에서 코드의 마지막 줄을 보라. handle_data 함수의 트레이딩 코드가 매월 초에 실행되도록 스케줄러를 설정했다. 이것은 거래 빈도를 쉽고 편리하게 설정할 수 있는 방법이며, 다른 용도로도 사용할 수 있다.

initialize 함수에서는 우선 DJI에 주식 티커 리스트를 정의한다. 그런 다음 해당 symbol 객체의 리스트를 만들고 context에 저장한다. symbol 객체는 특정 주식을 나타내는 Zipline 개념이다.

handle_data 함수의 뒷부분에서 코드 한 줄을 사용해 이 모든 주식에 대한 데이터를 한 번에 가져오는 방법을 볼 수 있다. 이것은 우리가 이전에 했던 것처럼 훨씬 깨끗하고 편리한 것은 말할 것도 없고 훨씬 더 빠르다.

```
hist = data.history(context.universe, "close", context.history_window, "1d")
```

트레이딩 논리의 다음 단계는 파이썬의 아름다움을 잘 보여준다. 이를 잘 보라. 이건 정말 유용한 요령이다.

우리가 하는 일은 30개 종목의 퍼센트 수익률을 바탕으로 순위표ranking table를 계산하는 것이다. 해당 코드 행은 다음과 같다.

당신이 다른 프로그래밍 언어에 익숙하다고 해도, 이 줄은 당신에게 혼란스럽게 보일 수 있다. 많은 사람들에게 신기한 개념일 수 있지만, 꽤 쉽게 이해하고 사용할 수 있다.

앞의 코드 행에서 다우존스 지수에 있는 주식에 대한 과거 종가를 요청해 DataFrame 객체 hist를 만들었다. 이제 이 데이터 세트에 함수를 적용한다.

문제의 함수는 첫 번째 데이터 포인트와 마지막 데이터 포인트 사이의 퍼센트 수익률만 계산한다. 우리가 20 거래일 만큼의 히스토리를 요청했으므로, 약 한 달 동안의 성과를 돌려받는다. 함수 month_perf는 이 단락 바로 아래에 표시된 코드에 정의됐다. 보다시피 마지막 데이터 포인트 즉, 최신 데이터 포인트를 첫 번째 데이터 포인트로 나눈 다음 1을 차감한다. 또는 간단한 말로 우리는 단지 퍼센트 차이를 확인한다.

```
def month_perf(ts):
    perf = (ts[-1] / ts[0]) - 1
    return perf
```

함수를 DataFrame에 적용할 때 일어나는 일은 매우 현명한 것이다. 이제 각 주식에 대한 퍼센트 수익률이 계산되고 각 주식에 대한 퍼센트 수익률과 함께 표가 반환된다. 이 함수를 적용해서 코드 한 줄로 테이블을 돌려받았다.

퍼센트 수익률 순서에 관심이 있으니 데이터를 정렬도 해야 한다. 이것이 이 행의 마지막 부분인 sort_values() 부분이다. 여기서 볼 수 있듯이, ascending=False 인수를 제공한다. 오름차순 정렬이 기본값이므로 이 인수를 제공하지 않을 경우 가장 낮은 성과를 얻을 수 있다. 이제 바로 사용할 수 있는 순위 표를 준비했다. 표 8.1과 비슷하다. 심볼과 퍼센트 수익률이 반환된다.

표 8.1 순위표

Equity(1576 [JPM])	0.044764
Equity(2942 [UNH])	0.031656
Equity(482 [CAT])	0.021828
Equity(2213 [PG])	0.020453
Equity(3156 [XOM])	0.020132
Equity(2204 [PFE])	0.019069
Equity(3056 [WBA])	0.018613
Equity(2975 [UTX])	0.010518
Equity(3045 [VZ])	0.006263

이 예에서는 매우 간단한 퍼센트 수익률 함수를 데이터에 적용했다. 이는 원칙을 증명하기 위한 것이며, 나중에 더 복잡하고 유용한 계산을 수행하기 위해 동일한 논리를 사용할 것이다.

상위 10개 실적주를 매입해야 한다고 명시돼 있는 규칙을 기억하라. 지금으로선 쉬울 것이다. 객체[시작: 종료: 단계](object[start:stop:step])의 일반적인 구문을 사용해 데이터를 슬라이스하기만 하면 된다. 이 경우 다음과 같다. 콜론 앞에 0을 명시적으로 명시할 필요도 없고, 기본값이 1인 경우는 단계를 지정할 필요도 없다.

```
buy_list = perf_table[:context.stocks_to_hold]
```

이제 우리는 어떤 주식을 보유해야 할지 혹은 어떤 주식을 보유하지 말아야 할지 알게 됐다. 이제 우리가 해야 할 일은 매수 리스트에 있는 주식을 검토하고 목표 비중을 10%로 설정하고 나머지 목표 비중을 0%로 설정하면 된다.

그게 모델 코드 전부다. 성과 데이터를 얻기 위해 필요한 것은 여기까지이며, 다음 절에서는 성과 데이터를 분석하는 방법을 살펴보겠다.

PyFolio를 통한 성과 분석

결과에 대한 PyFolio 분석을 작성하려면 코드가 거의 필요하지 않다. 사실 이전 절의 샘플 모델 코드에 이미 추가돼 있다. 너무 작은 코드라서 내가 이미 넣었다는 걸 눈치채지 못했을 수도 있다.

PyFolio 보고서를 가져오기 위한 전체 코드는 라이브러리 불러오기[importing the library], 관련 데이터 추출[extracting the relevant data] 및 보고서 요청[requesting a report]으로 구성된다. 단 세 줄이다. 8장의 앞부분에서 설명한 것처럼 PyFolio 라이브러리 자체를 zip35 환경에 설치해야 한다.

우선 이 특정 코드의 라이브러리를 불러와야 한다. 여느 때처럼 지금껏 여러 번 봤듯이 우리는 코드의 시작 부분에 그렇게 한다.

```
import pyfolio as pf
```

이제 백테스트가 완료되고 분석 기능이 시작될 때까지 기다리면 된다. 이전 예에서는 이 함수가 run_algorithm 부분에 지정된 경우 백테스트 후 자동으로 실행되는 방법을 살펴봤다.

다행히 PyFolio 라이브러리는 Zipline과 함께 사용할 수 있도록 만들어졌다. 실제로 다른 백테스트 엔진에도 사용할 수 있지만, 특히 Zipline과 함께 사용하기 쉽다.

PyFolio 보고서에 필요한 두 번째 코드는 백테스트 결과에서 필요한 정보를 추출하는 것이다. 특히 이러한 목적으로 만들어진 PyFolio 유틸리티를 사용해 수익률 returns, 포지션positions 및 거래transaction를 반환한다.

```
returns, positions, transactions = pf.utils.extract_rets_pos_txn_from_zipline(perf)
```

위의 코드에서 Python의 또 다른 유용한 함수를 볼 수 있다. 파이썬 함수는 둘 이상의 변수를 반환할 수 있지만, 대부분의 다른 공용 언어에서는 그렇지 않다.

```
def analyze(context, perf):
    returns, positions, transactions = pf.utils.extract_rets_pos_txn_from_
zipline(perf)
    pf.create_returns_tear_sheet(returns, benchmark_rets=None)
```

파이폴리오Pyfolio에는 다양한 종류의 티어시트(요약 시트)가 내장돼 있으며, 이는 결과의 특정 측면을 보여주기 위한 것이다. 직접 포함된 다양한 특성들을 살펴보라. 하지만 지금은 수익률 티어시트를 사용할 것이다.

코드를 체크하기 위해 다시 돌아가는 번잡함을 피하기 위해, 여기에 전체 모델의
코드를 다시 제공한다.

```python
# 필요한 라이브러리 몇 개를 불러온다.
from zipline import run_algorithm
from zipline.api import order_target_percent, symbol, \
    schedule_function, date_rules, time_rules
import pandas as pd
import pyfolio as pf

def initialize(context):
    # Which stocks to trade
    dji = [
        "AAPL",
        "AXP",
        "BA",
        "CAT",
        "CSCO",
        "CVX",
        "DIS",
        "DWDP",
        "GS",
        "HD",
        "IBM",
        "INTC",
        "JNJ",
"JPM",
        "KO",
        "MCD",
        "MMM",
        "MRK",
        "MSFT",
        "NKE",
        "PFE",
        "PG",
        "TRV",
        "UNH",
```

```
        "UTX",
        "V",
        "VZ",
        "WBA",
        "WMT",
        "XOM",
    ]

    # 티커로부터 심볼 리스트를 만든다.
    context.universe = [symbol(s) for s in dji]

    # 히스토리 윈도우
    context.history_window = 20

    # 포트폴리오 크기
    context.stocks_to_hold = 10

    # 한 달에 한 번 일일 트레이딩 루틴을 스케줄링한다.
    schedule_function(handle_data, date_rules.month_start(), time_rules.market_close())

def month_perf(ts):
    perf = (ts[-1] / ts[0]) - 1
    return perf

def handle_data(context, data):
    # 모든 주식의 히스토리를 얻는다.
    hist = data.history(context.universe, "close", context.history_window, "1d")

    # 이것은 정렬된 % 수익률 테이블을 만든다.
    perf_table = hist.apply(month_perf).sort_values(ascending=False)

    # 최상 N 주식 매수 리스트를 만든다.
    buy_list = perf_table[:context.stocks_to_hold]

    # 나머지는 보유하지 않는다.
    the_rest = perf_table[context.stocks_to_hold:]

    # 최상 N 주식에 대한 타깃 매수 주문을 낸다.
```

```
    for stock, perf in buy_list.iteritems():
        stock_weight = 1 / context.stocks_to_hold

        # 주문을 낸다.
        if data.can_trade(stock):
            order_target_percent(stock, stock_weight)
# 나머지 포지션이 0임을 확인한다.
    for stock, perf in the_rest.iteritems():
        # 주문을 낸다.
        if data.can_trade(stock):
            order_target_percent(stock, 0.0)

def analyze(context, perf):
    # PyFolio를 사용해 성과 보고서를 생성한다.
    returns, positions, transactions = pf.utils.extract_rets_pos_txn_from_zipline(perf)
    pf.create_returns_tear_sheet(returns, benchmark_rets=None)


# 시작과 종료 날짜를 설정한다.
start_date = pd.Timestamp('2003-01-01',tz='UTC')
end_date = pd.Timestamp('2017-12-31',tz='UTC')

# 백테스트를 실행한다.
result = run_algorithm(start=start, end=end,
                                initialize=initialize,
                                analyze=analyze,
                                capital_base=10000,
                                data_frequency = 'daily', bundle='quandl' )
```

주피터 노트북에서 이 파이썬 백테스트를 실행할 때, 당신은 당신에게 돌아오는 꽤 멋진 정보를 얻을 수 있을 것이다. 먼저 몇 가지 요약 정보와 통계를 표시한 다음 몇 가지 유용한 그래프를 표시한다.

표 8.2 PyFolio 키 비율

Annual return	9.60%
Cumulative returns	295.20%
Annual volatility	18.20%
Sharpe ratio	0.6
Calmar ratio	0.17
Stability	0.78
Max drawdown	−58.20%
Omega ratio	1.12
Sortino ratio	0.86
Skew	0.19
Kurtosis	10.14
Tail ratio	0.97
Daily value at risk	−2.20%

표 8.2의 모든 분석에 익숙하지 않은 경우 해당 분석에 대해 자세히 읽어보는 것이 좋다. 그중 일부는 당신과 시장에 대한 당신의 접근에 너무 관심이 없는 것일 수도 있지만, 그런 것들에 대해 더 많이 아는 것은 해가 되지 않는다.

전략의 성과에 대한 간략한 개요를 보려면 몇 가지 사항을 바로 살펴보길 바란다. 연간 수익률은 비록 작은 부분이지만 대부분의 사람들이 가장 먼저 볼 수 있는 것이다. 일반적으로 높은 수익률이 낮은 수익률보다 낫지만, 수익률만으로는 맥락이 없는 쓸모없는 숫자다.

연간 변동성뿐만 아니라 샤프 비율SR, Sharpe Ratio과 최대 손실낙폭MDD, Maximum Draw Down도 연간 수익률 수치를 어떤 맥락에 놓을 수 있도록 도움을 준다. 이러한 수치들은 변동성과 하향 위험을 고려한다.

여기서 찾아야 할 것은 좋은 수치이지만 더 중요한 것은 현실적인 수치다. 리테일 트레이더들이 환상의 수치를 노리는 것은 현실이 닥치면 무너지고 타버리는 것뿐이다. 만약 당신의 백테스트 수치가 너무 좋아 보여 사실일 수 없다면, 거의 확실히 사실이 아니다.

실제 생활에서는 더 오랜 기간 동안 지속적으로 연간 15% 이상의 수익률을 보일 가능성이 낮다. 샤프 비율이 1을 넘을 가능성은 낮으며 장기 연간 수익률의 세 배의 최대 손실폭을 보일 수 있다. 물론 이것은 매우 광범위한 지침이다. 어쩌면 조금 더 잘할 수도 있고, 아닐 수도 있다.

그러나 백테스트에서 연간 수익률이 50%이고 최대하락폭이 5%이고 샤프 비율이 10이면 백테스트에 문제가 있는 것이다. 그것들은 현실에서 달성할 수 있는 수치가 아니다.

핵심 비율key ratio은 이 수익률 티어시트의 첫 부분일 뿐이다. 다음으로 이 표 8.3과 같이 상위 5개 손실 기간drawdown period, 손실 퍼센트percent loss, 날짜dates 및 회복 시간recovery time을 보여주는 손실 테이블drawdown table을 찾을 수 있다. 이것은 내 로컬 날짜 형식인 yyyy-mm-dd로 표시되고 있는데, 아마도 당신 자신의 화면에 다르게 보일 수도 있다.

표 8.3 파이폴리오 손실 기간

최대 하락 기간	순 하락(%)	최고점 날짜	최저점 날짜	회복 날짜	기간
0	58.17	2007-10-31	2009-03-09	2013-03-22	1408
1	12.98	2015-07-16	2015-08-25	2016-03-11	172
2	11.09	2004-03-05	2004-08-06	2004-10-06	154
3	10.16	2007-07-19	2007-08-16	2007-10-29	73
4	10.00	2003-01-06	2003-03-11	2003-03-21	55

반환되는 티어시트는 또한 전략의 시간에 따른 행태에 대한 개요를 제공하도록 설계된 꽤 많은 그래프를 출력한다. PyFolio 라이브러리가 자동으로 생성하는 것에 대한 아이디어를 제공하고, 다우지수에 대한 모멘텀 전략이 어떻게 수행됐는지 확인할 수 있도록 하기 위해 이러한 그래프 중 몇 가지를 다음에 보인다.

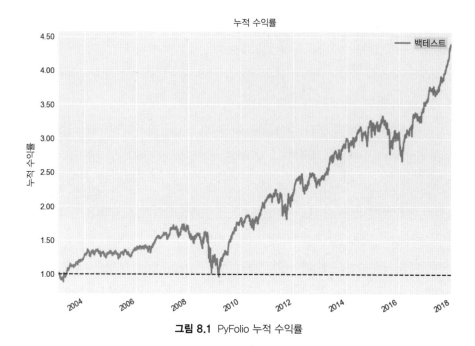

그림 8.1 PyFolio 누적 수익률

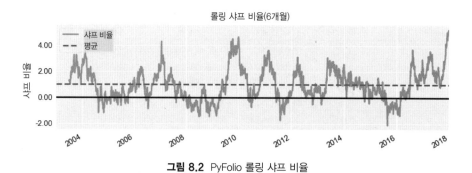

그림 8.2 PyFolio 롤링 샤프 비율

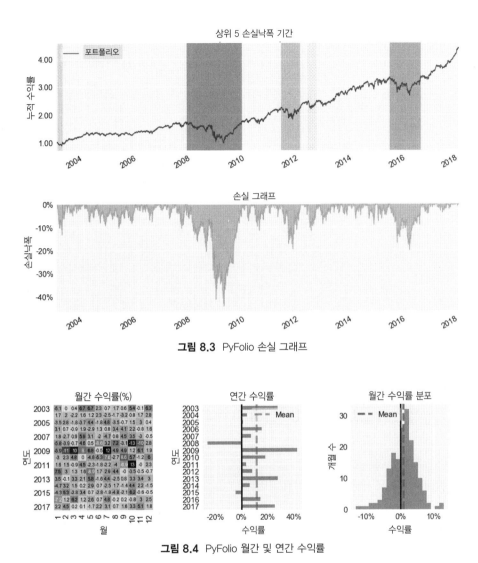

그림 8.3 PyFolio 손실 그래프

그림 8.4 PyFolio 월간 및 연간 수익률

보다시피 PyFolio 라이브러리는 표준 보고서를 생성할 수 있다. 표준 보고서는 대부분의 독자에게만 필요하다. 몇 줄의 코드를 입력하면 이 보고서가 자동으로 생성된다. 이렇게 하면 시간을 꽤 절약할 수 있을 것이다.

맞춤형 분석

또한 모든 종류의 맞춤형 분석을 얻을 수 있다. 이것은 Python과 Pandas 라이브러리의 종국적인 아름다움이다. 이를 통해 시계열 데이터를 추출, 조작 및 분석할 수 있다.

여기서 분석을 위해 사용하는 샘플 모델의 코드를 다시 보면 최종 행에 결과를 단순히 result라고 부르는 변수에 저장한다. 이 변수가 실제로 저장하는 내용을 간략히 살펴보라. 이 변수는 실제로 **Pandas DataFrame**이며, 이는 분석을 크게 단순화한다. 바로 아래에 그 열을 다시 볼 수 있다.

```python
# 백테스트의 결과를 생성
result = run_algorithm(
    start=start,
    end=end,
    initialize=initialize,
    analyze=analyze,
    capital_base=10000,
    data_frequency = 'daily',
    bundle='quandl'
)
```

위의 모델을 주피터 노트북에서 실행했다고 가정하면, 이제 아래의 새로운 셀을 만드는 것만으로 분석을 계속할 수 있다. 도구 모음에서 더하기 기호(+)를 클릭하면 이전 셀 아래에 코드를 쓸 수 있는 새 셀이 나타난다.

각 셀을 별도로 실행하고 이전 셀에 작성된 변수에 액세스할 수 있다. 이렇게 하면 백테스트를 다시 실행할 필요가 없지만 이미 실행한 테스트의 결과를 바로 분석할 수 있다.

먼저 이 데이터프레임에 있는 열의 종류를 확인할 수 있다. 이는 이 간단한 코드로 할 수 있다.

```
for column in result:
    print(column)
```

그러면 데이터프레임에 있는 모든 열의 이름이 출력된다. 출력은 이와 같다.

```
algo_volatility
algorithm_period_return
alpha
benchmark_period_return
benchmark_volatility
beta
capital_used
ending_cash
ending_exposure
ending_value
excess_return
gross_leverage
long_exposure
long_value
longs_count
max_drawdown
max_leverage
net_leverage
orders
period_close
period_label
period_open
pnl
portfolio_value
positions
returns
sharpe
short_exposure
short_value
shorts_count
sortino
starting_cash
starting_exposure
starting_value
trading_days
```

```
transactions
treasury_period_return
```

그러면 뭐가 있는지, 어떻게 해야 하는지 알 수 있을 것이다. 하지만 한 걸음 더 나아가자. 이 데이터프레임에는 각 날짜의 백테스트 실행에 대해 하나의 행이 포함된다. 즉, 개별 날짜를 선택해 해당 날짜의 백테스트 상태를 확인할 수 있다. 개별 날짜의 값을 쉽게 출력할 수 있으며, 이러한 방식으로 결과를 표시하는 것이 분석에 큰 도움이 되지 않더라도 무엇이 가능한지에 대한 단서를 제공한다.

.loc를 사용하면 다음과 같이 간단한 기준에 따라 데이터프레임 내에서 원하는 것을 찾을 수 있고, 더 익숙해지면 더 복잡한 논리를 찾을 수 있다.

```
result.loc['2010-11-17']
```

그러면 필드 값이 출력되고 이러한 결과를 볼 수 있다.

```
algo_volatility                  0.218396
algorithm_period_return          0.983227
alpha                             2.63224
benchmark_period_return        1.4927e+08
benchmark_volatility            0.0132004
beta                             -1.05027
capital_used                            0
ending_cash                       141.915
ending_exposure                   19690.4
ending_value                      19690.4
excess_return                           0
gross_leverage                   0.992844
long_exposure                     19690.4
long_value                        19690.4
longs_count                            10
max_drawdown                    -0.443695
```

```
max_leverage                                                  1.00518
net_leverage                                                 0.992844
orders                                                             []
period_close                               2010-11-17 21:00:00+00:00
period_label                                                 2010-11
period_open                                2010-11-17 14:31:00+00:00
pnl                                                           -96.598
portfolio_value                                               19832.3
positions             [{'sid': Equity(290 [AXP]), 'amount': 48, 'las...
returns                                                   -0.00484714
sharpe                                                        0.50684
short_exposure                                                      0
short_value                                                        0
shorts_count                                                       0
sortino                                                      0.743699
starting_cash                                                 141.915
starting_exposure                                             19786.9
starting_value                                                19786.9
trading_days                                                     1985
transactions                                                       []
treasury_period_return                                             0
Name: 2010-11-17 00:00:00+00:00, dtype: object
```

일별 스냅샷

주식 곡선만 보면 백테스트 과정에서의 포트폴리오 가치 변화는 종종 답변보다 더 많은 문제를 만들 수 있다. 위아래로 이상한 움직임들이 보일 수 있는데, 이제서야 왜 이런 일이 일어났는지 궁금해질 것이다. 주식 곡선은 말해주지 않겠지만, 문제의 날들에 대한 자세한 사항은 언제든지 검사할 수 있다. 이렇게 하면 모델이 원래대로 행동하고 있는지, 원하는 방식으로 트레이딩하고 있는지, 원하는 포지션을 유지하고 있는지 확인할 수 있다.

이전 노트 아래의 노트북에 새 셀을 만들고 다음 코드를 사용해보라.

```python
# 포트폴리오 스냅샷을 얻자.

# pandas와 matplotlib 불러오기
import pandas as pd
import matplotlib.pyplot as plt

# 보기 위한 날짜 선택
day = '2009-03-17'

# 그날에 대한 포트폴리오 가치와 포지션을 얻는다.
port_value = result.loc[day,'portfolio_value']
day_positions = result.loc[day,'positions']

# 값을 저장할 빈 DataFrame
df = pd.DataFrame(columns=['value', 'pnl'])

# 포지션 정보로 DataFrame을 채운다.
for pos in day_positions:
    ticker = pos['sid'].symbol
    df.loc[ticker,'value'] = pos['amount'] * pos['last_sale_price']
    df.loc[ticker,'pnl'] = df.loc[ticker,'value'] - (pos['amount'] * pos['cost_basis'])

# 현금 포지션을 더한다.
df.loc['cash', ['value','pnl']] = [(port_value - df['value'].sum()), 0]

# 배분을 위한 차트를 만든다.
fig, ax1 = plt.subplots(figsize=[12, 10])
ax1.pie(df['value'], labels=df.index, shadow=True, startangle=90)
ax1.axis('equal')
ax1.set_title('Allocation on {}'.format(day))
plt.show()

# 미결제 포지션에 대한 손익(open PnL) 차트를 만든다.
fig, ax1 = plt.subplots(figsize=[12, 10])
pnl_df = df.drop('cash')
ax1.barh( pnl_df.index, pnl_df['pnl'], align='center', color='green', ecolor='black')
ax1.set_title('Ope plt.show()
plt.show()
```

여기서 우리는 상단의 날짜를 정해서 현재 배분과 열린 포지션의 손익을 보고자 한다. 먼저 유용한 .loc를 사용해 일치하는 날짜를 찾는다. 이 도구를 사용해 이 구문 .loc[행, 열](.loc[row, column])로 특정 행에 대한 특정 열 값을 찾을 수 있다. 결과 객체의 일부가 아닌 날짜를 선택하는 경우(예: 주말), 이 단순 코드는 아직 오류로 취급하지 않는다는 것을 주의하라.

지정한 날짜와 일치하는 행을 기준으로 그래프를 만드는 데 필요한 정보를 찾을 수 있다. 앞에서 살펴본 것처럼 결과 객체에 포지션 리스트를 보유하는 행이 있다. 이 코드가 하는 일은 이러한 포지션을 반복하고 가치와 열린 포지션 손익을 사용해 **데이터프레임**을 만드는 것이다. 이것은 더 우아하게 할 수 있지만, 이 책은 우아함이 아닌 명료함에 관한 책이다.

할당 파이 차트가 합리적이 되도록 하려면 현금 포지션도 추가해야 한다. 우리는 여기서 주식을 다루고 있으므로 현금 보유는 단순히 총 포트폴리오 가치에서 우리가 보유한 주식의 가치를 뺀 값일 것이다. 이것을 추가한 후에 우리는 이 책의 앞부분과 같이 Matplotlib을 사용해 멋진 파이를 그릴 수 있다.

포지션별 손익 공개 막대그래프를 만드는 것도 똑같이 쉽고, 코드 샘플의 마지막 절이 이를 하고 있다.

이는 단지 특정일에 초점을 맞춰 그 당시 어떤 모습이었는지 쉽게 파악할 수 있다는 것을 보여주기 위한 것이다.

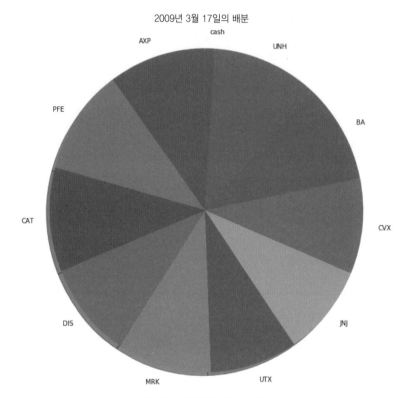

그림 8.5 특정일의 배분 스냅샷

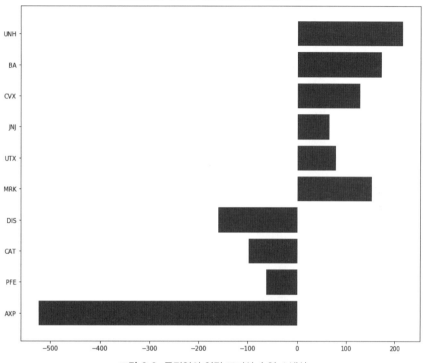

그림 8.6 특정일의 열린 포지션 손익 스냅샷

맞춤형 시계열 분석

시계열 분석은 파이썬이 진정으로 빛을 발하는 분야다. 여기서 당신을 멈추게 하는 유일한 것은 당신 자신의 창의력이다. 백테스트를 할수록 다른 쪽 끝에서 나오는 수익률 곡선의 다양한 측면에 대해 궁금해하게 될 것이다.

다양한 분석을 얼마나 빠르고 쉽게 계산할 수 있는지 알려주기 위해 여기서 예를 보여주겠다. 우리는 네 개의 하위 플롯으로 그래프를 만들 것이다. 첫 번째 그래프에서는 주식 곡선 자체의 세미로그 그래프를 보여준다. 두 번째는 시간 경과에 따른 노출도를 보여준다. 지금까지는 이미 갖고 있는 시계열이다. 하지만 다음 두 개는 계산해야 한다.

세 번째 플롯에서는 반년 연속 수익률을 연간 기준으로 보여줄 것이다. 이 분석이 좋은 학습이 되기 때문에 선택하게 됐다. 그건 우리가 잠시 멈춰서 이게 무엇인지를 생각해봐야 한다는 뜻이다.

우리 모두는 연간 수익률이 무엇을 의미하는지 알고 있거나 최소한 알아야 한다. 일반적으로 전체 백테스트 과정에서 연간 수익률을 확인할 수 있다. 때때로 연간 복리 성장률^{CAGR}이라는 용어를 볼 수 있는데, 이는 같은 의미다.

예를 들어 10,000달러로 시작해 10년간 10%의 연간 수익률을 달성했다면 25,937달러가 될 것이다.

$$(1 + 0.1)^{10} \times 10,000 = 25,937$$

혹은 만약 당신이 10,000달러로 시작해서 10년 후에 25,937달러로 끝난다면, 당신은 쉽게 연간 수익률을 찾을 수 있을 것이다.

$$\left(\frac{25,937}{10,000}\right)^{1/10} - 1 = 10\%$$

그러나 이러한 수치는 백테스트 중에 많이 오르내릴 수 있으며, 더 짧은 기간 동안 지속적으로 연간 수익률이 얼마나 됐는지를 확인하는 데 유용할 수 있다.

이것은 매우 기초적인 금융 수학이며 당신이 연간 단위로 트레이딩할 때 매우 간단하게 사용할 수 있다. 이는 1년보다 더 짧거나 더 긴 기간에 대해 연간화 수치를 계산할 수 있는 매우 유용한 도구가 될 수 있으며, 그것이 더 현실적인 시나리오이다. 현실 세계에서는 거의 항상 그런 시계열을 다루게 될 것이다.

그러므로 이것을 다루기 위한 좀 더 일반적인 공식을 알려주겠다. 먼저 공식을 제공하고 다음 코드에서 이 함수를 파이썬 시리즈에 얼마나 쉽게 적용할 수 있는지 확인하실 수 있다.

$$연율화된\ 수익률 = \left(\frac{마지막값}{시작값}\right)^{\frac{연\ 날짜}{실제\ 날짜}} - 1$$

이 간단한 계산을 사용하면 해당 기간이 1년보다 길든 짧든 연간 수익률을 빠르게 구할 수 있다. 이제 이것을 계산하기 위한 일반적인 함수를 만드는 방법을 살펴보자.

```
def ann_ret(ts):
    return np.power((ts[-1] / ts[0]), (year_length/len(ts))) -1
```

이 함수에서는 시계열로 입력하면, 연간 수익률을 반환한다. 우리가 정의해야 할 것은 단지 우리가 1년 동안 얼마나 많은 날을 가정하는가 하는 것뿐이다. 코드에서 보다시피 나는 거래일수가 252일이라고 가정하는 경향이 있는데, 이는 대부분의 해의 실제 일과 상당히 가깝다. 어떤 이들은 256일을 선호하기도 한다. 계산을 더 쉽게 하기 때문이다.

이 함수를 별도로 정의하는 이유는 곧 코드에서 볼 수 있듯이 롤링 타임 윈도우에 적용하는 것이 훨씬 간단하기 때문이다.

같은 이유로, 시간 윈도우에서도 최대 손실낙폭을 계산하는 함수를 만든다.

```
def dd(ts):
    return np.min(ts / np.maximum.accumulate(ts)) - 1
```

여기서는 시계열 윈도우를 입력하면 이 기간 동안 최대 손실폭 값을 반환한다.

나머지 코드는 대부분 멋진 그래프를 포맷하는 것이다. 나는 여기서 당신이 **주피터**에서 일하고 있으며, 이전 절에서 모델을 방금 실행했다고 가정하겠다. 사실 어떤 모델이라도 괜찮다. 이제 바로 아래에 새 셀을 만들고 거기서 새 코드를 작성하겠다.

항상 그렇듯이 이 코드는 책의 웹사이트 www.followingthetrend.com/trading-evolved/에서도 찾을 수 있다.

여기에 우리가 언급한 분석을 계산하는 데 필요한 코드가 있다.

```python
import numpy as np
import pandas as pd
import matplotlib.pyplot as plt
import matplotlib
import matplotlib.ticker as ticker

# 이미지를 위한 포맷
font = {'family' : 'eurostile',
        'weight' : 'normal',
        'size'   : 16}
matplotlib.rc('font', **font)

# 설정
window = 126
year_length = 252

# 필요한 열을 복사한다.
df = result.copy().filter(items=['portfolio_value', 'gross_leverage'])

# 연율화 수익률을 위한 함수
def ann_ret(ts):
    return np.power((ts[-1] / ts[0]), (year_length/len(ts))) -1

# 낙폭 계산을 위한 함수
def dd(ts):
    return np.min(ts / np.maximum.accumulate(ts)) - 1

# 롤링 윈도우를 얻는다.
rolling_window = result.portfolio_value.rolling(window)

# 롤링 분석값을 계산한다.
df['annualized'] = rolling_window.apply(ann_ret)
df['drawdown'] = rolling_window.apply(dd)

# 처음의 n/a값들은 제거한다.
df.dropna(inplace=True)
```

필요한 import 명령문 뒤에 글꼴에 대해 이상하게 보이는 행을 볼 것이다. 이 책에서 보여줄 그래프를 어떻게 포맷했는지 보여주기 위해 이 내용을 포함했다. 원하는 경우 이 항목을 건너뛸 수 있다. 폰트와 크기 포맷이 궁금할 경우를 대비해 여기에 남겨두기만 하면 된다.

```
# 책의 이미지 포맷
font = {'family' : 'eurostile',
        'weight' : 'normal',
        'size' : 16}
rc('font', **font)
```

그러면 두 가지 설정이 있다. 윈도우 설정은 분석하고자 하는 롤링 기간의 길이를 정의한다. 코드의 숫자 126일은 대략 반년을 나타낸다. 좋아하는 것으로 바꾸도록 하라.

두 번째 설정은 우리가 가정하는 연간 영업일수에 대한 것이며, 이는 약 252일이다.

```
# 설정
calc_window = 126
year_length = 252
```

그러고나서 이전에 백테스트를 통해 생성된 데이터 프레임으로부터 필요한 두 개의 열만 복사해 데이터프레임을 구성한다.

8장의 앞부분에서 result라는 변수를 반환하는 간단한 백테스트를 수행했다. 이 변수에 포함된 대부분의 내용이 필요하지 않으므로 portfolio_value와 gross_leverage를 새로운 데이터프레임에 복사하기만 하면 된다.

```
# 필요한 열을 복사한다.
df = result.copy().filter(items=['portfolio_value', 'gross_leverage'])
```

코드에서 두 함수를 발견할 것이다. 하나는 연율화된 수익률을 계산하는 것이고 하나는 손실낙폭을 계산하는 것이다.

```python
# 연율화된 수익률을 위한 함수
def ann_ret(ts):
    return np.power((ts[-1] / ts[0]), (year_length/len(ts))) -1

# 손실낙폭(drawdown)을 위한 함수
def dd(ts): return np.min(ts / np.maximum.accumulate(ts)) - 1
```

여기서 코드를 따라 내려가면 데이터의 롤링 기간 윈도우를 정의하고 이전에 살펴본 것과 동일한 apply 로직을 사용해 두 분석의 롤링 시계열을 얻는 방법을 확인할 수 있다.

```python
# 롤링 윈도우 계산
rolling_window = result.portfolio_value.rolling(calc_window)

# 롤링 분석을 위한 값 계산
df['annualized'] = rolling_window.apply(ann_ret)
df['drawdown'] = rolling_window.apply(dd)
```

이제 모든 것을 가진 데이터프레임을 준비됐으며, 해야 할 나머지 작업은 시각화하는 것이다.

```python
# 그림 만들기
fig = plt.figure(figsize=(12, 12))

# 단위를 낮춰서 그래프를 읽기 용이하게 한다.
df['portfolio_value'] /= 100

# 첫 번째 차트
ax = fig.add_subplot(411)
```

```python
ax.set_title('Strategy Results')
ax.plot(df['portfolio_value'],
        linestyle='-',
        color='black',
        label='Equity Curve', linewidth=3.0)

# 로그 스케일 설정
ax.set_yscale('log')

# 축을 더 보기 좋게 만든다.
ax.yaxis.set_ticks(np.
arange(df['portfolio_value'].min(), df['portfolio_value'].max(), 500 ))
ax.yaxis.set_major_formatter(ticker.FormatStrFormatter('%0.0f'))

# 범례와 그리드를 추가한다.
ax.legend()
ax.grid(False)

# 두 번째 차트
ax = fig.add_subplot(412)
ax.plot(df['gross_leverage'],
        label='Strategy exposure'.format(window),
        linestyle='-',
        color='black',
        linewidth=1.0)

# 축을 더 멋있게 만든다.
ax.yaxis.set_ticks(np.arange(df['gross_leverage'].min(), df['gross_leverage'].
max(), 0.02 ))
ax.yaxis.set_major_formatter(ticker.FormatStrFormatter('%0.2f'))

# 범례와 그리드 추가
ax.legend()
ax.grid(True)

# 세 번째 차트
ax = fig.add_subplot(413)
ax.plot(df['annualized'],
```

```
        label='{} days annualized return'.format(window),
        linestyle='-',
        color='black',
        linewidth=1.0)

# 축을 더 멋있게 만든다.
ax.yaxis.set_ticks(np.arange(df['annualized'].min(), df['annualized'].max(), 0.5 ))
ax.yaxis.set_major_formatter(ticker.FormatStrFormatter('%0.1f'))

# 범례와 그리드 추가
and grid ax.legend()
ax.grid(True)

# 네 번째 차트
ax = fig.add_subplot(414)
ax.plot(df['drawdown'],
        label='{} days max drawdown'.format(window),
        linestyle='-',
        color='black',
        linewidth=1.0)

# 축을 더 멋있게 만든다.
ax.yaxis.set_ticks(np.arange(df['drawdown'].min(), df['drawdown'].max(), 0.1 ))
ax.yaxis.set_major_formatter(ticker.FormatStrFormatter('%0.1f'))

# 범례와 그리드 추가
ax.legend()
ax.grid(True)
```

이 그래프의 출력은 그림 8.7과 유사한 4개의 그래프가 돼야 한다. 파이썬에서 백테스트 모델을 구축하는 것이 익숙해지면 중요한 것을 시각화하고 문제를 찾거나 구축한 모델의 행태에 대해 자세히 알아보기 위한 모든 종류의 맞춤형 분석 및 그래프를 만들 수 있다.

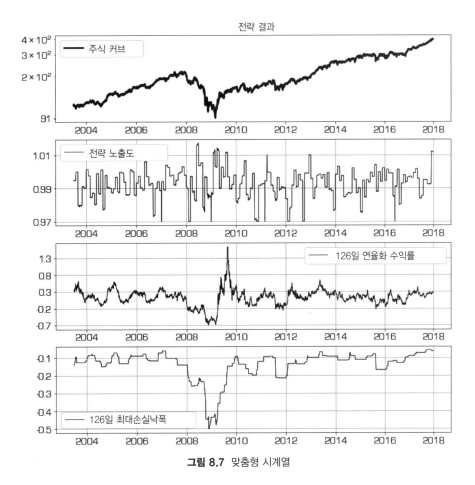

그림 8.7 맞춤형 시계열

ETF^{Exchange Traded Fund}는 어렵게 번 현금을 사람들로부터 갈취해가는 방법을 제공하는 훌륭한 금융 아이디어 중 하나다. 당신이 은행가들에 대해 어떤 식으로라도 얘기할 수 있지만, 그들은 당신이 힘들게 번 현금을 얻기 위해 창의적인 방법을 고안하는 일에 천재적이다.

많은 ETF들은 훌륭하지만 어떤 펀드가 ETF로 패키지돼 있다고 해서 훌륭하다고 가정해서는 안 된다. 누구나 거의 모든 것으로 ETF를 만들 수 있다. 그 용어 자체가 거의 무의미해졌다.

대략 ETF는 세 개의 버킷으로 나눌 수 있다.

좋은 ETF

최고의 ETF는 수동적 저비용 지수 추적 펀드^{passive low cost tracker}이다. 투명하고 유동성이 많은 금융 수단으로 이름 그대로 작동한다. 가장 좋은 예는 세계에서 가장 유동적인 ETF인 SPY이다. 이 펀드는 자산을 최대한 S&P 500 지수에 가깝게 투자해 낮은 비용과 지수에 근접한 추적을 보장하기 위한 전산화된 방법을 사용한다.

SPY와 같은 것을 사면 뭘 얻는지 정확히 알 수 있다. 이 지수는 연간 비용에서 약 10 베이시스 포인트^{bps, basis points}를 뺀 값이다. 그것은 뮤추얼 펀드 업계가 당신에게 제공할 수 있는 것보다 훨씬 더 좋은 것이다.

전체 뮤추얼 펀드의 약 80~90%가 벤치마크를 이기지 못한다. 그것은 요즘 널리 알려져 있지만 어떤 이유에서인지 사람들은 여전히 그러한 펀드에 투자한다. 1차적 이유는 은행들이 고객들에게 자신들의 가격이 비싸고 실적이 저조한 뮤추얼 펀드를 구입하라고 조언하고 있기 때문일 것이다. 지수를 이길 10~20%의 확률로 주사위를 굴리는 대신 저비용 지수 추적 펀드를 구입하면 무엇을 얻을 수 있는지 정확히 알 수 있다.

현재 SPY는 약 225,000,000,000달러를 관리하고 있다. 맞다. 2,250억 달러다. 거의 4분의 1조 달러에 해당한다. 두 번째로 큰 ETF의 거래량의 두 배가 넘는 규모로 거래량이 매우 크다. ETF에 관한 한 그것은 그 자체로 유동성 범주로 분류된다. 그들은 유럽 중규모 국가보다 돈을 더 많이 벌고 있지만, 슬프게도 이렇게 SPY를 선전하는 나에게 돈을 지급할 생각은 전혀 없는 것 같다(농담).

같은 원리로 작동하며 유동성이 높은 ETF도 많다. 이러한 ETF 유형은 낮은 비용과 근접한 추적 오차에서 명확하게 정의된 지수를 수동적으로 추적하는 ETF로 시스템 트레이딩의 주요 대상이다.

이러한 ETF는 주요 국가 지수, 섹터 지수 및 일부 채권 지수에서 쉽게 찾을 수 있다. 매우 유동성이 좋은 것들은 보통 숏(공매도)을 할 수 있는 반면, 나머지는 적절한 규모로 숏하기 매우 어려울 것이다.

이것이 ETF의 시작이며, 대부분의 사람들이 이 용어를 연관 짓는 것이다. 그러나 주의해야 할 것은 저비용 설계 지수 추적에 맞지 않는 ETF이다.

나쁜 ETF

누구나 어떤 것이든 ETF로 만들 수 있다. 잠깐만 생각해보라. 이 용어는 어떤 종류의 거래소를 통해 사고 팔 수 있는 펀드라는 것 외에는 아무 의미도 없다. 유동성도 아니고, 저비용도 아니고, 지수 추적을 의미하는 것도 아니다. 투명해야 한다는 뜻도 아니다.

일부 ETF는 매우 작으며 비유동적이다. 500만 달러 미만의 자산을 가진 ETF가 있다. ETF 공간에서는 10억 달러 이하가 작은 것으로 간주된다. 1억 달러 이하면 다 어리석은 것이다. 그렇게 작은 물건을 트레이딩할 때는 거래 집행을 조심하고 너무 큰 거래는 하지 마라.

ETF를 고려하기 전에 ETF의 순자산 가치net asset value를 확인하고 일일 거래량을 확인한다. 펀드에 쉽게 드나들 수 있는지 확인한다. 당신의 포지션이 하루 평균 거래량의 10% 이상이면 지나치게 노출돼 있는 것이다.

또 다른 문제는 우리가 보통 ETF라고 부르는 많은 금융 수단들이 실제로 ETF가 아니라는 것이다. ETNExchange Traded Notes 즉 거래소 거래 노트다. 유사한 것처럼 들릴지 모르지만, 실제로는 그렇지 않다.

ETF를 사용하면 이론적으로 기초 주식들을 소유할 수 있다. ETF는 당신을 위해 증권 한 바구니를 들고 있는 것이다. ETF 제공자들이 망해도 기초 주식의 일부를 되찾을 수 있다. 일반적으로 50,000주 정도로 충분히 큰 포지션을 보유하고 있다면 언제든지 주식을 요청할 수 있다.

반면 ETN은 사실상 구조화된 상품이다. 회사가 기저 지수의 성과에 따라 지급하기로 약속하는 부채 금융 상품debt instrument이다. 그 지수는 주식시장일 수도 있고 완전 수학적인 공식일 수도 있다. 당신은 어떤 기초 증권에 대한 실질적인 권리도 갖고 있지 않고, 그 약속만 보유하고 있는 것이다. ETN 제공자가 당신에게 지불하기 위해 그들의 포지션을 어떻게 헷지hedge하는가는 그들의 사업이다. 만약 그들이 얼간이의 길을 간다면, 당신은 운이 다한 것이다. 다시는 그 현금을 볼 수 없을 것이다.

대형 은행이나 금융 서비스 제공업체가 태만하게 운영해서 당신을 망하게 내버려두는 것이 가능성이 낮다고 생각한다면, 2008년에는 아마도 당신은 망했을 것이다. 전에도 이런 일이 있었고 앞으로도 이런 일이 있을 것이다. ETN에 주의하라.

그리고 비용적인 측면도 있다. ETF라는 용어는 본질적으로 저비용과 책임의 이미지를 떠올리게 한다. 하지만 다시 말하지만 ETF는 누구나 만들 수 있다. 그리고 그들만의 조건을 정한다. 새로운 ETF를 설립하고 2%의 관리비를 청구하는 것을 막을 수 있는 것은 아무것도 없다. 쉽지 않겠지만, 가능성이 매우 크다.

상품 펀드commodity fund에 관한 한 ETN 구조는 일반적이다. 그런 자금이라면 그것들이 실제로 무엇이고 실제로 무엇을 하는지 자세히 살펴볼 필요가 있다. 표준지수 ETF의 경우 펀드는 기초 지수를 매수할 수 있다. 하지만 원유 펀드가 물리적 원유의 수익률과 일치할 것이라고 기대해서는 안 된다. 그에 대해 생각해보자. 어떻게 그럴 수 있을까? 공급자가 원유를 사러 갈까? 어디에? 어떻게?

아니다. 당연히 그들은 석유 선물을 사서 굴릴 것이다. 즉, 석유 ETN에 대한 수익률 프로파일을 이해하려면 선물과 시간이 지남에 따라 기간 구조가 미치는 영향을 이해해야 한다. 따라서 그 수단이 단지 그 이름이 암시하는 것에만 투자할 것이라고 확신할 수는 없다.

USO를 예로 들어보자. 나쁘지 않은 추적 ETF일 것이다. 이 책을 쓰고 있는 현재 약 30억 개의 순자산을 보유하고 있으며 일일 매출액도 상당히 높다. 이것이 원유를 추적할 수 있는 좋은 방법일 것이다. 그건 모두 "좋은"에 대한 당신의 정의와 당신이 기대하는 것에 달려 있다.

이 펀드를 잠깐 살펴보면 그들이 석유에 100% 투자하고 있다는 것을 알 수 있다. USO는 2017년 3월 원유 선물에 정확히 100% 노출돼 있다. 그렇다. 선물이다. 물론이다. 언급했듯이 그들은 실제 석유 배럴을 지하에 보관할 것이라고 기대할 수 없다.

하지만 그들의 투자는 거기서 끝나지 않는다. 원유 선물 100% 외에 포트폴리오에는 몇 가지가 더 있다. 우선 피델리티 기관 정부채 포트폴리오에 10.4%, 동등한 골드만 상품에는 7%, 모건 스탠리의 단기자금 상품에는 7%가 있다. 그 이유는 무엇인가? 그들은 잉여 현금free cash이 많기 때문이다. 선물에는 많은 현금이 필요하지 않기 때문에 어떤 선물 매니저라도 이를 비밀로 하기보다는 단기자금 시장 상품을 사용해 자금을 보장하고, 소액의 수익을 얻을 수 있을 것이다.

이것 자체가 문제가 되지 않는다. 하지만 이 상품 ETF/ETN 상품은 선물 펀드와 유사하다는 것을 이해하기 바란다. 그들은 지수 추적index tracker 펀드와 공통점이 거의 없다.

여기서 문제는 소매 투자자들이 그러한 펀드의 이름과 설명을 보고 기초 현물과 유사한 수익률을 얻을 것으로 예상할 수 있다는 것이다. 그런 일은 없을 것이다. 선물과 기간 구조에 익숙한 독자들은 그 이유를 이미 알고 있을 것이다.

기간 구조는 차후 선물 부분에서 자세히 살펴볼 예정이니 지금은 깊이 들어가지는 않겠다. 중요한 것은 선물이 현물과 다르다는 것이다. 시간이 지남에 따라 선물 상품의 시간 할인 계수는 기초 상품과 매우 다른 수익률 곡선을 만들 것이다. 그것은 펀드 매니저의 잘못이 아니다. 그게 현실이다. 투자자들에게 그런 것들을 더 명확하게 해주지 못한 것에 대해 그들을 탓할 수도 있겠지만, 그 효과 자체는 피할 수 없는 것이다.

USO 펀드의 명시적인 목표는 다음과 같다. "이 펀드는 석유 선물 계약과 기타 석유 지분을 혼합 투자해 오클라호마주 쿠싱에 납품된 서부 텍사스 중질intermediate light, 스위트 원유sweet crude oil(황 함량이 작은 원유)의 현물 가격 실적을 반영하고자 한다." 이 펀드는 2006년 4월에 출범했다. 그 이후로 그 목표가 어떻게 실현됐는지 보자.

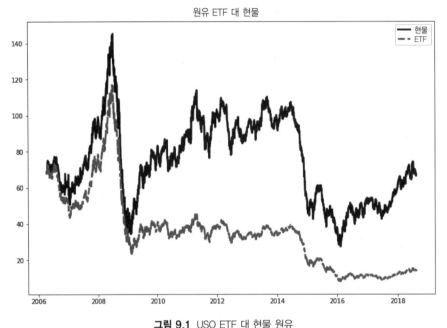

그림 9.1 USO ETF 대 현물 원유

차트에서 알 수 있듯이 추적이 정확하게 가깝지는 않다. 하지만 그것은 얻을 수 있는 최대한의 근접이다. 그렇다고 해서 상품 ETF나 ETN을 절대 거래해서는 안 된다는 뜻은 아니지만, 실제로 무엇을 구매하고 있는지 알아야 한다. 펀드 이름만으로는 그 안에서 무슨 일이 벌어지고 있는지 알 수 없다.

펀드가 기본 벤치마크와 어떻게 비교되는지 확인하는 가장 쉬운 방법은 차트를 작성하는 것이다. 이 책과 함께 저의 숨겨진 어젠다는 여러분이 그러한 것들을 예상치 못한 때에 파이썬을 사용하는 것을 가르쳐주는 것이기 때문에, 여러분에게 이런 경우를 대비하는 몇 줄의 코드를 제공할 것이다.

먼저 USO에 대한 상품 페이지를 확인해 어떤 벤치마크를 사용하는지 확인한다. 그런 다음 이 벤치마크에 해당하는 ETF 데이터 시계열뿐만 아니라 West Texas Intermediate의 데이터도 찾아낸다. 온라인에서 두 가지 데이터를 모두 무료로 찾을 수 있을 것이다. 하지만 무료 소스가 위치를 계속 바꾸거나 갑자기 프리미엄이

붙기 때문에 나는 이 데이터를 www.followingthetrend.com/trading-evolved/에 저장해뒀다.

이 책의 앞부분에서 주목했다면 다음 부분은 간단하다.

```python
import pandas as pd
import matplotlib.pyplot as plt

# csv로부터 데이터를 읽는다.
df = pd.read_csv('oil_etf_vs_spot.csv', index_col='Date', parse_dates=['Date'])

# 새로운 figure 객체를 만들고 크기를 설정한다.
fig = plt.figure(figsize=(12, 8))

# 처음 하위 플롯은 작성하고자 하는 높이가 3개 플롯이고 너비 1개 플롯의 테이블의 첫 번째 그림이다.
ax = fig.add_subplot(111)
ax.set_title('Oil ETF vs. Spot')
ax.plot(df['WTI-West-Texas-Intermediate'], linestyle='-', label='Spot',
linewidth=3.0, color='black')
ax.plot(df['USO'], linestyle='--', label='ETF', linewidth=3.0, color = 'grey')
ax.legend()
```

이 코드는 당신이 내 사이트에서 앞서 언급한 데이터를 다운로드해 파이썬 코드와 동일한 폴더에 넣었다고 가정한다. 데이터를 다른 곳에 저장하거나 다른 곳에 저장한 경우 해당 형식과 위치를 읽도록 코드를 조정하기만 하면 된다. 이 코드를 실행하면 그림 9.1과 동일한 출력이 생성된다.

국내에서는 선물 시장의 기간 구조가 큰 비중을 차지하고 있지만, 이에 따른 비용도 주의해야 할 점이 있다. SPY는 10포인트 미만, 0.1% 미만의 운용 수수료를 받지만 1% 이상인 펀드도 있다. 이들 다수는 액티브active 운용이다. 위에서 언급한 USO의 총 비용 비율, 즉 TER Total Expense Ratio 은 0.74%다.

내가 여기서 USO를 꼬집어 낸 건 좀 불공평할지도 모른다. 일반 ETF에 관한 한 그렇게 나쁘지는 않다. 다른 거래소 ETF에 대해서도 동일한 비교를 시도하면 모두 동일하거나 때로는 눈에 띄게 나쁜 것을 알 수 있다.

다음으로, 액티브 ETF가 있다. 액티브 펀드는 말 그대로다. 누군가가 실제로 트레이딩을 하고 재량권을 행사하고 있는 것이다. 대부분의 사람들은 스크린에 앉아서 수동적인 거래를 하는 사람들이 관련된다면 이것은 ETF가 아니라고 생각할 것이다. 하지만 분명히 그럴 수 있다. 거래소에서 거래만 된다면 그럴 수 있다. 전략이 액티브이면 위험 상황이 극적으로 변한다. 당신은 더 이상 당신이 실제로 무엇을 얻는지 확신할 수 없다.

때때로 나쁜 ETF를 거래하는 것 외에는 선택의 여지가 없을 수 있다. 이들 펀드는 매우 주의해야 하지만, 여전히 이들의 좋은 사용 사례가 있다는 점을 적절히 이해해야 한다. 즉 당신이 트레이딩하는 것을 확실히 이해하도록 하라.

최악의 ETF

ETF의 마지막 부분은 정말 끔찍하다. 난 그 범주를 "추하다"고 말했을 텐데, 이런 정크 상품들로 멋진 영화를 더럽히고 싶지는 않다. 구조화된 상품이 무엇인지 전혀 모르는 리테일 트레이더들에게 팔려고 포장한 구조화된 상품들. 가장 나쁜 범죄자는 레버리지 ETF$^{leveraged ETF}$와 인버스(역방향) ETF$^{inverse ETF}$이다.

숏 ETF$^{short ETF}$는 가장 명백한 함정이다. 예를 들어 ProShares Short S&P500(SH)은 S&P 500 인덱스의 역방향 성과를 보장한다. 공정하게 거의 그렇다. 하지만 대부분의 사람들이 예상할 수 있는 방식은 아니다. 이러한 상품을 이해하는 비결은 실제로 구조화된 상품이기 때문에 매일 리밸런싱하는 것이다. 그들은 거의 하루에도 역방향 수익률을 낼 수 있도록 설계됐다. 그것을 달성할 수 있는 유일한 방법은 매일의 리밸런싱이다.

당신이 어떤 종류의 파생상품을 다룰 때, 당신은 항상 헷지의 관점에서 생각할 필요가 있다. 파생상품을 어떻게 헷지할 줄 안다면 가격을 매길 줄 아는 것이다. 그것을 이해한다면, 그 금융 상품의 작동 방식과 당신이 기대할 수 있는 것을 이해하는 것이다.

인버스(역방향) ETF를 만드는 방법은 선물 또는 스왑을 사용하는 것이다. 만약 ETF가 SH의 자산과 비슷한 20억 달러의 자산을 갖고 있다면, 그들은 파생상품을 이용해 20억 달러의 숏 노출을 할 필요가 있다. 그런 다음 매일 ETF의 일일 수익률이 기초 시장으로부터 반대 방향으로 움직이도록 이러한 포지션을 리밸런싱한다.

이것의 효과는 변동성을 숏했다는 것이다. 옵션 용어로는 숏 델타 포지션을 취했다고 생각하지만 대개 동시에 숏 감마 포지션이 된다. 이것은 아마도 대부분의 독자들에게 그리스어로 들릴 것이다.

대신 예를 들어보자. 오랫동안 범위에서 오르내리는 지수가 있다고 가정해보자. 이 예에서 지수는 매일 정확히 같은 양만큼 오르내릴 것이며, 이로 인해 장기적인 가격 상승은 전혀 일어나지 않을 것이다. 첫날에는 3% 상승한다. 둘째날엔 2.91% 떨어졌고 원래대로 돌아온다. 지금은 한동안 계속 이렇다. 이 지수에서 롱 ETF, 숏 ETF, 더블 숏 ETF 모두 시간이 지남에 따라 일정한 수익률을 보일 것이라고 생각할 수 있다. 하지만 그건 현실과는 거리가 멀다.

표 9.1은 그러한 왕복 가격 변동의 단 며칠 동안의 숏 ETF와 더블 숏 ETF에 미치는 영향을 보여준다. 7일 후 기초 지수는 정확히 100으로 돌아온 반면, 숏 ETF는 0.5% 하락했고 더블 숏 ETF는 1.5% 하락했다.

표 9.1 숏 ETF의 효과

일	기초 자산 %	기초 자산 NAV	역방향 %	역방향 NAV	2x 역방향 %	2x 역방향 NAV
1	0.00%	100	0.00%	100	0.00%	100
2	3.00%	103.00	−3.00%	97.00	−6.00%	94.00
3	−2.91%	100.00	2.91%	99.83	5.83%	99.48
4	3.00%	103.00	−3.00%	96.83	−6.00%	93.51
5	−2.91%	100.00	2.91%	99.65	5.83%	98.95
6	3.00%	103.00	−3.00%	96.66	−6.00%	93.02
7	−2.91%	100.00	2.91%	99.48	5.83%	98.44

그림 9.2에서는 매일 3%씩 동일한 상승과 하강이 50일 연속으로 반복되는 효과가 더욱 뚜렷하다. 숏 ETF와 더블 숏 ETF가 임의의 날에 역방향 또는 역방향 두 배의 수익률을 복제하는 것이기 때문에 이것은 피할 수 없는 수학적 효과이다. 인버스(역방향) ETF인 한, 기본 자산의 하락에 관심이 있다. 하지만 당신은 낮은 변동성에 더 큰 관심을 가지고 있다.

이 현상을 계산하고 그래프로 표시하는 데 필요한 대부분의 코드는 이전 절에서 이미 익숙하다. 핵심 부분과 새로운 부분을 먼저 보여주고 그다음에 코드 부분 전체를 보일 것이다.

이 예에서는 이러한 현상과 50일 동안 어떻게 이 현상이 전개되는지 보여주고 싶었다. 따라서 나는 0부터 49까지 번호가 매겨진 인덱스로 **데이터프레임**을 만드는 것부터 시작한다. 이전에 사용했던 range() 함수로 숫자 범위를 얻을 수 있는 방법을 기억하라.

```python
df = pd.DataFrame(index=range(50))
```

이제 이론적 기초 자산의 일일 퍼센트 변화에 대한 새 열을 만들어보겠다. 표 9.1에 따라 매 이틀(짝수일)마다 +3%, 모든 중간 거래일(홀수일)은 −0.2913%이므로, 시간이 지남에 따라 순 제로 수익률이 된다. 우리는 아래 샘플 코드에서 날짜를 2로 나눠 나머지를 확인함으로써 홀수일과 짝수일을 구별한다. loc를 사용해 변경할 행과 열을 다시 찾는 방법을 주목하라.

```python
# 홀수일에 +3%을 더한다.
df.loc[df.index % 2 == 1,'underlying_return'] = 0.03

# 짝수일에 -2.913%를 더한다.
df.loc[df.index % 2 == 0,'underlying_return'] = -0.02913
```

일일 수익률 수치가 나왔으니 누적곱도 쉽게 계산할 수 있다. 즉, 기초 자산에 관한 인버스 ETF 및 2X 인버스(이중 역방향) ETF에 관한 시간에 따른 성과다.

```python
# 누적 시리즈를 계산한다.
df['underlying_price'] = (df['underlying_return'] + 1).cumprod()

# 역방향 ETF
df['short_return'] = df['underlying_return'] * -1
df['double_short_return'] = df['underlying_return'] * -2
# 이중 역방향
df['short_price'] = (df['short_return'] + 1).cumprod()
df['double_short_price'] = (df['double_short_return'] + 1).cumprod()
```
나머지 코드는 그래프를 그린다. 다음에는 이 예제에 사용된 전체 코드가 나와 있다.
```python
%matplotlib inline
import pandas as pd
import matplotlib.pyplot as plt

df = pd.DataFrame(index=range(50))

# 홀수 날짜에 +3%으로 설정한다.
df.loc[df.index % 2 == 1,'underlying_return'] = 0.03

# 짝수 날짜에 -2.913%를 설정한다.
df.loc[df.index % 2 == 0,'underlying_return'] = -0.02913

# 0로 시작한다.
df.iloc[0].loc['underlying_return'] = 0

# 누적 시리즈를 계산한다.
df['underlying_price'] = (df['underlying_return'] + 1).cumprod()

# 역방향 ETF
df['short_return'] = df['underlying_return'] * -1
df['double_short_return'] = df['underlying_return'] * -2

# 이중 역방향
df['short_price'] = (df['short_return'] + 1).cumprod()
```

```
df['double_short_price'] = (df['double_short_return'] + 1).cumprod()

# 새로운 figure 객체를 만들고 크기를 설정한다.
fig = plt.figure(figsize=(12, 8))

# 처음 하위 플롯은 작성하고자 하는 높이가 3개 플롯이고 너비 1개 플롯의 테이블의 첫 번째 그림이다.
ax = fig.add_subplot(111)
ax.set_title('Short ETF Effect')
ax.plot(df['underlying_price'], linestyle='-', label='Spot', linewidth=3.0,
color='black')
ax.plot(df['short_price'], linestyle='-', label='Inverse ETF', linewidth=3.0,
color = 'grey')
ax.plot(df['double_short_price'], linestyle='--', label='Double Inverse ETF',
linewidth=3.0, color = 'grey')
ax.legend()
```

이 코드의 출력은 그림 9.2와 같다. 이 꽤 간단한 수학적 예를 이해하면 인버스
(역방향) ETF의 문제를 이해하고, 왜 이들을 거래해서는 안 되는지 이해할 것이다.

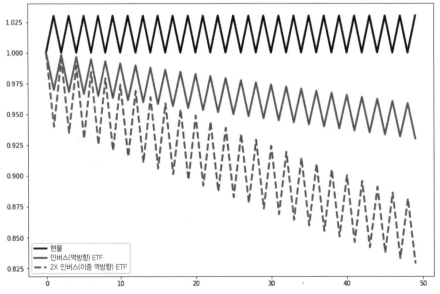

그림 9.2 숏 ETF의 효과

물론 분명한 문제는 시장이 하락하기 시작하면 그것들 또한 상당히 불안정해지는 경향이 있다는 것이다. 하락하는 시장에서도 인버스(역방향) ETF는 종종 가치를 잃게 된다는 것을 알 수 있다.

이는 헷징 수단이 아니다. 기껏해야 단기적인 추측을 위한 도구다. 인버스(역방향) ETF를 하루 이상 보유할 수 있는 충분한 이유가 있어야 한다.

위의 예는 매우 이론적이지만 실제 시장 데이터에서 쉽게 테스트할 수 있다. Index Tracker SPY, Inverse ETFSH 및 Double Inverse SDS에 대한 가격 시리즈가 포함된 데이터 파일을 내 사이트인 www.followingthetrend.com/trading-evolved/에서 다운로드할 수 있다. 이 모든 파일은 동일한 기본 S&P 500 지수다.

숏 ETF에 대해 여전히 잘 모를 경우 이 데이터를 다운로드해 서로 다른 시작 포인트에서 성과를 비교하라. 다른 유형의 시장 체제에서 시작해 몇 주 혹은 몇 개월 동안 어떤 결과가 나타났는지 확인해보라.

다음은 내 사이트에서 찾을 수 있는 데이터 파일을 읽고, 동일한 시작 값으로 시리즈를 재계산하고, 비교 그래프를 표시하는 간단한 코드다.

```python
%matplotlib inline
import pandas as pd
import matplotlib.pyplot as plt

# 공통 기반으로 시리즈를 재계산하는 함수
def rebased(ts):
    return ts / ts[0]

# csv로부터 데이터를 읽는다.
df = pd.read_csv('short_etfs.csv', index_col='Date', parse_dates=['Date'])

# 최초 값으로부터 시작하는 모든 시리즈를 계산한다.
df = df.apply(rebased)

# 새로운 figure 객체를 만들고, 크기를 설정한다.
fig = plt.figure(figsize=(12, 8))
```

```
# 처음 하위 플롯은 작성하고자 하는 높이가 3개 플롯이고 너비 1개 플롯의 테이블의 첫 번째 그림이다.
ax = fig.add_subplot(111)
ax.set_title('Short ETF Effect')
ax.plot(df['SPY'], linestyle='-', label='SPY Index Tracker', linewidth=3.0,
color='black')
ax.plot(df['SH'], linestyle='-', label='SH Short ETF', linewidth=3.0, color = 'grey')
ax.plot(df['SDS'], linestyle='--', label='SDS Double Inverse ETF', linewidth=2.0,
color = 'grey')
ax.legend()
```

이렇게 하면 그림 9.3과 같은 그래프가 생성된다. 이것은 더 이상 이론적인 예가 아니다. 이 그림에서 볼 수 있는 성과는 S&P 지수 추적 ETF의 실제 성능을 보여주고 인버스(역방향) 및 2X 인버스(이중 역방향) ETF와 비교한다. 맞다. 단기 시장 하락 중에는 인버스(역방향) 펀드가 급증하지만, 보다시피 몇 개월과 몇 년 동안 지수 추적 ETF가 상당한 손실을 입을 수 있는 것과 마찬가지로 동시에 인버스(역방향) 펀드도 마찬가지로 상당한 손실을 입을 수 있다.

이 행태를 완전히 이해하지 않는 한 인버스(역방향) 추적 ETF에 투자하지 마라.

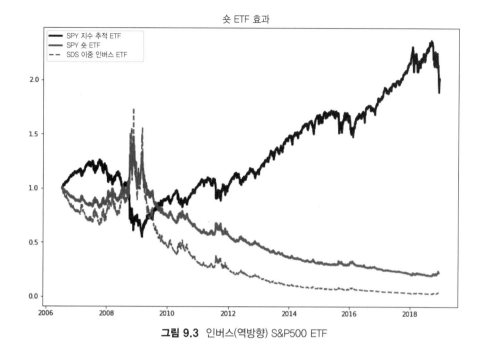

숏 ETF 효과

그림 9.3 인버스(역방향) S&P500 ETF

ETF의 공매도

모의 공매도에 들어갔을 때 백테스트가 불평을 하지 않는다고 해서 현실적으로 가능할 거라고 생각하지 마라.

대부분의 유동성 있는 ETF는 일반적으로 찾아서 숏할 수 있다. 다른 상품들은 매우 찾기 힘들다. ETF를 숏하는 알고리듬 트레이딩 모델을 만드는 것은 위험한 일이다. 백테스트에서는 숏이 너무 쉬워 보인다. 주문만 입력하시면 된다.

실제로 매우 유동성 있는 ETF를 제외하고 여러분은 숏할 수 없을 것이라는 것이 안전한 가정이다. 적어도 당신이 숏하고 싶을 때는. 그리고 물론 설령 운이 좋더라도 최악의 시기에 주식이 회수될 가능성이 높다.

숏은 화면에서 보는 것보다 더 복잡하다. 현대 트레이딩이 점점 컴퓨터 게임처럼 보이기 때문에 때때로 잊기 쉽지만 실제로 배후에는 진짜 무언가가 일어나고 있다.

주식이나 ETF를 숏할 때 누군가가 빌려주는 것이다. 이것은 이해해야 할 중요한 사항이다. 당신의 트레이딩은 진공 상태에서 일어나지 않는다. 무엇이 현실적이고 무엇이 그렇지 않은지 이해하기 위한 열쇠는 단락의 배후에 있는 역학을 이해하는 것이다.

대부분의 시뮬레이션 플랫폼에서는 비용 없이 규모에 상관없이 모든 것을 숏할 수 있다. 이것은 현실과 매우 거리가 멀다.

먼저 브로커가 주식을 찾아야 한다. 장기 보유에 만족하고 숏팅을 위해 주식을 기꺼이 빌려줄 수 있는 또 다른 고객이 필요하다는 뜻이다. 이는 보통 장기 보유를 가지고 있으며, 주식 대여로 약간의 추가 이익을 얻고자 하는 기관투자가를 의미한다. 주식을 공짜로 빌릴 수 있을 거라고 생각하진 않았겠지?

주요 ETF와 주식을 차입하는 것은 심지어 큰 규모일지라도 보통 문제가 되지 않는다. 그러나 최상위 수준의 유동성 있는 대규모 ETF를 넘어서 ETF를 숏하기를 원한다면, 이들을 찾기가 힘들 것이다. 찾더라도 매우 비쌀 것이다.

SPY를 숏하는 것은 쉽다. 터무니없이 유동성이 크고 광범위하게 소유되고 있다. 당신은 그것을 믿을 수 있고 좋은 이자율로 빌릴 수 있다. 그러나 예를 들어 천연가스 ETF와 같이 좀 더 이색적인 것을 숏하고자 한다면 대여 기관이 없거나 너무 많은 돈을 지불해야 해서 가치가 없다는 것을 알게 될 것이다.

대여자들은 보상을 받아야 할 것이다. 그들이 너무 친절한 인간이기 때문에 당신에게 주식을 빌려주는 것이 아니다. 금융은 그렇게 되는 경우가 드물다. 당신은 그것들에 대한 이자율에 상응하는 금액을 지불할 것이다. 그 비율이 얼마나 높은지는 그 주식을 얼마나 빌리기가 어렵고 당신이 당신의 중개인에게 얼마나 중요한지에 달려 있다. 며칠 또는 몇 주 또는 몇 개월 동안 숏을 하고 있을 계획이라면 이 비용이 합산돼 전략에 심각한 타격을 줄 수 있다. 이것은 잊기 쉬운 요소이며, 잠재적으로 당신의 전략이 실패할 수 있는 요인이다.

공매도에 대해 이따금 잊혀지는 또 다른 부분은 주식이 언제든지 다시 회수될 수 있다는 것이다. 그렇다. 당신의 전략이 정상일지라도 양탄자는 발 밑에서 예고 없이 당겨질 수 있다.

공매도자로서 주가가 곤두박질칠 때 가장 행복하다고 보는 것이 타당하다. 그리고 그것은 또한 주식 대여자가 가장 큰 고통을 느끼고 있을 때다. 그럼 언제쯤 주식이 회수될까?

이 요소를 모델링할 수 없다. 주식이 회수되는 시기에 대한 과거 데이터는 없으며, 향후 어떻게 전개될지 예측할 수 없다. 테이블 반대편에서 무슨 일이 벌어지고 있는지, 그들이 어떻게 생각할지 생각하라. 언제든지 원하는 시간에 숏할 수 있고 이를 계속 유지할 수 있다고 가정하지 마라. 그렇게 작동하지 않는다.

이것은 트레이딩 모델을 만들 때 쉽게 잊혀질 수 있다. 거의 모든 백테스트 소프트웨어를 사용하면 자금 지원이나 가용성 고려 없이 언제든지 모든 것을 숏할 수 있다. ETF 또는 해당 주식의 숏을 제대로 모델링하는 것은 매우 어려울 수 있다.

10
ETF 모델 구축

ETF 트레이딩 모델을 구축하는 것은 기본을 배울 수 있는 좋은 방법이다. 몇 가지 이유로 간단하다. 일단 많지 않다. 따라서 주식보다 일이 훨씬 수월하다. 계산에 신경 쓰는 사람보다 더 많은 주식이 있다. 선택할 금융 상품이 매우 많다는 것은 장단점을 모두 갖고 있지만, 그것은 분명히 복잡도 수준을 증가시킨다. ETF 비즈니스의 호황과 도처의 새로운 펀드의 등장에도 불구하고 거래 가능한 ETF 유니버스의 범위는 상당히 제한적이다.

ETF는 주식과 마찬가지로 현물 상품^{cash instrument}이다. 그것이 우리로 하여금 일을 단순하게 만드는 또 다른 요인이다. 금융 세계에서는 현물 상품이 가장 간단하다. 일반적으로 구매하고자 하는 것에 대해 선불로 지불하고, 선형 보상을 가지며, 금융 상품의 퍼센트 변화가 수익 또는 이득이다. 선물, 옵션, 스왑, 선도 및 기타 파생상품에 비해 매우 쉽다.

적어도 좋은 ETF의 대부분은 명확하고 투명하다. 일반적으로 지정된 지수를 추적하므로 인덱스에 포함된 내용을 정확히 알고 수익률에서 무엇을 기대할 수 있는지 알 수 있다. 당연히 정확한 수익률 측면에서 무엇을 기대해야 할지 모르지만, 기초 지수를 분석해 다양한 시장 환경에서 변동성과 수익률 프로파일을 이해할 수 있다.

구조화된 제품 종류가 아닌 좋은 ETF만을 고집하더라도, ETF를 트레이딩하는 것에는 단점도 있다. 일반적인 실수는 ETF가 다양한 전략을 만들 때 단순히 선물을 대체할 수 있다고 생각하는 것이다. 그건 사실이 아니다. 자산 클래스 적용 대상은 선물을 대체할 만큼 좋지만, 선물 대비 ETF의 약점은 현금 특성이다. 선물 분산 전략의 요점은 현금 제약을 걱정하지 않고 어떤 자산 클래스에서도 어떤 것이든 거래할 수 있다는 것이다.

선물 트레이더는 위험에만 집중할 수 있고 개념적인 노출은 완전히 무시할 수 있지만 ETF 트레이더는 그러한 사치를 감당할 수 없다. 현금이 떨어지면 더 이상 투자할 수 없다. ETF로 레버리지하는 것은 제한적이고 비용이 많이 든다.

대부분의 ETF는 변동성이 상당히 낮다. 전형적인 지수 추적 펀드 같은 것을 생각하라. 기초 지수가 500개 종목으로 구성되면 당연히 대부분의 구성 주식보다 지수 추적 펀드의 변동성이 낮아진다. 그것은 그 자체로 문제가 되지 않지만, 현금 제약과 결합하면 문제가 될 수 있다.

포트폴리오에서 많은 변동성이나 높은 개념의 노출을 취하는 것이 반드시 좋은 것은 아니다. 하지만 그렇게 할 수 있는 선택권이 있다는 것은 좋은 일이다. 만약 그게 필요하다면 말이다.

선물 세계에서는 개념적인 노출에 대한 걱정이 없다. 이러한 업무 방식이 유용할 때를 보여주는 좋은 예는 머니 마켓money market이다. 확실히 머니 마켓은 단기 금리 부문을 가리킨다. 외환시장currency market이 아니다. 매우 다른 것이다.

머니 마켓 상품은 기간이 짧기 때문에 변동성이 매우 낮다. 현 시점에서 이 부문에서는 0.1%의 일일 이동이 큰 것으로 간주되고 1%의 일일 이동이 사실상 전례가 없는 것으로 간주되는 이유를 이해하는 것이 그리 중요한 것은 아니다.

이렇게 느리게 움직이는 시장을 거래하는 것은 선물 공간에서 문제가 되지 않는다. 그냥 더 사면 된다. 선물 세계에서는 포트폴리오에 현금이 얼마나 있는지가 아니라 얼마나 많은 위험을 감수할 수 있는지에 따라 매수량에 대한 한계가 정의된다. 이론적으로 마진 요구 사항은 선물에 대해 어느 정도의 위험을 감수할 수 있는 지에 대한 한계를 설정하지만, 그 정도의 위험을 감수할 가능성은 거의 없다. 그러나 ETF의 경우 상황은 매우 다르다.

느린 움직임과 낮은 변동성의 ETF는 수익률이 매우 낮은 상황에서 많은 현금을 필요로 할 것이다. 현금 가용성은 제한돼 있으며, 하루에 몇 베이시스 포인트도 거의 움직이지 않는 상품을 매수하는 데 사용한다면 단순히 자본을 잠그고 있는 것이다. 선물에 대해 할 수 있는 것과 같은 방법으로 이용할 수는 없다.

그러나 ETF는 상대적으로 단순하기 때문에 트레이딩 모델 구축에 대해 배우기에 매우 적합한 영역이다.

자산 배분 모델

가장 단순한 형태에서, 자산 배분 모델은 미리 정해진 비중으로 보유하는 광범위한 자산 클래스의 혼합이다. 이러한 유형의 모델은 트레이딩보다는 장기적인 투자 접근법이지만 자본 배분에 대해 매우 합리적인 방법이다.

오래된 배분 접근법은 자금의 70%는 채권에 넣고 30%는 주식에 넣는 것이다. 워렌 버핏이 퇴직금 저축에 추천하는 것으로 유명한 규칙이다. 이 책을 읽는 많은 독자들은 틀림없이 이것이 엄청나게 지루하게 들린다고 생각할 것이다. 아마도. 하지만 적어도 이런 종류의 배분 모델과 같은 것에 여러분의 전체 순자산을 포함시키는 것은 장기적으로 나쁜 생각이 아닐 수도 있다.

이러한 포트폴리오의 구현에 관심이 있는지 여부는 중요하지 않다. 파이썬 기반 백테스트 구축 시 좋은 연습이 된다. 버핏이 제안한 70/30 자산 혼합은 하나의 예일 뿐이며, 우리의 첫 번째 모델에서는 조금 더 광범위한 배분을 사용할 것이다.

여기서 중요한 것은 정확한 규칙이 아닌 개념을 설명하는 것이다. 여기서 사용하는 접근법은 절대적으로 유효하지만 어떤 ETF를 선택할 것인지, 어떤 비중을 선택할 것인지는 그 어떤 것보다 선호도에 달려 있다.

이 첫 번째 ETF 모델의 규칙은 다음과 같다. 우리는 자산을 배분하기 위해 5개의 ETF를 사용할 것이다. 각 ETF는 목표 비중을 가지며, 매월 초에 우리는 배분을 이 목표 비중으로 재설정할 것이다.

이 모델은 S&P 500 Index Tracker인 SPY를 25%의 비중으로 고정한다. 채권 측에서는 장기 20년 만기 정부채 ETF인 TLT를 30%의 비중으로, 중기 7~10년 만기 정부채 ETF인 IEF 30%의 비중을 보유할 예정이다. 또한 금 트래커 GLD를 7.5%, 일반 상품 트래커 DBC를 7.5%로 상품^{commoditiy}으로 추가하고자 한다.

이제 이것을 모델링하는 것이 그리 어렵지 않을 것이다. 백테스트에 대한 이전 레슨에 대해 충분한 자신감을 느끼면 이 코드를 직접 작성해보라. 정말 간단하다.

이 모델에 필요한 실제 코드는 매우 간단하다. 그것은 결국 매우 간단한 규칙을 갖고 있다. 우리가 하는 일의 논리는 다음과 같다. 초기화에서 ETF 티커와 목표 비중 딕셔너리^{dictionary}를 정의한다. 이것은 기본적으로 우리가 의도한 포트폴리오 배분이다. 그럼 매달 리밸런싱^{rebalancing} 일정을 잡겠다.

월별 리밸런싱에서는 딕셔너리를 반복해서 읽어서^{looping} 목표 비중을 그에 따라 설정한다. 그게 전부다.

먼저 방금 설명한 코드에 대한 코드를 맨 아래에 있는 표준 코드와 함께 백테스트를 실행하도록 하겠다. 이후 코드는 전체 백테스트를 수행하지만 어떤 종류의 결과도 출력하지 않는다.

코드에서 백테스트가 시작되면 보다시피 결과는 내가 호출한 변수에 저장된다. 종종 백테스트로 편리하게 작업하는 방법을 보여주기 위해 이 코드를 주피터 노트북 셀에 직접 넣고 실행하는 것이 좋다. 그러면 나중에 다음 셀에서 결과를 분석할 수 있다.

여기 코드에서 ac_equities_db라는 번들을 사용했다는 것을 알 수 있다. 이것은 23장과 24장에 설명된 대로 구성된 맞춤형 번들^{custom bundle}이다. Quandl과 같은 무료 데이터 소스로 작업할 수 있는 한계에 도달하기 때문에 맞춤형 번들로 전환하려고 한다.

즉, 앞으로 책에서 코드를 복제하려면 자신만의 데이터 소스를 찾아야 할 수도 있다. 모든 종류의 라이선스 계약을 체결할 것이기 때문에 해당 데이터를 제공할 수 없다. 하지만 후반 장에서는 자신의 데이터를 연결하는 방법에 대해 설명한다.

```python
%matplotlib inline
import zipline
from zipline.api import order_target_percent, symbol, schedule_function, date_rules,
time_rules
from matplotlib import pyplot as plt
import pandas as pd

def initialize(context):
    # 증권과 타깃 비중
    context.securities = {
        'SPY': 0.25,
        'TLT': 0.3,
        'IEF': 0.3,
        'GLD': 0.075,
        'DBC': 0.075
    }

    # 한 달에 한 번의 리밸런싱을 스케줄한다.
    schedule_function(rebalance, date_rules.month_start(), time_rules.market_open())

def rebalance(context, data):
    # 증권을 루핑한다.
    for sec, weight in context.securities.items():
        sym = symbol(sec)
        # 트레이딩할 수 있는지 체크한다.
        if data.can_trade(sym):
            # Reset the weight
            order_target_percent(sym, weight)

# 시작과 종료를 설정
start_date = pd.Timestamp('2003-01-01',tz='UTC')
```

```
end_date = pd.Timestamp('2018-12-31',tz='UTC')

# 백테스트를 실행한다.
result = zipline.run_algorithm(
    start=start, # 시작 설정
    end=end,  # 종료 설정
    initialize=initialize, # Define startup function
    capital_base=100000, # Set initial capital
    data_frequency = 'daily',  # Set data frequency
    bundle='ac_equities_db' ) # Select bundle

print("Ready to analyze result.")
```

보다시피 이 코드는 매우 간단하다. 이렇게 모델을 구축하는 것은 빠르고 쉽고 고통이 없다. 내가 여기서 새로운 개념을 사용했는데, 당신이 코드를 보고 이미 알았으면 좋겠다.

5장에서는 이름 그대로 단지 모든 종류의 리스트를 의미하는 리스트[list]를 다뤘다. 이번 경우는 기억하겠지만, 딕셔너리를 사용했다. 간단히 상기시키면 리스트는 다음과 같이 대상을 대괄호 안에 넣어 작성한다.

```
some_list  = ['some text', 'some other text', 5, 8.217]
```

리스트에는 모든 유형의 변수 또는 값이 포함될 수 있으며, 위에서 이를 증명하기 위해 텍스트와 숫자가 혼합된 것을 볼 것이다.

반면에 딕셔너리는 조회 테이블[lookup table]로 사용할 정보의 쌍을 저장할 수 있으며 중괄호로 묶는다.

```
a_dictionary = {'one': 1, 'two': 2, 'three': 3}
```

딕셔너리는 두 개의 항목과 매칭한다. 키^{key}와 값^{value}. 위 ETF 모델의 코드에서 볼 수 있듯이, context.scurities에서는 문자열을 키로 사용하고 비중을 값으로 사용한다. 그런 다음 나중에 리밸런싱 루틴에서 매우 간단한 구문을 사용해 이 객체를 반복한다.

```
for sec, weight in context.securites.items():
```

이렇게 하면 딕셔너리의 각 증권을 매우 빠르고 쉽게 검토하고 목표 비중을 확인하며 필요한 트레이딩을 할 수 있다.

하지만 지금 당신은 아마도 이 모델이 트레이딩의 가치가 있는지 없는지 궁금해할 것이다. 실제 결과를 보면 실망하는 게 당연하다. 이 모델은 최대 수익률을 연마하려는 모델이 아니다. 이는 B씨가 노후 저축 방안으로 제시한 변형 모델이다. 즉 낮은 수익률, 낮은 위험의 모델이다.

이미 8장에서 백테스트에서 출력을 시각화하는 방법에 대해 배웠으므로 동일한 논리를 적용해 이 간단한 전략이 어떻게 수행됐는지 파악할 수 있다. 위의 코드 영역을 실행하면 알 수 있듯이, 백테스트 실행 후 텍스트 한 줄을 출력해 분석할 준비가 됐음을 알린다. 이제 노트북의 백테스트 아래에 새 셀을 만들고 출력을 시각화할 수 있다. 복습이 필요한 경우 8장으로 돌아가라.

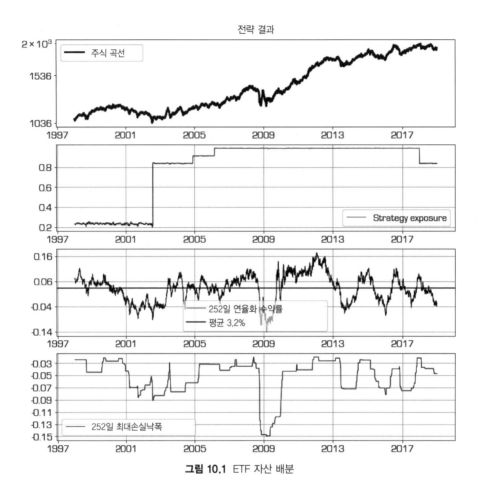

그림 10.1 ETF 자산 배분

그럼 이걸 어떻게 해석할 것인가? 분명히 이와 같은 그래프는 심층 연구에 충분한 정보를 담고 있지 않지만, 몇 가지 흥미로운 관찰 결과를 도출할 수 있다. 첫 번째 영역의 주식 곡선은 상당히 매끄럽고 얌전한 프로파일을 보여주는 것 같다. 스케일을 너무 자세히 보지 않았지만, 적어도 더 연구해볼 가치는 있어 보인다.

두 번째 그래프는 눈썹을 치켜올려야 한다. 적어도 당신이 반응해주길 바라며 내가 이를 포함했다. 항상 합계가 100%가 되는 포트폴리오 배분만 했는데, 노출 수준이 단계적으로 증가하는 이유는 무엇일까?

이는 머리 아픈 ETF의 문제다. 대부분의 ETF는 실제로 그렇게 오래되지 않았다. 1990년대 후반 SPY 및 QQQ와 같은 최초의 ETF가 처음 출시된 때를 지금도 기억하고 있다. 그렇게 오랜 역사를 가진 ETF는 극소수에 불과하다. 대부분의 ETF는 지난 10년에서 15년 사이에 출시됐다. 따라서 ETF 영역에서 적절한 장기 백테스트를 구축하기가 조금 어렵다.

노출이 단계적으로 증가하는 이유는 백테스트를 시작할 때부터 사용 가능한 ETF는 SPY뿐이었기 때문이다. 그 후 채권 ETF가 출시됐다. 그리고 금 ETF와 마지막으로 일반 상품 지수 ETF가 출시됐다.

장기 ETF 시계열의 희소한 가용성은 ETF 모델을 구성할 때 고려해야 할 사항이다. 데이터가 충분하지 않다. 명백한 위험은 통계적 유의성이나 예측 가치가 없을 수 있는 불과 몇 년 분량의 데이터를 기반으로 모델을 구축하는 것이다.

흔히 있는 초보자 실수는 어떻게 갔는지 자세히 설명하지 않고 단순히 모델의 최종 결과를 보는 것이다. 여기서 문제는 일부 ETF에 대한 과거 데이터의 양이 매우 제한적이라는 것이다. 그러나 세부 사항에 주의를 기울이지 않으면 발생할 수 있는 많은 데이터 중 하나다.

세 번째 부문은 앞서 논의한 바와 같이 연간 수익률을 나타내는데, 이번에는 1년 연속 수익률을 나타낸다. 이것은 단지 시간이 지남에 따라 어떤 이익을 보게 될지 보여주는 간단한 시각화다. 이는 15% 범위까지 치솟는 경우도 있지만 평균 값은 3%를 조금 넘는다. 천천히 움직이는 모델이라 할 수 있다.

그렇다. 아주 흥미로운 모델은 아니지만 목적은 그게 아니다. 결국 자산 배분 모델이다. 하지만 이런 종류의 모델을 만드는 것은 목적이 있다. 우선 대부분의 사람들은 단기 매매의 위험이 따르지 않는 일종의 장기적이고 안정적인 투자 포트폴리오를 가져야 한다. 또한 이와 같은 배분 모델을 거래의 현실적인 대안으로 사용해 벤치마크 지수로 사용하고 거래 모델과 비교할 수 있다.

11
주식

마이클 루이스는 자신의 책 『Liar's Poker』(W. W. Norton & Company, 1989)에서 살로몬 브라더스 연습생 시절과 아무도 주식시장에서 일하고 싶어 하지 않았던 때에 관해 기술하고 있다. 그 이유는 당신이 주식시장에서 일한다면 당신의 어머니는 당신이 생계를 위해 무엇을 하는지 이해하실 것이기 때문이다.

겉으로 보기에 주식은 가장 손쉬운 자산 클래스로 보인다. 모두가 이해하고 참여할 수 있는 것. 얼핏 보기에는 이것이 사실일지도 모른다. 하지만 실수하지 마라. 주식에서 돈을 버는 것이 다른 자산 클래스보다 결코 쉽지 않다. 그리고 적어도 제대로 할 계획이라면 주식 트레이딩 모델을 구축하기가 쉽지 않다.

대부분의 자산 클래스와 마찬가지로 주식도 다뤄야 하는 몇 가지 독특한 측면의 문제가 있다. 당신이 이 책의 여기까지 왔으니, 당신이 실제로 퀀트 모델링을 진지하게 취할 계획이라는 것은 공정한 가정이고, 그것은 우리가 주식 방법론에 대한 이야기를 해야 함을 의미한다.

가장 어려운 자산 클래스

주식은 이해하기 가장 쉽고 거래하기 가장 어렵다는 점에서 호기심을 끄는 자산 클래스다.

우리 모두 주식이 무엇인지는 알고 있다. 모두가 세계를 거의 날려버린 후 몇 년 동안 이해한 척해 온 CDS 시장과 정확히는 다르다. 아니다. 주식은 간단하고 직접적이다. 기업은 무언가를 만들고 팔고 돈을 번다. 그리고 우리는 그것의 일부를 산다.

우리가 회사의 주식을 살 때 우리는 그 회사의 공동 소유주들을 자랑스러워한다. 하지만 당신의 이름이 워렌 버핏이 아닌 이상 당신의 보유 지분 비율은 이론적으로 거의 없을 정도로 작을 가능성이 높다. 하지만 그 부분은 그렇게 중요하지 않다. 중요한 것은 우리가 무엇을 사고 있는지 알고 있거나, 적어도 우리가 알고 있다고 생각한다는 것이다.

당신은 아이폰을 좋아하고 대부분의 사람들처럼 맥도날드에서 하루에 세 끼의 균형 잡힌 식사를 한다. Apple과 McDonald's의 주식을 사들이고 당신은 그들의 제품을 알고 좋아하고 그들이 무엇을 하는지 이해한다.

이게 쉬운 부분이다. 회사가 하는 일과 주식을 산다는 것이 무엇을 의미하는지 높은 수준의 이해를 얻기 위해서다. 안타깝게도 이건 그냥 환상일 뿐이다.

Private Media Group의 많은 열성적인 구매자들이 어렵게 발견했듯이, 여러분이 회사의 제품을 좋아한다는 사실이 미래의 주가에 어떤 영향을 미치진 않는다.

최고 경영진에 속하지 않거나 이사회에 속하지 않는 한 회사에 대한 지식은 독보적이지 않으며 우위를 점할 수 없다. 그리고 만약 당신이 그 범주에 든다면, 어쨌든 거래하는 것을 금지하는 성가신 작은 법들이 있다.

회사에 대한 당신의 견해로 회사의 상황을 파악하고 거래하는 것이 불가능한 것은 아니다. 전혀 불가능한 것은 아니다. 하지만 스타벅스에 투자하기 전에 카페라떼를 맛보는 것보다 훨씬 더 많은 노력이 필요하다. 당신이 그저 평범한 관찰자이라면, 심지어 충실한 고객이나 장기 직원이라도 당신이 회사에 대해 알고 있다고 생각하는 것은 다른 모든 사람들에게 알려져 있고 당신에게 도움이 되지 않을 것이다. 그것은 정반대의 결과를 가져올 가능성이 더 높다.

이런 특수 지식의 환상은 주식시장의 위험 요소 중 하나일 뿐이다. 다른 위험은 훨씬 더 심각하다. 문제는 주식은 주식이고 다소 거의 같은 방식으로 움직이는 경향이 있다는 점이다.

증시가 강세일 때는 거의 모든 주식이 상승한다. 주식은 같은 날에 올라가고 같은 날에 내려가는 경향이 있다. 그러고 나서 약세장이 나타나면서 동시에 하락세로 돌아간다.

어떤 종목은 다른 종목보다 잘 나가지만 주식 투자는 일반적으로 상대적인 게임이다. 그것은 당신이 정말로 주식 지수와 경쟁하고 있다는 것을 의미한다. 분명히 우리 모두는 절대적인 관점에서 돈을 버는 것을 좋아하지만, 주식 전략은 시장의 전반적인 건전성에 좌우되는 경향이 있다. 강세장이나 약세장에서도 같은 수익률을 기대할 수 없고, 모든 시장 상황에서 동일한 유형의 전략이 작동하는 것을 현실적으로 기대할 수 없다.

주식이 동시에 오르락내리락하는 경향이 있다는 것은 주식의 내부 상관관계가 매우 높다는 것을 의미한다. 이는 집단으로 볼 때 주식이 상당히 균일하다는 것을 의미한다. 여기서 진짜 문제는 분산 효과가 매우 제한적이라는 것이다.

한 주식을 사면 분산 효과가 없다. 50주로 한 바구니를 사면 분산이 가능하지만 여전히 주식을 보유하는 것에 불과하다. 당신의 주요 위험 요소는 전반적인 주식시장 지수가 어떻게 돼 가고 있느냐는 것이다. 이것이 주식의 주요 문제이며, 왜 그것이 가장 어려운 자산 클래스인지도 알 수 있다. 어떤 종목은 다른 종목보다 낫지만, 결국 모두 주식일 뿐이다.

그렇다고 해서 주식이 거래하기에 나쁜 자산 클래스라고 말하는 것은 아니다. 단지 다르고 상대적인 성격을 알아야 한다는 것이다.

방법론에 관한 한마디

방법론이 중요하다. 정말 지긋지긋한 단어이고 미들 오피스에서 당신을 위해서 다뤄야 할 무언가로 들리지만 큰 은행에서 일하지 않는다면 그것은 사실이 아닐 것이다. 잘못된 방법론으로 연구를 수행하면 잘못된 결과를 얻을 수 있다. 그래서 우리는 결과를 보여주기 전에 먼저 이 책의 주식 부분에서의 시뮬레이션이 어떻게 수행되는지 살펴볼 것이다. 아니, 건너뛰지 마라. 이것은 중요하다.

주식 모델 구축에는 두 가지 주요 함정이 있다. 첫 번째는 어떤 종목의 거래가 가능한지 결정하는 것과 관련되고, 두 번째는 배당금에 관한 것이다. 이 두 가지 문제를 모두 적절히 처리해야 한다. 그렇지 않으면 백테스트가 모두 헛수고가 될 것이다.

주식 투자 유니버스

주식 포트폴리오 모델의 경우 이론적으로 선택할 수 있는 시장이 매우 많다. 사실성을 높이려면 알고리듬이 당시에 현실적으로 합리적으로 고려됐을 주식 거래만을 고려하도록 해야 한다.

Google, Apple과 같은 여러분이 알고 친숙한 주식을 고르기는 쉽다. 여기서 분명한 문제는 이 주식들이 가치가 크게 상승했기 때문에 당신이 알고 있다는 것이다. 아마 백테스트로 Global Crossing, Enron, Lehman Brothers와 같은 망한 주식을 선택하지는 않았을 것이다.

이것은 매우 흔한 실수다. 대부분의 사람들은 본능적으로 친숙한 주식의 바구니를 골라서 10년 전에 거래했을 법한 주식이라고 생각하는 논리적 도약을 할 것이다. 그럴 확률은 낮다.

이에 대한 해결책 중 하나는 지수를 선택하고 그 지수의 주식을 거래하는 것이다. 하지만 여기에도 함정이 있다. 예를 들어 S&P 500을 선택한 후 구성 주식을 거래한다면 문제가 다소 완화될 수 있다. 이런 주요 지수는 10년, 20년 전이라도 그럴듯하게 골라냈을 것이라고 보는 것이 논리적일 것이다. 그러나 지수 진입 종목과 퇴출 종목을 고려해야 한다.

현재의 S&P 500 지수는 10년 전 지수의 구성 종목과 같지 않다. 잠시 동안 지수, 즉 모든 지수가 어떻게 설계되는지 생각해보라. 애초에 주식이 왜 거기 있는지.

거의 모든 지수에서, 주식들은 주로 특정 시가총액 기준을 충족시켰기 때문에 구성 종목이 됐다. 즉, 그들은 갑자기 충분히 고려될 만한 가치가 있었다. 어떻게 그런 일이 일어났다고 생각하는가?

종목이 지수에 포함된 것은 과거 실적이 좋았기 때문이다. 요즘은 상상하기 어렵지만 Apple은 한때 혁신적인 제품을 만들고 직접 디자인을 하고 세금을 낸 히피들이 운영하는 작은 차고 회사였다. 한때 Apple의 주가는 소형주 지수에 진입할 수 있을 만큼 상승했었다. 주가 강세가 한동안 이어지자 Apple은 중형주로 진입했다.

훗날 Apple이 이미 세계에서 가장 큰 회사들 중 하나가 된 다음, 모든 사람들은 Apple 주식을 30년 전에 샀었더라면, 하는 꿈을 꾼다. 그런 희망 사항 시뮬레이션을 허용하는 것은 위험할 것이다.

우리가 여기서 하는 일은 대신 지수를 선택하고 특정 날짜에 해당 지수의 구성원이었던 주식만 고려하는 것이다. 여기 시뮬레이션에서는 주식이 지수에 진입하고 이탈한 시점을 파악하고, 실제로 지수에 속했던 주식만 해당일에 보유할 수 있다.

이것은 소위 생존 편향survivorship bias의 효과를 줄이는 것을 목표로 한다. 실행이 다소 까다로울 수 있는데, 주식 트레이딩 모델을 개발하는 데 있어서 가장 어려운 부분일 것이다. 이 방법은 여러 가지로 접근할 수 있지만 데이터 및 데이터베이스를 다루는 24장에서 하나의 가능한 해결책을 찾을 수 있다.

물론 다른 유형의 데이터를 사용해 동일한 작업을 수행할 수도 있다. 한 가지 방법은 과거 시가총액이나 거래량을 검토해 주어진 시점에 고려할 수 있는 것에 대한 합리적인 근사치인 투자 유니버스를 구축하는 것이다.

배당금

다음으로 우리는 배당금을 처리할 필요가 있다. 분할이나 이와 유사한 기업 행동과 같이 조정해야 할 다른 사항도 있지만, 일반적으로는 이러한 사항에 대해 걱정할 필요가 없다. 현금 배당을 제외한 모든 것이 쉽고 앞으로 보게 될 주가 히스토리는 이미 조정돼 있을 가능성이 매우 높다. 주식이 2:1로 분할될 때 주가가 50% 급락하는 것을 볼 수 없을 것이다. 대신 분할이 영향을 미치지 않도록 자동으로 조정된 과거 히스토리를 볼 것이다. 분할 등은 간단한 솔루션을 가진 간단한 이벤트이며 손익에 전혀 영향을 미치지 않는다.

당신이 걱정해야 할 것은 현금 배당이다. 여기에는 쉬운 해답이 없지만, 이 문제를 해결할 수 있는 방법은 다양하다. 분명히 가장 나쁜 방법은 그들이 존재하지 않는 척하는 것이다. 다년간 배당금은 상당한 영향을 미칠 것이다.

배당금을 처리하는 방법에는 두 가지가 있다. 가장 쉬운 방법은 총수익률 시계열을 사용하는 것이다. 주식에 대한 총수익률 시계열은 모든 배당이 동일한 주식에 직접 재투자된다고 가정할 때 주식에 대해 실현됐을 총수익률을 나타낸다. 이 ACME 주식 200주를 주당 10달러에 거래하고 있다고 하자. 이제 50센트의 배당금이 있고, 당신은 빳빳한 100달러의 수령자다. 총수익률 시계열은 배당금이 시장에서 더 많은 ACME를 구매하는 데 즉시 사용됐다고 가정한다.

이를 시계열에 반영하기 위해 과거의 시계열 전체를 지금 조정해 주식 매수 후 보유buying and holding에 따른 손실률 또는 이익률이 일치하도록 한다. 이는 1년 전, 아니 10년 전 주식 가격을 확인하면 그 당시 실제 명목 가격에서 크게 벗어날 수 있음을 의미한다. 시계열은 이제 완전한 재투자를 가정한 가격과 배당금을 반영한다.

다른 방법은 연관성이 더 쉬울 수도 있고 훨씬 더 현실적일 수도 있지만 모델링하기가 조금 까다로울 수도 있다. 이 방법은 배당금이 지급될 때 현실에서처럼 실제로 현금으로 지급된다고 가정한다. 가격 시계열은 그대로 두고 보유 현금에 적절한 금액만 증가시킨다.

가격 시계열을 바꾸지 않기 때문에 차트에는 총수익률이 제시하는 인위적으로 조정된 가격이 아니라 시장의 실제 가격이 반영될 것이다. 우리는 또한 새로운 현금으로 실제로 무엇을 해야 하는지에 대한 매우 현실적인 문제를 가지고 있다. 그들은 당신이 원하지 않을 때 그 계좌에 들어오며, 이제 당신은 그것을 어떻게 처리할지 결정해야 한다. 특히 소프트웨어가 아직 설정돼 있지 않거나 적절한 배당 데이터가 없는 경우에는, 현실적이지만 모델링이 복잡할 수 있다.

총수익률 방법은 대부분 충분히 좋고 모델링도 매우 쉽다. 단점은 총수익률 시계열이 공짜로 구하기 어렵다는 것이다. 인터넷상의 무료 주식 히스토리 제공자들이 일반적으로 당신에게 그것을 줄 것 같지 않다.

두 번째 더 좋은 방법은 당신이 좀 더 현실적인 백테스트를 하고 싶다면 해볼 가치가 있다. 좋은 소식은 내가 이 책의 목적으로 사용하고 있는 백테스터인 Zipline이 배당을 처리할 수 있다는 것이다. 우리는 배당 데이터가 제대로 공급됐는지 확인만 하면 되고, 논리는 백테스터에 의해 수행된다.

주식 가격 데이터와 배당 데이터를 가져오는 방법에 대한 자세한 기술 설명은 23장과 24장에서 발견할 것이다.

12
시스템 모멘텀

모멘텀은 수십 년 동안 잘 작동하고 있는 시장 현상이다. 이는 학계와 실무자 모두에게 확인됐고 보편적으로 금융시장에 대한 유효한 접근법으로 알려져 있다. 그것은 또한 매우 간단한 원리에 바탕을 두고 있다.

조금 단순화된 모멘텀은 최근 강하게 오른 종목이 가까운 미래에 다른 종목보다 조금 더 선전할 가능성이 높다는 원칙이다. 그렇다. 실적이 좋았던 종목만 사면 된다. 매수할 주식을 파악하고, 그로부터 포트폴리오를 구성하는 방법과 매수하지 말아야 할 시기를 아는 것이 요령이다.

12장에서는 모멘텀 모델을 단계별로 구성한다. 개념 자체는 매우 단순하지만 안정적인 장기 성과를 보여줄 수 있는 모델에 도달하는 데 있어 상당히 중요한 세부사항이 있다.

여기서의 목표는 원하는 대로 구축, 수정 및 개선할 수 있는 견고한 접근법을 보여주는 것이다. 우리는 모든 트레이딩 시스템을 이기는 마법의 트레이딩 시스템에 대해 이야기하는 것이 아니다. 그것은 다른 트레이딩 책에서 찾아야 할 것이다. 여기서 우리는 실생활 계량적 트레이딩 모델을 다룰 것이다. 이 책의 목적은 방법과 접근법을 가르치는 것이지, 아마도 마술처럼 여겨지는 트레이딩 시스템을 판매하기 위한 것이 아니다.

모델 복제

이 시점까지는 모델을 복제하고 혼자서 코드를 실행하는 것이 상당히 쉬웠다. 쉽게 말해 특별한 데이터나 비정통적인 기술적인 솔루션이 필요하지 않다는 뜻이다.

그러나 주식 거래를 위해서는 몇 가지 복잡한 솔루션이 필요하다. 12장에는 잠재적으로 약간의 골칫거리를 야기할 수 있는 한 가지 복잡한 문제를 다룬다. 바로 유니버스 선택universe selection이다. 기술적 관점에서 우리가 어떤 주식을 거래할 수 있는지에 대한 문제를 어떻게 해결하는지다.

이 모델과 12장의 목적은 S&P 500 지수의 역사적 구성 주식으로 종목 선택을 제한하는 것이다. 우리는 모델이 매일 정확히 어떤 종목이 그 지수의 일원이었는지 알고 있는지 확인하고, 오직 그것들만을 거래하기를 원한다.

물론 이러한 정보를 사용할 수 있어야 하며, 저장 방법과 액세스 방법에 대한 솔루션을 찾아야 한다. 내가 선호하는 접근법은 이런 종류의 데이터를 로컬 증권 데이터베이스에 저장하는 것이다. 이에 대해서는 24장에서 자세히 설명한다. 모든 독자들이 마지막 장에까지 가서 자신만의 데이터베이스를 얻을 것 같지는 않으니, 나는 더 쉬운 해결책을 제시하겠다. 그리고 아마도 내가 정말 이해할 수 없는 오용된 미국 스포츠 참고 자료도 같이 제공할 것이다.

여기서 설명하는 솔루션은 로컬 csv(쉼표로 구분된) 파일로 지수가 변경된 각 날짜에 대해 업데이트된 지수 구성 종목을 기반으로 한다. 그러면 곧 볼 수 있듯이 코드는 현재 거래일과 가장 가까운 이전 날짜에 대한 인덱스 구성 종목 리스트를 가져온다.

과거 어떤 종목을 거래 대상으로 선택할 수 있는지 또는 가능성이 있는지 결정하는 이 가중된 유니버스 선택의 복잡도는 주식 특유의 것이다. 그것이 주식 모델이 기술적 관점에서 보통 더 복잡한 주요 이유 중 하나다.

놀랍게 들릴지 모르지만, 이 책을 읽는 대부분의 독자들에게는 생존 편향이 같은 방식으로 작동하지 않기 때문에 이 책의 후반부에 나오는 선물 모델을 복제하는 것이 더 쉬울 것이다.

모멘텀 모델 규칙 요약

- 거래는 월 단위로만 이뤄진다.
- S&P 500 종목만 고려한다.
- 모멘텀 기울기는 125일을 사용해 계산된다.
- 상위 30개 종목이 선정된다.
- 역변동성에 따라 이 30개 종목에 대한 가중치를 계산한다.
- 변동성은 20일 표준편차를 이용해 계산한다.
- S&P 500 지수의 200일 평균을 기반으로 계산된 추세 필터
- 추세 필터가 양수이면 매수가 허용된다.
- 필요한 최소 모멘텀 값은 40으로 설정한다.
- 선정된 30개 종목에 대해 40 이상의 모멘텀 가치가 있는 종목이면 매수한다. 그렇지 않다면 그 주식의 계산된 비중을 현금으로 남겨둔다.
- 당사는 필요한 최소 모멘텀 값 이하로 떨어지거나 지수를 벗어날 경우 주식을 매도한다.
- 매달 리밸런싱을 반복한다.

투자 유니버스

우선 투자 유니버스부터 정립해야 한다. 즉, 어떤 종목을 선택할 수 있는지 결정한다. 내가 쓴 『Stocks on the Move』에서 S&P 500 지수의 구성 주식을 투자 유니버스Investment universe로 사용했다. 물론 현재 구성 종목이 아니라 역사적 구성 종목이

다. 어떤 거래일에도 모델은 해당 날 지수의 일부인 주식을 확인하고 해당 주식만 고려한다. 이는 생존 편향을 피하거나 최소한 줄이기 위한 것이다.

투자 유니버스를 제한하는 이러한 방식은 효과적이고 구현하기 쉽다. 시가총액이나 거래량에 따라 제한과 같은 유사한 결과를 얻을 수 있는 다른 방법을 찾을 수 있지만, 과거 지수 편입 및 탈퇴 정보에 액세스할 수 있는 경우 이 방법이 간단하다.

여기 모멘텀 모델의 경우 과거 저서에서와 동일한 방법론을 사용해 과거 지수 구성 종목을 기준으로 주식을 제한하겠다. S&P 500 지수는 아마도 세계에서 가장 많이 팔리고 있는 시장 지수이기 때문에, 나는 이 시연에서 그 지수를 고수할 것이다. 그러나 이 지수가 다소 더 나은 결과를 낸다는 것은 아니다. 단어 '더 나은'을 사용하는 맥락은 모든 것이 당신이 이루고자 하는 것에 달려 있다. 어떤 종류의 수익률 프로필이 필요한지. '더 나은'은 없다.

최소한 수백 개의 선택 가능한 주식을 선택할 수 있는 충분한 지수를 가지고 있는 한, 동일한 원칙과 논리가 적용돼야 한다. 동일한 모델이 현지 시장 지수에 적합한지 여부를 묻기 전에 먼저 사용해보라. 이 책이 하는 것을 복제하고, 데이터를 가져오고, 백테스트를 실행하라.

나는 당신들이 이 책에서 아이디어를 배웠으면 좋겠다. 그럼 나가서 다양한 아이디어를 시험해보라. 좋아하는 것과 싫어하는 것을 알아보라. 학습 도구를 주는 거지 지켜야 할 규칙은 주는 것은 아니다.

모멘텀 순위

다음으로 우리는 살 주식을 확인할 방법이 필요하다. 모멘텀 분석에는 여러 가지 유형이 있으며 대부분은 상당히 비슷한 순위를 보일 것이다. 우리가 여기서 하고 싶은 것은 실적이 좋은 종목 리스트를 만드는 것이다. 그게 얼마나 어렵겠는가?

이 작업을 수행하는 가장 간단한 방법은 주어진 기간에 대한 퍼센트 수익률을 측정하는 것이다. 그래서 우리는 500 종목을 취해서 어제의 가격과 반년 전의 가격 차이를 측정하고 그에 따라 순위를 매길 수 있다. 그다음부터는 리스트의 상위 종목부터 매수를 시작하기만 하면 된다.

그런 간단한 개념이 괜찮은 수익을 보여줄 수 있지만, 우리는 여기서 좀 더 복잡한 일들을 할 것이다. 단순 퍼센트 수익률의 문제는 수익률이 어떻게 발생했는지를 고려하지 않는다는 것이다.

단순 수익률을 기준으로 주식 순위를 매긴다면, 정말 엉뚱한 상황을 지나치게 표현하는 결과가 될 것 같다. 우리는 단기간에 큰 액수를 얻거나 잃을 수 있는 극도로 변동성이 강한 주식들을 볼 수 있을 것이고, 아니면 주가가 갑자기 크게 뛰어오르는 인수 상황들을 볼 수 있을 것이다. 이런 모멘텀이 돼서는 안 된다.

주식 모멘텀을 계산하는 방법에는 여러 가지가 있지만, 나는 나만의 모멘텀 점수 momentum score를 사용할 것이다. 내 개념은 단순히 잘 확립된 모멘텀 계산의 변형이지만, 나는 이것이 어느 정도 가치가 있다고 생각한다. 내가 하는 일은 지수회귀 exponential regression의 기울기를 사용해 모멘텀을 측정한 다음, 결정 계수를 곱하는 것이다. 그렇게 복잡하진 않다.

```
momentum_score = Annualized Exponential Regression Slope * R2
```

한 번에 한 발씩만 내딛자. 가장 친숙한 선형회귀linear regression와 지수회귀의 차이는 선형회귀 기울기는 미국 달러화 표시 금융시장의 경우 달러로 표현되지만, 지수 기울기는 백분율로 표현된다는 점이다. 물론 모든 주식의 가격이 동일하지 않다면 선형회귀는 그다지 유용하지 않을 것이다. 물론 모든 주식의 가격이 동일할 가능성은 거의 없기 때문이다.

회귀는 일련의 관측치에 선을 적합화시키는 방법이다. 가장 잘 어울리는 선을 찾는 것을 목표로 한다. 그것이 반드시 완벽하게 적합화된다는 뜻은 아니지만, 우리는 그것에 도달하고자 한다. 이해해야 할 것은 우리의 경우 일일 주가인 데이터에 선을 적합화하고자 한다. 선을 긋기 위해서는 기울기와 절편이 필요하다. 하지만 우리는 실제로 선을 긋는 것에 별로 관심이 없고, 경사만 알면 된다. 즉, 추세^{trend}만 알면 된다.

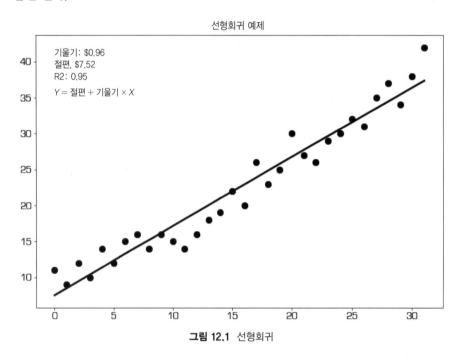

그림 12.1 선형회귀

선형회귀 기울기는 하루에 (미국 주식의 경우 달러를 의미하는) 몇 단위씩 회귀선이 상승 또는 하락하는지를 알려준다. 따라서 같은 추세가 계속된다면, 기울기는 우리가 하루에 평균적으로 몇 달러의 이득을 예상해야 하는지 알려줄 것이다.

그러나 그러한 측정은 우리의 목적에 매우 유용하지 않다. 현재 가격이 500달러인 주식은 10달러인 주식과 매우 다른 수치를 보일 것이다. 둘 다 현재 선형회귀 기울기가 1달러인 경우 이는 두 가지 매우 다른 것을 의미한다. 500달러짜리 주식이 매우 느리게 움직이는 반면 10달러 짜리 주식은 매우 빠르게 움직이고 있다는 뜻이다. 회귀 분석은 유용하지만 반드시 선형회귀가 유용한 것은 아니다.

대신 지수회귀를 살펴보면, 상황이 더 흥미로워진다. 지수회귀 기울기는 선이 기울어져 있는 위 또는 아래 백분율(%)을 나타낸다. 즉, 정규 선형 스케일 그래프에 지수회귀 기울기를 그리면 포물선 곡선이 표시된다.

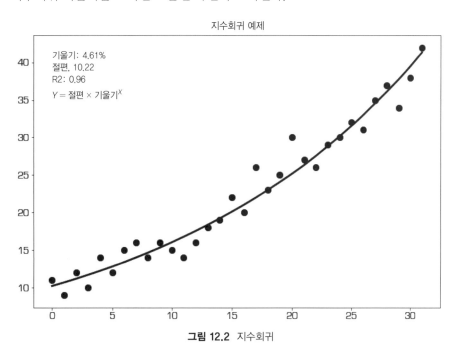

그림 12.2 지수회귀

지수회귀 분석을 더욱 유용하게 만드는 것은 이제 기본 가격에 상관없이 여러 종목에서 비교할 수 있다는 점이다. 지수회귀 기울기는 보통 매우 작은 소수이기 때문에 관련이 조금 어려울 수 있다. 결국, 당신은 정말로 하루에 몇 퍼센트의 주식이 움직일 것으로 예상하는가?

예를 들어 지수회귀 기울기 0.0007394를 계산할 수 있다. 기억하기 어렵다. 하지만 연율화하면 훨씬 더 쉽게 관련 있는 수치를 얻을 수 있다. 즉, 현재 추세가 그렇게 오래 지속될 경우 일별 기울기가 연간 기준으로 무엇을 의미하는지 계산한다. 우리는 실제로 그런 일이 일어날 것이라고 기대하지 않는다는 것을 명심하라. 그건 중요하지 않다. 우리는 그 수치와 더 쉽게 관련되도록 연간으로 계산한다.

0.0007394라는 수치를 다시 구해서 연율화하라. 그에 대한 계산은 쉽다.

$$((1 + 0.0007394)^{252}) - 1 = 0.2047$$

즉, 현재 연간 약 20.5%에 해당하는 양의 추세를 보이고 있는 주식이 있다는 뜻이다. 그게 좀 더 관련성을 갖기 쉬울 것이다.

그 숫자를 252로 올린 이유는 1년에 거래일수가 252일로 추정되기 때문이다. 하루 0.07394%씩 252일 연속 상승하면 20.5% 정도 상승하게 된다. 내가 수학은 쉬울 거라고 했다.

그러나 지수회귀 기울기만 사용해도 이 선이 얼마나 잘 맞는지 알 수 없다. 극단적인 예로 가격이 완전히 하락한 후 인수 발표 하루만에 50%나 급등하는 경우가 있다.

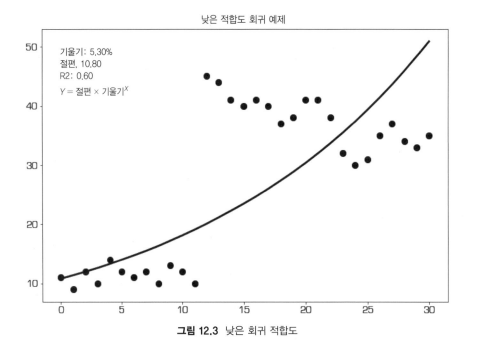

그림 12.3 낮은 회귀 적합도

지수회귀 값은 매우 높을 수 있다. 하지만 그것은 우리가 찾고 있는 상황이 아니다. 동일하지만 약간 덜 극단적이기는 하지만 매우 변동성이 큰 주식에도 적용된다. 그곳에서도 선이 잘 맞지 않을 수 있다. 우리는 이에 대해 보상해야 한다.

금융에서 매우 중요한 개념은 더 나은 단어가 부족하기 때문에 변동성이 나쁘다고 표현하는 것이다. 변동성을 피할 수는 없지만 그에 대한 보상을 받아야 한다. 모든 수익은 그것을 이루기 위해 소요된 변동성에 비춰 볼 필요가 있다. 따라서 이를 위해 지수회귀 기울기를 조정해야 한다. 변동성을 바라보는 여러 방법이 있지만, 이 경우에는 결정 계수가 훌륭한 도구다.

이 분석(일반적으로 R^2)은 회귀선이 데이터에 얼마나 적합한지 알려준다. 모든 관측치가 정확히 선상에 있는 상태에서 완벽하게 적합화되면 R^2는 정확히 1이 된다. 완전히 랜덤 잡음random noise이고 선이 전혀 맞지 않으면 R^2값은 0이 된다. 따라서 이 분석은 항상 0과 1 사이이다. 적합도가 높을수록 값이 높아진다.

우리가 할 일은 단순히 연간 회귀 기울기를 취해서 거기에 R^2를 곱하는 것이다. 사실상, 우리는 더 변동성이 큰 주식들에 페널티를 주고 있다. 평활하게 상승하는 종목은 R^2값이 높아져 기울기가 너무 큰 타격을 받지 않을 것으로 보인다. 그러나 앞서 언급한 인수 상황의 예에서 R^2가 매우 낮으므로, 기울기 값을 크게 줄일 것이다.

그렇다면 지수회귀는 어떻게 계산할 수 있을까? 무섭게 생긴 큰 공식을 원하면 직접 찾아봐야 한다. 만약 당신이 복잡해 보이는 공식에 관심이 있는 사람이라면, 당신은 이미 그것을 알고 있거나 적어도 찾는 데 문제가 없을 것이다. 그건 정확히 비밀 정보가 아니다. 대신 나는 파이썬을 사용해 결과를 계산하는 방법을 알려주겠다.

```
from scipy import stats
def momentum_score(ts):
    """
    입력: 가격 시계열
    출력: 연율화된 지수회귀 기울기 곱하기 R2
```

```
"""
# 연속 숫자 리스트 만들기
x = np.arange(len(ts))
# Get logs
log_ts = np.log(ts)
# 회귀값 계산
slope, intercept, r_value, p_value, std_err = stats.linregress(x, log_ts)
# % 연율화
annualized_slope = (np.power(np.exp(slope), 252) - 1) * 100
# 적합도 조정
score = annualized_slope * (r_value ** 2)
return score
```

위의 함수는 다음과 같다. 여기서 예상되는 입력값인 변수 ts는 시계열이다. 시계열을 이 함수에 적용하면 모멘텀 값이 반환된다.

단계별로 설명하면, 우선 먼저 우리가 준 가격 시계열로부터 자연 로그 시리즈를 계산한다. 이는 지수회귀 분석을 계산하는 가장 쉬운 방법이 로그 값을 기반으로 단지 정규 선형회귀 분석을 수행하는 것이기 때문이다.

```
log_ts = np.log(ts)
```

회귀를 계산하려면 두 개의 축이 필요하다. 하나는 물론 가격 관측이다. 다른 하나는 그냥 계속 증가하는 시리즈 즉 1, 2, 3, 4 등등이다. 결국 가격 관측치는 동일한 거리에 있다. 우리는 하루에 하나의 관측을 한다. 날짜 값이나 다른 숫자를 사용해도 차이가 없으므로 arnage라는 깔끔한 Numpy 함수를 사용할 것이다. 이것은 오타가 아니다.

arange 이 함수는 입력과 동일한 길이의 시리즈를 반환하며, 전체 길이까지 값 0, 1, 2, 3, 4...를 반환한다. 이렇게 하면 회귀 계산에 매우 쉽게 일치하는 x축을 얻을 수 있다. 기본적으로 arange는 0 기반 리스트를 제공하지만 원하는 경우 시작 및 종료를 제공할 수 있다. 이 경우에는 정말 문제가 되지 않는다.

```
x = np.arange(len(ts))
```

이제 시리즈가 두 개 있다. 하나는 가격 로그 값이 있고 다른 하나는 동일 간격의 x 시리즈이다. 즉, 이제 회귀 계산을 할 수 있다. 하지만 여기서 엔진을 재창조할 필요는 없다. 표준 회귀 공식을 직접 작성할 필요는 없다. Scientific Python의 줄임말인 통계 라이브러리인 Scipy에 내장된 것을 사용하라. 코드 맨 위에서 잊지 말고 불러오라^{import}.

```
from scipy import stats
```

이 라이브러리의 사전 구축된 함수 stats.linregress를 사용해 회귀와 관련된 값을 출력할 수 있다. 보다시피 한 줄에 **기울기**, **절편**, **r-값**, **p-값** 및 **표준 오차**의 5가지 값이 표시된다. 여기서 필요한 것은 **기울기**와 **r-값**이다.

```
slope, intercept, r_value, p_value, std_err = stats.linregress(x, log_ts)
```

다음 행을 이해하는 것이 중요하다. 여기서 우리는 기울기를 우리가 사용할 수 있는 것으로 바꾸고 관련시킬 수 있다. 부분별로 나누면 알 수 있다. np.exp(slope)로 시작하라. 이렇게 하면 지수회귀선의 퍼센트 기울기가 계산돼 하루에 몇 퍼센트 상승 또는 하강하는지 알 수 있다. 그리고 나서 우리는 그것을 252의 승수로 올려 연율화된 숫자를 계산한다. 100을 곱하면 더 쉽게 연관되는 숫자를 얻을 수 있다.

자, 여러분 중 일부는 스스로에게 당연한 질문을 하고 있다. 컴퓨터 코드가 해석과 트레이딩을 하는데, 왜 우리가 숫자와 연관될 필요가 있을까? 개발 및 테스트 중에 이 수치 또는 그래프로 출력하기를 원할 것이다. 그리고 이것이 연간 수치와 같이 직관적인 개념으로 전환된다면 문제를 훨씬 쉽게 찾아내고 기회를 식별할 수 있을 것이다. 하지만 물론 그것은 알고리듬 그 자체에는 아무런 차이를 주지 않는다.

```python
ann_slope = (np.power(np.exp(slope), 252) -1) * 100
```

그리고 마지막으로 우리는 할 일이 딱 한 가지 더 있다. 결과를 반환하기 전에 R^2와 곱하라. 전에 r-값을 받았으니 제곱해서 연간 기울기를 곱한 다음 결과를 반환하면 된다. 다음 코드에서 보듯이, 우리는 곱셈 구문을 사용해 숫자를 제곱할 수 있다.

```python
return annualized_slope * (r_value ** 2)
```

그리고 이것이 이 모델에 사용된 모멘텀 점수를 계산하는 방법이다.

포지션 배분

포지션에 배분하는 가장 일반적인 방법은 변동성에 기초하는 것이다. 아마도 나는 그러한 진술을 좀 한정할 필요가 있을 것이다. 변동성 기반 배분은 금융 산업의 전문적이고 계량인 측면에서 가장 일반적이다. 취미 트레이더와 전통적인 자산운용사들 사이에서는 동일 비중 방법이 가장 우세하다.

여러 포지션에서 대략적으로 동일한 위험을 감수하려면 일반적으로 이러한 위험의 변동성을 살펴보고 그에 따라 배분해야 한다. 변동성이 큰 주식은 비중이 작아진다. 느리게 움직이는 주식은 더 큰 비중을 차지한다. 이에 대한 근거는 간단하다. 선정된 종목 중 어떤 종목도 다른 종목보다 실적이 좋거나 나쁘다고 가정할 이유가 없기 때문에 동등한 기회를 주고자 한다.

만약 우리가 모든 주식에 동일한 비중을 두고, 각 주식에 동일한 금액을 할당한 다면, 우리는 가장 변동성이 큰 주식에 맞춘 포트폴리오를 얻게 될 것이다. 일부 종목은 하루 4~5%, 다른 종목은 평일에 0.5% 정도만 움직인다면 변동성이 큰 종목일수록 포트폴리오를 주도할 것으로 보인다. 아무리 느리게 움직이는 주식들이 잘 되더라도, 그들은 순이익에 흠집을 낼 수 있는 기회는 같지 않을 것이다.

가장 중요한 것은 이 개념을 이해해야 한다는 것이다. 우리는 각 주식을 서로 다른 금액으로 매수하고 있지만, 목적은 각 주식에게 거의 동일한 리스크를 할당하는 것이다. 여기서는 변동성이 위험의 대용물로 작동한다. 주식이 변동성이 클수록, 우리는 그것을 덜 산다.

변동성은 몇 가지 다른 방법으로 측정할 수 있다. 이전 책에서는 ATR$^{Average\ True\ Range}$을 변동성 측정으로 사용해 내용을 약간 단순하게 유지했다. 리테일 트레이딩에 널리 알려진 개념으로 오랫동안 사용돼왔다. ATR은 구식 기술적 분석 툴킷의 일부다. 이 툴킷의 대부분은 옛날에 펜과 종이로 수학이 이루어졌기 때문에 매우 단순하다. 컴퓨팅 능력이 부족하다는 것은 모든 것이 단순해야 한다는 것을 의미했다.

ATR 측정은 대부분의 리테일 트레이더에게 완벽하게 적합하며, 실제로는 아무런 문제가 없다. 이 책은 퀀트 스펙트럼에 더 치우친 책이기 때문에 여기 모델들은 다른 측정치를 사용할 것이고, 이 측정값은 산업계의 전문적 측면에서 더 많이 볼 수 있을 것이다.

변동성 계산의 기초는 표준편차가 될 것이다. 표준편차를 사용할 때 혼동의 주요 원인은 우리가 정확히 무엇의 표준편차를 측정하느냐에 대한 가장 기본적인 질문에서 비롯된 것으로 보인다.

가격 자체의 표준편차를 측정하는 것은 분명 도움이 되지 않을 것이다. 이것은 앞서 살펴본 회귀와 같은 문제로 거슬러 올라간다. 주식의 기본 가격은 매우 다를 수 있으며, 이를 위해서는 어떻게든 정규화해야 한다. 500달러에서 거래되는 주식의 거래와 10달러에서 거래되는 주식의 거래의 달러 변동은 직접 비교할 수 없다.

하지만 백분율 변동은 가능하다.

따라서 우리는 일일 퍼센트 변화를 표준편차를 계산하는 기준으로 사용할 것이며, 이를 변동성의 대용물로 사용할 것이다. 금융 업계에서는 변동성을 측정하는 여러 가지 방법이 있지만, 여기서는 문제를 복잡하게 만들 필요가 없다. 원하는 경우 상당히 일반적인 표준편차의 지수 가중 이동 평균$^{exponetially\ weighted\ moving\ average}$과 같은 평활 계수$^{smoothing\ factor}$를 추가할 수 있다. 그러나 이 모델에서는 수익률에 대한 단순한 표준편차 측정이 좋다.

다행히도 파이썬에서는 이것을 계산하는 것이 매우 간단하다. 한 줄의 코드로 할 수 있다. 편의상 모멘텀 트레이딩 모델에 사용할 수 있는 함수를 만들 것이다.

```
def volatility(ts):
    return ts.pct_change().rolling(vola_window).std().iloc[-1]
```

이 함수는 가격 시계열을 입력으로 사용한다. 저기 있는 코드 한 줄은 판다스의 아름다움을 보여준다. 이 코드 라인은 우리에게 몇 가지 도움이 된다. 첫째, 연속일 간의 백분율 차이를 계산한다. 그런 다음 12장의 뒷부분에 나오는 모델의 전체 소스 상단에 나와 있듯이 모델 입력 요인 vola_window로 설정된 해당 시계열의 롤링 윈도우가 표시된다.

그런 다음 이 롤링 윈도우의 표준편차를 계산하고 마지막으로 해당 계산의 마지막 데이터 포인트를 가져와 반환한다. 모두 한 줄로. 구문 [-1]을 사용해 마지막 데이터 포인트를 잘라낼 수 있다^{slicing}.

모멘텀 모델 논리

이제 모멘텀 순위 논리와 우리에게 필요한 변동성 측정을 이해했으므로 이제 완전히 작동하는 모멘텀 모델을 구축해야 한다. 나는 항상 내가 제시하는 모델들이 교육도구라는 것을 명확히 하고자 한다. 내가 보여주는 것은 작동하는 모델이다. 백테스트는 진짜다. 어쨌든 유효하다. 백테스트를 '진짜'라고 하는 것은 좀 멀리 간 것이다.

하지만 난 그들을 나의 놀라운 슈퍼시스템으로 자랑하려고 한 적은 없다. 내가 쓴 글의 대부분은 투자 운용 커뮤니티에 있는 많은 사람들에 의해 알려져 있다. 내가 덧붙인 것은 더 많은 독자층을 가르치기 위해 더 접근하기 쉽도록 노력하는 것이다. 나는 나만의 능력을 더하려고 노력한다. 하지만 내 데모 모델을 모두를 백만장자로 만드는 비밀스럽고 마법에 가까운 트레이딩 시스템을 가지고 있다고 하는 다른 사람들의 주장과 혼동하지 않는 것이 중요하다. 이런 트레이딩 시스템은 물론 당신에게 몇천 달러를 제시할 것이다.

내 모델들은 혁명적이지 않다. 내 모델들은 일을 하는 최선의 방법이 될 수 있는 것이 아니다. 업계에 사용하는 급의 전략을 개발하기 위해 알아야 할 방법론을 설명하는 교육 도구다. 자신만의 모델을 만들 수 있을 만큼 아이디어와 개념을 잘 이해하고 알고리듬 트레이딩 전문가로서 도구 상자를 확장했으면 한다. 이 책에 제시된 모든 모델들은 개선될 수 있다. 나는 당신이 그것을 시도할 것을 적극 권장한다.

이 모델의 목적은 미국 증시의 중장기 모멘텀을 포착하는 것이다. 이 모델은 관리가 쉬웠으면 해서 한 달에 한 번만 거래한다. 우리는 한 달 내내 모든 것을 내버려 둘 것이다. 이는 고빈도 거래$^{high frequency trading}$ 모델에 비해 몇 가지 장점이 있다. 주간 직업을 가진 리테일 투자자가 과중한 업무에 시달리지 않고 규칙을 시행할 수 있게 해준다. 또한 이는 회전율을 감소시켜 거래 비용도 절감하는 동시에 자본 이득세가 부과되는 관할권에 살 만큼 운이 나쁠 경우 이러한 자본 이득세도 절감한다.

우리의 종목 선정은 앞에서 기술한 모멘텀 점수를 전적으로 기초할 것이며, 계산을 위해 125일이라는 시간 윈도우를 사용할 것이다.

내가 이전에 모델 설정에 대해 글을 쓸 때 깨달은 점은 어떤 독자들은 데모 설정을 권장하는 것으로 보거나 심지어 가장 좋은 설정으로 보는 경향이 있다는 것이다. 절대 그렇지 않다. 나는 모델을 시연할 때 일부러 중간 정도의 설정을 선택했다. 합리적인 집합의 값들에서 다소 임의로 선택한다. 요점은 자신만의 변형을 시도하고, 자신의 트레이딩 방식과 요구 사항에 맞는 설정과 조정에 도달해야 한다는 것이다.

결국 내가 이 책에 있는 모든 소스 코드를 보여주는 이유는 변형을 테스트하고 마음에 드는 것을 가져가고 나머지는 버리도록 하기 위해서다.

우리가 사용할 정확한 파라미터를 말하기 전에 내가 왜 이 파라미터를 선택했는지 말하고 싶다. 논리적으로 가장 잘 보이는 변수를 고르는 게 맞을 수도 있다. 전략을 최고로 보이게 하는 것들이다. 최적화를 실행하고 '최상'의 파라미터를 적합화시킨 후 결과를 보일 수 있다. 이것은 아니다. 난 그렇게 안 할 것이다.

곡선 적합화 모델만 보여 주면 별로 유용하지 않을 것이다. 그것은 책 속의 사물을 멋지게 보이게 만들겠지만, 현실과 별로 관련이 없을 수도 있고, 큰 학습 경험도 아니다. 대신 이 모멘텀 모델 버전을 보여주겠다. 이 모멘텀 모델은 의도적으로 '최상' 파라미터를 사용하지 않는다. 여기서의 모델은 여러분이 스스로를 향상시키도록 만들어졌다.

이제, 이 시연에는 125일의 모멘텀 점수를 사용하겠다. 대략 반년을 나타내기 위한 것이다.

이 모델의 경우, 우리는 설정된 목표 수의 주식을 가질 예정이다. 우리는 합리적인 분산이 필요하며, 이를 위해서는 몇 개 주식으로는 부족하다. 그래서 우리는 목표 주식 수를 30개로 설정할 것이다. 그 숫자는 합리적이기 때문에 선택된 것이다. 10주만 보유한다면 단일 종목 이벤트 리스크가 상당히 클 것이다. 단일 종목에서 기이한 이벤트가 발생하면 전체 결과에 큰 영향을 미칠 수 있다. 그러한 위험은 더 광범위한 포트폴리오를 보유할 때 완화된다. 만약 우리가 너무 많은 주식을 보유한다면 포트폴리오 실행과 모니터링에 더 많은 노력이 필요하게 될 것이고, 너무 많은 주식을 포함하고 있기 때문에 품질이 저하될 위험이 있다.

모든 거래는 비용과 세금을 합리적으로 유지하기 위해 매월 이루어진다. 백테스트를 시작할 때 모멘텀 점수를 기준으로 우리 유니버스의 주식 순위를 매기고, 모멘텀 점수가 40점 이상인 한 리스트의 상위 30개 종목을 매입할 예정이다.

이 상당히 임의적인 숫자는 우리가 수익률이 0이거나 음의 주식을 사지 않도록 하기 위함이다. 남보다 덜 떨어지는 종목이 아니라 강세를 보이는 종목들을 사겠다는 것이다. 현재 양의 모멘텀 종목이 충분하지 않다고 해서 가장 덜 나쁜 모멘텀을 사는 것은 의미가 없다.

모멘텀 주기가 짧을수록 모멘텀 점수가 더 극단으로 된다. 그 이유는 단기간의 사건들이 1년 단위로 외삽되고, 그 결과 극단의 숫자가 발생할 수 있기 때문이다. 따라서 이와 같은 절대 모멘텀 레벨에 기초한 필터는 더 짧은 모멘텀 윈도우에 대해서는 더 높게 설정해야 한다. 필요한 최소 모멘텀 수준을 다르게 설정해 코드를 직접 실험할지 여부를 알아보도록 하라.

처음에 상위 30개 종목들을 매입하는 동안 매달 모든 종목들을 현재 상위 리스트로 대체하지는 않을 것이다. 그렇게 할 수는 있지만, 좀 불필요한 거래가 될 것 같다. 순위 리스트에서 30위부터 31위까지 계속 이동하는 주식을 고려해보라. 순위 변동이 너무 적어서 계속 사고 파는 게 정말 타당할지 의문이 들 것이다.

대신 월별 재조정이 필요한 시점에 아직 40점 이상의 모멘텀 점수를 가지고 있는 한 우리의 포지션을 유지하는 것이다. 지수를 떠난 종목은 매도할 것이며 이는 백테스트를 좀 더 현실적으로 만들 것이다.

하방 보호

약세장에서는 모멘텀 전략이 위축되는 경향이 있다는 것이 잘 알려진 현상이다. 단순히 돈을 잃는 것이 아니라 전체 시장보다 훨씬 더 심한 고통을 겪는다. 그렇기 때문에 장기적으로 볼 때 많은 모멘텀 ETF가 약간 약해 보일 수 있다. 그들은 약세장에서는 크게 매를 맞고 강세장에서는 이를 만회하기 위해 고군분투한다.

이 문제를 해결하는 한 가지 방법은 인덱스 수준 추세 필터^{index level trend filter}를 사용하는 것이다. 나의 책 『Stocks on the Move』의 비슷한 모델에서, 나는 간단한 200일 이동 평균 또는 (화려한 데이터 과학 이름의) 롤링 평균을 사용했다. 지수가 일일 종가 기준으로 200일 롤링 평균 이하일 때 신규 매수를 허용하지 않겠다는 취지다. 그렇다고 해서 지수가 하락세로 돌아섰다고 해서 현재 보유 주식을 매도하는 것은 아니며, 단지 새로운 주식을 매수하지 않는다고 볼 수 있다.

그러나 그러한 접근법에 대한 타당한 비판이 있다. 일부에서는 이러한 조잡한 추세 필터를 사용하는 것 자체가 심각한 곡선 적합화라고 주장할 수 있다. 이러한 주장의 요지는 이러한 장기 추세 필터를 사용하면 우리 세대의 양대 약세 시장의 피해를 크게 완화할 수 있다는 것을 이미 경험으로 알고 있다는 것이다. 문제는 물론 그것이 다음 것을 피한다는 측면에서 예측 가치가 있느냐 하는 것이다.

또 다른 요점은 이런 추세 필터를 포함하면 한 가지 전략이 아니라 두 가지 전략을 보고 있다는 것이다. 모멘텀 전략과 시장 타이밍 전략이 있다. 추세 필터의 사용 여부는 결국 개인적인 선호 사항이다.

12장의 모델에 대해서는 추세 필터를 사용하지 않고 이 책의 웹사이트인 www.followingthetrend.com/trading-evolved에 게시할 것이다. 여기서 어떻게 쉽게 추세 필터를 사용할 수 있는지 확인할 수 있다. 이는 또한 12장에서 코드 양을 낮게 유지하는 데 도움이 되며 정보를 더 쉽게 흡수할 수 있도록 한다.

테스트해보고 이 추세 필터를 활성화하면 성능이 향상된다. 하지만 다시 한 번 말하지만 당신은 그것이 부정행위인지 아닌지를 스스로 결정해야 할 필요가 있다. 이 모델은 하방 보호 기능이 있다. 앞에서 설명한 바와 같이 최소 요구 모멘텀 점수에 의존해 곤경에 처했을 때 시장에서 규모를 조정할 수 있다. 일반적인 리스크 환경이 변화하고 주가가 하락하기 시작하면 충분한 모멘텀을 가진 가용 종목이 점점 줄어들 것이며, 우리는 재조정에 따라 자동으로 스케일아웃을 시작할 것이다. 이 전략은 이론적으로 100% 투자에서 현금만 보유하는 것 사이의 어떤 것도 가능하다.

실제 세계에서 많은 양의 현금을 보유하는 것은 좋지 않은 생각이다. 은행 계좌에 있는 현금을 안전하다고 봐도 괜찮을 때가 있었다. 하지만 2008년이란 숫자로부터 전후 증후군 충격을 받은 사람으로서, 나는 더 이상 그렇지 않다고 확신할 수 있다. 불행히도 사람들은 빨리 잊어버린다. 2008년에는 어떤 은행도 언제든지 파산할 수 있는 것처럼 보이는 몇 주가 있었다. 우리 모두가 매일 업무가 끝날 때 은행 간에 현금 보유 또는 야간 예금을 옮기느라 허둥대고 있었다. 하루 더 살아남을 가능성이 가장 높은 은행을 고르려고 바둥대고 있었다.

우리가 여기서 보고 있는 전략은 약세장 기간 동안 주식 규모를 축소하는데, 이는 물론 은행이 정상보다 더 취약할 때 나타나는 경향이 있다. 2008년 초에 올바른 결정을 내리고 모든 주식을 팔아치우고 현금을 소지하고 현명하다고 느꼈으나, 불행히도 모든 현금이 리만^{Lehmann}에 있었고, 결국 파산하는 경우를 상상하라.

은행이나 브로커가 파산하면 보유하고 있던 모든 증권을 회수할 가능성이 높다. 아마도 그럴 것이다. 사기일 경우 무슨 일이든 일어날 수 있다. 하지만 탐욕과 무능이 뒤섞인 훨씬 흔한 경우에는 변호사들이 일을 끝내면 당신의 증권은 당신에게 돌려가게 될 것이다. 그러나 현금은 적어도 정부 보증금을 초과하는 액수는 행복한 사냥터로 넘어갔다.

그런 이유로, 당신은 적어도 보유 현금을 피하거나 줄이는 방법을 찾고 싶어 할 것이다. 그렇지 않으면 장부에 여분의 현금이 있을 경우, 한 가지 방법은 고정 수익 ETF를 사는 것이다. 예를 들어 7~10년 만기 재무성 ETF(IEF)에 초과 자본을 투입하는 것이다. 파킹할 장소는 어떤 종류의 위험을 감수할지에 따라 다르다. 만약 최소한의 위험을 감수하는 것이 목적이라면, 1~3년 만기 ETF(SHY)와 같은 단기물을 고르라. 채권 시장에서 가격 리스크를 어느 정도 감수할 수 있다면 20년 이상 만기 ETF(TLT)와 같은 더 긴 기간 수단을 이용할 수 있다.

그래도 여기서는 깨끗하게 모델은 현금으로 보관하도록 하겠다. 여기서 코드를 수정해 현금 관리를 추가하고 결과에 어떤 영향을 미치는지 확인하기 바란다.

모멘텀 모델 소스 코드

12장의 소스 코드 절을 읽을 때 또는 이후의 장에서도 컴퓨터 옆에서 앞에 있는 실제 소스 파일을 열기를 권장한다. 물론 그렇게 하지 않고 12장의 텍스트와 코드 영역을 앞뒤로 건너뛸 수도 있지만, 컴퓨터로 더 쉽게 볼 수 있다. 이 책을 처음 읽는 경우 이 절을 잠시 건너뛰고 나중에 다시 읽어보는 것도 좋다.

이 코드를 실제로 실행하려면 데이터 공급자로부터 직접 데이터를 가져와 Zipline으로 데이터를 인제스트해야 하는데, 이는 23장에서 자세히 설명할 것이다. 또한 Zipline은 12장 앞부분에서 설명한 대로 지수 구성 종목 데이터를 가져온다.

만약 당신이 코드를 바로 실행할 수 있도록 내가 왜 단순히 내 웹사이트에 이 데이터를 제공하지 않는 이유는 소송에 휘말려 한두 해를 보내는 것을 피하고 싶기 때문이다.

이 모델에 대한 전체 소스 코드와 이 책에 있는 다른 모든 코드를 www.following thetrend.com/trading-evolved에서 다운로드할 수 있다. 하지만 안타깝게도 가격 데이터는 아니다.

전체 소스는 이 부문의 끝에 있지만, 먼저 흥미로운 개별 코드 조각을 살펴본다. 맨 위는 항상 그렇듯이 나중에 사용할 라이브러리를 많이 불러온다. 그 후에 모델 설정을 한다. 바로 위에 두면 실제 코드를 건드리지 않고도 이것저것 모델 변형을 쉽게 시도해볼 수 있다.

```
%matplotlib inline

import zipline
from zipline.api import order_target_percent, symbol, \
    set_commission, set_slippage, schedule_function, \
    date_rules, time_rules
import matplotlib.pyplot as plt
import pyfolio as pf
import pandas as pd
```

```
import numpy as np
from scipy import stats
from zipline.finance.commission import PerDollar
from zipline.finance.slippage import VolumeShareSlippage, FixedSlippage


"""
모델 설정
"""

intial_portfolio = 100000
momentum_window = 125
minimum_momentum = 40
portfolio_size = 30
vola_window = 20


"""
Commission and Slippage Settings
"""
enable_commission = True
commission_pct = 0.001
enable_slippage = True
slippage_volume_limit = 0.025
slippage_impact = 0.05
```

코드의 다음 절에는 몇 개의 도움말 함수가 있다. 툴은 실제로 우리를 위해 구체적이고 제한된 작업을 수행한다.

첫 번째는 모멘텀 점수 계산이며, 12장 앞부분에서 이미 설명했다.

```
def momentum_score(ts):
    """
    입력: 가격 시계열
    출력: 연율화된 지수회귀 기울기 곱하기 R2
    """
    # 연속 숫자 리스트 만들기
    x = np.arange(len(ts))
    # 로그 계산
```

```
    log_ts = np.log(ts)
    # 회귀값 계산
    slope, intercept, r_value, p_value, std_err = stats.linregress(x, log_ts)
    # % 연율화
    annualized_slope = (np.power(np.exp(slope), 252) - 1) * 100
    # 적합도 조정
    score = annualized_slope * (r_value ** 2)
    return score
```

둘째, 포지션 크기 조정에 사용할 변동성 계산이며, 12장에서 설명했다.

```
def volatility(ts):
    return ts.pct_change().rolling(vola_window).std().iloc[-1]
```

그리고 셋째, 집중력이 짧은 우리 모두를 위한 헬퍼helper 함수가 있다. 다음 함수는 한 달에 한 번 호출되며, 이전 달의 퍼센트 수익률을 출력하기만 한다. 그걸 아무데나 쓰는 건 아니지만, 백테스트가 진행되는 동안 볼거리가 생길 것이다. 책 후반부에서 어떻게 하면 좀 더 멋진 진행 사항 출력progress output을 낼 수 있는지 알아보겠다.

```
def output_progress(context):
    """
    백테스트 실행 동안 일부 성과 수치를 출력
    이 코드는 단지 지난달의 성과만을 프린트한다.
    따라서 백테스트 실행 동안 살펴볼 무언가를 갖는다.
    """

    # 오늘의 날짜를 얻는다.
    today = zipline.api.get_datetime().date()

    # 지난달부터의 % 차이를 계산한다.
    perf_pct = (context.portfolio.portfolio_value / context.last_month) - 1
```

```
# 성과를 프린트하고 %를 소숫점 이하 2개의 수치로 포맷한다.
print("{} - Last Month Result: {:.2%}".format(today, perf_pct))

# 다음달의 계산을 위해 오늘 포트폴리오 가치를 기억한다.
context.last_month = context.portfolio.portfolio_value
```

　일단 이것들을 극복하고 나면 실제 거래 시뮬레이션에 도달할 수 있다. 그리고 그 첫 부분은 전과 마찬가지로 시작 루틴이다. 초기화에 커미션과 슬리피지를 설정한 다음 (사용 가능한 경우) 매월 리밸런싱 루틴을 스케줄한다.

　하지만 여기서 한 가지 더 중요한 일을 한다. 12장의 첫 부분에서 내가 역사적 지수 구성 종목을 잘 관리해야 한다고 언급한 것을 기억하는지? 여기서 코드는 이 데이터가 포함된 CSV 파일이 있다고 가정한다. 초기화라는 이 시작 루틴에서는 백테스트 중에 쉽게 액세스할 수 있도록 디스크에서 이 파일을 읽고 context 객체에 저장한다.

```
"""
초기화와 트레이딩 논리
"""

def initialize(context):

    # 커미션과 슬리피지 설정
    if enable_commission:
        comm_model = PerDollar(cost=commission_pct)
    else:
        comm_model = PerDollar(cost=0.0)
    set_commission(comm_model)

    if enable_slippage:
        slippage_model=VolumeShareSlippage(volume_limit=slippage_volume_limit,
price_impact=slippage_impact)
    else:
        slippage_model=FixedSlippage(spread=0.0)
```

```
set_slippage(slippage_model)

# 단지 중간 진행중인 출력을 위해 사용한다.
context.last_month = intial_portfolio

# 지수 구성 여부를 저장한다.
context.index_members = pd.read_csv('sp500.csv', index_col=0, parse_dates=[0])

# 월간 리밸런싱 스케줄
schedule_function(
    func=rebalance,
    date_rule=date_rules.month_start(),
    time_rule=time_rules.market_open()
)
```

이후 우리는 본론으로 들어간다. 다음은 매달 리밸런싱 루틴이다. 아이들 침대에서 말하는 것처럼 마법이 일어나는 곳이다.

매월 초에 한 번씩 실행되도록 리밸런싱 일정을 잡았음을 기억하라. 이 루틴에서 우리가 가장 먼저 할 일은 이 절에서 조금 전에 본 헬퍼^{helper} 함수를 사용해 지난달부터 성과를 출력하는 것이다.

```
def rebalance(context, data):
    # 백테스트 동안 중간 출력을 쓴다.
    output_progress(context)
```

다음으로 이번 거래일에 어떤 종목이 지수에 있는지 파악해야 모멘텀을 위해 어떤 종목이 분석돼야 할지 알 수 있다. 코드 한 줄에서 쉽게 수행할 수 있지만, 따라하기 쉽도록 여러 줄로 나누겠다.

먼저 오늘 날짜를 잡는다. 이 문맥에서 오늘에 의해 물론 백테스트의 현재 날짜를 말하는 것이다.

```
# 우선, 오늘 날짜를 얻는다.
    today = zipline.api.get_datetime()
```

초기화 시 모든 역사적 지수 구성을 이미 가져와 저장했다. 디스크에서 읽고 context.index_members라는 변수에 저장했다. 이 변수는 지수가 변경된 모든 날짜에 대한 날짜 인덱스와 쉼표로 구분된 텍스트 문자열인 주식 티커를 포함하는 단일 열을 가진 **데이터프레임**을 포함한다.

이제 먼저 오늘 날짜 전의 모든 행을 살펴본다.

```
# 둘째, 오늘 이전의 모든 날짜에 대한 지수 구성을 얻는다.
    all_prior = context.index_members.loc[context.index_members.index < today]
```

다음으로 마지막 행과 첫 번째 열을 찾는다. 마지막 행이 가장 최근 날짜이고, 이전에 오늘보다 높은 날짜를 모두 제거했으므로, 백테스트의 마지막 지수 구성 날짜를 갖는다. 데이터프레임에는 단지 하나의 열만 포함되며, 항상 그렇듯이 숫자 0을 참조함으로써 첫 번째 열에 접근할 수 있다.

```
# 이제, 최근 진입의 첫 번째 열에 접근한다.
    latest_day = all_prior.iloc[-1,0]
```

이제 쉼표로 구분된 긴 텍스트 문자열을 리스트로 분할해야 한다.

```
# 티커 텍스트 문자열을 리스트로 분할한다.
    list_of_tickers = latest_day.split(',')
```

하지만 이건 우리가 필요로 하는 주식 티커 리스트가 아니라, Zipline symbol 객체 리스트다. 쉽게 수행될 수 있다.

```
# 마지막으로 티커에 대해 Zipline symbol을 얻는다.
   todays_universe = [symbol(ticker) for ticker in list_of_tickers]
```

이러한 모든 코드 라인은 지수의 일부였던 주식 심볼 리스트를 단계별로 얻을 수 있으며 모델 규칙에 따라 거래할 수 있다. 앞서 언급했듯이, 나는 이 논리를 따라 하기 쉽도록 여러 줄로 나누었다. 하지만 우리는 코드 한 줄에 이렇게 모든 것을 할 수 있었다.

```
todays_universe = [
      symbol(ticker) for ticker in
      context.index_members.loc[context.index_members.index < today].iloc[-1,0].
split(',')
   ]
```

이 모든 주식에 대한 과거 데이터를 가져오는 데는 행이 하나만 필요하다. 지수에는 500개의 종목이 있지만, 이 한 줄에 모든 역사적 종가를 담을 수 있다.

```
# 역사적 데이터를 얻는다.
   hist = data.history(todays_universe, "close", momentum_window, "1d")
```

앞에서 모멘텀 점수를 계산하는 헬퍼함수를 만들었기 때문에 이제 이 함수를 전체 역사적 가격 세트에 다시 한 줄로 적용할 수 있다. 아랫줄은 파이썬의 작동 방식에서 매우 영리하고 중요한 부분이다. 이전 행부터 약 500개 종목에 대한 역사적 가격이 포함된 객체가 있다. 아래 한 줄에 모든 종목에 대한 순위 점수가 정렬된다.

```
# 모멘텀 순위 테이블을 만든다.
   ranking_table = hist.apply(momentum_score).sort_values(ascending=False)
```

즉, 포트폴리오를 파악하는 데 필요한 분석 도구가 확보된 것이다. 모멘텀 순위 표가 있는데 그게 논리의 핵심이다.

포트폴리오 모델을 사용하면 일반적으로 먼저 청산할 항목을 파악한 후 진입할 항목을 파악하는 것이 더 쉽다. 그래야 청산된 포지션을 대체하기 위해 얼마를 사야 하는지 알 수 있다. 따라서 열려 있는 모든 포지션(있다면)을 반복^{looping}을 통해 어떤 포진션을 닫고 어떤 포지션을 유지해야 하는지 확인한다.

```
"""
매도 논리

우선 매도할 기존 포지션이 있는지 체크한다.
* 더 이상 지수의 부분이 아니면 매도한다.
* 주식이 너무 낮은 모멘텀 값을 가지면 매도한다.
"""
kept_positions = list(context.portfolio.positions.keys())
for security in context.portfolio.positions:
    if (security not in todays_universe):
        order_target_percent(security, 0.0)
        kept_positions.remove(security)
    elif ranking_table[security] < minimum_momentum:
        order_target_percent(security, 0.0)
        kept_positions.remove(security)
```

이제 우리는 더 이상 자격이 없는 포지션을 매도했다. 우리가 포트폴리오의 모든 주식 리스트를 처음에 어떻게 반응했는지에 주목하라. 그 후 지수에서 나가거나 충분한 모멘텀을 유지하지 못하면, 우리는 그것을 청산하고 보유 주식 리스트에서 제거했다.

우리가 더 이상 원하지 않는 청산된 포지션을 갖게 된 후, 어떤 주식을 추가해야 할지 결정할 때다.

```
"""
주식 선택 논리

지난달부터 얼마나 많은 주식을 보유하고 있는지 체크한다.
원하는 포트폴리오 보유 총 수에 도달할 때까지 순위 리스트의 상단부터 채운다.
"""
replacement_stocks = portfolio_size - len(kept_positions)
buy_list = ranking_table.loc[
    ~ranking_table.index.isin(kept_positions)][:replacement_stocks]

new_portfolio = pd.concat(
    (buy_list,
     ranking_table.loc[ranking_table.index.isin(kept_positions)])
)
```

위의 종목 선정 논리는 우선 우리가 몇 개의 주식을 찾아야 하는지 확인한다. 그
것은 목표 포트폴리오 크기 30개와 전월로부터 보유하고 있는 주식의 수의 차이
이다.

이들 행 중 하나는 추가 설명이 필요할 수 있다. 다음 행은 이 책에서 더 잘 보여
주기 위해 두 행으로 나눠져 있으며, 몇 가지 영리한 파이썬 요령을 사용한다.

```
buy_list = ranking_table.loc[
        ~ranking_table.index.isin(kept_positions)][:replacement_stocks]
```

조금 전에 계산한 변수 replacement_stocks는 매도한 주식을 대체하기 위해 우리
가 얼마나 많은 주식을 사야 하는지를 알려준다. 변수 ranking_table은 모멘텀 점수
를 기준으로 정렬된 지수의 모든 주식 리스트를 보유한다. 우리가 원하는 것은 상
위 순위에서 주식을 고르는 것이지만, 우리가 이미 보유하고 있고 다음달 동안 보
유하고자 하는 종목은 선택하지 않는 것이다.

이 행의 첫 번째 부분은 ranking_table을 필터링해 보관하고자 하는 주식을 제거해 다시 선택하지 않도록 한다. 물결 기호인 ~를 사용해 이 작업을 수행한다. ~는 not의 논리적 등치물이다. 이것은 다음을 의미한다.

ranking_table.loc[~ranking_table.index.isin(kept_positions)]는 정렬된 순위표에 주식을 제공하지만, 보관될 주식은 제외한다. 거기서부터 우리는 원하는 수의 주식부터 시작해서 멈추는 object[start:stop:step] 논리를 사용해 이전과 같이 슬라이싱하면 된다. 너무 쉽지 않은가? 이제 방법을 알게 됐다.

이제 목표 종목 30개를 채울 때까지 이미 보유하고 있는 종목은 제외하고 모멘텀 점수 리스트에서 상위 주식을 고른다. 그런 다음 매수 리스트와 우리가 이미 보유하고 있는 주식을 합치면, 우리의 새로운 목표 포트폴리오가 된다.

잠깐, 아직 거래를 안 했다. 그리고 거래 규모도 미처 계산하지 않았다. 그게 이 모델에 남은 유일한 부분이다.

종목별 목표 비중을 계산해서 주문을 내야 한다. 포지션 크기를 결정하기 위해 역변동성을 사용하고 있다는 점을 기억하라. 매달 우리는 모든 비중을 다시 계산하고 모든 포지션을 리밸런싱한다. 그것은 우리가 기존 주식에 대해서도 규모를 조정한다는 것을 의미한다.

첫 번째 단계는 앞에서 살펴본 변동성 헬퍼함수를 사용해 모든 주식에 대한 변동성 표를 만드는 것이다. 이 수치의 역수를 구한 후 우리는 선택된 모든 주식에 대한 역변동성의 합에 대한 역변동성의 비율로서 각 포지션이 얼마나 커야 하는지를 계산할 수 있다. 그리고 이제 목표 비중 표를 가지게 된다.

```
"""
주식에 대해 역변동성을 계산하고,
타깃 포지션 비중을 구한다.
"""
vola_table = hist[new_portfolio.index].apply(volatility)
inv_vola_table = 1 / vola_table
```

```
    sum_inv_vola = np.sum(inv_vola_table)
    vola_target_weights = inv_vola_table / sum_inv_vola

    for security, rank in new_portfolio.iteritems():
        weight = vola_target_weights[security]
        if security in kept_positions:
            order_target_percent(security, weight)
        else:
            if ranking_table[security] > minimum_momentum:
                order_target_percent(security, weight)
```

목표 비중 표를 만들었으니, 이제 우리는 선택된 주식들을 하나씩 검토해 필요한 거래를 할 수 있다. 이미 보유하고 있는 주식의 경우, 크기를 재조정할 뿐이다. 주식이 포트폴리오에 새로 진입하는 경우, 우선 모멘텀이 충분한지 확인한다. 만약 그렇다면 매수한다. 그렇지 않으면 뛰어넘고 계산된 비중은 현금으로 남겨둔다.

우리는 30개 주식 모두에 대한 100% 배분을 달성하는 것을 기반으로 목표 비중을 계산한다. 하지만 여기서 볼 수 있듯이, 일부에서 모멘텀 기준을 통과하지 못하면 50개를 모두 매수하지 못할 수도 있다. 그건 계획한 것이다. 포트폴리오에서 모멘텀 컷을 넘지 못한 주식에 대해 예약된 포트폴리오 공간은 현금으로 배분된다.

이는 약세장에서 위험 감소 메커니즘으로 작용한다. 매수할 실적이 좋은 종목이 부족할 경우 이 모델은 노출 축소에 들어가 장기 약세장 기간 동안 노출 제로까지 내려갈 수 있다.

전체 모델에 대한 전체 소스 코드는 다음과 같다.

```
%matplotlib inline

import zipline
from zipline.api import order_target_percent, symbol, \
    set_commission, set_slippage, schedule_function, \
    date_rules, time_rules
```

```python
import matplotlib.pyplot as plt
import pyfolio as pf
import pandas as pd
import numpy as np
from scipy import stats
from zipline.finance.commission import PerDollar
from zipline.finance.slippage import VolumeShareSlippage, FixedSlippage


"""
모델 설정
"""
intial_portfolio = 100000
momentum_window = 125
minimum_momentum = 40
portfolio_size = 30
vola_window = 20


"""
커미션과 슬리피지 설정
"""
enable_commission = True
commission_pct = 0.001
enable_slippage = True
slippage_volume_limit = 0.025
slippage_impact = 0.05


"""
Helper 함수
"""


def momentum_score(ts):
    """
    입력: 가격 시계열
    출력: 연율화 지수회귀 기울기 곱하기 R2
    """
    # 연속 숫자 리스트를 만든다.
    x = np.arange(len(ts))
    # 로그를 계산한다.
```

```python
    log_ts = np.log(ts)
    #회귀값을 계산한다.
    slope, intercept, r_value, p_value, std_err = stats.linregress(x, log_ts)
    # % 연율화
    annualized_slope = (np.power(np.exp(slope), 252) - 1) * 100
    #적합도 조정
    score = annualized_slope * (r_value ** 2)
    return score

def volatility(ts):
    return ts.pct_change().rolling(vola_window).std().iloc[-1]

def output_progress(context):
    """
    백테스트 실행 동안 일부 성과 수치를 출력한다.
    이 코드는 단지 지난달 성과를 프린트한다.
    따라서 백테스트 실행 동안 살펴볼 무언가를 갖는다.
    """

    # 오늘 날짜를 얻는다.
    today = zipline.api.get_datetime().date()

    # 지난달부터의 % 차이를 계산한다.
    perf_pct = (context.portfolio.portfolio_value / context.last_month) - 1

    # 성과를 프린트하고, %를 소수 둘째자리로 포맷한다.
    print("{} - Last Month Result: {:.2%}".format(today, perf_pct))

    # 다음달 계산을 위해 오늘 포트폴리오 값을 기억한다.
    context.last_month = context.portfolio.portfolio_value

"""
초기화와 트레이딩 논리
"""
def initialize(context):

    # 커미션과 슬리피지 설정
    if enable_commission:
```

```
        comm_model = PerDollar(cost=commission_pct)
    else:
        comm_model = PerDollar(cost=0.0)
    set_commission(comm_model)

    if enable_slippage:
        slippage_model=VolumeShareSlippage(volume_limit=slippage_volume_limit,
price_impact=slippage_impact)
    else:
        slippage_model=FixedSlippage(spread=0.0)
    set_slippage(slippage_model)

    # 단지 진행 중인 출력을 위해 사용된다.
    context.last_month = intial_portfolio

    # 지수 구성 종목 여부를 저장한다.
    context.index_members = pd.read_csv('sp500.csv', index_col=0, parse_dates=[0])

    # 월간 리밸런싱 스케줄
    schedule_function(
        func=rebalance,
        date_rule=date_rules.month_start(),
        time_rule=time_rules.market_open()
    )

def rebalance(context, data):
    # 백테스트 동안 진행 중인 출력을 쓴다.
    output_progress(context)

    # 오늘 어떤 주식이 거래될지를 발견하자.

    # 우선 오늘 날짜를 얻는다.
    today = zipline.api.get_datetime()

    # 둘째, 오늘 이전 모든 날짜에 대한 지수 구성을 얻는다.
    all_prior = context.index_members.loc[context.index_members.index < today]

    # 이제 최근 편입의 첫째 열을 추출한다.
```

```python
    latest_day = all_prior.iloc[-1,0]

    # 티커 문자열을 리스트로 분할한다.
    list_of_tickers = latest_day.split(',')

    # 마지막으로 티커에 대해 Zipline 심볼을 얻는다.
    todays_universe = [symbol(ticker) for ticker in list_of_tickers]

    # 당신의 매일의 유니버스다. 그러나 물론 한 번에 이를 할 수 있었다.
    """

    # 아래의 이 줄은 동일한 것을 한다.
    # 오늘의 주식들을 가져오기 위한 동일한 논리를 사용한다.

    todays_universe = [
        symbol(ticker) for ticker in
        context.index_members.loc[context.index_members.index < today].iloc[-1,0].
split(',')
    ]
    """

    # 역사적 데이터를 얻는다.
    hist = data.history(todays_universe, "close", momentum_window, "1d")

    # 모멘텀 순위 테이블을 만든다.
    ranking_table = hist.apply(momentum_score).sort_values(ascending=False)

    """
    매도 논리

    우선 매도할 기존 포지션이 있는지 체크한다.
    * 더 이상 지수의 부분이 아니면 매도한다.
    * 주식이 너무 낮은 모멘텀 값을 가지면 매도한다.
    """
    kept_positions = list(context.portfolio.positions.keys())
    for security in context.portfolio.positions:
        if (security not in todays_universe):
            order_target_percent(security, 0.0)
```

```
            kept_positions.remove(security)
        elif ranking_table[security] < minimum_momentum:
            order_target_percent(security, 0.0)
            kept_positions.remove(security)


    """
    주식 선택 논리

    지난달부터 얼마나 많은 주식을 보유하고 있는지 체크한다.
    원하는 포트폴리오 보유 총 수에 도달할 때까지 순위 리스트의 상단부터 채운다.
    """
    replacement_stocks = portfolio_size - len(kept_positions)
    buy_list = ranking_table.loc[
        ~ranking_table.index.isin(kept_positions)][:replacement_stocks]

    new_portfolio = pd.concat(
        (buy_list,
         ranking_table.loc[ranking_table.index.isin(kept_positions)])
    )


    """
    주식에 대해 역변동성을 계산하고,
    타깃 포지션 비중을 구한다.
    """
    vola_table = hist[new_portfolio.index].apply(volatility)
    inv_vola_table = 1 / vola_table
    sum_inv_vola = np.sum(inv_vola_table)
    vola_target_weights = inv_vola_table / sum_inv_vola

    for security, rank in new_portfolio.iteritems():
        weight = vola_target_weights[security]
        if security in kept_positions:
            order_target_percent(security, weight)
        else:
            if ranking_table[security] > minimum_momentum:
                order_target_percent(security, weight)
```

246

```
def analyze(context, perf):

    perf['max'] = perf.portfolio_value.cummax()
    perf['dd'] = (perf.portfolio_value / perf['max']) - 1
    maxdd = perf['dd'].min()

    ann_ret = (np.power((perf.portfolio_value.iloc[-1] / perf.portfolio_value.
iloc[0]),(252 / len(perf)))) - 1

    print("Annualized Return: {:.2%} Max Drawdown: {:.2%}".format(ann_ret, maxdd))

    return

start_date = pd.Timestamp('1997-01-01',tz='UTC')
end_date = pd.Timestamp('2018-12-31',tz='UTC')
perf = zipline.run_algorithm(
    start=start, end=end,
    initialize=initialize,
    analyze=analyze,
    capital_base=intial_portfolio,
    data_frequency = 'daily',
    bundle='ac_equities_db' )
```

성과

이것이 바로 내가 당신을 실망시키려는 지점이다. 친애하는 독자 여러분. 여기까지 왔으니 이제 몇 가지 정보를 숨기고자 한다. 이 모델의 일반적인 성과 데이터는 제공하지 않겠다. 연간 수익률, 최대손실낙폭, 샤프 비율 그리고 통상적인 것의 표는 보여주지 않겠다. 하지만 나에게는 그럴 만한 이유가 있다. 비밀스러운 것과는 아무 상관이 없으며, 진실로 당신을 돕고 싶은 것이다. 내 말을 좀 들어주기를 바란다.

진짜 배우고 싶으면 연구를 해야 하고 이 숫자들을 스스로 풀어야 한다. 무슨 일인지 제대로 이해해야 한다. 모델이 어떻게 작동하는지, 어떻게 성과를 내는지, 어떤 것에 민감한지, 어떻게 수정될 수 있는지 등에 대해 자세히 알아야 한다. 그냥 내 말을 믿고 내가 위에서 설명한 규칙을 바꾸는 건 아주 나쁜 생각이다. 그러면 당신은 아무것도 배우지 못할 것이다.

성과 데이터가 포함된 그래프와 표를 몇 개 넣을 테니, 그중에서 몇 개를 찾아보라. 하지만 적어도 지금으로서는 여러분이 테스트해 볼 수 있을 만큼 호기심이 생기길 바라면서 통상적인 실적 통계는 자제하겠다. 결국 이 모든 연구를 복제하기 위해 이 책에 필요한 모든 것을 제공하고 있는 것이다.

이는 실용적인 책으로 당신이 직접 일을 하는 법을 가르치기 위한 것이다. 모든 소스 코드와 설명을 얻을 수 있다. 그건 대부분의 트레이딩 책이 주장하는 이상의 것이다. 하지만 이건 단순히 저자의 주장을 믿고 그의 트레이딩 규칙을 따르기만 하면 되는 책이 아니다.

이것과 책에 있는 다른 모델들을 대해서 나는 어떻게 성과를 내는지에 대한 아디어를 줄 것이다. 성과의 전반적인 프로파일을 보여주고 수익률 특성에 대해 논의하겠다. 이는 당신에게 모델 성과에 대한 충분한 이해를 제공할 것이다.

성과 수치에 대한 일반적인 의심을 미리 피하는 것은 또 다른 전형적인 함정의 위험을 줄이는 데에도 도움이 된다. 만약 내가 이 수치를 발표한다면, 몇몇 독자들은 즉시 비교하기 시작할 것이다. 먼저 이 책에 나오는 모델들 중 누가 '최고'의 성과를 내는지 알아볼 것이고, 만약 그런 것이 있다면 다음으로 이들 모델들이 다른 책들에 비해 어떤가를 알아볼 것이다.

이러한 비교들은 모두 이 시점에서는 도움이 되지 않을 것이다. 누가 이기든 상관없다. 이러한 비교는 단순히 큰 그림을 놓치는 것일 수 있다. 상이한 저자에 의한 매우 다른 방법론을 사용하는 다른 책에 있는 모델들을 비교하는 것은 무의미할 것이다. 책 내부에서 비교하는 것은 잘못된 모든 이유로 인해 여러분이 어떤 모델보다 다른 모델에 더 관심을 갖게 될 것이다.

백테스트는 원하는 수익률 숫자에 적합화되도록 조정될 수 있다. 그리고 몇 년도부터 몇 년도까지 백테스트를 시작할지 선택하기만 하면 연간 수익률 같은 수치를 쉽게 더 높이거나 낮출 수 있음을 명심하라. 수익률에 대한 일반적인 프로파일과 특성이 훨씬 더 흥미롭고, 모델을 제대로 이해하는 데 도움이 될 것이다.

좋다. 이 모든 것을 말했을 때 여러분은 이 책 후반부에서 여러분이 찾고 있는 수치를 포함한 모델들을 실제로 비교하게 될 것이다. 지금은 그런 일로 당신을 방해하고 싶지 않다.

더 중요한 것은 이 책이 실제로 트레이딩 모델 성과를 평가하는 훌륭한 방법을 제공한다는 것이다. 하지만 그건 내가 쓴 게 아니다. 내 동료 작가이자 친구인 로버트 카버Robert Carver가 친절하게도 해당 주제에 관해 22장을 기고했다.

지금으로서는 12장의 모든 소동이 그만한 가치가 있는지 없는지만 알아내면 된다. 트레이딩에 대한 이런 접근법에 가치가 있는지 아니면 그냥 포기하고 다음으로 넘어가야 하는지다.

주식 모멘텀 모델 결과

표 12.1에서와 같이 월별 수익률 수치를 먼저 살펴보는 것으로부터 시작하면, 전망이 밝아 보인다. 압도적으로 많은 연도에서 수익률이 양인 것을 알 수 있다. 많은 연도에서 매우 강한 수치를 보여준다. 두 자릿수의 음의 연도가 존재하는데, 이는 롱 온리 주식 모델로부터 예상되는 것이며, 망한 연도는 없다.

또한 이 모델은 지난 몇 년간 우수한 성과를 보였지만 이 백테스트의 초기 단계에서는 훨씬 우수한 성과를 보였음을 확인할 수 있다. 이것은 추가 과제를 하는 것을 꺼리지 않는 사람들에게 흥미로운 연구 주제일 수 있다.

표 12.1 주식 모멘텀 월간 수익률

연도	1월	2월	3월	4월	5월	6월	7월	8월	9월	10월	11월	12월	연율
1997	+7.9	−1.4	−3.0	+5.4	+5.9	+4.0	+10.7	−0.5	+5.2	−7.9	+0.2	+0.1	+28.0
1998	−1.5	+4.1	+5.9	+1.2	−2.1	+8.0	+1.4	−13.5	+10.3	−1.0	+1.3	+5.8	+19.1
1999	+2.8	−4.1	+5.2	+1.3	−1.0	+9.2	−1.6	+0.1	−1.8	+0.6	+12.9	+14.6	+42.9
2000	−2.3	+26.2	−0.4	−3.3	−6.6	+12.3	−6.1	+4.4	+1.5	+1.4	−4.6	+9.3	+30.9
2001	−7.4	+2.9	−2.0	+5.1	+3.2	−0.7	−0.5	−2.9	−11.0	−1.1	+3.5	+0.8	−10.9
2002	−0.7	+1.1	+2.1	−0.9	−0.0	−3.1	−12.0	−2.5	−0.2	+0.4	+0.7	−0.6	−15.3
2003	−6.3	−0.7	+0.5	+13.8	+11.1	+1.8	+1.6	+4.7	−1.1	+10.0	+4.7	−1.9	+43.0
2004	+5.6	+3.7	−0.6	−2.9	+2.1	+3.4	−3.5	−1.6	+2.7	+3.1	+8.1	+0.3	+21.8
2005	−3.0	+4.8	−2.4	−5.6	+3.5	+5.4	+3.2	−0.6	+3.8	−5.5	+3.9	+1.6	+8.5
2006	+8.8	−1.7	+3.9	−1.1	−6.5	−0.7	−3.3	+1.2	+0.1	+1.6	+2.4	+0.9	+5.0
2007	+3.4	−0.3	+2.3	+1.6	+4.4	−1.0	−2.4	+1.3	+5.3	+3.7	−4.8	−0.3	+13.6
2008	−9.7	+1.0	−0.8	+2.6	+1.2	−0.8	−10.2	−3.6	−8.3	−6.6	−0.3	+0.1	−31.1
2009	−0.0	−0.4	+0.5	−1.0	−1.0	+0.2	+10.1	+5.1	+4.5	−5.2	+5.1	+7.6	+27.4
2010	−4.5	+6.7	+9.8	+2.2	−6.8	−5.1	+3.2	−1.6	+4.6	+1.2	+0.5	+2.7	+12.1
2011	−0.5	+4.0	+3.0	−0.1	−2.8	−1.7	−1.5	−2.1	−2.9	+1.2	+0.2	−0.3	−3.6
2012	+0.3	+3.0	+4.6	+0.7	−10.0	+3.7	+0.1	−0.4	+1.1	−3.4	+1.8	+1.5	+2.3
2013	+6.4	+0.4	+7.8	−0.2	+6.3	−1.8	+5.6	−1.8	+5.5	+6.2	+4.0	+1.8	+47.4
2014	+0.0	+6.6	−0.8	+1.0	+1.6	+2.8	−2.1	+5.2	−2.4	+0.6	+3.4	+0.8	+17.7
2015	+0.4	+4.2	+0.3	−3.7	+2.8	−0.6	+0.5	−3.8	−0.0	+4.3	−0.4	−0.8	+2.8
2016	−2.3	+0.2	+2.7	−2.1	+0.6	+6.1	+2.7	−3.9	+1.7	−4.1	+7.1	−0.2	+8.2
2017	+1.5	+3.0	−2.4	+0.3	+4.2	−2.7	+2.1	+1.3	+0.8	+4.3	+3.3	+1.1	+17.7
2018	+6.5	−3.8	−0.2	+0.9	+0.5	+0.3	+0.5	+5.1	−0.2	−8.1	+1.4	−8.1	−6.1

그림 12.4에 표시된 백테스트의 주식 곡선은 이 모델이 어떻게 동작하는지를 대략적으로 보여준다. 상위 2개 라인은 시간 경과에 따른 백테스트 포트폴리오 가치와 S&P 500 총수익률 지수를 비교해서 보여준다. 가운데 차트 창에는 차트가 표시되고 아래쪽에는 전략과 지수 사이의 롤링 6개월 상관관계가 보인다.

전략이 지수를 능가하는지 확인하는 실수를 해서는 안 된다. 여기서 가장 중요한 정보가 아니다. 이 전략에 대해 더 자세히 알려 줄 다른 세부 사항이 있다. 한 가지 살펴봐야 할 것은 수익률 곡선이 때때로 어떻게 수평이 되는지다. 이는 모멘텀 기준을 충족하는 주식의 수가 충분하지 않을 때 노출도가 축소될 때다.

두 번째, 손실낙폭drawdown 패턴을 보라. 예상할 수 있듯이 이러한 하락은 알려진 시장이 어려운 기간과 꽤 잘 일치한다. 별로 놀랄 일도 아니다. 결국 우리는 롱 온리long only 주식 전략을 다루고 있다. 맨 아래 차트 창으로 이동해 이 차트를 이해하는 것이 매우 중요하다.

아래쪽 창에는 지수에 대한 롤링 상관관계가 보인다. 그리고 보다시피 이것은 보통 매우 높다. 롱 온리 주식 포트폴리오 전략을 수립하고 있을 때, 이는 정말 피할 수 없는 일이다. 시장이 어려운 시기에 그들이 좋은 성과를 낼 것으로 기대하는 것은 비현실적이며, 시장으로부터 너무 큰 편차를 기대하는 것 역시 비현실적이라는 것을 의미한다.

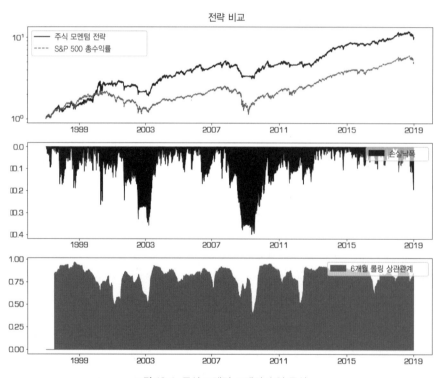

그림 12.4 주식 모멘텀 모델의 수익 곡선

전략의 장기적 성과에 대한 감을 얻는 또 다른 방법은 표 12.2와 같은 보유 기간 맵을 만드는 것이다. 맨 왼쪽 열에 표시된 것처럼 특정 연도 초에 이 전략을 시작하고 일정 기간 동안 유지했다면 연간 수익률이 얼마나 됐을지 알 수 있다. 값은 가장 가까운 백분율로 반올림되며, 대부분 이 책의 페이지에 맞도록 작성됐다. 예를 들어 이 모델이 1997년에 시작돼 10년 동안 거래됐다면 연간 16%의 복리 증가율을 보였을 것이다. 나쁘지 않다. 그러나 2001년 1월에 시작해 10년 동안 계속했다면 연평균 5%의 상승률을 기록했을 것이다.

이러한 유형의 표는 단순 그래프가 보여줄 수 있는 것과는 다른 수익률 관점을 제공하는 데 도움이 된다. 이 책의 뒷부분에서 나는 그런 표를 계산하는 방법을 보여줄 것이다.

표 12.2 주식 모멘텀 모델의 보유 기간 수익률

연도	1	2	3	4	5	6	7	8	9	10	11	12	13	14	15	16	17	18	19	20	21	22
1997	+28	+23	+30	+30	+21	+14	+17	+18	+17	+16	+15	+11	+12	+12	+11	+10	+12	+12	+12	+12	+12	+11
1998	+19	+30	+31	+19	+11	+16	+17	+16	+14	+14	+9	+11	+11	+10	+9	+11	+12	+11	+11	+11	+10	
1999	+43	+37	+19	+9	+15	+16	+15	+14	+14	+8	+10	+10	+9	+8	+11	+11	+11	+10	+11	+10		
2000	+31	+8	−0	+9	+11	+11	+10	+11	+5	+7	+7	+6	+6	+9	+9	+9	+9	+9	+8			
2001	−11	−13	+3	+7	+7	+7	+8	+2	+5	+5	+4	+4	+7	+8	+7	+8	+8	+7				
2002	−15	+10	+14	+12	+11	+11	+4	+7	+7	+6	+6	+9	+9	+9	+9	+9	+8					
2003	+43	+32	+24	+19	+18	+8	+10	+10	+9	+8	+11	+12	+11	+11	+11	+10						
2004	+22	+15	+12	+12	+2	+6	+6	+5	+5	+8	+9	+9	+9	+9	+8							
2005	+9	+7	+9	−3	+3	+4	+3	+3	+7	+8	+8	+8	+8	+7								
2006	+5	+9	−6	+1	+3	+2	+2	+7	+8	+8	+8	+8	+7									
2007	+14	−12	−0	+3	+2	+2	+7	+8	+8	+8	+9	+7										
2008	−31	−6	−1	−1	−1	+6	+8	+7	+7	+8	+7											
2009	+27	+20	+11	+9	+16	+16	+14	+13	+14	+12												
2010	+12	+4	+3	+13	+14	+12	+11	+12	+10													
2011	−4	−1	+13	+14	+12	+11	+12	+10														
2012	+2	+23	+21	+16	+15	+15	+12															
2013	+47	+32	+21	+18	+18	+13																
2014	+18	+10	+9	+11	+8																	
2015	+3	+5	+9	+5																		
2016	+8	+13	+6																			
2017	+18	+5																				
2018	−6																					

13
선물 모델

선물은 특정 시점에 자산을 매수하거나 매도하는 계약이다. 그러나 선물 시장 참여자들 중 극히 일부만이 이러한 계약을 그러한 목적으로 사용한다. 선물에 대한 최초의 아이디어는 농부들이 미래의 수확물을 오늘날 알려진 가격으로 판매함으로써 더 높은 경제적 확신을 가질 수 있도록 하는 것이었다. 대부분의 금융 혁신이 그렇듯이 순식간에 거대한 카지노의 또 다른 부분으로 바뀌었고 트레이더들에게 인기 있는 금융 상품이 됐다.

이 책에는 우리가 활용할 몇 가지 훌륭한 선물의 특성도 있고, 위험한 잠재력도 있다. 선물을 보는 위험한 방법은 쉬운 레버리지다. 선물 시장에서 엄청난 위험을 감수할 수 있다고 해서 반드시 그렇게 하는 것이 좋은 생각은 아니다.

선물 시장에서는 주식시장보다 몇 배 더 큰 포지션을 취할 수 있다. 계좌 크기가 10만 달러라면 100만 달러 이상의 포지션을 쉽게 취할 수 있다. 그것은 당신의 계좌를 빨리 없앨 수 있는 좋은 방법이고, 선물 시장의 이러한 특징은 도박 타입에 어필하는 경향이 있다. 카지노에서처럼 하루만에 돈을 두 배로 늘리거나 1분만에 돈을 다 날릴 수도 있다. 이 책에서는 선물을 그런 식으로 사용하지 않을 것이다.

나는 선물 시장이 시스템 트레이딩에 가장 흥미로운 공간이라고 주장한다. 분산 잠재력이 크기 때문이다. 선물 시장에서의 한 가지 약점은 이 게임을 하기 위한 꽤 높은 자본 요건이다. 가장 흥미로운 유형의 시스템 모델은 이 책을 읽는 대부분의 독자들이 이용할 수 있는 것보다 더 큰 자본 기반을 필요로 한다. 하지만 책 읽기를 중단하고 환불을 요청하는 편지 초안을 쓰기 전에, 거의 아무도 자신의 자본을 거래해서 흥미로운 돈을 벌지 못한다는 것을 명심하라. 진짜 돈 버는 것은 자산 운용에 있으며, 남의 돈을 잘 운용해서 벌 수 있는 수수료에서 벌 수 있다.

선물 기본 사항

이 책에서 다루고 싶은 파생상품은 선물뿐이다. 꽤 간단하고 이해하기 쉬우며 거래하기도 쉽다. 나는 이들로부터 돈을 버는 것이 간단하다는 것을 확실히 의미하지는 않지만, 그들은 매우 복잡한 옵션 거래의 세계와는 공통점이 거의 없다.

선물의 가장 큰 특징 중 하나는 표준화다. 이것은 당신이 선물에 대해 알아야 할 가장 중요한 단 한 가지다. 이들이 이제 성황리의 추세 추종 업계의 전문 시스템 트레이더들에게 인기를 끌게 된 바로 그 이유가 표준화 때문이다.

표준화돼 있기 때문에 매우 광범위한 일련의 상품 또는 시장도 동일한 방식으로 거래할 수 있다. 목화^{cotton}와 돈육(돼지고기, lean hog)을 거래할 때 주식 지수와 통화를 거래할 때와 같은 방식으로 거래할 수 있다. 같은 메커니즘, 같은 수학, 같은 용어. 이것들은 일을 훨씬 쉽게 만든다. 선물 시장 간에는 몇 가지 사소한 차이점이 있지만, 대부분의 경우 그것들은 거의 비슷하게 작동한다.

선물 시장은 당신에게 완전히 새로운 세상을 열어줄 수 있다. 만약 여러분이 주식 트레이더나 통화 트레이더가 되는 것에 익숙하다면, 이제 여러분은 갑자기 모든 것을 같은 방식으로 거래할 수 있다. 단일 자산 클래스를 선택해 거래할 이유는 거의 없다. 모든 자산을 거래함으로써 매우 많은 분산 혜택을 얻을 수 있다. 그리고 선물 시장은 이에 완벽하게 딱 맞는다.

선물 계약은 특정 미래일에 특정 가격으로 특정 자산에 대한 거래를 수행하는 상호 의무이다. 그것이 교과서적 정의이고 이 부분을 이해하는 것도 중요하지만 실제적인 관점에서는 조금 다르게 작동한다.

선물의 원래 목적은 헷징^{hedging}이다. 가장 간단한 예는 3개월 안에 출하할 옥수수 작물을 준비하고 가격을 고정시키고 싶어 하는 농부일 것이다. 이때 그는 3개월 안에 배송을 위한 선물 계약을 판매할 수 있으며, 확실히 현재 가격 수준을 유지할 수 있다. 아침 시리얼 회사는 3개월 안에 옥수수를 구입해야 하고, 그들은 또한 앞으로 몇 달 안에 가격 위험을 피하고 싶어 한다. 그들은 현재의 가격 수준을 고정시키면서 농부의 선물 포지션의 반대 사이드를 취한다.

기초가 석유든, 통화든, 채권이든 대부분의 선물 시장에서 동일한 예가 만들어질 수 있으며, 이론적으로 헷징 설명은 작동한다. 물론 현실적으로 모든 선물 거래에서 압도적인 부분은 헷지가 아닌 투기이다.

금값이 오를 거라고 믿으면 금 선물 계약을 산다. 엔화 가치가 곧 하락할 것이라고 생각한다면 그 계약을 숏할 것이다.

언급한 바와 같이 선물 계약은 서로 취하거나 인도해야 할 의무이다. 그건 이론이지만 현실은 그렇지 않다. 일부 선물 시장은 실물 인도 방식으로 진행되는 반면, 다른 선물 시장은 현금으로 결제된다. 상품과 통화는 일반적으로 물리적으로 결제된다. 즉, 소가 인도되기 전까지 생우^{live cattle}의 선물 포지션을 롱한다면 사무실 밖에서 약간 혼란스러운 소떼를 트럭에 태우고 있는 자신을 발견하게 될 수도 있다. 적어도 이론적으로는.

오늘날 실질적으로 어떤 은행이나 중개업자도 당신이 물리적인 거래를 허용하는 구체적인 약정을 가진 상업적 트레이더가 아니라면 그것이 인도되는 날짜 이후에 물리적 선물 포지션을 보유하는 것을 허용하지 않을 것이다. 단골 중개 계좌를 가지고 있다면 예상치 못한 소몰이 위험은 없다. 당신이 청산에 실패하면 브로커가 마지막 순간에 당신의 포지션을 강제로 청산할 것이다. 물론 이타적인 이유 때문은 아니다. 그들은 당신만큼 물리적 결제를 다루는 데 관심이 없다.

그러나 통화 선물은 보통 인도가 허용되므로 주의하라. 만약 만기일에 통화 선물 계약이 열려 있다면, 당신은 당신의 계좌에서 예상했던 것보다 더 큰 현물 환전을 받을 수도 있다. 하지만 그런 일은 오래전에 일어났을 수도 있고 일어나지 않았을 수도 있지만, 나는 그런 소문은 절대 부인할 것이다.

선물 계약의 표준화에서 또 다른 매우 중요한 점은 상대방과 관련된 것이다. 당신이 금 선물 계약을 산다는 것은 다른 누군가가 같은 계약을 숏했다는 것을 의미한다. 하지만 그 사람이 누구인지, 상대방이 거래를 성사시킬지 아니면 제때 돈을 내지 못할지는 걱정할 필요가 없다.

선물은 거래 상대방이 청산소이지 거래 반대편에 있는 개인이나 조직이 아니다. 반대편에 누가 있던 거래 상대방의 위험은 없다.

선물 메커니즘과 용어

주식시장에 익숙해지면 가장 먼저 선물에 대해 알아차릴 수 있는 것은 제한된 수명 기간이다. 금 선물을 단지 사서 보유하는 것이 아니다. 예를 들어 2017년 3월 금 선물 계약과 같은 특정 계약을 매수한다. 그 계약은 2017년 4월에 더 이상 존재하지 않을 것이기 때문에, 당신은 주식으로 할 수 있는 것처럼 선물을 사서 보유할 수 없다. 당신은 항상 올바른 계약을 맺고 있는지 확인하고, 계속 롤링해 나가야 한다. 물론 "올바른"이라는 단어는 위험하지만 대부분의 경우 올바른 계약은 현재 가장 활발하게 거래되고 있는 계약이 될 것이다. 대부분의 선물 시장에서는 유동성이 높고 활발하게 거래되는 계약은 하나에 불과하다. 만기가 되기 얼마 전에 트레이더들은 다른 계약으로 이동하기 시작할 것이고 새로운 유효한 계약이 생기게 될 것이다. 한 달에서 다른 달로 포지션이 이동하는 과정을 롤링^{rolling}이라고 한다.

선물에 대해 이해해야 할 또 다른 중요한 것은 시가 평가^{mark-to-market} 절차다. 선물 계약을 살 때는 선불로 결제하지 않는다. 일종의 담보물인 마진을 둘 필요가 있다(나중에 이에 대해 더 많은 것을 살펴보자). 주식이나 채권과 달리 실제로 전액을 지불하는 것이 아니라 잠재적인 손실을 메울 수 있도록 작은 부분만 준비하면 된다.

시가 평가 절차는 결국 모든 포지션을 결제한다. 선물 포지션이 열려 있을 때 일일 현금 흐름을 볼 수 있다. 만약 하루에 2,000달러를 잃을 경우, 장 마감 시 자동으로 현금 계좌에서 차감된다. 만약 당신이 다시 이익을 내면, 그것은 계좌에 들어올 것이다. 따라서 결국 선물 포지션의 가치는 항상 0이다. 바로 시가 평가된 것이다.

각 선물 시장은 하나의 단위가 아닌 기초 자산의 일정 금액을 나타낸다. 예를 들어 금 계약은 100온스를 나타내고 원유 계약은 1,000배럴, 스위스 프랑은 125,000 스위스 프랑을 나타낸다. 이 속성을 계약 크기contract size라고 한다. 대부분의 계약에서 계약 크기는 더 중요한 속성인 포인트 가치point value와 동일하다. 채권과 같이 그 규칙에는 몇 가지 예외가 있지만 대부분 동일하다.

포인트 가치 속성이 우리에게 더 중요한 이유는 손익을 계산하기 위해 이 값을 곱해야 하기 때문이다. 포인트 값(big point value라고도 함)은 선물 계약이 하나의 완전한 통화 단위만큼 움직일 경우, 얼마나 많은 돈을 얻거나 잃는지 알려준다. 거래하는 시장의 포인트 가치를 항상 알고 있어야 한다.

금을 예로 들어보자. 당신은 월요일에 2017년 3월 금의 단일 계약을 1,400달러에 매수한다. 이날 마감 시간까지 전날보다 정확히 12달러가 올라 1412달러다. 1달러의 움직임이 금 시장의 포인트 가치 100달러를 의미하므로, 1,200달러가 마법처럼 오늘 저녁 당신의 현금 계좌에 들어가 있을 것이다.

다음날 금 선물 가격은 1408달러로 내려가면, 400달러가 당신의 계좌에서 차감될 것이다. 수요일에는 포지션을 청산해 같은 계약을 1,410달러에 팔면, 200달러가 당신의 계좌에 입금된다.

한마디로 그것이 선물이 작동하는 방식이다.

표 13.1 선물의 특성들

속성	내용
티커	선물 계약의 기본 코드다. 예: Comex Gold의 GC. 이는 안타깝게도 표준화돼 있지 않으며 서로 다른 데이터 공급업체가 동일한 계약에 대해 서로 다른 표기를 사용할 수 있다. 여러 시장 데이터 공급업체를 사용하는 경우 서로 다른 코드 체계 간에 쉽게 변환할 수 있도록 자체 룩업 테이블을 구축하는 것이 좋다.
월	인도월은 한 글자로 표시된다. 다행히 모든 공급업체의 명명법이 동일하다. 1월에서 12월은 알파 벳 F, G, H, J, K, M, N, Q, U, V, X, Z순으로 지정된다.
연도	계약이 만료되는 연도를 나타내는 숫자다. 종종 이것은 한 자리 숫자일 뿐이며, 10년은 가능한 한 자릿수로 암시한다. 일부 데이터 공급업체의 경우 명확성을 높이기 위해 두 자릿수 값이 사용된다.
코드	전체 코드는 위의 세 속성을 조합한 것이다. 따라서 2019년 6월 인도월이 있는 Comex Gold는 한 자릿수 또는 두 자릿수 연도에 따라 GCM9 또는 GCM19로 지정된다.
만기월	계약이 금융 결제 또는 실제 인도까지 만료되는 정확한 날짜. 거래자에게 이 날짜는 금융 선물에 만 적용되며, 실제로 인도 가능한 상품이나 그밖의 것에는 적용되지 않는다. 인도 가능한 계약의 경우 훨씬 일찍 계약을 체결해야 한다.
마지막 거래일	이것은 당신이 신경 써야 할 날짜다. 시장마다 규칙이 다르며 이 날짜(첫 번째 공지일 등)에 약간 다른 용어를 사용할 수 있지만 모든 선물 계약은 투기자(speculator)에게 미리 결정된 마지막 거 래일을 갖고 있다. 물리적으로 이행 가능한 계약의 경우, 이 시점 이후를 고수할 경우 강제로 이행 하거나 이행해야 할 위험이 있다. 그러나 실제로는 대부분의 브로커가 인도를 허용하지 않고 당신 이 먼저 하지 않는 한 그들은 이날 당신의 포지션을 강제로 청산할 것이기 때문에 이런 일이 일어 날 것 같지는 않다. 하지만 그렇게 되길 바라지 않으니, 제때에 청산하거나 포지션을 롤링하는 게 좋다.
계약 크기	하나의 계약이 실제 세계 조건으로 얼마의 가치를 나타내는지 알려준다. 예를 들어 Nymex Light Trude Oil은 1,000배럴의 가치를 나타내며, 스위스 프랑화의 선물은 125,000스위스 프랑을 나타 낸다.
승수	대부분의 선물 계약에서 계약 크기와 승수는 정확히 같다. 그러나 교차 자산 선물을 처리할 때 이 규칙에 대한 몇 가지 예외가 발생하게 되며, 이는 손익, 위험 등을 계산하는 표준 방법을 필요로 한다. 당신은 만약 선물 계약이 한 포인트 완전히 이동한다면 정확히 손익을 알 수 있는 방법이 필요하다. 채권 선물의 경우 대답은 일반적으로 계약 크기를 100으로 나눈다. 머니마켓 선물의 경우 둘 다 100으로 나누고 기간(duration)을 조정해야 한다. 따라서 계약 크기가 100만 달러인 3개월의 유로 달러 선물은 2,500(100만/100/4)의 승수를 갖게 된다. 거래하고자 하는 모든 계약 에 대한 승수를 위한 적절한 룩업 테이블이 있는지 확인하라. 승수는 포인트 가치 또는 빅 포인트 가치라고도 한다.
통화	승수가 의미를 가지려면 미래가 어떤 통화로 거래되는지 알고 이를 포트폴리오 기준 통화로 변환 해야 한다.
최초 마진	최초 마진은 거래소에 의해 결정되며 특정 선물의 각 계약에 대해 얼마나 많은 현금을 담보로 해 야 하는지 정확하게 알려준다. 하지만 포지션이 불리한 방향이 되면, 마진을 더 늘려야 여기서 바 람을 맞지 않고 항해하게 될 것이다. 계좌에서 충분한 담보물을 유지하지 못하면 브로커가 당신의 포지션을 종료한다.
유지 마진	계약을 유지하기 위해 계좌에 필요한 금액이다. 계좌가 이 금액 미만으로 떨어질 경우 포지션을 청산하거나 계좌에 자금을 보충해야 한다.
미결제 약정	대부분의 금융 상품은 시가, 고가, 저가, 종가, 거래량 등의 역사적 데이터 필드를 공유하지만 미 결제 약정은 파생상품 특유의 것이다. 현재 시장 참여자들이 보유한 공개 계약 건수가 얼마나 되 는지 알 수 있다. 제로섬 게임인 선물은 어떤 사람이 롱한 것을 항상 다른 사람이 숏한다. 하지만 각각의 계약은 한 번만 카운팅된다.
섹터 (자산 클래스)	선물을 섹터별로 나누는 방법은 여러 가지가 있지만, 나는 이 책에서 우리의 필요에 맞는 광범위 한 체계를 사용한다. 나는 선물 시장을 통화, 주식, 환율, 농산물, 비농업 상품으로 나눌 것이다.

모든 개별 선물 계약에는 특정 코드가 있다. 이 코드에서 시장, 인도 월, 인도 연도를 볼 수 있다. 선물 계약의 표준 코드는 단순히 세 가지 순서로 돼 있다. 예를 들어 2017년 3월 골드에는 GCH7, 두 자리 수 연도 규칙을 사용할 경우 GCH17 코드가 지정된다.

일반적으로 연도는 한 자릿수로 지정되지만 일부 시장 데이터 공급업체와 소프트웨어 공급업체는 두 자릿수를 사용한다. 이 책에서는 Zipline 백테스트 소프트웨어에 필요한 두 자리 숫자를 사용한다.

당분간 선물을 다룰 때, 티커 구문은 제2의 이름이 될 것이다. 이 금융 상품 유형에 대해 아직 잘 모르면 표 13.2를 잠시 살펴보라. 이 분야에서 거래하거나 모델 일을 하는 사람은 누구나 월별 인도 문자^{montly delivery letter}를 알아야 한다.

표 13.2 선물 인도 코드

월	코드
1월	F
2월	G
3월	H
4월	J
5월	K
6월	M
7월	N
8월	Q
9월	U
10월	V
11월	X
12월	Z

선물과 통화 노출

통화 노출에 관한 한 선물은 주식과 상당한 차이가 있다. 이 주제는 물론 다른 통화로 표시된 시장을 거래하는 경우에만 관련이 있다.

주식의 경우 매수 대금을 선불로 지불한다. 이는 프랑스에서 100만 유로 가치의 주식을 사들이는 미국계 투자자가 달러를 유로화로 환전해야 한다는 것을 의미한다. 그리고 나서 헷지를 선택하지 않는 한 100만 달러의 열린 통화 노출을 갖게 될 것이다.

국제 주식의 경우 사실상 두 가지 포지션을 취하게 될 것이다. 하나는 주식이고 하나는 통화다. 모델링 및 백테스트 전략의 경우 이는 중요한 요소가 될 수 있다.

반면 선물의 경우, 통화의 영향은 조금 다르게 작동한다. 우리는 주식을 결제하는 방식으로 선물 계약을 결제하지 않는다는 것을 기억하라. 그냥 마진을 놓고, 하루의 순손익이 우리의 계좌에 들어온다.

이는 국제 선물에 대한 통화 노출이 손익에 국한된다는 것을 의미한다.

영국 선물 계약을 매수하면 초기 통화 노출이 없다. 첫날의 마감까지 1,000파운드의 이익을 내면 해당 금액이 스털링 계좌로 지급된다. 현재 1,000파운드의 열린 통화 노출이 있지만 계약 금액 전액은 아니다. 다음 날 같은 금액을 잃으면 더 이상 통화 노출은 없다.

따라서 통화 노출은 선물에서 훨씬 더 작은 문제이며, 거의 근사적으로 없앨 수 있는 문제다.

선물과 레버리지

우리가 마진만 놓으면 되고, 선물에 대해 전액을 지불하지 않아도 된다는 사실은 몇 가지 흥미로운 시사점을 줄 수 있다. 이론적으로 매우 큰 포지션을 취할 수 있음을 의미한다.

위험을 최대화하기 위해 얼마나 큰 포지션을 취할 수 있는지 궁금해할 필요가 거의 없다. 어쨌든 당신은 그 어느 때보다도 더 큰 포지션을 취할 수 있다. 그리고 그 가능성은 종종 리테일 트레이더들에 의해 남용된다. 선물 거래의 동기가 주식보다 더 큰 위험을 감수할 수 있기 때문이라면 주식 거래에 머물러야 한다. 값싼 레버리지에 선물을 사용하는 것은 매우 나쁜 생각이다.

그러나 이러한 거대한 포지션 규모를 취할 가능성은 매우 분명하다. 주식과 같은 현물 시장을 다룰 때, 당신은 거의 100% 명목 노출$^{notional\ exposure}$에 제한된다. 물론 주식을 레버리지할 수는 있겠지만, 그건 비싸고 제한적이다.

하지만 선물에 대해서는 우선 어느 정도의 위험 수준을 취할지부터 결정하는 것으로 시작한다. 그리고 이 위험 수준을 사용해 자신의 포지션 크기를 결정할 수 있다. 위험 측면을 확실하게 파악하고 있는 한 포트폴리오의 명목 노출에 신경 쓸 필요가 없다.

하지만 이것은 선물의 분명한 혜택이다. 우리는 명목 노출 대신 위험을 가이드로 사용할 수 있다.

레버리지는 완전히 파괴적이 될 수 있지만, 정확하고 의도적으로 사용하면 훨씬 더 흥미로운 트레이딩 모델을 구축할 수 있다.

선물 모델링과 백테스트

주식과 선물을 위한 백테스트 전략은 매우 다르다. 높은 수준의 개념적 트레이딩 규칙이 유사하더라도 모델 논리와 코드는 필연적으로 그렇지 않다. 가장 중요한 차이점은 선물 계약의 수명이 한정돼 있다는 점이다. 이는 여러 의미가 있다. 가장 확실한 것은 어떤 인도일의 계약을 거래할 것인지, 언제 다른 계약으로 전환해야 하는지를 계속 추적해야 한다는 것이다. 하지만 그것은 단지 문제의 표면에 좀 흠집을 내는 것이다.

엄밀히 말하면, 선물 세계에는 장기 시계열이 없다. 주어진 선물 계약은 수명이 제한돼 있고 기껏해야 몇 달 동안만 유동성이 충분하다. 그러나 계량 트레이딩 모델은 일반적으로 분석하기 위해 상당히 긴 시계열에 의존해야 한다. 장기 이동 평균과 같은 간단한 것을 생각해보라. 실제 시장 데이터를 사용해 계산하는 것은 불가능하다.

예컨대 2003년 2월 원유 선물 계약의 가격과 미체결 약정open interest을 보여주는 그림 14.1을 보라. 미체결 약정은 현재 몇 개의 선물 계약이 열려(미체결돼) 있는지 알려준다는 점을 기억하라. 계약을 살 때 그 숫자는 1씩 올라간다. 다시 팔면 숫자가 하나씩 줄어든다. 이것은 계약이 얼마나 유동적인지 보여주는 좋은 지표다.

이 계약은 2000년 가을부터 거래가 시작되거나 적어도 거래가 가능했지만 그래프에서 볼 수 있듯이 2002년 후반까지는 거래가 없다. 비록 우리가 몇 년 동안 계약 가격을 갖고 있지 않더라도, 그 데이터의 대부분은 무관하다. 의미 있는 거래량으로 거래되지 않았기 때문에, 우리는 그러한 가격 시계열에 의존하거나 그로부터 어떠한 결론도 도출할 수 없다. 계약의 역사적 데이터는 적절한 가격 결정과 실제 거래에 충분한 유동성을 보장할 수 있는 충분한 시장 참여가 있을 때에만 관심을 가질 수 있다.

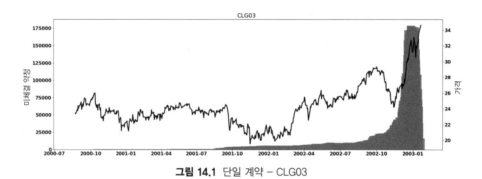

그림 14.1 단일 계약 – CLG03

그림 14.1에서 보다시피 2003년 2월 원유는 매우 짧은 기간 동안만 관련이 있다. 그것이 정상적으로 보인다. 다음 그래프인 그림 14.2에서는 실제로 무슨 일이 일어나고 있는지 더 잘 볼 수 있다. 이는 같은 기간 동안 5회 연속 원유 인도를 보여준다. 여기서 계약에서 계약으로, 시간이 지남에 따라 유동성이 어떻게 진전되는지 볼 수 있다. 맨 아래 차트 창에서는 2002년 10월이 어떻게 가장 많은 유동성을 보유하고 있는지 그러나 어떻게 서서히 11월 계약에 유동성을 내주는지 확인할 수 있다. 한 달 후 11월 계약은 소멸돼 가고, 12월이 자리를 잡는다. 이러한 주기는 꽤 예측 가능한 패턴으로 계속 반복될 것이다.

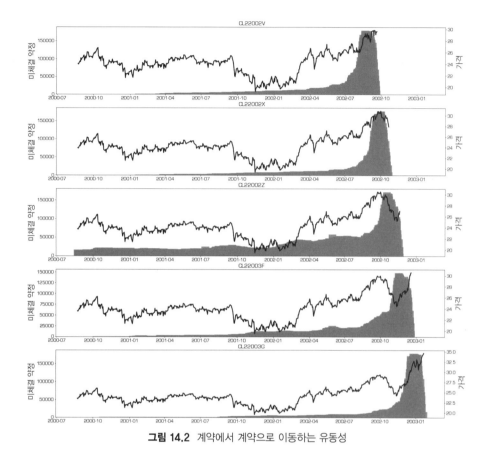

그림 14.2 계약에서 계약으로 이동하는 유동성

분석적 관점에서 볼 때 각각의 계약은 가장 유동성이 높은 언덕의 왕[king of the hill]이라는 짧은 시간 동안만 정말로 중요하다는 것을 이해하는 것이 중요하다. 이것은 우리에게 장기 히스토리가 아니라, 상이한 계약으로부터 엄청나게 많은 단기 시계열을 남긴다.

놀랍도록 흔한 입문자의 실수는 단순히 계약들을 서로 연결해 장기 시계열을 만드는 것이다. 그것은 같은 시계열을 사용하고 계약을 바꾸는 것뿐일 것이다. 이것의 문제는 이 방법이 시장에서 실제로 일어난 일을 잘 파악하지 못하는 결함 있는 표현을 만들어낼 것이라는 것이다. 이는 명백하고도 간단하게 틀릴 것이다.

11월 원유 가격과 12월 원유 가격은 다를 것이다. 단순히 같은 것이 아니며, 같은 기준으로 비교할 수도 없다. 하나는 11월 인도이고 다른 하나는 12월 인도이다. 이 두 계약의 공정 가치는 항상 다를 것이다.

그림 14.3에서 동일한 기본 자산(이 경우 여전히 원유)의 가격이 인도일에 따라 어떻게 다르게 결정되는지 볼 수 있다. 이런 종류의 차이는 정상이고, 현실적 이유가 있다. 이는 헷징 비용을 나타내므로 보유 비용cost of carry과 관련이 있으며 따라서 공정한 가격 결정과 관련이 있다. 금융 비용과 저장 비용이 주요 요인이다.

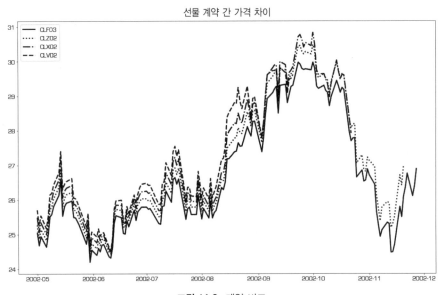

그림 14.3 계약 비교

일부 시장 데이터 공급업체는 여전히 조정 없이 계약을 차례로 연결하는 시계열을 제공한다. 심지어 한 달에 2,000달러 정도를 청구하는 일부 극도로 비싼 시장 데이터 공급업체도 이렇게 한다. 누군가가 비싼 비용으로 데이터를 판매한다고 해서 데이터가 정확하거나 유용한 것은 아니다.

조정 없이 단순히 서로 연결하는 장기 계약 시계열을 사용하는 효과는 허위 간격 false gap의 도입이다. 이른바 이 연속성으로 한 계약에서 다른 계약으로 전환되면서 마치 시장이 들썩이는 것처럼 보일 것이다. 그러나 실제로 그런 움직임은 일어나지 않는다. 만약 당신이 첫 번째 계약을 롱하고, 그것을 팔고, 다음 계약으로 롤링한다면 당신은 이 결함 있는 연속성이 암시하는 손익을 경험하지 못했을 것이다.

따라서 선물의 장기 시계열에 대해서는 데이터에 매우 주의해야 한다.

연속 가격 시계열

장기 선물 연속 가격 시계열을 구축하는 가장 일반적으로 사용되는 방법은 후방 조정back adustment이다. 즉, 새로운 계약으로 롤링할 때마다 전체 시계열을 과거로 조정한다. 보통 이것은 비율을 보존함으로써 수행된다. 즉, 연속 시계열의 백분율 조정이 실제 퍼센트 움직임을 반영하도록 한다.

이 방법의 요점은 실제 세계의 트레이더가 포지션을 매수한 후 롤링했더라면 겪었을 경험을 대략적으로 반영하는 시계열을 만드는 것이다. 이러한 연속 가격continuation은 장기적인 가격 분석에 사용되지만, 그 자체로는 분명히 거래될 수 없다. 실제 시계열이 아니라 분석 목적으로 구축된 것이다. 단일 계약으로 200일 이동 평균을 구할 수는 없지만, 제대로 구성된 연속 가격 시계열에서는 가능하다.

대부분의 백테스트 소프트웨어는 인위적으로 구성된 이 연속 가격 시계열을 거래하고 실제 자산인 것처럼 가정하는 것이다. 그것은 수십 년 동안 리테일 쪽의 선물 문제에 대한 해법이었고, 전문가 쪽에서도 꽤 흔한 일이다. 대부분의 작업에 적합한 솔루션이지만 몇 가지 단점이 있다.

이 표준 접근법의 한 가지 문제는 시간을 더 거슬러 올라갈수록 계산된 연속 가격 시계열이 실제 시장 가격에서 더 멀어진다는 것이다. 장기간의 조정 후 조정을 계속하다 보면 그 당시 시장 가격과는 상당히 동떨어진 가격에 이르게 된다.

이러한 연속 가격 시계열을 만드는 정규적 방법은 전체 시계열이 백테스트를 실행하는 날에 계산된다는 것을 의미한다. 이는 종종 그림 14.4에서 볼 수 있는 불일치를 초래한다. 거의 700까지 치솟는 상단의 실선은 후방 조정 시계열이고, 100 위로 움직이지 않는 하단의 선은 조정되지 않은 시계열이다. 이 두 시계열 모두 옳다고 말할 수 없다. 둘 다 틀리지 않은 것처럼 말이다. 물론 이것은 당신의 관점에 달려 있다.

조정된 시계열은 시간이 지남에 따라 장기간 노출도를 보유하는 트레이더나 투자자가 경험했을 수 있는 퍼센트 움직임을 반영하기 위한 것이다. 하지만 분명히 유가가 700선을 넘지 못했다. 이러한 왜곡은 수년 동안에 걸친 기준의 차이$^{basis\ gap}$를 조정하는 효과다.

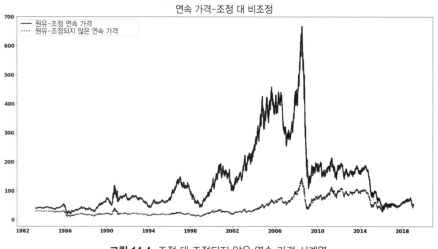

그림 14.4 조정 대 조정되지 않은 연속 가격 시계열

예를 들어 추세를 측정하는 것이 연속 가격 시계열의 목적이라면 큰 문제가 되지 않을 것이다. 이러한 목적이 가격을 연속시켜야 하는 이유다. 그러나 대부분의 리테일용 백테스트 소프트웨어가 작동하는 방식에서 이 프로그램은 연속된 가격 시계열이 실제 거래 가능하다고 가정할 것이다. 실제 세계에서는 분명히 연속된 가격 시계열을 사고 파는 것은 불가능하다.

그것은 몇 가지 잠재적인 문제를 초래한다. 원유 선물의 승수는 1000으로, 1달러의 가격 이동은 1,000달러로 시가 평가에 영향을 미친다. 이는 일반적으로 포지션 크기를 결정할 때 고려되는 사항이며, 소규모 포트폴리오에 대해 잠재적으로 결함이 있는 결론을 내릴 수 있다.

잠시 동안 백테스트에서 100만 달러의 포트폴리오를 실행하고 있으며 포지션당 0.2%의 일일 변동성을 목표로 하고 있다고 가정하자. 즉, 각 포지션이 대략적으로 포트폴리오에 일일 2,000달러의 영향을 미치기를 원하는 것이다.

백테스트는 앞서 언급한 바와 같이 포인트 가치인 승수가 1,000이고 하루 평균 1% 정도의 가격 변동을 보이는 원유 포지션을 사려는 것이다. 몇 년 전 조정된 시계열에 대한 백테스트를 해보니 조정된 유가는 400달러였으며, 하루에 약 4달러씩 변동하는 경향이 있었다.

계약 승수가 1,000이므로, 각 계약은 매일 4,000달러의 가치가 변동한다. 하지만 우리는 하루 2,000달러씩 변동하는 입장을 취하고 싶었고, 따라서 거래할 수 없다는 결론이 나왔다. 이것은 충분히 세분화되지 않은 결과다.

하지만 그 당시의 실제 계약을 보면, 조정되지 않은 조건으로 40달러 정도로 거래됐다. 하루에 약 1%의 변화(40센트)를 고려할 때, 각 계약이 하루에 약 400달러씩 변동한다는 것을 의미하며, 우리는 5건의 전체 계약을 구매할 수 있다는 것을 의미한다.

이는 조심해야 할 사항이다. 보통 그런 문제를 보완할 수 있는 방법을 찾을 수 있지만, 어떤 왜곡이 가능한지 염두에 두고 해결할 방법을 찾아야 한다는 뜻이다.

이러한 연속 가격 시계열을 사용하는 또 다른 문제점은 고정적이지 않다는 것이다. 기존의 연속 가격 시계열의 사용법은 전체 시계열을 다시 계산하고, 새로운 계약으로 롤링할 때 모든 포인트를 조정해야 한다. 일반적으로 이 작업은 기존 시계열 전체에 비율을 적용해 수행된다. 그것의 함축된 의미에 대해 잠시 생각해보자.

그것은 다소 걱정스러운 의미를 가질 수 있다. 1년 전 구축한 장기 트레이딩 모델을 고려해보자. 그때는 모델의 백테스트를 완료했을 때 결과에 만족했다. 1년이 지난 지금, 당신은 같은 시장에서 같은 규칙에 대한 또 다른 백테스트를 하고 있다. 그리고 당신은 결과가 더 이상 같지 않다는 것을 알게 된다. 이러한 상황은 시계열에 적용할 분석 도구와 이러한 현상을 고려했는지 여부에 따라 다시 한 번 발생할 수 있다.

이 책에 대한 초기 논평과 제안을 할 정도로 친절했던 동료 시장 실무자는 내가 연속 가격 시계열의 사용에 대해 너무 가혹하다고 지적했다. 아마도 그 말이 맞을 것이다. 실제로 당신이 무엇을 하는지 알고 있고 연속 가격 시계열이 어떻게 계산되는지, 이러한 계산의 영향을 완전히 이해한다면 모델 코드가 어리석은 행동을 하지 않도록 할 수 있다. 하지만 나는 개별 계약 및 동적으로 계산된 연속 가격 시계열을 사용해 더 높은 수준의 사실성을 달성할 수 있다고 여전히 주장할 것이다. 그리고 앞으로 이 책에서는 두 가지를 모두 사용할 것이다.

Zipline 연속 가격 시계열 행태

다른 방법이 없다면, Zipline이 선물을 다루는 방식은 다른 무엇보다 이 백테스터를 선택할 수 있는 충분한 이유가 된다. 몇 년 전 내가 퀀토피안에게 선물을 가장 잘 다룰 수 있는 방법에 대해 조언했으므로, 나는 이 점에 대해 약간의 공로를 인정받고 싶다. 그 때 그들이 단지 나에게 농담만을 하는 듯했으나, 이미 이런 방향으로 계획을 가지고 있었다.

Zipline 백테스트 엔진은 오랜된 연속 가격 시계열 문제를 깔끔하게 해결해준다. ZZipline 연속 가격 시계열은 백테스트의 각 날짜에 즉시 생성된다. 이는 어떤 날에 계산하면 가졌을 연속 가격 시계열을 갖게 된다는 것을 의미한다. 백테스트 프로세스가 진행되는 각 날에 연속 가격 시계열의 '현재' 가격은 시장의 실제 현재 가격을 반영하도록 그날부터 계속 새로 생성될 것이다.

연속 가격 시계열이 계산되는 정기적인 방법(우리는 이것을 구식 방식이라 부른다)이 보통 백테스트를 실행하는 실제 시점에서 선행적으로 수행된다. Zipline은 백테스트에서 요청될 때마다 해당 시점까지의 데이터만 기반으로 연속 가격 시계열을 계산함으로써 이에 대한 현명한 솔루션을 제공한다. 결과는 더욱 현실적이고 오류 발생 가능성이 적다.

Zipline은 또한 연속 가격 시계열과 관련된 또 다른 공통적인 문제를 해결한다. 언급한 바와 같이, 리테일 트레이더들이 이용할 수 있는 대부분의 백테스트 솔루션은 연속 가격 시계열을 거래할 수 있는 것처럼 가장할 것이다. 연속 가격 시계열은 이동 평균 이상으로 실제 거래 가능한 수단이 아니기 때문에 현실에서는 거래 불가능한 금융 상품이다. 거래를 시뮬레이션하는 것 자체가 예상치 못한 결과를 초래할 수 있으며, 신중하지 않을 경우 백테스트의 현실성과 정확성에 실질적인 영향을 미칠 수 있다.

Zipline은 현실에서처럼 실제 계약만 거래함으로써 이 문제를 해결한다. 확실히 이것이 더 나은 솔루션이지만 각 개별 계약에 대한 과거 데이터를 백테스트 엔진에 제공해야 한다는 의미이기도 하다. 이들은 상당수가 될 수도 있다. 이 책의 목적상 나는 약 2만 건의 개별 계약 데이터베이스를 사용했다.

이러한 식으로 선물을 다루는 것은 리테일 트레이더들이 일반적으로 이용할 수 있는 것보다 훨씬 우수하다. 더 현실적일 뿐만 아니라 캘린더 스프레드나 기간 구조 기반 거래와 같은 새로운 가능성을 열어준다. 나는 지금 당신에게 이런 용어와 의미에 대해서 잠시 생각할 시간을 주겠다.

물론 좀 더 복잡해진다는 단점이 있다. 우리는 백테스터에게 훨씬 더 많은 데이터를 제공해야 한다. 과거 시계열 데이터뿐만 아니라 메타데이터도 제공해야 한다. 각각의 계약 건에 대해 만기일, 마지막 거래일 등등을 알아야 한다.

백테스트를 구축할 때 우리는 주어진 시점에 어떤 계약을 거래할지 계속 추적해야 한다. 그리고 물론 다음 계약으로 롤링할 때가 언제인지도 파악해야 한다.

훨씬 더 복잡하게 들리겠지만, 설치하기 그리 어려운 일은 아니다.

계약, 연속 가격 및 롤링

본 문서의 주식 장에서 Zipline 백테스트의 데이터에 액세스하는 방법을 이미 숙지하고 있을 것이다. 이런 점에서 선물에 관한 한 새로운 것은 거의 없으며, 새로운 것은 선물 세계에서는 연속 가격 시계열과 개별 계약 모두를 처리해야 한다는 사실과 관련이 있다.

루트 기호와 몇 가지 기본 설정을 제공하면 연속 가격 시계열을 쉽게 만들 수 있다. 아래 줄은 S&P 500 선물, 대문자 루트 심볼 SP를 위한 연속 가격 시계열을 만드는 방법을 보여준다.

```
sp_continuation = continuous_future('SP', offset=0, roll='volume', adjustment='mul')
```

이 연속 가격 객체를 가지고 우리는 역사적 시계열을 요청할 수 있고, 현재 어떤 계약이 진행 중인지 확인할 수 있으며 이후 장에서와 같이 거래된 계약의 전체 사슬을 구할 수도 있다.

시계열 히스토리는 주식에 대해서 이전에 했던 것과 동일하게 요청할 수 있다.

```
continuation_hist = data.history(
        sp_continuation,
        fields=['open','high','low','close'],
        frequency='1d',
        bar_count=100,
    )
```

이 시계열은 일반적으로 분석에 사용된다. 여기서는 백테스트가 요청할 때 사용 가능한 데이터만 사용해 과거의 조정된 시계열을 얻는다.

하지만 거래를 하려면 실제 개별 계약을 포착해야 한다. 물론 전부는 아니지만 대부분의 선물 모델이 가장 활발하게 거래되는 계약을 거래한다. 만약 그렇다면 현재 어떤 계약을 사용하고 있는지 계속 물어보면 될 것 같다.

```
contract = data.current(cont, 'contract')
```

일단 계약을 가지면, 우리가 이전에 주식에서 본 것과 같은 방식으로 주문을 낸다. 정해진 수의 계약을 주문하거나, 고정된 명목 금액을 목표로 하거나, 일정 비율의 노출을 목표로 할 수 있다.

```
order(contract, 100)  # 100 계약을 매수한다.
order_value(contract, 1000000) # 100만 달러 또는 그에 가장 가까운 명목 가치를 매수한다.
order_target(contract, 10000) # 10,000 계약으로 현재 포지션을 조정한다.
order_target_value(contract, 1000000) # 타깃 100만 달러 명목 가치로 조정한다.
order_target_percent(contract, 0.2) # 현재 포지션을 타깃 20% 노출이 되도록 조정한다.
```

앞서 언급했듯이 개별 계약을 거래할 때 번거로운 점은 수명을 가지고 있다는 것이다. 포지션에 진입하면 어떤 것을 선택할지 결정하는 것만이 문제가 아니다. 우리가 보유하고 있는 계약이 더 이상 활발하게 거래되지 않는 시기도 추적해야 한다. 그때는 다음 계약으로 롤링해야 한다.

가장 활발하게 거래되는 계약을 유지하려는 의도라면 현재 보유 중인 계약과 현재 연속 가격 시계열이 사용하는 계약을 비교해 일일 점검을 실시하는 것이 가장 쉬운 방법이다.

```
def roll_futures(context, data):
    open_orders = zipline.api.get_open_orders()

    for held_contract in context.portfolio.positions:
        # 핵심 논리에 의해 변화되도록 설정된 포지션을 롤링하지 않는다.
        if held_contract in open_orders:
            continue
```

```
# 연속 가격 시계열을 만든다.
continuation = continuous_future(
        held_contract.root_symbol,
        offset=0,
        roll='volume',
        adjustment='mul'
        )

# 연속 가격 시계열의 현재 계약을 얻는다.
continuation_contract = data.current(continuation, 'contract')

if continuation_contract != held_contract:
    # 보유 계약수를 체크한다.
    pos_size = context.portfolio.positions[held_contract].amount
    # 현재 포지션을 청산한다.
    order_target_percent(held_contract, 0.0)
    # 새로운 포지션을 연다.
    order_target(continuation_contract, pos_size)
```

선물 모델에서 볼 수 있듯이, 우리는 필요할 때 계약을 계속 롤링하고 활발하게 거래되는 계약을 유지하기 위해 이 코드 또는 변형 코드를 사용할 것이다.

15

선물 추세 추종

몇 년 전 나는 『Following the Trend』라는 책을 썼다. 그 책에서 다소 표준적인 모델을 제시했는데, 추세 추종 모델^{trend following model}이 무엇이고 어떻게 작동하는지를 설명했다. 나는 관리형 선물업^{managed futures industry1}에서 얻는 수익률의 대부분을 매우 간단한 모델로 설명할 수 있다는 것을 증명했다. 돌이켜보면 나의 유일한 후회는 데모 모델을 더 단순하게 만들지 못한 것이다.

나는 모델에 다양한 특성을 포함시켜 그것들이 어떻게 작동하고 어떤 영향을 미칠 수 있는지 보여주고 싶었다. 모델 규칙을 좀 더 단순하게 유지했다면 이 모델이 비밀의 추세 추종 슈퍼 시스템을 따르는 류의 모델이라는 오해를 피할 수 있었을 것이다.

내가 제시한 규칙들은 정확히 말하자면 비밀은 아니었다. 내 책 이전에 수십 년 동안 알려져 있었기 때문이다. 내가 시도했던 것은 새로운 방식으로 설명하고, 생계를 위해 하는 일에 대해 업계 밖의 사람들에게 감을 주기 위한 것이었다. 이 비즈

---

1 Managed Futures는 선물 운용을 전문으로 하는 CTA(Commodity Trading Advisor)가 고객의 자금을 주로 선물에 운용해 수익을 내고, 그것을 고객에게 돌려주는 방식으로 운영되는 것으로, CTA는 이름이 지칭하는 것과는 달리, 상품 선물 운용에 국한하지 않고, 광범위한 선물을 운용한다. 흔히 Managed Futures 투자는 CTA 투자와 같은 의미로 사용된다. ─ 옮긴이

니스에는 부정확한 신화들이 너무 많다.

이 책의 뒷부분에서 나는 놀랍게 단순한 추세 추종 모델을 제시함으로써 그 실수를 고칠 것이다. 당연히 사람들에게 충격을 줄 수 있는 것이다. 너무 멍청하게 들려서 대부분의 사람들은 즉시 거부할지도 모른다. 하지만 백테스트에서 여전히 꽤 좋은 수익률을 보인다.

하지만 나의 첫 번째 책을 읽은 사람들은 내가 그 책에서 말한 것처럼 핵심 모델에 무슨 일이 일어나고 있는지 알고 싶어할 것이다. 그 규칙들이 잘 먹혔는지, 아니면 망했는지를 물어보는 것은 공평하다. 요점은 접근법이 잘 작동했다는 것이다.

나는 이 책의 많은 독자들이 첫 번째 책도 읽었을 것이라고 생각한다. 그래도 여러분 모두가 그랬다고 생각하고 싶지는 않으니, 그 책을 사러 가야 할 필요가 없도록 충분한 정보를 여기에 반드시 포함시키겠다. 물론 모든 것을 반복하지는 않겠지만, 그 책의 내용을 따르는 데 필요한 만큼 반복하겠다.

『Following the Trend』의 모델은 꽤 흥미로운 부침을 겪었다. 알고 보니 내 책은 몇 년에 걸친 추세 추종의 어려운 시기가 막 시작할 때 출간됐다. 이 책에서 다룬 마지막 해는 2011년으로 추세 추종 전략이 전반적으로 부진한 해였다. 물론 2012년과 2013년 역시 추세 모델이 상당히 부진한 시기였다.

추세 추종의 성과가 나쁜 1~2년을 거칠 때마다 갑자기 나타나 이 전략의 종말을 선언하는 전문가들이 있다. 이런 일이 몇 번이나 일어나고 그들이 몇 번이나 틀렸는지는 중요하지 않다.

문제는 다른 전략과 마찬가지로 추세 추종 전략도 좋은 시기와 나쁜 시기를 갖고 있다는 것이다. 당신이 부진한 결과를 내지 않는 전략을 찾는다면 아마 간과한 것이 있을 것이다. 거래 손실을 본 적이 없는 유일한 사람은 버니 엠Bernie M이다.

하지만 추세 추종이 매우 성공적이었던 2014년이 왔다. 지난 3년간의 손실은 사라졌고 사상 최고치를 경신했다. 정말 좋은 한 해였고 추세 추종의 종말을 고하는 사람들은 어디에도 보이지 않았다.

추세 추종이 장기적인 전략이라는 것을 항상 명심해야 한다. 대부분의 전략에서
와 마찬가지로 몇 년 동안 연속으로 손실을 볼 수 있다. 이것이 당신이 적당한 크기
로 거래해야 하는 이유이다. 머지않아 어떤 전략이든 2년 연속 패배할 것이다.

추세 추종이 몇 년씩 안 좋을 때마다 많은 선수들이 흔들린다. 하지만 정도를 지
키는 사람들은 장기적으로 항상 보상을 받아왔다.

추세 추종 원리

추세를 따른다는 개념은 매우 간단하다. 대부분의 강력한 트레이딩 아이디어는 매
우 간단하다. 물론 이것이 구현이 간단하거나, 돈을 버는 것이 간단하거나, 코드화
하는 것이 간단하다는 것을 반드시 의미하지는 않는다. 단순하다는 것은 아이디어
자체가 단순하다는 것을 의미한다. 이 개념은 쉽게 이해되고 설명된다.

이것은 당신이 전략을 설계할 때 고려할 가치가 있는 것이다. 트레이딩 전략의
이면에 숨어 있는 아이디어를 간단하게 이해할 수 없는 경우, 데이터와 일치시키기
위해 지나치게 복잡하게 하고 과적합화된 규칙을 갖게 되며, 이는 거의 또는 전혀
예측 가치가 없도록 하므로 명백히 위험하다.

추세 추종은 가격이 종종 일정한 기간 동안 같은 방향으로 움직인다는 경험적 관
찰에 근거한다. 이 전략은 이러한 움직임의 대부분을 포착하는 동시에 바닥이나 정
점의 시점을 포착하기 위한 어떠한 시도도 하지 않는 것을 목표로 한다. 가격이 특
정 방향으로 움직이기만을 기다렸다가 같은 방향으로 올라타 추세를 타려고 한다.
가장 일반적으로 추적 손절매trailing stop loss가 사용되는데, 이는 시장이 우리에게 불
리하게 움직이기 시작할 때까지 기다렸다가 청산하는 것을 의미한다.

추세 추종 거래는 대부분 실패한다. 그래도 괜찮다. 추세 추종은 매우 많은 거래
손실을 가지는 편인데, 종종 70%에 달한다. 항상 옳다고 증명되기를 좋아하는 사
람들을 위한 전략은 아니다. 그러나 중요한 것은 포트폴리오 전체의 장기적인 가치
진전이다. 추세 추종은 많은 수의 손실 그리고 작은 수의 큰 이익을 갖는 경향이 있

다. 이것의 순기대값이 양수로 나오는 한, 우리는 모두 괜찮다.

추세 추종 모델을 설계하고 구현할 때 선택할 수 있는 방법은 무수히 많다. 만약 당신이 트레이더들의 비밀을 얻기 위해 최고의 추세 추종 트레이더 50명을 모은다면, 그들은 아마 50개의 매우 다른 규칙을 보여줄 것이다. 하지만 『Following the Trend』에서 보여줬듯이 추세 추종 수익률은 매우 간단한 규칙으로 설명할 수 있다.

그 책에서 나는 극히 단순한 규칙 집합이 어떻게 세계적으로 선도적인 추세 추종 헤지 펀드의 수익률과 매우 높은 상관관계를 갖고 있는지 보여줬다. 나는 헤지펀드 매니저 중 그 누구의 인상적인 성과를 폄하하기 위해 그렇게 한 것이 아니다. 추세 추종을 현상으로 설명하고, 그 수익률이 어디서 오는 것인지, 잠재적으로 어떻게 복제해야 하는지 독자들에게 교육하기 위해 그렇게 했다.

실무에서 추세 추종은 매우 실망스러운 거래 전략이 될 수 있다. 가격이 이미 돌파한 후에 당신은 항상 늦게 진입을 시작할 것이다. 진입 후 가격이 하락하는 경우가 많으며, 이로 인해 빠르게 손실이 발생한다. 가격이 움직이기 시작해서 추세가 나타날 때, 추적 손절매 논리는 포지션의 정점에서부터 손절 포인트에 도달할 때까지 항상 손실을 보도록 보장한다. 그리고 물론, 추세 추종은 단순히 1년, 혹은 심지어 몇 년 동안 잘 작동하지 않을 때도 있다.

이 모든 것은 추세 추종 분야에서 비즈니스를 하는 비용의 일부에 불과하다. 모두를 위한 것은 아니다. 모든 사람이 모든 돈을 걸어야 하는 전혀 손실 없이 빨리 부자가 되는 놀라운 전략은 아니다. 그러나 그것은 수십 년 동안 경험적으로 매우 잘 수행돼온 전략이다.

핵심 추세 모델 다시 보기

몇 년 전 『Following the Trend』에서 발표한 핵심 모델은 모든 시장 분야의 중기 추세를 포착하는 것을 목표로 하고 있다. 이것은 매우 의도적인 중도적 모델이다. 이 모델은 특별히 주목할 만한 것이 없다. 수익성이 있을 정도가 아니라 꽤 수익성이 있다는 사실이 주목할 만한 점이다. 수익률이 세계적 추세 주총 헤지펀드와 매우 높은 상관관계를 보인다는 점이 눈길을 끈다.

당신에게 얘기하고자 하는 것은 추세 추종 수익률의 대부분을 매우 간단한 모델로 포착할 수 있다는 것이다. 세계 최고의 헤지펀드 중 일부와 유사한 성과를 내는 시뮬레이션을 구성하는 것은 그리 어려운 일이 아니다. 구현은 물론 다른 이야기지만, 현재로서는 모델링에 초점을 맞춘다.

이와 같은 기본적인 추세 모델을 구축하는 것은 부분적으로 코드를 작성하는 방법을 배우기 위한 좋은 연습이지만, 더 중요한 것은 추세 추종의 핵심 논리를 이해하는 것이다.

모델 목적

핵심 추세 모델의 아이디어는 모든 주요 선물 부문에 걸쳐 중장기적인 추세에 대한 참여를 보장하는 것이다.

추세 추종에 대한 신비감이 많이 생겨났고, 업계 경력이 없는 많은 사람들이 잘 속는 리테일 트레이더들에게 시스템 규칙을 팔아 돈을 벌고 있었다. 커튼 뒤에 있는 남자를 소개해주고 싶었다.

하지만 규칙의 단순함을 빨리 부자가 되는 레시피로 착각하지 마라. 추세에 대한 이해와 그것을 성공적으로 구현하는 이 두 가지는 매우 다른 것이다. 한 가지는 "악마는 디테일에 있다"는 격언이다. 단순한 규칙으로 추세 추종 수익률의 대부분을 복제할 수 있지만, 변동성을 제어하고 허용 가능한 리스크를 유지하며 성공적으로 마케팅 및 자금을 조달할 수 있는 전략을 개발하기 위해 복잡성이 가중될 수 있다.

그다음 자본 요건에 대한 성가신 작은 세부 사항들이 있다. 『Following the Trend』에서 나는 모델에 따른 다양한 추세 추종 모델을 구현하기 위해서는 최소 100만 달러의 계정 크기가 필요하다고 주장했다. 그게 아마 그 책에서 가장 많은 이메일을 생성했던 문장이었을 것이다. 훨씬 더 작은 크기의 계정으로 전략이 구현될 수 있는지를 물어보는 메일을 보낸 사람이 몇 명인지 헤아릴 수도 없다.

여기서는 관대하게 그 계정 크기의 반으로 구현할 수 있을 것 같다고 말하겠다. 이론적으로 당신이 돈을 가진 척하는 것만으로 훨씬 작은 크기로 할 수 있다는 것도 인정하겠다.

그렇다. 가장하는 것이다. 선물 모델을 트레이딩할 때 주식 거래처럼 현금을 모두 내걸 필요는 없다. 이론적으로는 10만 달러의 계좌를 가지고 100만 달러를 가지고 있다고 가정할 수 있다. 기본 계정 크기가 100만 달러인 것처럼 거래하라.

하지만 그건 아주 안 좋은 생각이다. 10%의 낙폭으로 원금이 다 없어진다. 이것은 다양한 선물 모델을 거래하는 데 문제가 있다. 그들은 꽤 큰 계정 크기를 요구한다. 이는 대부분의 선물 계약이 상당히 큰 데서 비롯된다. 주식 한 주는 몇 달러에 살 수 있지만, 선물 계약에 대한 명목 노출은 수만 또는 수십만 달러에 이를 수 있다.

현재 계좌에 백만 달러가 없거나 앞으로 몇 시간 내에 이를 취득할 현실적인 계획이 있더라도 추세에 대한 이해를 통해 여전히 혜택을 누릴 수 있다. 그러니 아직 읽는 것을 멈추지 마라. 책값을 지불했으니 책값을 해야 하지 않겠는가?

간단히 말해서 그런 경우 당신의 돈은 모두 날아갈 것이다.

투자 유니버스

다른 모든 것은 동일하면, 일반적으로 큰 투자 유니버스는 최종 결과에 도움이 된다. 넓은 유니버스를 거래하고 관리하는 것은 어려울 수 있지만 실제로는 이것이 최선의 방법이다. 그렇기 때문에 여러분이 거래할 수 있는 것에 맞추기 위해 유니버스를 절단하기 시작할 때 큰 주의가 필요하다.

우리는 이 시연에서 약 40개의 시장을 사용할 것이다. 이 투자 유니버스는 농산물, 금속, 에너지, 주식, 통화, 고정 소득 및 단기자금 시장을 포괄한다. 나는 미국 달러화로 표시된 시장만 사용하겠다. 그게 더 낫기 때문이 아니라, 정말로 그렇지 않기 때문이다. 분명히 다른 통화보다 USD로 거래되는 흥미로운 시장들이 많지만, 국제 시장을 포함하는 분명한 이점이 있다. 그것은 분산에 큰 도움을 줄 수 있고 장기적인 결과를 개선할 수 있다.

여기서 달러 기반 선물 시장만을 사용하는 이유는 이 책에서 시연용으로 사용된 백테스터 Zipline^{Zipline}이 아직 국제 선물을 지원하지 않기 때문이다. 통화 효과를 고려하는 메커니즘이 없다.

선물의 경우 이것은 주식보다 훨씬 덜 이슈가 된다. 국제 선물 거래 시 명목 금액^{notional amount}에 대한 미결제 통화 노출^{open currency exposure}이 없다. 외화로 표시된 계약의 액면 가치는 통화 노출에 영향을 미치지 않는다. 이 계약은 주식과 같이 실제로 지불하지 않았다는 것을 기억하라. 마진 요구 사항^{margin requirement}만 있을 뿐이다.

거래 빈도

이 모델은 일일 데이터에 대해 작동하며 매일 거래 신호를 확인한다. 매일 거래할 것이 없을 수도 있지만, 매일 확인을 한다. 일중 어떠한 조치도 취해지지 않으며 시장에서 스탑 주문^{stop oreder2}도 나가지 않는다. 모든 논리는 종가 기준으로 작동하며, 거래는 항상 신호 하루 후에 일어난다.

매일 두 개의 별도의 작업이 수행된다. 첫째, 어떤 포지션을 청산하거나 진입해야 하는지를 확인한다. 그 후 우리는 롤링해야 할 포지션이 있는지 확인한다. 롤링 논리와 그 이유는 모두 14장에서 설명한 바와 같다.

포지션 배분

이 모델에 사용된 포지션 크기는 포지션당 동일한 양의 리스크를 감수하는 것을 목표로 한다. 그리고 여기서의 리스크는 손절 포인트에 도달할 때 당신이 얼마나 많은 돈을 잃는 것과 전혀 상관이 없다. 이는 안타깝게도 많은 트레이딩 책에서 발견

---

2 일정 가격에 도달하면 시장가로 전환되는 주문. 역지정가 주문이라고도 한다. – 옮긴이

되는 리스크에 대한 일반적인 설명이지만 금융업계에서 사용되는 단어인 만큼 실제 리스크와는 아무런 관련이 없다.

리스크는 업계 내부에서도 다소 논란의 여지가 있는 단어다. 이러한 맥락에서 나는 예상 일일 평균 손익 영향을 기준으로 약간 단순하지만 여전히 유효한 정의를 사용하고자 한다.

우리는 한 포지션이 다른 포지션보다 더 중요하거나 더 수익성이 있다고 믿을 이유가 없기 때문에 이 모델은 각 포지션에 거의 같은 위험을 가하는 것을 목표로 한다. 가장 먼저 짚고 넘어가야 할 것은 단순히 각각 같은 양을 살 수는 없다는 것이다. 그것은 심지어 주식과 같은 상당히 유사한 금융 상품에 대해서도 작동하지 않는다. 선물은 움직이는 방식에서 극단적인 차이를 보일 수 있으며, 각각의 양을 동일하게 유지하면 위험이 크게 왜곡될 수 있다.

예를 들어 원유와 같은 일부 시장의 경우 하루에 3%의 이동이 매우 자주 발생한다. 요즘은 그런 움직임이 뉴스 헤드라인으로 나오는 것을 거의 볼 수 없다. 너무 흔하기 때문이다. 그러나 미국의 10년 만기 정부채 선물이 하루만에 3%씩 움직이기 위해서는 대재앙이 일어나야 한다. 만약 당신이 각각 10만 달러를 투자한다면, 당신은 분명히 정부채보다 원유 부문에 훨씬 더 많은 위험을 갖게 될 것이다.

이 문제를 해결하는 일반적인 방법은 각 시장의 최근 변동성을 살펴보고 이를 기반으로 포지션을 확장하는 것이다. 이러한 맥락에서 일일 변동성daily volatility은 위험의 대리변수다.

우리가 달성하고자 하는 것은 각 포지션으로부터 전반적인 포트폴리오에 근사적으로 동일한 일일 영향을 미치는 것이다. 우리는 단지 모든 포지션에 동등한 표를 주기 위해 노력하고 있는 것이다. 전체 포트폴리오 손익에 영향을 미칠 수 있는 동일한 능력을 갖도록 한다.

변동성은 여러 방법으로 측정할 수 있다. 『Following the Trend』에서 나는 평균참범위ATR, Average True Range를 평균 하루 동안 시장이 얼마나 오르내리는지를 측정하는 척도로 사용했다. 나는 항상 툴킷 확장에 찬성하므로 여기서는 다른 측정값을 사용할 것이다.

어떤 게 최선인지 묻는 이메일은 보내지 않았으면 좋겠다. 그건 핵심을 놓칠 수 있다. 난 당신에게 어떻게 하는 게 최선인지 정확히 알려줄 사람이 아니다. 대부분의 경우 이러한 조언은 해롭다고 생각한다. 나는 당신이 다양한 방법과 도구에 대한 이해와 스킬을 쌓을 수 있도록 돕고 싶다. 방법이 어떻게 작동하는지, 어떻게 당신의 트레이딩 아이디어에 통합될 수 있는지, 바란건대 어떻게 자신만의 도구를 만들 것인지 실제로 배울 수 있는 기초를 제공하고 싶다.

평균 참범위 즉, ATR을 사용하는 대신 이번에는 표준편차를 사용하고자 한다. 일반적인 퍼센트로 표시된 연간 표준편차가 아니라 가격 변화의 표준편차다. ATR과 크게 다르지 않은 측정이다. 종가만을 사용하기 때문에 우리가 신경 쓸 데이터는 조금 줄고 논리는 조금 더 단순해질 것이다. 여기서 표준편차는 40일 동안 매일 달러와 센트의 변화를 기준으로 계산된다. 우리는 가격이 아닌 가격 변화에 대해 이야기하고 있는 것이다. 실제 가격 수준의 표준편차를 사용하는 것은 이 맥락에서 다소 터무니없는 결과를 낳을 것이다. 여기서 40일은 대략 지난 두 달 동안의 변동성을 측정한다. 자유롭게 다른 설정을 실험해보라.

운 좋게도 파이썬에서는 가격 변화의 표준편차를 계산하는 것이 매우 간단하다. 원하면 한 줄로 해도 된다. 다음 코드는 종가(close)라는 열이 있는 데이터프레임이 있다고 가정할 때 지난 2개월 동안의 가격 변화의 표준편차를 계산하는 데 필요한 모든 것이다.

```
std_dev = df.close.diff()[-40:].std()
```

이 행을 분해해서 무슨 일이 일어나고 있는지 확실히 이해하도록 하자. 여기서 df 변수는 "종가(close)"라는 열이 있는 데이터프레임이다. 구문의 첫 부분은 diff()

함수를 사용해 일별 변화를 가져온다. 그것만으로도 매일의 일간의 차이를 가진 또다른 시계열을 얻을 수 있다.

그 후 우리는 지난 40일을 잘라내고^{slice}, 그것을 바탕으로 내장된 함수 .std()로 표준편차 계산을 요청한다. 이제 이 코드 한 줄을 다른 좋아하는 프로그래밍 언어로 복제해보라. 그러면 파이썬이 얼마나 더 간단한지 금방 알 수 있다.

포트폴리오의 각 포지션이 전체 포트폴리오 가치의 0.2%에 해당하는 하루 평균 영향을 미치기를 바란다고 가정한다. 이 예에서는 0.2%라는 숫자를 리스크 계수^{risk} ^{factor}라고 한다. 이것은 리스크를 증가 또는 감소시키기 위해 위아래로 움직일 수 있는 완전한 임의의 숫자다. 15장의 시연 모델에 대한 주요 리스크 지침 도구다.

다음은 포지션 크기를 기반으로 변동성을 계산하기 위해 적용하는 공식이다.

$$계약수 = \frac{위험계수 \times 총\ 포트폴리오\ 가치}{표준편차 \times 포인트\ 가치}$$

이 공식이 가정하는 것은 모든 것이 같은 통화로 표시된다는 것이다. 국제 선물을 거래한다면, 외화를 기준 통화로 환산해야 한다.

총 잔액이 5백만 달러인 포트폴리오를 보유하고 있으며 20베이시스 포인트^{bp,} $^{basis\ point}$의 리스크 요인을 적용하려고 한다고 가정하자. 이 맥락에서 표현 베이시스 포인트^{bp}는 백분율의 부분을 의미하는 것으로 20bp는 0.2%와 같다. 우리는 현재 43.62달러에 거래되고 있고 40일 표준편차가 1.63달러인 원유를 매수하려고 한다. 여기에 우리의 공식이 있다.

위험계수 = 0.002

총 포트폴리오 가치 = 5,000,000

표준편차$_{40}$ = 1.63

포인트 가치 = 1,000

목표 영향 = 0.002 × 5,000,000 = 10,000

평균 움직임 = 1.63 × 1,000 = 1,630

$$\frac{10,000}{1,630} = 6.13$$

계약 수 = 6

이 경우, 우리는 5백만 달러의 포트폴리오에 대해 6개의 계약만 매수하게 된다. 이것은 당신들이 실행할 정확한 규칙이 아닐 수도 있다고 이미 경고했다. 이 모델은 당신에게 모델이 어떻게 돌아가는지 알려주기 위한 것이다.

현재 중요한 것은 이러한 유형의 포지션 크기 조정에 대한 논리를 이해하는 것이다. 이 경우 모든 포지션이 포트폴리오에 대해 약 1만 달러의 일일 평균 영향을 미치기를 바라며, 이를 기반으로 얼마나 많은 계약을 거래해야 하는지 파악할 수 있을 것이다.

변동성 패리티 배분$^{volatility\ parity\ allocaiton}$을 할 수 있는 대체 방법이 여러 가지 있는데, 이들은 우리가 여기서 실제로 하고 있는 것에 대한 화려한 이름이다. 당신이 염두에 두고 있는 다른 방법도 아마 괜찮을 것이며, 다만 개념이 중요하다.

포지션 크기 계산 코드는 다음에서 발견할 수 있다. 입력은 현재 포트폴리오 시가 평가 가치$^{mark-to-market\ value}$, 표준편차$^{standard\ deviation}$ 및 포인트 가치$^{point\ value}$이다. 리스크 요인은 '모델의 설정' 절에 이미 정의돼 있다(나중에 전체 코드에서 확인 가능하다). 출력은 우리가 거래해야 할 계약 수다.

```
def position_size(portfolio_value, std, point_value):
    target_variation = portfolio_value * risk_factor
```

```
contract_variation = std * point_value
contracts = target_variation / contract_variation
return int(np.nan_to_num(contracts))Trend Filter
```

친근한 이중 이동 평균^{Dual Moving Average}이 모델에 대해 사용되지만, 추세 신호로는 사용되지 않는다. 대신 이는 추세 방향을 결정하는 필터로 사용된다.

우리는 40일 지수 이동 평균과 더 긴 80일 이동 평균의 조합을 사용한다. 40일 평균이 80일 평균보다 높으면 추세 방향이 긍정적이라고 판단한다. 반대로 더 빠른 EMA^{faster EMA}가 더 느린 EMA^{slower EMA}보다 더 낮은 경우 추세가 부정적이라고 할 수 있다.

이것 자체로는 어떠한 거래도 유발하지 않는다. 그냥 필터로 삼는다. 우리는 추세가 양수일 경우에만 롱 진입 신호를 취하고, 반대로 추세가 음수일 경우에만 숏 진입 신호를 취한다.

40과 80이 왜 선택됐는지 궁금할지 모르겠지만, 답변은 지금 이 시점에서 예상 외로 경솔하게 뽑힌 것은 아닐 것이다. 이 수치들은 다른 수치들과 마찬가지로 합리적인 것이다. 다른 조합을 자유롭게 시도해보라. 시장이 현재 상승하고 있는지 아니면 하강하고 있는지 판단하기 위한 일반적인 목적임을 유념하라.

또한 정규적인 단순 이동 평균 대신 지수 이동 평균을 선택한 이유가 궁금할 수 있다. 여기서 이를 선택한 주된 이유는 파이썬을 사용해 지수 이동 평균을 계산하는 방법을 보여주기 위한 것이다.

그림 15.1은 이 추세 필터의 아이디어를 보여준다. 더 빠른 EMA가 높을수록 추세는 긍정적이고, 그렇지 않을 경우 부정적이라고 판단한다.

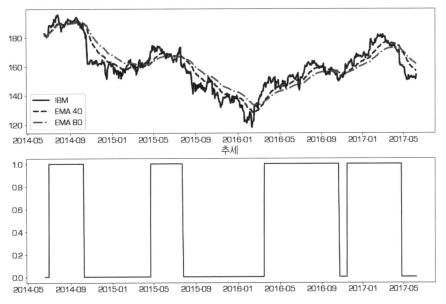

그림 15.1 추세 필터

진입 규칙

이 모델의 트레이딩 규칙은 대칭적이다. 이는 우리가 롱과 숏 사이드를 동등하게 다루고 있으며, 트레이딩 논리의 부호만 뒤집으면 됨을 의미한다.

그것이 트레이딩하는 최선의 방법은 아닐지도 모른다. 강세장^{Bullish} 추세와 약세 장^{Bearish} 추세는 상당히 다르게 동작하는 경향이 있으며 다른 파라미터 집합이 필요할 수 있다. 하지만 일단은 모델을 단순하게 유지하도록 하겠다.

진입 규칙은 단순 돌파^{breakout} 논리를 기반으로 한다. 시장이 추세의 방향으로 새로운 50일 극단(신고가)에 도달하면, 우리는 진입할 것이다.

롱 진입을 위해 먼저 추세 필터가 양수여야 한다. 40일 지수 평균이 80일 지수 평균보다 높아야 한다. 이 말은 만약 이렇게 되면, 롱 진입 신호를 받을 수 있는 청신호를 갖는다는 의미다.

가격이 50일 신고가를 기록하면, 우리는 다음날 롱 진입을 한다.

숏 진입을 확인하는 것은 논리를 뒤집기만 하면 된다. 추세 필터가 음수이고, 50일 신저가를 기록하면, 숏을 한다.

청산 규칙

이 단순한 추세 모델은 추적 손절trailing stop을 사용한다. 즉, 가격과 함께 손절 포인트가 이동하기 때문에 많이 번 후에 너무 많이 돌려주지 않도록 해야 한다. 우리가 여기서 하고 싶은 것은 일정 금액의 이익 반환을 목표로 하는 것이다.

여기서는 추세 추종 모델을 다루고 있다는 것을 유념하라. 추세 모델은 청산 전에 항상 이익의 일부를 돌려준다. 이 모델들은 바닥에서 매수하고 천장에서 매도하는 것을 목표로 하지 않는다. 그건 추세 추종이 아니다. 다른 종류의 전략들은 그러한 것을 시도할 수도 있지만, 우리가 여기서 하고 있는 것은 상당히 다르다. 비싸게 사서 더 비싸게 팔려고 한다. 싸게 사서 비싸게 팔려는 것이 아니다.

이 모델의 경우, 우리는 이익 목표가 없다. 우리는 가능한 한 오랫동안 그 포지션에 있고 싶다. 우리는 시장이 우리의 방향으로 계속 움직이는 한 그 포지션에 머무르기만 하면 된다. 만약 우리에 대해 "유의미하게" 반대로 움직이면 우리는 그것을 청산한다. 당연히 여기서 중요한 키워드는 "유의미하게"이다.

이러한 포지션에 대해 백분율(%) 손실을 사용하는 것은 도움이 되지 않을 것이다. 우리가 여러 자산 클래스에 걸쳐 다양한 시장을 상대하고 있다는 것을 기억하라. 기초 자산의 변동성 수준이 상당히 다르므로 백분율로 비교할 수 없다.

원유와 플래티넘의 경우 2%의 움직임은 큰 문제가 되지 않는다. 그런 일은 항상 일어나기 마련이다. 그러나 미국의 2년 만기 정부채 선물에 있어서는, 그것은 엄청난 움직임이다. 금융 시장에서는 거의 전례가 없는 일이다. 움직임을 측정하려면 백분율보다 더 나은 것이 필요하다. 움직임을 변동성으로 정규화해야 비교가 가능하다.

앞에서 우리는 포지션 크기 결정의 맥락에서 표준편차에 대해 논의했다. 이 측정은 이 맥락에서 잘 작동한다. 표준편차로 시장이 평균적으로 하루에 대략 얼마나 움직이는가를 알 수 있다.

여기서 청산 규칙은 이 표준편차값을 기반으로 한다. 가장 큰 미실현 이익이 발생한 포지션의 정점에서 해당 포지션을 닫기 전에 포지션이 표준편차값의 3배를 잃는 것을 허용한다.

이것은 장중에 일어나는 일중 손절이 아니다. 이는 일별 가격을 기준으로 한 트리거이며, 실제 거래는 다음날 실행된다. 이는 규칙을 단순하고 쉽게 복제하기 위한 것이다. 대부분 일일 데이터를 거의 문제 없이 소싱할 수 있는 반면, 역사적 일중 시리즈는 비용이 많이 들 수 있다.

이 경우 표준편차를 기준으로 손절 수준을 사용할 수 있는 추가적인 이점이 있다. 앞에서 우리는 20bp의 리스크 계수를 사용해 포지션 크기를 설정했다. 앞에서 설명한 바와 같이 이 공식은 평균 일일 포지션 변동이 포트폴리오에 약 20bp만큼 영향을 미치도록 하는 것을 목표로 한다.

따라서 시장이 1 표준편차만큼 움직인다면 전체 포트폴리오 영향은 0.2%가 될 것이다. 그리고 이제 손절 포인트를 표준편차값의 3배로 설정했으므로 모든 포지션이 청산되기 전에 포트폴리오 가치의 0.6%를 잃게 된다. 즉, 정점에서 60bp를 잃게 된다. 만약 받을 이익이 있다면 그것이 포지션이 청산되기 전에 받을 이익의 크기다.

비용 및 슬리피지

Zipline은 대부분의 상업용 솔루션보다 훨씬 더 복잡한 비용 및 슬리피지^{slippage} 모델링을 내장하고 있다. 세부 정보를 자세히 살펴보면 이러한 중요한 변수를 고려하기 위한 일련의 알고리듬 설정을 찾을 수 있다. 변형을 시도하고 다양한 가정을 모델링해 결과에 어떤 영향을 미치는지 확인하기 바란다.

우리의 시연 모델은 거래량을 고려한 슬리피지 모델을 선택했다. 이 경우 일일 거래량의 20%를 초과해 트레이딩하면 안 되며, 이를 바탕으로 슬리피지를 모델링한다. 물론 이 슬리피지 모델은 일중 데이터에서 훨씬 더 잘 작동한다.

비용은 계약당 0.85달러의 커미션과 1.5달러의 거래소 수수료를 가정했다. 저비용 온라인 브로커와 거래한다고 가정할 때, 이러한 비용 가정은 합리적으로 현실적일 것이다.

코드에 설정을 남겨놨다. 독자들은 슬리피지와 커미션을 넣거나 뺄 수 있다. 그리고 이러한 것들이 얼마나 큰 영향을 미치는지 실험할 수 있다.

유동성에 대한 이자

지금쯤 알겠지만 선물은 마진으로 거래된다. 대부분의 전문 선물 매니저들은 10~20%의 마진 대 자본margin-to-equity 범위에서 트레이딩하는 경향이 있으며, 이는 현재 자본의 80~90%가 실제로 필요하지 않음을 의미한다.

전문 선물 매니저들은 그 초과 현금을 단기 정부채를 사기 위해 사용한다. 여기에는 두 가지 이유가 있다. 가장 확실한 것은 정의상 무위험인 동시에 이자를 얻을 수 있다는 것이다. 선물 거래의 좋은 시절 80년대, 90년대, 심지어 2000년대의 일부에서도 이 이자는 전략의 결과에 상당한 영향을 미칠 수 있었다.

물론 여기서 가장 좋은 점은 헷저로서 고객을 위해 창출한 수익률에 대해서도 성과 수수료를 받는다는 것이다. 비록 그 수익의 일부가 무이자 위험에서 나왔다고 해도 말이다. 그렇다. 그때가 좋았다.

안타깝게도 요즘은 이러한 금융 수단에 대한 수익률이 너무 낮아서 성과에 전혀 영향을 미치지 않는다. 그래도 여전히 또 다른 이유로 그것을 한다.

다른 이유는 신탁 책임과 관련이 있다. 은행이나 중개업자가 하룻밤 사이에 파산하면 현금 보유는 없어질 가능성이 높다. 따라서 분리 계정segregated account 등을 사용한다. 그러나 실제로 당신의 현금이 사라질 가능성이 높다.

그러나 증권의 경우는 당신에게 반환될 가능성이 매우 높다. 사기 상황이라면 모든 배팅이 날아가지만 만약 탐욕과 무책임, 일상적인 기업 비리의 정규적인 사례라면 어느 시점에 유가증권이 반환될 가능성이 높다.

시뮬레이션을 단순하게 하고 이 부분은 무시하겠다. 현실에서 선물 모델을 배치할 때 현금 관리를 더 자세히 살펴봐야 한다. 신탁적 이유이건 경제적 이유이건 둘 다 살펴봐야 한다.

현금 관리의 역사적 영향을 적절히 고려한다면 시뮬레이션 결과는 조금 더 높을 것이다. 어떤 해에는 무위험 수익률이 높았을 때 이는 상당한 차이를 보였다.

추세 모델 소스 코드

Zipline 시뮬레이션의 일반적인 구조는 지금쯤은 여러분에게 익숙할 것이다. 만약 여러분이 이 책의 주식 부분을 건너뛰지 않았다면 말이다. 이 코드에서 볼 수 있듯이 선물과의 주요 차이점은 연속 가격^{continuations} 시계열 대 계약^{contracts}이라는 이중 개념을 다루는 데 있다.

연속 가격 시계열은 개별 계약의 시계열을 기준으로 계산된 시계열이다. 계약과 계약을 붙여서 장기 시계열을 형성해 선물 시장 장기 보유의 실제 가격 영향에 최대한 근접하는 것을 목표로 한다. 선물 공간에는 실제 장기 시리즈가 없기 때문에 이것이 장기 시계열 분석을 실행할 수 있는 최선의 방법이다. 하지만 연속 가격 시계열을 거래할 수는 없다. 그건 그냥 계산일 뿐이다.

트레이딩을 위해서는 현재 어떤 계약이 현재 거래할 관련된 계약인지 파악해야 한다. 그것은 보통 가장 유동적인 계약을 의미한다. 여기서 우리가 하는 일은 항상 가장 많이 거래되는 계약을 현재의 계약으로 사용하는 연속 가격 시계열을 구축하는 것이다. 그리고 트레이딩할 때 연속 가격 시계열에게 현재 어떤 계약을 사용하고 있는지 계속 알려달라고 요청한다. 그것이 우리가 트레이딩할 계약이다.

선물 계약 수명은 제한적이기 때문에 이 또한 우리가 매일 롤링해야 할 포지션이 있는지 확인해야 한다는 것을 의미한다.

트레이딩 논리는 지나치게 복잡하지는 않다. 먼저 추세 필터와 변동성 척도를 계산해보겠다. 그리고 나서 각 시장을 하나씩 살펴보도록 하자. 이미 시장에 미결제 포지션이 있다면, 가능한 두 가지 손절 조건 중 하나가 충족되는지 확인한다. 즉 가격이 표준편차의 3배만큼 우리에게 불리하게 움직이거나 추세 방향이 뒤집어졌는지 여부다.

보유 포지션이 없으면 추세 방향으로 50일 신고가나 신저가가 새로 생겼는지 확인하고, 만약 있으면 포지션을 열기 위해 거래한다.

이전과 마찬가지로 코드의 주요 부분을 조금씩 설명과 함께 보여주겠다. 이 절의 마지막 부분에서는 모든 소스를 한 번에 얻을 수 있다.

상단에는 평소처럼 다양한 불러오기^{import} 구문들이 있다. 만약 당신이 주식 장을 읽고 그 코드를 공부했다면 이것 중 많은 부분이 익숙할 것이다. 그러나 이번에는 몇 가지 선물에 특화된 기능을 불러올 것이다.

```
%matplotlib inline

import zipline
from zipline.api import future_symbol, ₩
    set_commission, set_slippage, schedule_function, date_rules, ₩
    time_rules, continuous_future, order_target
import matplotlib.pyplot as plt
import pyfolio as pf
import pandas as pd
import numpy as np
from zipline.finance.commission import PerTrade, PerContract
from zipline.finance.slippage import VolumeShareSlippage, ₩
    FixedSlippage, VolatilityVolumeShare
```

주식 모멘텀 모델에서 모델이 실행 중일 때 많은 텍스트를 출력했다. 주로 백테스트를 실행하는 데 걸리는 몇 분 동안 살펴보기 위한 것들이었다. 이것은 주의력이 낮은 사람들에게 지루함을 고조시키는 것 외에는 아무 영향도 주지 않는다.

이 모델에서는 같은 것을 다른 방법으로 실행하는 것을 보여주겠다. 이 책의 복잡성 점진적 증가 테마에 따라 이번에는 매번 새로운 행을 인쇄하지 않고 텍스트 출력을 업데이트하는 방법을 보여주겠다.

주식 모멘텀 모델은 한 달에 한 행을 인쇄하므로 최종적으로 아래로 스크롤할 텍스트 줄이 꽤 많이 생성된다. 여기서의 접근법은 동일한 텍스트가 동적으로 업데이트된다.

먼저 필요한 라이브러리를 가져오고 백테스트 실행 중에 업데이트할 수 있는 출력 변수를 생성해 설정해야 한다.

```
# 이들 줄은 동적 텍스트 보고를 위한 것이다.
from IPython.display import display
import ipywidgets as widgets
out = widgets.HTML()
display(out)
```

이제 이 설정이 완료됐으므로 백테스트 실행 시 별도의 함수에서 수행할 out.value를 설정해 출력 텍스트를 동적으로 변경할 수 있다. 다음 함수는 매일 호출된다.

이전에 context라는 Zipline 객체는 백테스트 실행 중에 원하는 모든 것을 저장할 수 있다는 것을 알았다. 이번에 우리는 이것을 지금까지 몇 개월 동안 거래했는지 추적하는 데 사용할 것이다. 이를 위해 초기화할 때 context.months = 0만 설정하면 된다. 동일한 시작 루틴에서 월별 출력 보고서를 스케줄링한다.

```
# 백테스트 동안 진행 중인 출력에 대해 단지 이것을 사용한다.
# 어떤 것에도 영향을 주지 않는다.
context.months = 0
```

```
# 월간 보고서 출력을 스케줄한다.
schedule_function(
    func=report_result,
    date_rule=date_rules.month_start(),
    time_rule=time_rules.market_open()
```

보고 루틴 자체에는 몇 줄의 코드만 있다. 거래된 월수를 업데이트하고, 지금까지의 연간 수익률을 계산하고, 텍스트를 업데이트한다. 백테스트를 실행하는 동안 동적 텍스트 업데이트만 하면 된다.

```
def report_result(context, data):
    context.months += 1
    today = zipline.api.get_datetime().date()
    # 이제까지의 연율화된 수익률을 계산한다.
    ann_ret = np.power(context.portfolio.portfolio_value / starting_portfolio,
                12 / context.months) - 1

    # 텍스트를 업데이트한다.
    out.value = """{} We have traded <b>{}</b> months
    and the annualized return is <b>{:.2%}</b>""".format(today, context.months,
ann_ret)
```

지금까지는 단지 불러오기^{import} 구문과 보고^{reporting} 내용만을 작성했지만, 이제 실제 모델 논리에 대해 알아보겠다. 이전 모델과 마찬가지로 커미션, 슬리피지 및 기타 다양한 설정을 하는 **initialize** 루틴이 있다. 이전의 주식 모델에서는 과거에 당신의 레이더에 현실적으로 나타났던 주식을 반영할 동적인 투자 유니버스가 필요했다. 선물에서는 그것이 더 용이하다.

여기서는 우리가 트레이딩하고자 하는 시장을 정의한다. 당신이 10년 전에도 거의 동일한 시장을 선택했을 것이라는 것은 타당한 가정이다.

12장의 주식 모델에서는 symbol 객체 리스트를 투자 유니버스로 사용했다. Zipline 논리에서 symbol 객체는 주식에만 적용된다. 선물에 대해서 우리는 대신 두 가지 관련 개념 즉, future_symbol과 continuous_future를 가지고 있다. 전자는 특정 선물 계약을 의미하며, 두 번째는 많은 개별 계약에 근거해 계산된 장기적 가격 연속 시리즈를 의미한다.

다음 initialize에서 볼 수 있듯이 여기서는 각 시장별로 하나씩 continuous_future 객체 리스트를 작성한다.

```python
def initialize(context):

    """
    비용 설정
    """
    if enable_commission:
        comm_model = PerContract(cost=0.85, exchange_fee=1.5)
    else:
        comm_model = PerTrade(cost=0.0)

    set_commission(us_futures=comm_model)

    if enable_slippage:
        slippage_model=VolatilityVolumeShare(volume_limit=0.2)
    else:
        slippage_model=FixedSlippage(spread=0.0)

    set_slippage(us_futures=slippage_model)

    """
    트레이딩할 시장들
    """
    currencies = [
        'AD',
        'BP',
        'CD',
        'CU',
```

```
    'DX',
    'JY',
    'NE',
    'SF',
]

agricultural = [
    'BL',
    '_C',
    'CT',
    'FC',
    'KC',
    'LR',
    'LS',
    '_O',
    '_S',
    'SB',
    'SM',
    '_W',
]
nonagricultural = [
    'CL',
    'GC',
    'HG',
    'HO',
    'LG',
    'NG',
    'PA',
    'PL',
    'RB',
    'SI',
]
equities = [
    'ES',
    'NK',
    'NQ',
    'TW',
    'VX',
```

```
        'YM',
]
rates = [
    'ED',
    'FV',
    'TU',
    'TY',
    'US',
]

# 모든 시장 리스트
markets = currencies + agricultural + nonagricultural + equities + rates

# 모든 연속 가격 시계열 리스트를 만든다.
context.universe = [
    continuous_future(market, offset=0, roll='volume', adjustment='mul')
        for market in markets
]

# 이들을 이용해 최적 포지션을 추적할 것이다.
# 손절 포인트를 계산하기 위해 사용된다.
context.highest_in_position = {market: 0 for market in markets}
context.lowest_in_position = {market: 0 for market in markets}

# 일간 트레이딩을 스케줄한다.
schedule_function(daily_trade, date_rules.every_day(), time_rules.market_close())

# 백테스트 동안 진행 중인 출력을 위해 이것을 사용한다.
# 어떤 영향도 미치지 않는다.
context.months = 0

# 월간 보고서 출력을 스케줄한다.
schedule_function(
    func=report_result,
    date_rule=date_rules.month_start(),
    time_rule=time_rules.market_open()
)
```

주식장에서 본 것처럼 여기 몇 가지 헬퍼함수가 있다. 14장에서 논의한 바와 같이 계약의 롤링이 필요한지 확인하는 논리가 있다. 포지션 크기에 대한 논리는 위 절에서 포지션 배분에 대해 설명했다.

이제 여러분이 더 보고 싶어 하는 것은 아마도 일일 거래 논리에 대한 코드일 것이다. 우리는 모든 시장에 대해 약 1년치의 연속적인 데이터를 얻는 것으로 daily_trade 루틴을 시작한다.

```
# 연속 데이터를 얻는다.
    hist = data.history(
        context.universe,
        fields=['close','volume'],
        frequency='1d',
        bar_count=250,
    )
```

다음으로 추세를 계산할 것이다. 앞서 언급했듯이 40일 EMA가 80일 EMA보다 높을 경우 강세장Bull을 호출한다.

데이터를 확보한 후에 우리는 각 시장을 하나씩 반복한다. 시장별로 반복을 할 때 우선 문제의 시장에 대해 관련 히스토리 부분을 잘라낸다slice. 그리고 나서 이를 기반으로 몇 가지 중요 분석치를 계산하고, 진입할 포지션이 있는지 여부에 대해 구체적으로 확인한다.

여기 코드가 있다. 조금씩 먼저 루프를 시작하고 표준편차 계산과 추세를 포함해 필요한 데이터를 준비한다.

```
    # 시장을 반복하고, 트레이딩을 체크한다.
    for continuation in context.universe:

        # 연속 가격 시계열의 루트 심볼을 얻는다.
        root = continuation.root_symbol
```

```
# 단지 이 시장에 대한 히스토리를 슬라이싱한다.
h = hist.xs(continuation, level=1)

# 표준편차를 얻는다.
std = h.close.diff()[-vola_window:].std()
# 추세의 계산
trend = (h[close'].ewm(span=fast_ma).mean() > h['close'].ewm(span=slow_ma).
mean())[-1]
```

그리고 나서 롱 포지션을 처리한다.

```
if root in open_pos: # 포지션이 열려 있다.

    # 포지션을 얻는다.
    p = context.portfolio.positions[open_pos[root]]

    if p.amount > 0: # Position is long
        if context.highest_in_position[root] == 0: # First day holding the
position

            context.highest_in_position[root] = p.cost_basis
        else:
            context.highest_in_position[root] = max(
                h['close'].iloc[-1], context.highest_in_position[root]
            )

        # 손절 포인트를 계산한다.
        stop = context.highest_in_position[root] - (std  * stop_distance)
        # 손절에 도달했는지 체크한다.
        if h.iloc[-1]['close'] < stop:
            contract = open_pos[root]
            order_target(contract, 0)
            context.highest_in_position[root] = 0
        # 추세가 뒤집혔는지 체크한다.
        elif trend == False:
            contract = open_pos[root]
            order_target(contract, 0)
```

```
                    context.highest_in_position[root] = 0
```

숏 포지션을 처리한다.

```
else: # 포지션이 숏이다.
    if context.lowest_in_position[root] == 0: # 첫째 날의 보유 포지션
        context.lowest_in_position[root] = p.cost_basis
    else:
        context.lowest_in_position[root] = min(
            h['close'].iloc[-1], context.lowest_in_position[root]
        )

    # 손절 포인트를 계산한다.
    stop = context.lowest_in_position[root] + (std  * stop_distance)

    # 손절이 도달했는지 체크한다.
    if h.iloc[-1]['close'] > stop:
        contract = open_pos[root]
        order_target(contract, 0)
        context.lowest_in_position[root] = 0
    # 추세가 뒤집혔는지 체크한다.
    elif trend == True:
        contract = open_pos[root]
        order_target(contract, 0)
        context.lowest_in_position[root] = 0
```

만약 포지션이 없으면, 강세장 시나리오를 다룬다.

```
else: # 포지션이 없다.
    if trend: # Bull trend
        # 신고가인지 체크한다.
        if h['close'][-1] == h[-breakout_window:]['close'].max():
            contract = data.current(continuation, 'contract')

            contracts_to_trade = position_size( \
```

```
                                           context.portfolio.portfolio_
value, \
                                 std, \
                                 contract.price_multiplier)

             # 평균 일간 거래량의 20%로 크기를 제한한다.
             contracts_cap = int(h['volume'][-20:].mean() * 0.2)
             contracts_to_trade = min(contracts_to_trade, contracts_cap)

             # 주문을 낸다.
             order_target(contract, contracts_to_trade)
```

마지막으로 약세장 시나리오를 다룬다.

```
        else: # 약세 추세
            # 신저가인지 체크한다.
            if h['close'][-1] == h[-breakout_window:]['close'].min():
                contract = data.current(continuation, 'contract')

                contracts_to_trade = position_size( \
                             context.portfolio.portfolio_value, \
                             std, \
                             contract.price_multiplier)

                # 평균 일간 거래량의 20%로 크기를 제한한다.
                contracts_cap = int(h['volume'][-20:].mean() * 0.2)
                contracts_to_trade = min(contracts_to_trade, contracts_cap)

                # 주문을 낸다.
                order_target(contract, -1 * contracts_to_trade)
```

마지막으로 daily_trade 루틴에서 열려 있는 포지션이 있을 경우 롤링이 필요한 것이 있는지 확인하기 위해 함수를 실행한다. 이에 대해서는 14장에서 자세히 설명했다.

```
# 만약 포지션이 열려 있으면 롤링을 체크한다.
if len(open_pos) > 0:
    roll_futures(context, data)
```

당신의 파이썬 실력이 이 책을 통해 지속적으로 향상될 것이기 때문에, 나는 코드의 주석에 점점 더 의존할 것이며 모든 줄을 텍스트로 설명하지는 않을 것이다. 만약 그렇다면 이 책은 500페이지 정도에서 2배로 커질 것이다. 대신 새로운 개념과 중요한 부분을 설명하는 데 집중할 것이다.

이제 코드의 개별 부분을 살펴봤으니 아래의 전체 모델 코드를 살펴보기 바란다. 이 책에 있는 다른 모든 코드와 마찬가지로 책의 웹사이트 www.followingthetrend. com/trading-evolved에서 다운로드할 수 있다.

```
%matplotlib inline

import zipline
from zipline.api import future_symbol, \
    set_commission, set_slippage, schedule_function, date_rules, \
    time_rules, continuous_future, order_target

import matplotlib.pyplot as plt
import pyfolio as pf
import pandas as pd
import numpy as np
from zipline.finance.commission import PerTrade, PerContract
from zipline.finance.slippage import VolumeShareSlippage, \
    FixedSlippage, VolatilityVolumeShare

# 이들 줄은 동정 텍스트 보고를 위한 것이다.
from IPython.display import display
import ipywidgets as widgets
out = widgets.HTML()
display(out)
```

```
"""
모델 설정
"""
starting_portfolio = 50000000
risk_factor = 0.0015
stop_distance = 3
breakout_window = 50
vola_window = 40
slow_ma = 80
fast_ma = 40
enable_commission = True
enable_slippage = True



def report_result(context, data):
    context.months += 1
    today = zipline.api.get_datetime().date()
    # 이제까지의 연율화된 수익률을 계산한다.
    ann_ret = np.power(context.portfolio.portfolio_value / starting_portfolio,
                12 / context.months) - 1

    # 텍스트를 업데이트한다.
    out.value = """{} We have traded <b>{}</b> months
    and the annualized return is <b>{:.2%}</b>""".format(today, context.months,
ann_ret)

def roll_futures(context, data):
    open_orders = zipline.api.get_open_orders()

    for held_contract in context.portfolio.positions:
        # 핵심 논리에 의해 변화하도록 설정된 포지션을 롤링하지 않는다.
        if held_contract in open_orders:
            continue

        # 다음날들에 거래를 종료할 계약들에 대한 롤링만을 확인함으로써
        # 시간을 절약한다.
        days_to_auto_close = (
            held_contract.auto_close_date.date() - data.current_session.date()
        ).days
```

```python
            if days_to_auto_close > 5:
                continue

            # 연속 가격 시계열을 만든다.
            continuation = continuous_future(
                    held_contract.root_symbol,
                    offset=0,
                    roll='volume',
                    adjustment='mul'
                    )

            # 연속 가격 시리즈의 현재 계약을 얻는다.
            continuation_contract = data.current(continuation, 'contract')

            if continuation_contract != held_contract:
                # 보유 계약 수를 체크한다.
                pos_size = context.portfolio.positions[held_contract].amount
                # 현재 포지션을 청산한다.
                order_target(held_contract, 0)
                # 새로운 포지션을 연다.
                order_target(continuation_contract, pos_size)

def position_size(portfolio_value, std, point_value):
    target_variation = portfolio_value * risk_factor
    contract_variation = std * point_value
    contracts = target_variation / contract_variation
    return int(np.nan_to_num(contracts))

def initialize(context):

    """
    비용 설정
    """
    if enable_commission:
        comm_model = PerContract(cost=0.85, exchange_fee=1.5)
    else:
        comm_model = PerTrade(cost=0.0)

    set_commission(us_futures=comm_model)
```

```python
if enable_slippage:
    slippage_model=VolatilityVolumeShare(volume_limit=0.2)
else:
    slippage_model=FixedSlippage(spread=0.0)

set_slippage(us_futures=slippage_model)

"""
트레이딩할 시장
"""
currencies = [
    'AD',
    'BP',
    'CD',
    'CU',
    'DX',
    'JY',
    'NE',
    'SF',
]

agricultural = [
    'BL',
    '_C',
    'CT',
    'FC',
    'KC',
    'LR',
    'LS',
    '_O',
    '_S',
    'SB',
    'SM',
    '_W',
]
nonagricultural = [
    'CL',
    'GC',
```

```
        'HG',
        'HO',
        'LG',
        'NG',
        'PA',
        'PL',
        'RB',
        'SI',
    ]
    equities = [
        'ES',
        'NK',
        'NQ',
        'TW',
        'VX',
        'YM',
    ]
    rates = [
        'ED',
        'FV',
        'TU',
        'TY',
        'US',
    ]

    # 모든 시장의 리스트를 만든다.
    markets = currencies + agricultural + nonagricultural + equities + rates

    # 모든 연속 가격 시리즈의 리스트를 만든다.
    context.universe = [
        continuous_future(market, offset=0, roll='volume', adjustment='mul')
            for market in markets
    ]

    # 이들을 이용해 최상의 포지션을 읽을 것이다.
    # 손절 포인트를 계산하기 위해 사용된다.
    context.highest_in_position = {market: 0 for market in markets}
    context.lowest_in_position = {market: 0 for market in markets}
```

```python
    # 일간 트레이딩을 스케줄한다.
    schedule_function(daily_trade, date_rules.every_day(), time_rules.market_close())

    # 백테스트 동안 진행 중인 출력을 위해 이것을 사용한다.
    # 어떤 영향도 미치지 않는다.
    context.months = 0

    # 월간 보고서 출력을 스케줄한다.
    schedule_function(
        func=report_result,
        date_rule=date_rules.month_start(),
        time_rule=time_rules.market_open()
    )

def analyze(context, perf):
    returns, positions, transactions = pf.utils.extract_rets_pos_txn_from_zipline(perf)
    pf.create_returns_tear_sheet(returns, benchmark_rets=None)

def daily_trade(context, data):
    # 연속 가격 데이터를 얻는다.
    hist = data.history(
        context.universe,
        fields=['close','volume'],
        frequency='1d',
        bar_count=250,
    )


    # 열린 포지션 딕셔너리를 만든다.
    open_pos = {
        pos.root_symbol: pos
        for pos in context.portfolio.positions
    }

    # 시장을 반복하고 트레이딩을 체크한다.
    for continuation in context.universe:

        # 연속 가격 시계열의 루트 심볼을 얻는다.
        root = continuation.root_symbol
```

```python
        # 단지 이 시장에 대한 히스토리를 슬라이싱한다.
        h = hist.xs(continuation, level=1)

        # 표준편차를 얻는다.
        std = h.close.diff()[-vola_window:].std()

        # 추세를 계산한다.
        trend = (h['close'].ewm(span=fast_ma).mean() > h['close'].ewm(span=slow_
ma).mean())[-1]


    if root in open_pos: # Position is open

        # 포지션을 얻는다.
        p = context.portfolio.positions[open_pos[root]]

        if p.amount > 0: # Position is long
            if context.highest_in_position[root] == 0: # First day holding the
position
                context.highest_in_position[root] = p.cost_basis
            else:
                context.highest_in_position[root] = max(
                    h['close'].iloc[-1], context.highest_in_position[root]
                )

            # 손절 포인트를 계산한다.
            stop = context.highest_in_position[root] - (std  * stop_distance)
            # 손절에 도달했는지 체크한다.
            if h.iloc[-1]['close'] < stop:
                contract = open_pos[root]
            order_target(contract, 0)
                context.highest_in_position[root] = 0
            # 추세가 뒤집혔는지 체크한다.
            elif trend == False:
                contract = open_pos[root]
                order_target(contract, 0)
                context.highest_in_position[root] = 0
```

```
        else: # 포지션이 숏이다.
            if context.lowest_in_position[root] == 0: # 첫째 날의 보유 포지션
                context.lowest_in_position[root] = p.cost_basis
            else:
                context.lowest_in_position[root] = min(
                    h['close'].iloc[-1], context.lowest_in_position[root]
                )

            # 손절 포인트를 계산한다.
            stop = context.lowest_in_position[root] + (std  * stop_distance)

            # 손절이 도달했는지 체크한다.
            if h.iloc[-1]['close'] > stop:
                contract = open_pos[root]
                order_target(contract, 0)
                context.lowest_in_position[root] = 0
            # 추세가 뒤집혔는지 체크한다.
            elif trend == True:
                contract = open_pos[root]
                order_target(contract, 0)
                context.lowest_in_position[root] = 0

    else: # 진입한 포지션이 없다.
        if trend: # 강세 추세
            # 신고가인지 체크한다.
            if h['close'][-1] == h[-breakout_window:]['close'].max():
                contract = data.current(continuation, 'contract')

                contracts_to_trade = position_size( ₩
                                            context.portfolio.portfolio_
value, ₩
                                            std, ₩
                                            contract.price_multiplier)

                # 평균 일간 거래량의 20%로 크기를 제한한다.
                contracts_cap = int(h['volume'][-20:].mean() * 0.2)
                contracts_to_trade = min(contracts_to_trade, contracts_cap)
```

```
                # 주문을 낸다.
                order_target(contract, contracts_to_trade)

        else: # 약세 추세
            # 신저가인지 체크한다.
            if h['close'][-1] == h[-breakout_window:]['close'].min():
                contract = data.current(continuation, 'contract')

                contracts_to_trade = position_size( ₩
                                context.portfolio.portfolio_value, ₩
                                std, ₩
                                contract.price_multiplier)

                # 평균 일간 거래량의 20%로 크기를 제한한다.
                contracts_cap = int(h['volume'][-20:].mean() * 0.2)
                contracts_to_trade = min(contracts_to_trade, contracts_cap)

                # 주문을 낸다.
                order_target(contract, -1 * contracts_to_trade)

    # 만약 포지션이 열려 있으면(미결제) 롤링을 체크한다.
    if len(open_pos) > 0:
        roll_futures(context, data)

start_date = Timestamp('2001-01-01',tz='UTC')
end_date = Timestamp('2019-1-31',tz='UTC')

perf = zipline.run_algorithm(
    start=start, end=end,
    initialize=initialize,
    analyze=analyze,
    capital_base=starting_portfolio,
    data_frequency = 'daily',
    bundle='futures' )
```

핵심 추세 모델 결과

모델을 실행한 후 가장 먼저 해야 할 일은 주식 곡선의 일반적인 모양을 확인하는 것이다. 이는 물론 의사 결정을 위한 타당하거나 측정 가능한 근거는 아니지만, 모델을 더 이상 조사할 가치가 있는지 여부에 대한 일반적인 개요를 제공한다. 당신은 종종 주식 곡선을 한 번 보고 나서 아이디어와 개념을 버릴 수 있다는 것을 알게될 것이다. 때로는 샤프 비율, 연간 수익률 또는 최대 낙폭과 같은 일반적인 비율보다 전략의 수행에 대해 훨씬 더 많은 정보를 제공한다.

표 15.1 핵심 추세 월간 수익률

연도	1월	2월	3월	4월	5월	6월	7월	8월	9월	10월	11월	12월	연율
2001	−4.6	+0.8	+9.3	−9.3	+0.5	−2.8	+0.5	+1.9	+6.1	+7.4	−3.9	−1.3	+3.1
2002	−3.3	−2.1	−3.5	−1.8	+7.4	+12.6	+6.1	+0.3	+4.5	−6.1	−2.2	+6.4	+18.0
2003	+3.5	+7.2	−8.4	+1.1	+4.2	−2.9	+1.3	−4.0	+2.4	+8.3	−3.4	+8.5	+17.4
2004	+0.2	+3.5	+0.6	−7.1	+0.9	−0.4	+1.9	−2.4	+0.3	+3.1	+3.9	−1.6	+2.3
2005	−6.7	+0.1	+0.7	−0.4	−0.2	−4.2	+1.8	+1.5	+2.4	−1.9	+7.4	−1.2	−1.2
2006	+7.6	−1.6	+1.9	+9.6	+2.1	−4.4	−3.8	+7.1	−2.2	+2.7	+2.4	−4.6	+16.8
2007	−0.1	−5.7	−3.0	+6.4	+0.0	+5.4	−1.5	+1.9	+8.2	+2.0	+2.7	+1.8	+18.8
2008	+5.7	+21.0	−11.6	+0.9	+3.2	+0.5	−8.9	+6.0	+12.0	+28.4	+3.5	+3.3	+75.9
2009	−2.2	+2.7	−8.4	−1.4	+14.9	−9.9	+1.1	+5.0	+2.6	−5.1	+5.5	−3.0	−0.7
2010	−2.0	+0.3	+2.3	−0.3	−3.0	−2.4	+1.4	+3.8	+9.4	+8.7	−7.5	+9.3	+20.2
2011	+1.9	+1.3	−0.4	+14.6	−7.5	−4.9	+3.1	−2.7	+2.5	−8.8	−0.5	−1.8	−5.0
2012	+0.4	+4.2	+1.3	−1.8	+13.5	−7.7	+9.1	+1.2	−0.5	−7.3	−1.0	+0.8	+10.9
2013	+1.3	−2.2	+1.3	+0.5	+3.3	+2.4	−5.4	−3.4	−2.3	−0.9	+1.5	+3.8	−0.5
2014	−7.5	+2.5	−4.5	−2.2	+0.7	+0.0	+2.4	+13.3	+20.7	−2.9	+8.3	+9.9	+44.1
2015	+6.7	−7.0	−2.6	−2.8	−0.2	−1.0	+4.4	−0.7	+0.1	−5.3	+2.7	+0.2	−6.2
2016	+1.7	+1.0	−3.5	+3.1	−2.3	+0.2	−0.9	−2.7	−2.4	+1.9	+13.8	+0.6	+9.6
2017	−6.9	+1.6	−5.2	−1.8	−2.2	−1.5	+4.2	+0.3	−2.5	+7.0	+3.5	+3.0	−1.3
2018	+16.7	−2.2	−5.1	+0.8	−0.8	+3.8	−0.6	+3.7	−0.6	−2.7	+1.5	+8.6	+23.6

그림 15.2는 S&P 500 총수익률 지수 대비 이 단순한 추세 모델의 백테스트 성과를 보여준다. 이 기본적인 시각적 개요는 몇 가지 중요한 정보를 제공한다. 가장 확실한 것은 이 전략이 S&P 500보다 장기 실적이 더 높은 것으로 보인다는 점이

다. 하지만 그건 거의 상관이 없다. 당신은 심지어 그것이 처음부터 무관한 비교라고 주장할 수도 있다. 결국 이는 결코 주식 관련 전략이 아니다.

단순히 장기적인 성과가 더 높은 것이 질적 척도는 아니다. 이와 같은 시뮬레이션에서는 포지션 위험 크기를 단순히 증가 또는 감소시켜 최종 누적 성과 수치를 변경할 수 있다. 시작점과 끝점만 비교하는 것은 타당하지 않다. 우리가 어떻게 그곳에 도착했는지 생각해야 한다.

다음으로 우리는 같은 그림에서 주식시장과 다른 시기에 실적이 나타나는 경향을 볼 수 있다. 이 기간 동안 두 개의 주요 주식 약세장이 있었고 두 시기 모두 선물 전략이 잘 진행됐다. 이것은 추세 추종 공간을 따르는 사람들에게 놀라운 일이 아닐 것이다. 이 접근법은 시장 위기 기간 동안 역사적으로 매우 잘 수행됐다.

이는 또한 때때로 추세 모델이 강세장에서 심각하게 성과가 떨어지는 것을 의미하며, 이는 생각보다 큰 문제가 될 수 있다. 이 그림에서 비록 우리의 선물 전략은 주식과 거의 관련이 없지만 주식시장이 벤치마크로 활용되고 있다. 요점은 대중은 물론 금융 전문가들까지도 모든 것을 주식시장과 비교하는 경향이 있다는 점이다.

남의 돈을 관리하다 보면 금방 알아차릴 수 있는 일이다. 비록 당신이 주식시장과 정말로 무관해야 할 전략을 가지고 있다고 해도, 당신은 항상 그것에 비교될 것이다. 만약 당신이 10%를 잃고 주식시장이 15%를 잃으면 아무도 불평하지 않을 것이다. 만약 당신이 10% 상승하고 주식시장이 15% 상승한다면, 당신은 일부 고객들이 행복해하지 않는다는 것을 알게 될 것이다. 좋든 싫든 증시가 사실상 벤치마크다.

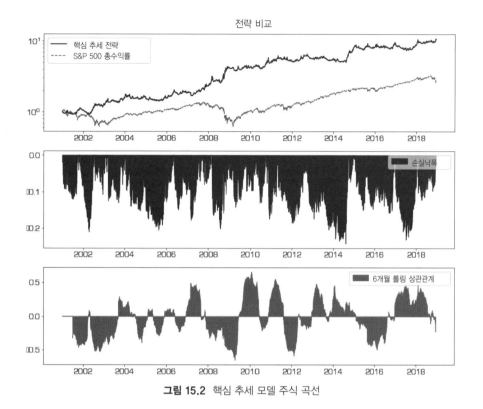

그림 15.2 핵심 추세 모델 주식 곡선

강세장에서 주식시장과의 상관관계가 낮은 것이 문제가 될 수 있지만 약세장에서는 상관관계가 낮은 것은 결정적으로 중요하다. 이런 전략이 빛을 발하는 대목이다. 사람들은 돈 버는 것을 좋아하지만 이웃이 돈을 잃는 동안 돈을 버는 것만큼 좋은 것은 없다.

수익률 차트도 또한 다소 우려스러운 측면을 보이고 있다. 한눈에 봤을 때 수익률이 감소하고 있는 것 같다. 우리는 더 깊고 오래 지속되는 낙폭drawdown을 보고 있다. 맞다. 그리고 여기에는 좋은 이유가 있다. 최근 몇 년 동안 추세 추종을 위한 환경이 최적이 아니었다.

낮은 변동성 상황도 하나의 이슈다. 추세 추종은 높은 변동성 시장에서 번창하고 변동성 있는 약세 시장에서도 두드러지게 좋은 성과를 거두고 있다. 그러나 우리는 변동성이 상당히 낮은 10년 강세 시장을 봐왔고, 이는 다양한 선물 전략에 대한 수익 잠재력을 감소시켰다.

낮은 이자율 환경도 걱정거리였다. 역사적으로 이러한 추세 추종은 단순히 장기 채권, 채권, 단기자금 시장 선물에 롱을 취하고, 서서히 하락하고 있는 수익률을 활용함으로써 커다란 수익률을 거뒀다. 이자율이 역사적으로 낮은 수준으로 내려가고 정체되면서 그 수입원은 줄어들었다.

그러나 지난 몇 년을 추세 추종 종말의 신호로 취하는 것은 실수일 것이다. 마치 2008년의 극단적인 수익률을 미래로 외삽하는 것이 실수인 것처럼 말이다. 우리가 알고 있는 것은 이러한 매우 단순화된 유형의 전략이 수십 년 동안 잘 작동해왔다는 것이다. 전통적 투자 방식을 뛰어넘는 성과를 냈고 약세장, 시장 불황기에도 강세를 보였다. 다음 약세장 때 실적이 좋을 것이라는 것은 합리적인 가정일 것이다.

표 15.2 보유 기간 수익률 – 핵심 추세 모델

연도	1	2	3	4	5	6	7	8	9	10	11	12	13	14	15	16	17	18
2001	+3	+10	+13	+10	+8	+9	+10	+17	+15	+15	+13	+13	+12	+14	+13	+12	+12	+12
2002	+18	+18	+12	+9	+10	+12	+19	+17	+17	+15	+14	+13	+15	+13	+13	+12	+13	
2003	+17	+10	+6	+9	+10	+19	+16	+17	+14	+14	+12	+15	+13	+13	+12	+12		
2004	+2	+1	+6	+9	+20	+16	+17	+14	+13	+12	+15	+13	+12	+11	+12			
2005	−1	+7	+11	+25	+19	+19	+15	+15	+13	+16	+14	+13	+12	+13				
2006	+17	+18	+35	+25	+24	+18	+17	+15	+18	+15	+15	+13	+14					
2007	+19	+45	+28	+26	+19	+17	+15	+18	+15	+14	+13	+14						
2008	+76	+32	+28	+19	+17	+14	+18	+15	+14	+12	+13							
2009	−1	+9	+4	+6	+5	+10	+8	+8	+7	+9								
2010	+20	+7	+8	+6	+13	+9	+9	+8	+10									
2011	−5	+3	+2	+11	+7	+8	+6	+8										
2012	+11	+5	+17	+11	+10	+8	+10											
2013	−1	+20	+10	+10	+8	+10												
2014	+44	+16	+14	+10	+13													
2015	−6	+1	+0	+6														
2016	+10	+4	+10															
2017	−1	+10																
2018	+24																	

표 15.2의 보유 기간 수익률 개요는 수익률을 보는 다른 방법을 제공한다. 이것은 특정 연도에 매수해 일정 기간 동안 보유할 경우 연간 수익률이 얼마나 되는지 보여준다. 2004년 1월에 이 전략을 시작해서 4년 동안 유지했다면 어떤 일이 벌어졌을지 궁금하다면 그 해를 가진 행으로 가서 4개 열을 보라. 그것은 당신이 이 기간 동안 9%의 연간 이익을 냈다는 것을 말해줄 것이다.

이 그래프는 수익률을 얻기 위해 소요된 변동성 및 최대낙폭과 같은 중요한 세부 사항에 대해 거의 알려주지 않지만 장기적인 관점을 제공하는 데 도움이 될 수 있다.

16
시간 수익률 추세 모델

시간 수익률 추세 모델은 아마도 여러분이 볼 수 있는 가장 단순한 추세 모델일 것이다. 어떤 종류의 트레이딩 모델보다 가장 간단한 모델일 수 있다. 적어도 성과가 좋은 모델만 간주한다면 이 모델의 결과에는 아무 이상이 없다. 트레이딩하기에 가장 실용적인 모델은 아니지만 규칙이 매우 간단한 것을 감안할 때 수익률은 눈부신 수준이다. 물론 나는 모든 소스 코드를 제공할 것이다.

이 모델의 목적은 조기 손절early stop out이라는 일반적인 문제를 피하면서 장기적인 추세를 포착하는 것이다. 너무 자주 추세 추종 모델들은 단기적인 일시 하락에 대해 너무 일찍 손절을 취하고, 가격이 다시 추세로 되돌아가는 것을 지켜보면서 후회하게 된다. 이러한 고전적 추세 모델은 이러한 문제에도 불구하고 장기적으로는 강한 성과를 보이는 경향이 있지만, 시간 수익률 추세 모델은 이러한 문제에 전혀 노출되지 않는다.

규칙이 너무 간단해서 언뜻 보기에 이 모델을 무시하기 쉽다. 그래도 진지하게 받아들이라고 권하고 싶다. 이 모델을 이해함으로써 배울 것이 많다.

처음부터 이 모델은 트레이딩하기에 그다지 실용적이지 않음을 명심해야 한다. 대부분의 독자들에게는 그것을 트레이딩하는 것이 불가능하다. 이 모델을 실제로 구현하기 위해서는 상당한 금액이 필요하고, 주어진 시간에 많은 포지션이 열려 있고, 지속적으로 매우 높은 자기 자본 대 마진 비율$^{margin\ to\ equity\ ratio}$로 운영된다.

하지만 이 모델은 여전히 매우 가치 있는 학습 도구로 역할을 한다. 당신이 메커니즘을 이해한다면, 당신은 모델을 수정하고 더 실용적으로 만들 수 있을 것이다. 이 버전은 학습을 위한 것이지 구현하기 위한 것은 아니다.

투자 유니버스

이전 모델과 마찬가지로 우리는 매우 넓은 투자 유니버스를 사용할 것이다. 이런 모델은 분산에 전적으로 의존하고 있어 작은 투자 유니버스에서는 좋은 성과를 내지 못할 것이다. 하나의 시장이나 소수의 시장에서나 이와 같은 규칙을 시도한다면, 나쁜 수준에서 보통 수준에 걸친 결과를 볼 수 있을 것이다. 그 효과는 광범위한 시장을 한꺼번에 트레이딩하는 데서 나온다.

이 모델은 이전 모델과 동일한 광범위한 선물 시장을 트레이딩할 것이다. 우리는 주식 지수, 상품, 통화, 채권, 단기자금 시장을 다룬다.

트레이딩 빈도

이 특정 모델로 우리는 월 1회만 거래한다. 우리는 그달에 일어나는 일들은 완전히 무시한다. 아무리 큰 움직임이라도 한 달 동안 아무런 행동도 취하지 않는다. 손절 포인트도 없고 이익 목표도 없다. 월초에 거래하고 잠시 낚시하러 가라.

사실 월별 트레이딩 시점 사이에서 우리가 해야 할 일이 하나 있다. 우리는 여기서 선물 트레이딩을 하고 있기 때문에 롤링을 매일 확인해야 한다. 즉, 유동성이 한 계약에서 다른 계약으로 이동하기 때문에 우리가 올바른 계약을 유지하고 있는지 확인해야 한다. 다른 선물 모델과 마찬가지로 이것은 우리가 벗어날 수 없는 것이다.

포지션 배분

이 모델의 경우 이전 모델과 동일한 포지션 배분 논리를 사용할 것이다. 우리는 표준편차를 이용해 변동성을 측정하고 역변동성 논리에 근거해 포지션 크기를 설정한다. 즉, 포지션별로 대략적으로 동일한 변동성 또는 리스크를 공략하기 위해 변동성이 더 큰 것은 더 낮은 액면 가치를 보유하고 있으며 변동이 더 작은 경우는 더 큰 액면 가치를 보유한다.

여기서 논리를 단순하게 유지하기 위해 포지션 크기를 정기적으로 리밸런싱하지 않으며, 더 이상 복잡한 변동성 타기팅^{volatility targeting} 기법을 채택하지 않는다. 이러한 리밸런싱과 변동성 타기팅은 모두 개인 계정보다 기관 포트폴리오 관리에 더 적합한 것이다.

트레이딩 규칙

이미 언급한 바와 같이 이 모델은 한 달에 한 번만 거래된다. 그때 우리는 두 가지만 확인한다.

- 가격이 1년 전보다 높은가, 낮은가?
- 반년 전보다 가격이 높은가, 낮은가?

그게 우리가 여기서 신경 쓰는 전부다. 이 모형에는 돌파 지표^{break indicator}라든가 이동 평균 및 어떤 종류의 지표도 사용하지 않는다. 이것은 상당히 의도적으로 매우 단순한 추세 모델이다.

여기서는 개별 계약이 아니라 이전 모델과 같이 연속 가격 시계열을 기준으로 계산한다는 점에 유의하라. 개별 계약은 제한된 시계열 히스토리를 갖기 때문에 연속 가격 시계열을 사용하는 것이 일반적으로 선물 모델에 대해 작업하는 방식이다.

동적 성과 차트

이 모델은 매우 단순하기 때문에, 당신에게 가르쳐 줄 새롭고 깔끔한 작은 요령을 던지기 좋은 곳인 것 같다. 15장에서 모델을 복제하고 백테스트를 실행한 경우, 모델을 완료하는 데 다소 시간이 걸릴 수 있다. 앞서 실행 중 지난달 실적과 같은 일부 텍스트를 출력하는 간단한 방법을 보여줬다. 하지만 이것은 예쁘지도, 유익하지도 않다.

기다리는 동안 동적으로 업데이트되는 그래프를 얻을 수 있으면 좋지 않을까? 시뮬레이션의 진행 성능을 보여주는 그래프다. 사람들이 보거나 들을 것이 있으면 기다리는 시간에 짜증을 덜 내는 것은 잘 알려진 요령이다. 그래서 엘리베이터에 거울이 있는 것이 아닌가?

백테스트를 실행할 때 동적 차트를 표시하는 것은 가능할 뿐만 아니라 매우 간단하다. 지금부터 이 책에서는 백테스트가 진행 중이기 때문에 결과를 출력할 때 이 방법을 사용할 것이다.

주피터 노트북 환경에서 이러한 동적 차트를 설정하려면 세 가지 간단한 작업을 수행해야 한다.

첫째, 지금까지 코드 맨 위에 %matplotlib inline을 사용해왔다. 이는 출력의 그래프가 코드에서 요청될 때 이미지로 표시되도록 차트 작성 라이브러리 matplotlib에 알려준다. 그러나 이를 사용하면 대화형 차트를 사용할 수 없다.

대화형 차트를 얻으려면 해당 줄을 %matplotlib notebook으로 변경해야 한다.

둘째, 차트 데이터를 저장하고 차트를 초기화하기 위한 **데이터프레임**을 만들기 위한 간단한 코드를 추가해야 한다.

```
# 그래프를 그리고자 하는 데이터를 저장하고 업데이트하기 위한 DataFame
dynamic_results = pd.DataFrame()
# figure 객체 초기화
fig = plt.figure(figsize=(10, 6))
```

```
ax = fig.add_subplot(111)
ax.set_title('Time Return Performance')
```

이제 백테스트를 진행하면서 데이터를 업데이트하기만 하면 된다. 깨끗하게 하기 위해 이 예에서는 별도의 스케줄된 함수를 추가했다. 단지 속도를 추구한다면, 동적 그래프를 사용할 때 속도가 느려지고 업데이트 빈도가 높아짐을 유념해야 한다.

initialize 함수에 이 행을 추가했는데, 이는 매달 1번 그래프를 업데이트할 것이다. 만약 짧은 기간을 주목해야 한다면, 매일 이것을 업데이트할 수 있지만 성능이 저하된다.

```
schedule_function(update_chart, date_rules.month_start(), time_rules.market_close())
```

그리고 이 새 함수로 그래프를 저장하고 업데이트한다.

```
def update_chart(context,data):
    # 이 함수는 백테스트 동안 연속적으로 그래프를 업데이트한다.
    today = data.current_session.date()
    dynamic_results.loc[today, 'PortfolioValue'] = context.portfolio.portfolio_value

    if ax.lines: # 기존 라인을 업데이트한다.
        ax.lines[0].set_xdata(dynamic_results.index)
        ax.lines[0].set_ydata(dynamic_results.PortfolioValue)
    else: # 새 라인을 만든다.
        ax.semilgy(dynamic_results)

    # 최소/최대 크기 조정을 업데이트한다.
    ax.set_ylim(
        dynamic_results.PortfolioValue.min(),
        dynamic_results.PortfolioValue.max()
    )
    ax.set_xlim(
        dynamic_results.index.min(),
```

```
    dynamic_results.index.max()
)

# 그래프를 다시 그린다.
fig.canvas.draw()
```

시간 수익률 소스 코드

이 모델의 코드는 매우 간단하다. 당신이 프로그래밍에 대해 잘 모르더라도 당신은 여전히 그것을 알아낼 수 있다. 대부분의 프로그래밍 언어에 비해 파이썬은 읽고 이해하기 쉽다.

항상 그렇듯이 맨 위에 있는 몇 가지 불러오기^{import} 구문이 있다. 어떤 라이브러리를 사용할지 코드에게 알려준다. 그런 다음 몇 가지 파라미터가 정의된다. 이것들을 마음껏 가지고 연습하라. 리스크 계수, 변동성 계산 윈도우, 유동성 필터, 추세 윈도우 등을 변경할 수 있다.

추세 윈도우에는 두 가지 설정이 있다. 하나는 롱이고 하나는 숏이다. 하나는 125일로 설정되고 다른 하나는 250일로 설정되며 이는 각각 반년 및 1년이 된다. 보다시피 규칙은 롱 포지션의 경우 두 기간에 걸쳐 긍정적인 결과를 얻어야 하며 숏 포지션의 경우 두 기간에 걸쳐 부정적인 결과를 얻어야 한다.

Initialize 함수에서 커미션과 슬리피지를 활성화하거나 비활성화할 수 있다. 다시 한 번 테스트해 보고 이것들이 어떠한 변화를 가져오는지 보라. 당신한테 간단히 말하는 것이 아니며 나를 믿어 보기를 바란다. 이 코드를 로컬에서 실행하면 더 많은 것을 배울 수 있을 것이므로, 직접 확인하기를 바란다.

같은 함수로 투자 유니버스를 정의하고, 매월 리밸런싱 및 선물 롤링 체크를 실행할 스케줄러를 설정한다.

월별 리밸런싱에서는 우선 각 시장별 포지션이 이미 비어 있는지 여부를 확인한

다. 포지션이 없으면 어제 가격이 1년 전과 반년 전 모두보다 높은지 확인한다. 그
렇다면 매수하라. 그 두 시점보다 낮으면 숏하라. 그리고 그 외엔 전혀 포지션을 잡
지 마라.

```python
%matplotlib notebook

import zipline
from zipline.api import future_symbol, \
    set_commission, set_slippage, schedule_function, date_rules, \
    time_rules, continuous_future, order_target
import matplotlib.pyplot as plt
import matplotlib
import pyfolio as pf
import pandas as pd
import numpy as np
from zipline.finance.commission import PerShare, PerTrade, PerContract
from zipline.finance.slippage import VolumeShareSlippage, \
    FixedSlippage, VolatilityVolumeShare

"""
모델 설정
"""
starting_portfolio = 10000000
risk_factor = 0.0015
vola_window = 60
short_trend_window = 125
long_trend_window = 250


"""
동적 차트를 준비한다.
"""
dynamic_results = pd.DataFrame()
fig = plt.figure(figsize=(10, 6))
ax = fig.add_subplot(111)
ax.set_title('Time Return Performance')
```

```python
def initialize(context):
    """
    비용 설정
    """
    context.enable_commission = True
    context.enable_slippage = True

    if context.enable_commission:
        comm_model = PerContract(cost=0.85, exchange_fee=1.5)
    else:
        comm_model = PerTrade(cost=0.0)

    set_commission(us_futures=comm_model)

    if context.enable_slippage:
        slippage_model=VolatilityVolumeShare(volume_limit=0.2)
    else:
        slippage_model=FixedSlippage(spread=0.0)

    set_slippage(us_futures=slippage_model)

    currencies = [
        'AD',
        'BP',
        'CD',
        'CU',
        'DX',
        'JY',
        'NE',
        'SF',
    ]
    agriculturals = [
        'BL',
        'BO',
        '_C',
        'CC',
        'CT',
        'FC',
        'KC',
```

```
        'LB',
        'LC',
        'LR',
        'LS',
        '_O',
        '_S',
        'SB',
        '_W',
    ]
nonagriculturals = [
        'CL',
        'GC',
        'HG',
        'HO',
        'LG',
        'NG',
        'PA',
        'PL',
        'RB',
        'SI',
    ]
equities = [
        'ES',
        'NK',
        'NQ',
        'TW',
        'VX',
        'YM',
    ]
rates = [
        'ED',
        'FV',
        'TU',
        'TY',
        'US',
    ]

# 섹터 리스트를 하나의 리스트로 결합한다.
markets = currencies + agriculturals + nonagriculturals + equities + rates
```

```python
    # 모든 연속 가격 시계열의 리스트를 만든다.
    context.universe = [
        continuous_future(market, offset=0, roll='volume', adjustment='mul')
            for market in markets
    ]

    # 일간 트레이딩을 스케줄한다.
    schedule_function(rebalance, date_rules.month_start(), time_rules.market_close())

    # 일간 롤링 체크를 스케줄한다.
    schedule_function(roll_futures,date_rules.every_day(), time_rules.market_close())

    # 월간 차트 업데이트를 스케줄한다.
    schedule_function(update_chart,date_rules.month_start(), time_rules.market_close())

def update_chart(context,data):
    # 이 함수는 백테스트 동안 연속적으로 그래프를 업데이트한다.
    today = data.current_session.date()
    dynamic_results.loc[today, 'PortfolioValue'] = context.portfolio.portfolio_value

    if ax.lines: # 기존 라인을 업데이트한다.
        ax.lines[0].set_xdata(dynamic_results.index)
        ax.lines[0].set_ydata(dynamic_results.PortfolioValue)
    else: # 새 라인을 작성한다.
        ax.semilogy(dynamic_results)

    # 최소/최대 크기 조정을 업데이트한다.
    ax.set_ylim(
        dynamic_results.PortfolioValue.min(),
        dynamic_results.PortfolioValue.max()
    )
    ax.set_xlim(
        dynamic_results.index.min(),
        dynamic_results.index.max()
    )

    # 그래프를 다시 그린다.
    fig.canvas.draw()
```

```python
def roll_futures(context,data):
    today = data.current_session.date()
    open_orders = zipline.api.get_open_orders()
    for held_contract in context.portfolio.positions:
        if held_contract in open_orders:
            continue
        days_to_auto_close = (held_contract.auto_close_date.date() - today).days
        if days_to_auto_close > 10:
            continue

        # 연속 가격 시계열을 만든다.
        continuation = continuous_future(
                held_contract.root_symbol,
                offset=0,
                roll='volume',
                adjustment='mul'
                )
        continuation_contract = data.current(continuation, 'contract')

        if continuation_contract != held_contract:
            pos_size = context.portfolio.positions[held_contract].amount
            order_target(held_contract, 0)
            order_target(continuation_contract, pos_size)

def position_size(portfolio_value, std, pv, avg_volume):
    target_variation = portfolio_value * risk_factor
    contract_variation = std * pv
    contracts = target_variation / contract_variation
    return int(np.nan_to_num(contracts))

def rebalance(context, data):
    # 히스토리를 얻는다.
    hist = data.history(
        context.universe,
        fields=['close', 'volume'],
        frequency='1d',
        bar_count=long_trend_window,
    )
```

```python
# 열린(미결제) 포지션의 딕셔너리를 만든다.
open_pos = {pos.root_symbol: pos for pos in context.portfolio.positions}

# 모든 시장을 루핑한다.
for continuation in context.universe:
    # 이 시장에 대한 히스토리를 슬라이싱한다.
    h = hist.xs(continuation, level=1)
    root = continuation.root_symbol

    # 변동성을 계산한다.
    std = h.close.diff()[-vola_window:].std()


    if root in open_pos: # Position is already open
        p = context.portfolio.positions[open_pos[root]]
        if p.amount > 0: # Long position
            if h.close[-1] < h.close[-long_trend_window]:
                # 느린 추세가 지면 포지션을 청산한다.
                order_target(open_pos[root], 0)
            elif h.close[-1] < h.close[-short_trend_window]:
                # 빠른 추세가 지면 포지션을 청산한다.
                order_target(open_pos[root], 0)
        else: # Short position
            if h.close[-1] > h.close[-long_trend_window]:
                # 느린 추세가 지면 포지션을 청산한다.
                order_target(open_pos[root], 0)
            elif h.close[-1] > h.close[-short_trend_window]:
                # 빠른 추세가 지면 포지션을 청산한다.
                order_target(open_pos[root], 0)

    else:   # No position open yet.
        if (h.close[-1] > h.close[-long_trend_window]) \
            and \
            (h.close[-1] > h.close[-short_trend_window]):
                # 새로운 포지션을 매수한다.
                contract = data.current(continuation, 'contract')
                contracts_to_trade = position_size( \
                                    context.portfolio.portfolio_value, \
```

```
                                                std, \
                                                contract.price_multiplier, \
                                                h['volume'][-20:].mean())

                order_target(contract, contracts_to_trade)
        elif (h.close[-1] < h.close[-long_trend_window]) \
            and \
            (h.close[-1] < h.close[-short_trend_window]):
                # 새로운 숏 포지션
                contract = data.current(continuation, 'contract')
                contracts_to_trade = position_size( \
                                        context.portfolio.portfolio_value, \
                                        std, \
                                        contract.price_multiplier, \
                                        h['volume'][-20:].mean())

                order_target(contract, contracts_to_trade *-1)
start = Timestamp('2001-01-01',tz='UTC')
end = Timestamp('2018-12-31',tz='UTC')

perf = zipline.run_algorithm(
    start=start, end=end,
    initialize=initialize,
    capital_base=starting_portfolio,
    data_frequency = 'daily',
    bundle='futures' )
```

시간 수익률 모델 성과

우리 모델은 너무 단순해서 어떤 흥미로운 성과도 보여줄 수 없을 것 같다. 그럼에
도 추세 추종이 전혀 복잡하지 않다는 것을 알게 될 것이다. 물론 이 모델은 여전히
지나치게 단순화되고 쉽게 개선될 수 있지만, 이 간단한 상태에서도 여전히 작동
한다.

330

월별 수익률표와 장기 차트를 대충 살펴보면 적어도 이런 식의 접근법을 간과해서는 안 된다는 것을 알 수 있을 것이다. 우리는 몇 가지 흥미로운 특성들을 볼 수 있다. 첫째, 약세장에서 좋은 실적을 내는 경향이 있다. 우리는 이 기간 동안 두 번의 심각한 약세 시장만 있었지만, 이 모델은 두 경우 모두를 매우 잘 다뤘다. 둘째, 우리는 이 모델이 상당히 강한 장기적 성과를 보이는 것을 알 수 있다.

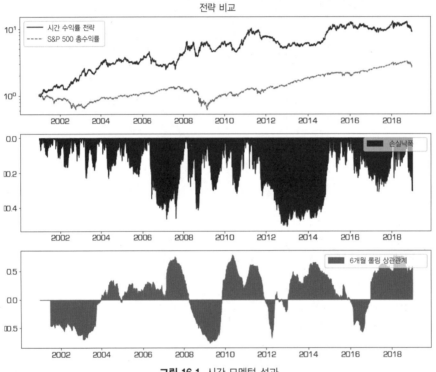

그림 16.1 시간 모멘텀 성과

표 16.1 시간 수익률, 월간 숫자

연도	1월	2월	3월	4월	5월	6월	7월	8월	9월	10월	11월	12월	연율
2001	−0.9	+8.0	+6.3	−5.7	+2.4	+1.6	−4.6	+2.2	+9.8	+4.8	−3.4	−1.6	+19.1
2002	+2.6	+1.8	−9.7	−1.4	+8.0	+6.5	+2.4	+5.4	+9.8	−2.6	−0.4	+13.4	+39.3
2003	+8.9	+6.7	−7.6	+0.9	+6.7	−1.7	−7.8	+0.7	+6.0	+11.7	+5.5	+3.3	+36.0
2004	+4.2	+9.4	+2.3	−11.8	−3.1	−2.9	+2.3	−1.4	+4.4	+5.0	+3.7	−0.6	+10.4
2005	−2.4	+3.2	+1.3	−3.5	−4.4	−0.5	−2.7	+2.7	+0.6	−6.7	+8.0	+4.3	−1.1
2006	+9.7	−2.4	+6.9	+2.4	−6.5	−3.9	−0.1	+4.0	−3.3	+1.5	+1.2	−2.0	+6.6
2007	+1.2	−2.2	−0.8	+8.0	+1.2	+4.2	−1.5	+4.7	+13.0	+9.4	+2.3	+2.3	+49.4
2008	+8.9	+32.7	−17.4	−1.1	+1.5	+15.9	−17.2	−13.0	−3.1	+16.3	+11.2	+1.7	+27.6
2009	+2.2	+3.3	−4.2	−5.5	−9.6	−1.0	−0.6	+5.8	+5.6	−0.9	+10.3	+0.8	+4.6
2010	−5.4	+2.9	+2.5	+1.9	−14.0	−4.9	−4.4	+4.8	+6.1	+13.7	−2.4	+21.1	+18.8
2011	+5.5	+8.7	−0.6	+8.1	−7.8	−7.4	+7.8	+2.2	−13.1	−6.3	+4.7	+0.8	−0.3
2012	+1.4	−4.3	−1.2	+0.8	−4.9	−8.2	+3.3	−6.2	−4.2	−3.5	+1.7	−2.7	−25.1
2013	+6.0	−2.7	+1.5	+4.3	−3.0	−0.3	−1.2	−0.5	+1.8	+1.5	+2.3	+0.6	+10.3
2014	−4.3	+0.1	−1.1	+3.0	−0.3	+5.9	−1.3	+4.1	+5.3	+7.7	+13.2	+3.8	+41.1
2015	+8.1	−4.9	+12.5	−8.1	+7.8	−7.1	+12.5	−3.1	+3.8	−6.8	+8.6	−3.3	+18.0
2016	+5.5	+2.0	−7.4	−3.3	−3.1	+10.8	−1.8	−2.6	+3.5	−5.0	−4.3	−0.4	−7.3
2017	−1.3	+1.6	−5.0	−0.8	−1.6	+2.5	−1.4	−0.5	+0.6	+5.6	+2.4	+3.4	+5.2
2018	+8.2	−6.1	+0.6	+4.1	−3.6	+1.3	+0.1	+3.9	+1.7	−8.9	−0.9	−11.1	−11.7

우리가 갖고 있는 것은 확실히 어떤 종류의 모델도 최고의 모델은 아니다. 하지만 완전히 엉터리도 아니다. 변동성은 상당히 높으며 이러한 변동성은 대부분의 사람들의 취향에는 너무 높을 가능성이 크다. 하지만 이런 아주 간단한 규칙들을 갖고 하는 성과는 추세를 따르는 것의 본질에 대해 말해줄 것이다.

여기에 사용된 지표가 전혀 없다. 이동 평균, RSI, 스타캐스틱, MACD, 어떤 종류의 기술적 분석 조건도 필요하지 않다. 여기서 우리가 해야 하는 모든 일은 두 가지 가격 포인트를 확인하는 것뿐이다. 그것도 한 달에 한 번밖에 안 한다. 다음번에 누군가가 당신에게 놀라운 성과의 추세 추종 시스템을 팔겠다고 제안할 때 이 점을 반드시 명심하라.

표 16.2 보유 기간 분석

연도	1	2	3	4	5	6	7	8	9	10	11	12	13	14	15	16	17	18
2001	+19	+29	+31	+26	+20	+17	+22	+22	+20	+20	+18	+14	+13	+15	+15	+14	+13	+12
2002	+39	+38	+28	+20	+17	+22	+23	+20	+20	+18	+13	+13	+15	+15	+13	+13	+11	
2003	+36	+23	+14	+12	+19	+20	+18	+18	+16	+11	+11	+13	+13	+12	+11	+10		
2004	+10	+4	+5	+15	+17	+15	+16	+13	+8	+9	+11	+12	+10	+10	+8			
2005	−1	+3	+16	+19	+16	+16	+14	+8	+8	+11	+12	+10	+10	+8				
2006	+7	+26	+27	+21	+20	+17	+9	+10	+13	+13	+11	+11	+9					
2007	+49	+38	+26	+24	+19	+10	+10	+13	+14	+12	+11	+9						
2008	+28	+16	+17	+12	+3	+5	+9	+10	+8	+8	+6							
2009	+5	+11	+7	−2	+0	+6	+8	+6	+6	+4								
2010	+19	+9	−4	−1	+7	+8	+6	+6	+4									
2011	−0	−14	−6	+4	+7	+4	+4	+2										
2012	−25	−9	+5	+8	+5	+5	+2											
2013	+10	+25	+22	+14	+12	+8												
2014	+41	+29	+16	+13	+7													
2015	+18	+5	+5	+0														
2016	−7	−1	−5															
2017	+5	−4																
2018	−12																	

하지만 지금쯤 하나 더 흥미로운 관측을 했을 것이다. 전에 이 수익률 프로파일을 본 적이 없는가? 이것은 우리가 이전에 본 것과 조금 비슷하지 않은가?

네, 친애하는 독자 여러분. 그게 바로 내가 천천히 말하고자 하는 부분이다.

다음 수익률 추세는 단순한 개념에서 비롯된다. 대부분의 추세 모델은 서로 매우 높은 상관관계를 가지고 있다. 즉, 추세 추종 방법이 많지 않다. 그렇기 때문에 트레이딩 모델을 따르는 대부분의 트렌드는 상관관계가 높고, 대부분의 추세 추종 헤지 펀드는 시간이 지남에 따라 매우 비슷해 보인다. 가장 큰 차별화 요소는 자산 배분과 기간이며, 나는 현재의 예에서 의도적으로 두 모델을 다소 동일하게 유지했다.

그림 16.2에서 볼 수 있듯이 여기의 두 모델은 완벽한 상관관계는 아니지만 시간이 지나면서 균등해지고 다소 동일한 결과를 도출하는 경향이 있음을 알 수 있다. 겉보기에 다른 추세 모델의 평가를 쉽게 할 수 있으며, 동일한 기준으로 비교했을 때 모두 매우 비슷해 보일 것이다.

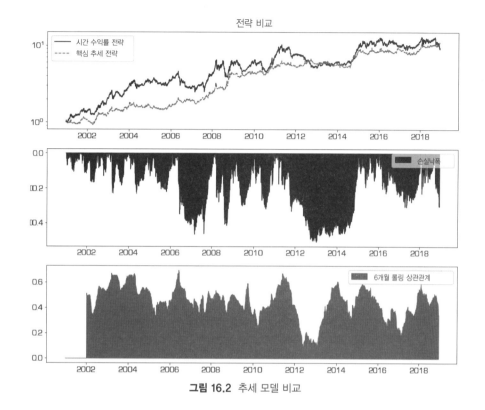

그림 16.2 추세 모델 비교

우리가 이것으로부터 도출해야 할 첫 번째이자 가장 중요한 결론은 현상적으로 추세 추종은 매우 단순하다는 것이다. 많은 추세 추종이 한 문장으로 요약할 수 있는 규칙으로 파악할 수 있다.

수익률은 연간 수치만 보면 매우 강력하다. 2000년 이후 3년만 적자로 끝났다. 어떤 해도 25% 이상을 잃은 적이 없었고, 최고의 해는 두 배의 돈을 벌었다. 2000년 1월 이런 전략에 10만 달러를 투입했다면 2016년에는 250만 달러가 넘었을 것이다. 하지만 물론 역사적 시뮬레이션만 기반으로 실제 돈을 트레이딩할 수 없을 것이다.

장기적인 시뮬레이션을 되돌아보면 이 전략이 매우 매력적으로 보일 수 있지만 세련된 전략과는 거리가 멀다. 이 모델의 변동성은 때때로 허용 수준을 훨씬 초과

한다. 트레이딩 모델을 분석할 때 항상 변동성을 고려해야 하며, 22장에서 트레이딩 모델을 분석하는 방법에 대한 더 나은 통찰력을 얻을 수 있다.

2008년의 낙폭도 약간 걱정스럽다. 그 시점에서 일어난 일은 처음에 모델은 큰 이익을 봤고, 그 후에 많은 것을 반환했다는 것이다. 시뮬레이션을 보면 그것은 큰 일은 아닌 것 같다. 쉽게 번 돈은 쉽게 잃는다. 아마도 전략에 대한 진입을 지켜본 후에 선택함으로써 혜택을 보고자 했다면, 더욱 쉽게 돈을 잃었을 것이다. 당신이 전략이 이익을 보기 시작한 바로 그 시점에 이 전략에 투자했다면 당신은 손실을 봤을 것이고 그것을 회복하는 데 3년이 걸렸을 것이다. 실제로는 언제 시장 하락이 올지 모른다. 그것이 최악의 시기에 일어난다고 가정해보라. 현실은 그런 것이다.

이 간단한 12개월 수익률 모델의 수익률 분석에 너무 깊이 들어가기 전에 몇 가지 결함을 확인하고 수정해야 한다.

리밸런싱

이는 평균 보유 기간이 약 반 년인 매우 장기적인 트레이딩 모델이다. 그러한 모델은 리밸런싱 메커니즘이 절대적으로 필요하다. 이것이 없다면 포지션 리스크와 포트폴리오 리스크는 결국 상당히 랜덤할 것이다.

이 모델의 포지션 배분은 최근의 변동성을 기준으로 한다. 과거의 변동성을 살펴보고 각 포지션에 동일한 양의 리스크를 할당할 목적으로 포지션 크기를 계산한다. 최적으로 우리는 모든 포지션이 매일 포트폴리오에 동등하게 영향을 미칠 수 있는 가능성을 갖기를 원한다. 이는 완만하게 움직이는 시장을 더 많이 매수하고 변동성이 더 큰 시장을 덜 매수하는 것을 의미한다.

하지만 시장이 단순히 계산을 쉽게 하기 위해 동일한 변동성 수준을 공손히 유지하지는 않을 것이다. 변동성은 고정적이지 않으므로 배분량도 고정적일 수 없다.

이에 대한 해결책은 정기적으로 포지션 크기를 재설정하는 것이다. 그렇게 하지 않으면 포지션 리스크에 대한 통제력을 상실하게 되고, 그로 인해 주식 곡선에 끔찍한 스파이크가 발생할 수 있다.

실제 포지션 리스크가 시간이 지남에 따라 변할 수 있는 두 가지 방법이 있다. 시장의 변동성은 시간이 지남에 따라 변할 수 있고, 바뀔 것이다. 이 모델을 기반으로 하고 이를 개선하려면 가장 우선적으로 해야 할 일은 리밸런싱을 통해 리스크 목표를 유지하는 것이다.

17
역추세 트레이딩

아마도 추세 추종은 당신의 취향이 아닐 것이다. 결국 때때로 트레이딩하는 것은 꽤 실망스러운 전략일 수 있다. 비록 장기적으로는 결과가 좋게 나오는 경향이 있다 하더라도 추세 추종을 심각하게 트레이딩해 본 사람이라면 그 반대의 행동을 해서 돈을 벌 수 있다는 느낌을 받을 수 있을 것이다.

특히 대부분의 추세 추종자들이 몇 번이고 보는 한 가지는 여러분의 추적 손절 전략으로 손절한 직후에 가격이 다시 추세로 되돌아가는 상황이다. 필요에 따라 추세 추종 모델은 어느 순간 손절될 필요가 있다. 이런 전략으로는 피할 수 없는 일이다. 추세 모델에 대한 추적 손절 거리를 더 멀리 옮기는 것이 해결책이라고 생각할 수 있지만 그렇게 쉽지는 않다. 더 장기의 추세 모델로 이동해도, 동일한 문제가 그 기간에 대해서도 발생할 것이다.

이것은 꽤 흥미롭고 쉽게 관찰할 수 있는 시장 현상이다. 평소처럼 왜 이런 일이 일어나는지 추측만 할 수 있을 뿐 아무리 좋은 설명을 생각해내도 그것이 진짜 이유인지 아닌지는 결코 확신할 수 없다. 전 세계 모든 트레이더들의 가정과 직장에 도청 장치를 설치하는 것 외에는 시장 참여자들이 왜 그런 식으로 반응하는지 알 수 없다. 그리고 아마존 알렉사가 이미 우리보다 훨씬 앞서 있는 것처럼 보일 것이다.

하지만 시장 현상의 기원 이론을 검증하거나 실용화하지 못한다고 해서 우리가 무언가를 만드는 것을 막을 수는 없다. 성공적인 트레이딩 모델은 종종 좋은 스토리가 있다. 혹은 그러한 스토리가 접근법에 대한 자신감을 만드는 데 도움이 될 수 있으며, 때로는 접근법을 거래하는 데 필요한 자산을 조달하는 데 도움이 될 수도 있다. 견고한 트레이딩 모델은 이러한 이론에서 출발한다. 무엇을 활용하고 싶은지, 그 이유는 무엇인지에 대한 폭넓은 아이디어에서 말이다. 놀랍게도 당신의 트레이딩에 논리적인 이유가 있다면 실제로 도움이 될 수 있다.

이러한 경우 가능한 설명이 떠오른다. 추세 추종 산업은 한때 거의 심각하게 받아들이지 않는 틈새 트레이딩 변형이었다. 이 전략의 성공이 무시하기 어려워지면서 새로운 트레이더와 투자자를 모두 끌어들였다. 현재 이 전략으로 운용되고 있는 금액은 25조 달러가 넘는다.

이 정도 크기는 시장 영향이 크다고 보는 것이 타당할 것이다. 추세 추종자들은 한때 소극적인 시장 추종자들이었다. 이제 그들은 단순히 시장 가격 움직임을 따르는 것이 아니라 그것을 창출하고 있다고 주장할 수 있다.

일부 대중의 인식과 달리, 시장 가격을 움직일 수 있을 만큼 충분히 큰 것이 장점인 경우는 거의 없다. 매수하기 전에 손가락을 꺾어 가격을 낮출 수 있는 것도 아니다. 매수하고 싶을수록, 매수하기 시작하면 주문 크기가 가격을 더 높여 훨씬 안 좋은 실행 가격을 갖게 될 가능성이 크다. 이 비즈니스에 돈이 너무 많이 몰려 있는 것은 정말 문제가 될 수 있다. 혹시 데이빗 하딩[1]이 이 책을 읽고 있다면 나는 좋은 친구가 돼 그 자산들을 떠안아 도울 용의가 있다. 데이빗, 듣고 있나?

내 첫 번째 책에서 나는 대부분의 추세 추종 헤지펀드가 매우 유사한 전략을 사용한다는 것을 증명했다. 이는 이들 모두가 추적 손절과 유사한 메커니즘을 갖고 있음을 의미한다. 만약 이것이 사실이라면, 그것은 그들 모두가 매우 비슷한 시기

1　시스템 트레이딩으로 유명한 윈톤 헤지펀드의 창립자로, 30년 이상 된 시스템 트레이딩의 베테랑이자 선구자다. 2개의 성공적인 헤지펀드 즉 AHL과 윈턴(Winton)을 창립했다. AHL은 1994년에 시스템 트레이딩의 메가 헤지펀드인 맨 그룹(Man Group)에 매각했으며, 1997년에 두 번째 헤지펀드인 윈턴을 창립했다. – 옮긴이

에 트레이딩한다는 것을 의미할 것이다.

예를 들어 우리가 원유 시장에서 좋은 강세장을 본다면, 모두는 아니더라도 대부분의 추세 추종자들이 롱을 취한다고 보는 것이 타당할 것이다. 이제 어떤 이유로든 원유 가격이 하락하기 시작한다고 상상해보라. 어느 순간 추세 추종자들이 떠나기 시작한다. 그리고 그것은 가격을 더 떨어뜨릴 것이며, 아마도 다른 추세 추종자들에게도 손절의 계기가 될 수 있다.

추세 추종 자본의 순수한 크기를 감안할 때, 이들의 손절 주문으로 작은 시장 조정이 증폭되는 상황이 연출될 수 있다. 이것은 두 가지 결과를 초래할 수 있다. 우선 시장이 그렇지 않았을 때보다 더 뒤로 밀리는 것이다. 둘째, 추세 추종자들의 손절이 끝났을 때 가격이 인위적으로 하락했기 때문에 스냅백이 있을 수 있다는 점이다.

아마도 이를 모델링해서 그러한 현상을 이용할 여지가 있는지 알아볼 수 있을 것이다.

역추세 모델 논리

여기서 일반적인 생각은 추세 추종 모델의 논리를 뒤집는 것이다. 우리가 원하는 것은 추세 모델이 어디서 손절하는지를 파악한 다음 그 시점에 포지션을 진입하는 것이다. 이러한 스타일의 평균 회귀 모델은 가격이 다시 오를 것을 확신하며 이러한 풀백 중에 진입을 시도할 것이다. 분명히 이러한 유형의 모델에서는 진입 타이밍이 가장 중요한 요소다.

트레이딩 아이디어를 탐구할 때 가장 중요하게 나타나는 전략의 일부를 초기 테스트로 분리하는 데 도움이 될 수 있다. 그것이 우리가 여기서 하고자 하는 바이다. 우리는 추세 추종자들이 주로 손절하는 종류의 풀백에의 진입을 예측할 가치가 있는지를 살펴보고자 한다.

이 책에 나오는 모든 트레이딩 모델과 마찬가지로 다시 한 번 강조하고 싶은 것은, 내가 개념을 가르치고 시연하려고 한다는 것이다. 이것들은 실전용 production class

모델이 아니며 그것을 의도한 모델도 아니다. 여기서 중요한 것은 모델을 구축하는 방법을 배우는 것이다. 복제 및 트레이딩에 대한 정확한 규칙을 제공하면 그 목적을 크게 저하시킬 수 있다. 이러한 모델을 연구하고 이를 통해 학습하며 자신만의 실전용 모델을 구축하라.

최상의 결과를 나타내기 위해 파라미터가 최적화되지 않았거나 선택되지 않았다. 일부러 도로 한가운데에 세워놓은 셈이다. 합리적 값의 범위에서 다소 랜덤하게 선택된다.

그러니 이제 그 문제를 해결했으니 이제 진입 규칙을 살펴보자. 우리는 단지 강세장이 떨어지기를 바란다. 내가 볼 때 약세장 반등의 역학관계는 강세장 반락과는 너무 달라서 같은 논리를 쓸 수도 없고, 적어도 같은 설정을 쓸 수도 없다. 우리는 합리적인 단순성을 유지하기 위해 강세장에 초점을 맞출 것이다.

즉 강세장이 있는지 알아야 한다는 것이다. 우리는 강세장이 무엇인지 정의해야 한다.

나는 여기서 40일 지수 이동 평균exponential moving average이 80일 지수 이동 평균보다 높을 때 강세장을 정의하겠다. 지수 이동 평균은 반응 속도가 빨라 기술 분석가들 사이에서 꽤 인기가 있다. 그들이 하는 일은 최근 관측치를 오래된 관측치에 비해 가중치를 높이는 것이다. 여기서 이를 사용하는데, 이는 지수 이동 평균이 더 좋기 때문이 아니라 유용한 도구가 될 수 있으며, 조만간 파이썬으로 지수 이동 평균을 계산하는 방법을 묻는 사람들이 나타날 것이라 예상하기 때문이다.

그림 17.1 지수 이동 평균

그러나 지수 이동 평균으로 작업할 때 매우 중요한 사항이 있다. 이는 많은 기술적 분석 지표와 혼동되는 전형적인 원인이다. 당신의 지수 이동 평균이 왜 나와 같지 않은지에 대한 오래된 질문이다. 40일 동안의 지수 이동 평균은 단지 40개의 종가만 사용하고 필요한 것처럼 들릴 수 있지만, 사실은 그렇지 않다. 지수 가중치는 이전 값에서 시작되며 이는 데이터 포인트를 실제로 제거하지 않음을 의미한다. 단지 시간이 지나면서 그들을 망각으로 떨어뜨릴 뿐이다.

여기서 알아야 할 것은 시장의 반년 시계열 히스토리에 적용한다면 같은 시장의 10년 히스토리에 적용했을 때와 40일 지수 이동 평균에 대해 약간 다른 값을 얻을 수 있다는 점이다. 내가 여기서 말하고자 하는 것은, 왜 당신의 EMA가 내 EMA와 조금 다른지에 대한 메일을 보내지 말아달라는 것이다.

풀백의 계량화

일단 우리가 강세장에 있다는 것을 알게 되면 우리는 풀백^{pullback2}을 찾을 것이다. 풀백을 계량화하는 가장 쉬운 방법은 최근 높은 수치로부터의 거리를 측정하는 것이지만, 이는 맥락을 파악할 필요가 있다. 예를 들어 금의 10달러 풀백은 가솔린의 풀백과는 상당히 다르기 때문에 10달러의 풀백에 대한 트레이딩을 촉발하는 것은 분명히 말이 되지 않을 것이다. 선물 시장 전반에 걸쳐 변동성이 매우 큰 점을 감안할 때 퍼센트 풀백도 말이 되지 않을 것이다.

우리가 해야 할 일은 각 시장의 변동성에 대한 풀백을 표준화하는 것이다. 생각해보면 우린 이미 좋은 도구를 갖고 있다. 이전 모델에서는 포지션 크기 결정을 목적으로 표준편차를 변동성의 대용물로 사용해왔다. 풀백을 표준화하기 위해 이 분석을 재사용하는 것을 막을 수 있는 것은 없다.

따라서 이 모델에서는 가격 변동의 40일 표준편차를 포지션 크기 결정과 풀백용으로 모두 사용할 것이다. 풀백은 현재 가격과 지난 20일 동안의 최고 종가 간의 차이를 표준편차로 나눈 값으로 측정된다. 그것은 우리가 약 한 달 동안 최고 가격에서 얼마나 많은 표준편차를 벗어나 이는 시장 전반에서 걸쳐 비교할 수 있는 분석 결과를 낳는다. 주식, 채권, 상품 및 기타 시장에서도 변동성을 고려해 동일한 프로세스를 사용할 수 있다. 이 모델에서는 위에서 설명한 이동 평균으로 정의된 대로 강세장에 있으며, 표준편차의 3배가 풀백을 보는 경우, 포지션을 열기 위해 매수하려고 한다.

파이썬 코드에서는 몇 줄만 사용해 이 풀백을 계산한다. 이후 나올 코드 조각은 모델에 대한 소스 코드에서 가져온 것으로, 17장의 뒷부분에서 모두 확인할 수 있다. 보다시피, 이 코드는 양의 추세가 있는지를 먼저 확인한다. 이 경우 과거 20일 동안의 가장 최근 종가와 최고가 사이의 차이인 high_window 변수를 계산하고 표준편차

---

2 되돌림. 상승 후 하락 – 옮긴이

로 나눈다.

```
if trend:
    pullback = (
    h['close'].values[-1] - np.max(h['close'].values[-high_window:])
    ) / std
```

청산^{exit}에 대해서는, 우리는 단지 진입^{entry} 아이디어를 시연하기 위해 간단한 논리를 사용할 것이다. 이런 종류의 모델에서 중요한 것은 진입이라는 것을 보여주고 싶다. 이는 다른 모든 것이 중요하지 않다는 것을 의미하지는 않지만, 이와 같은 평균 회귀 스타일 모델은 견고한 진입 논리에 크게 의존한다. 다른 많은 종류의 전략에는 해당되지 않는다.

설명된 진입 방법에 예측 가치가 있는지 확인하기 위해 두 가지 간단한 청산 기준을 사용할 것이다. 첫째, 두 이동 평균에 의해 정의된 추세가 약세로 전환되면 다음날 청산한다. 둘째, 그렇지 않으면 우리는 20 거래일, 약 한 달 동안 그 포지션을 지킨다. 그런 다음 청산한다.

당신은 아마도 왜 여기에 손절 포인트도 없고 목표 청산 가격도 없는지 궁금해할 것이다. 그런 것들이 매우 타당할 수 있으며, 여러분도 한 번 해보시길 권장한다. 여기서의 목표는 개념을 가르치고 추가 연구를 위한 아이디어를 제공하는 것이다. 여기에 보여진 내용을 복제하고, 사용해보고, 수정하고, 자신만의 것으로 만들어보라.

규칙 요약

롱 포지션은 40일 지수 이동 평균이 80일 지수 이동 평균보다 높은 경우 허용된다. 강세장에서의 가격이 지난 20일 동안의 최고 종가 대비 표준편차의 3배 이상 하락하면 우리는 포지션을 열기 위해 매수한다. 추세가 약세장으로 돌아서면 우리는 청산한다. 포지션이 20 거래일 동안 유지됐다면, 우리는 청산한다. 포지션 크기는 표준편차를 기반으로 한 변동성 패리티^{volatility parity}다.

역추세 소스 코드

이전 모델인 시간 수익률 모델에서는 백테스트 시 동적 업데이트 그래프를 만드는 방법을 학습해 포트폴리오 가치를 계산하는 방법을 배웠다. 이번에는 그것을 유지하되 시간이 지남에 따라 노출이 어떻게 변하는지 보여주는 업데이트 차트도 추가한다.

```python
import zipline
from zipline.api import future_symbol, \
    set_commission, set_slippage, schedule_function, date_rules, \
    time_rules, continuous_future, order_target
import pyfolio as pf
import pandas as pd
import numpy as np

from zipline.finance.commission import PerTrade, PerContract
from zipline.finance.slippage import FixedSlippage, VolatilityVolumeShare

# 이들 행들은 동적 텍스트 보고를 위한 것이다.
from IPython.display import display
import ipywidgets as widgets
out = widgets.HTML()
display(out)

"""
모델 설정
"""
starting_portfolio = 20000000
vola_window = 40
slow_ma = 80
fast_ma = 40
risk_factor = 0.0015
high_window = 20
```

```
days_to_hold = 20
dip_buy = -3

def report_result(context, data):
    context.months += 1
    today = zipline.api.get_datetime().date()
    # 이제까지의 연율화된 수익률을 계산한다.
    ann_ret = np.power(context.portfolio.portfolio_value / starting_portfolio,
                12 / context.months) - 1


    # 텍스트를 업데이트한다.
    out.value = """{} We have traded <b>{}</b> months
    and the annualized return is <b>{:.2%}</b>""".format(today, context.months,
ann_ret)

def initialize(context):
    """
    비용 설정
    """
    context.enable_commission = True
    context.enable_slippage = True

    if context.enable_commission:
        comm_model = PerContract(cost=0.85, exchange_fee=1.5)
    else:
        comm_model = PerTrade(cost=0.0)
    set_commission(us_futures=comm_model)

    if context.enable_slippage:
        slippage_model=VolatilityVolumeShare(volume_limit=0.3)
    else:
        slippage_model=FixedSlippage(spread=0.0)

    set_slippage(us_futures=slippage_model)

    agricultural = [
        'BL',
        'CC',
        'CT',
```

```
        'FC',
        'KC',
        'LB',
        'LR',
        'OJ',
        'RR',
        '_S',
        'SB',
        'LC',
        'LS',
    ]
    nonagricultural = [
        'CL',
        'GC',
        'HG',
        'HO',
        'LG',
        'PA',
        'PL',
        'RB',
        'SI',
        'NG',
        'LO',
    ]
    currencies = [
        'AD',
        'BP',
        'CD',
        'CU',
        'DX',
        'NE',
        'SF',
        'JY',
    ]
    equities = [
        'ES',
        'NK',
        'NQ',
        'YM',
```

```
    ]
    rates = [
        'ED',
        'FV',
        'TU',
        'TY',
        'US',
    ]

    markets = agricultural + nonagricultural + currencies + equities + rates

    context.universe = \
        [
        continuous_future(market, offset=0, roll='volume', adjustment='mul') \
        for market in markets
        ]

    # 한 포지션이 며칠 동안 열려 있었는지(미결제) 추적하기 위해 사용되는 딕셔너리
    context.bars_held = {market.root_symbol: 0 for market in context.universe}

    # 일간 트레이딩을 스케줄한다.
    schedule_function(daily_trade, date_rules.every_day(), time_rules.market_close())

    # 백테스트 동안 진행 중인 출력을 위해 단지 이를 사용한다.
    # 이는 아무 영향을 미치지 않는다.
    context.months = 0

    # 월간 보고 출력을 스케줄한다.
    schedule_function(
        func=report_result,
        date_rule=date_rules.month_start(),
        time_rule=time_rules.market_open()
    )

def roll_futures(context, data):
    open_orders = zipline.api.get_open_orders()

    for held_contract in context.portfolio.positions:
        # 핵심 논리에 의해 변하도록 설정된 포지션은 롤링하지 않는다.
```

```
        if held_contract in open_orders:
            continue

        # 다음주에 만기인 계약에 대한 롤링만을 체크해 시간을 절약한다.
        days_to_auto_close = (
            held_contract.auto_close_date.date() - data.current_session.date()
        ).days
        if days_to_auto_close > 5:
            continue

        # 연속 가격 시리즈를 만든다.
        continuation = continuous_future(
                held_contract.root_symbol,
                offset=0,
                roll='volume',
                adjustment='mul'
                )

        # 연속 가격 시리즈의 현재 계약을 얻는다.
        continuation_contract = data.current(continuation, 'contract')

        if continuation_contract != held_contract:
            # 보유 계약 수를 체크한다.
            pos_size = context.portfolio.positions[held_contract].amount
            # 현재 포지션을 청산한다.
            order_target(held_contract, 0)
            # 새로운 포지션을 연다.
            order_target(continuation_contract, pos_size)

def position_size(portfolio_value, std, pv):
    target_variation = portfolio_value * risk_factor
    contract_variation = std * pv
    contracts = target_variation / contract_variation
    # 반올림한 수치를 반환한다.
    return int(np.nan_to_num(contracts))

def daily_trade(context, data):

    open_pos = {pos.root_symbol: pos for pos in context.portfolio.positions}
```

```
hist = data.history(
    context.universe,
    fields=['close', 'volume'],
    frequency='1d',
    bar_count=250,
)


for continuation in context.universe:
    root = continuation.root_symbol

    # 이 시장에 대한 히스토리를 슬라이싱한다.
    h = hist.xs(continuation, level=1)

    # 변동성을 계산한다.
    std = h.close.diff()[-vola_window:].std()

    # 추세를 계산한다.
    trend = (h['close'].ewm(span=fast_ma).mean() > h['close'].ewm(span=slow_
ma).mean())[-1]


    if root in open_pos: # 미결제 포지션을 우선 체크한다.
        context.bars_held[root] += 1 # 보유일에 1일을 추가한다.

        if context.bars_held[root] >= 20:
            # 한 달 동안 보유하고, 청산한다.
            contract = open_pos[root]
            order_target(contract, 0)

        elif trend == False:
            # 추세가 변하면 청산한다.
            contract = open_pos[root]
            order_target(contract, 0)

    else: # Check for new entries
        if trend':
```

```
                # 풀백을 계산한다.
                pullback = (
                    h['close'].values[-1] - np.max(h['close'].values[-high_window:])
                ) / std

                if pullback < dip_buy:
                    # 현재 계약을 얻는다.
                    contract = data.current(continuation, 'contract')

                    # 크기를 계산한다.
                    contracts_to_trade = position_size( \
                                        context.portfolio.portfolio_value, \
                                        std, \
                                        contract.price_multiplier)
                    # 트레이딩한다.
                    order_target(contract, contracts_to_trade)

                    # 바 카운트를 0으로 재설정한다.
                    context.bars_held[root] = 0

    # 롤링해야 하는지 체크한다.
    if len(open_pos) > 0:
        roll_futures(context, data)

start = Timestamp('2001-01-01',tz='UTC')
end = Timestamp('2018-12-31',tz='UTC')

perf = zipline.run_algorithm(
    start=start, end=end,
    initialize=initialize,
    capital_base=starting_portfolio,
    data_frequency = 'daily',
    bundle='futures' )
```

역추세 결과

다시 한 번 우리는 확실한 기본 전제가 있는 한 간단한 규칙 집합이 꽤 좋은 결과를 보여줄 수 있다는 것을 알 수 있다. 표 17.1에서 볼 수 있듯이 몇 개의 걱정스러운 음의 달이 있지만, 이 시연 모델의 완곡한 손절 논리를 고려할 때 그리 놀랄 일은 아니다. 우리가 보고 있는 것은 때때로 상당히 불안정해질 수 있는 전략이지만, 시간이 지남에 따라 강력한 위험 조정 수익률을 보이고 있는 전략이다.

그렇게 간단한 모델치고는 나쁘지 않다. 여기서 중요한 점은 이런 종류의 진입 논리에 가치가 있는 것처럼 보인다는 것이다. 결론은 브로커에게 달려가 모든 현금을 이 일에 걸어야 한다는 것이 아니라, 더 발전하기 위한 흥미로운 연구 주제가 될 수 있다는 것이다. 이 간단한 논리가 꽤 흥미로운 결과를 가져올 수 있다면, 분명 당신은 그것을 더 좋게 만들고, 당신 자신의 필요에 맞게 조정하고, 그것에 몇 가지 기능을 추가하고, 적절한 실전용 모델을 만들 수 있을 것이다.

표 17.1 역추세 월간 수익률

연도	1월	2월	3월	4월	5월	6월	7월	8월	9월	10월	11월	12월	연율
2001	−2.0	−1.1	+1.2	−2.0	−1.5	−1.3	+1.3	−2.1	+3.8	+3.1	−1.0	−1.4	−3.3
2002	−1.6	+4.6	−2.5	+2.5	+4.3	+4.3	+1.9	+8.4	+2.9	+1.8	−2.1	+11.3	+41.2
2003	+14.5	−2.9	−4.3	−2.1	+0.4	−0.8	−0.6	+6.9	−0.1	−11.7	+9.6	+2.6	+9.3
2004	+5.8	+11.9	+0.6	−12.9	−2.1	−2.6	+2.8	+2.5	+7.4	+3.2	−0.9	+1.4	+16.1
2005	−2.1	+6.0	+0.9	−4.9	−2.1	−0.4	+0.5	+8.8	+5.8	−1.5	+4.8	+1.3	+17.4
2006	+2.9	−2.2	−2.4	+4.3	−3.7	−5.4	+0.3	+1.0	−1.1	−0.7	+3.3	−2.4	−6.4
2007	−0.9	+2.1	+1.8	+5.4	+0.1	+2.9	+1.1	−5.6	+5.9	+14.6	−4.8	+6.1	+30.9
2008	+9.2	+19.0	−3.7	+4.5	+2.3	+5.3	−4.8	−9.5	−2.1	−1.6	+2.4	−0.2	+19.3
2009	+0.1	−1.7	+1.3	+0.1	+4.8	+0.1	+2.0	+3.5	+7.9	+8.7	+14.4	−4.0	+42.2
2010	−1.9	+7.0	−2.1	+2.5	−26.1	+1.5	+1.9	+2.6	+8.4	+12.2	−5.9	+15.5	+9.2
2011	+6.8	+9.5	+0.5	+8.1	−1.4	−4.7	+7.7	−4.8	−11.5	+1.0	+3.2	−0.8	+12.2
2012	+6.6	−1.5	−0.5	−1.5	−12.0	−0.7	+6.4	−0.2	+1.6	−5.8	+0.5	+0.3	−7.9
2013	+2.8	−4.3	+1.8	+0.1	−6.7	−2.1	+3.3	+0.7	+3.8	+6.1	+0.4	+0.6	+5.9
2014	−0.0	+9.2	+1.4	+7.2	+1.0	+9.2	−8.0	+4.4	−0.4	−0.4	+1.6	−2.1	+24.0
2015	+7.4	−0.0	+0.3	−0.1	+0.2	+2.1	−4.3	−5.0	+2.6	−0.3	−2.5	−1.6	−1.9
2016	−5.7	+2.1	+3.4	+5.3	−3.7	+12.4	−0.4	−4.1	+6.9	−4.3	+1.6	−1.3	+11.1
2017	+0.5	+4.3	−2.5	+1.1	+1.6	+2.7	+5.1	+4.1	−7.0	−0.2	+6.0	+1.1	+17.2

그림 17.2의 주식 곡선은 명확한 양의 편향을 가진 전략을 보여준다. 주식시장과의 상관관계가 상당히 낮은 경향이 있으며, 보통 장기 강세장에서는 저조한 실적을 보인다. 그러나 그것은 반드시 문제가 되는 것은 아니다. 약세장에서는 강한 실적을 보이고 장기적으로 보면 상당한 성과를 보이기 때문이다.

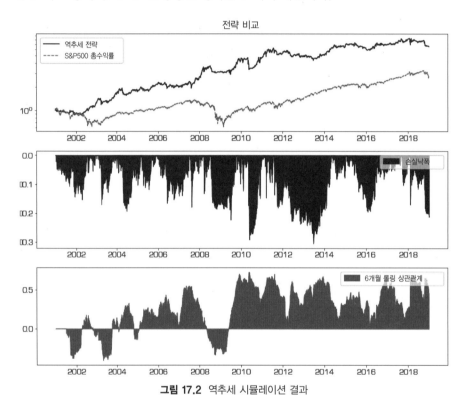

그림 17.2 역추세 시뮬레이션 결과

표 17.2에서 주어진 연도에 이 전략을 시작하고 그 시점으로부터 몇 년 동안 계속 거래했다면 어떤 일이 벌어졌을지 알 수 있다. 이 방법은 트레이딩 모델에 있어 초기 진입 시점이 얼마나 중요한지 신속하게 파악할 수 있는 유용한 방법이다. 숫자는 x축에 표시된 연도 수에 대한 연간 수익률을 나타낸다.

장기적인 수익률이 매력적이긴 하지만, 이러한 그래프는 여러분이 그렇게 행복하지 않았던 시작 연도가 있었다는 것을 금방 보여줄 수 있다. 2011년에 이 전략을 시작했다면 8년이 지나도 연 4% 정도밖에 되지 않았을 것이다. 그러나 2007년에 시작했다면 같은 기간 동안 연간 16%의 증가율을 보였을 것이다.

표 17.2 역추세 모델에 대한 보유 기간 분석

연도	1	2	3	4	5	6	7	8	9	10	11	12	13	14	15	16	17	18
2001	-3	+17	+14	+15	+15	+11	+14	+15	+17	+17	+16	+14	+13	+14	+13	+13	+13	+11
2002	+41	+24	+21	+20	+15	+17	+17	+20	+19	+18	+16	+15	+15	+14	+14	+14	+12	
2003	+9	+13	+14	+9	+13	+14	+18	+16	+16	+13	+13	+14	+12	+12	+13	+10		
2004	+16	+17	+8	+14	+15	+19	+18	+17	+14	+13	+14	+13	+12	+13	+10			
2005	+17	+5	+13	+14	+20	+18	+17	+14	+13	+14	+12	+12	+13	+10				
2006	-6	+11	+14	+20	+18	+17	+13	+12	+13	+12	+12	+12	+9					
2007	+31	+25	+30	+25	+22	+17	+15	+16	+14	+14	+14	+11						
2008	+19	+30	+23	+20	+14	+12	+14	+12	+12	+12	+9							
2009	+42	+25	+20	+13	+11	+13	+11	+11	+12	+8								
2010	+9	+11	+4	+5	+8	+6	+7	+8	+5									
2011	+12	+2	+3	+8	+6	+7	+8	+4										
2012	-8	-1	+7	+4	+6	+8	+3											
2013	+6	+15	+9	+9	+11	+5												
2014	+24	+10	+11	+12	+5													
2015	-2	+4	+9	+1														
2016	+11	+14	+2															
2017	+17	-2																
2018	-19																	

이 모델은 지난 몇 년간 수익률이 더 낮은 것을 분명히 보여줬다. 최종 백테스트의 해는 약 15%의 적자를 기록하면서 확실히 영향을 미쳤다. 보통 책들이 전체 기간 동안 혹은 적어도 최근 몇 년간 눈에 띄게 좋은 성과를 낸 모델들만을 보여주는 경향이 있기 때문에 이러한 결과에 대해 어떤 독자들은 놀랄 수도 있다. 하지만 그런 결과가 나오도록 백테스트 설정을 수정하는 것은 그다지 어려운 일이 아니었을 것이다. 그건 정말 이 책의 취지와는 정반대의 내용이다.

백테스트에 곡선을 적합화하려면 원하는 결과가 나올 때까지 설정을 조정하라. 하지만 이렇게 함으로써 어떤 의미 있는 예측 가치도 얻을 수 없다는 것을 명심하라. 여기서 사용되는 설정은 이들이 산출하는 백테스트 결과를 기반으로 선택된 것이 아니라, 앞서 보여준 추세 모델에 대한 대칭성 때문에 선택된 것이다. 이유는 단

순히 이렇게 하는 것이 이 트레이딩 접근법의 근본적인 근거를 설명하기 쉽기 때문이다.

곡선 적합화가 나쁜 아이디어이지만, 그렇다고 해서 우리가 아무 조정 없이 우리의 설정을 있는 그대로 트레이딩해야 한다는 것을 의미하지는 않는다. 여러분이 해야 할 일은 모델을 가지고 달성하고자 하는 것에 대해 오랫동안 그리고 열심히 생각하는 것이다. 이는 단순히 높은 수익률을 목표로 하는 문제가 아니다. 원하는 수익률 프로필을 찾는 문제이며, 그것이 항상 가능한 가장 높은 수익률을 찾는 것을 의미하지는 않는다. 사실상 높은 수익률은 전혀 의도하는 것이 아니다.

이와 같은 평균 회귀 모델을 보는 훨씬 더 흥미로운 방법은 포트폴리오의 구성 요소로 추세 추종 모델과 함께 트레이딩하는 것이다. 하지만 이는 진도를 앞서는 것이니 나중에 자세히 설명하기로 한다.

18
커브 트레이딩

이 책을 쓰기 시작했을 때의 주된 목적은 리테일 트레이더들의 지평을 넓히는 것이었다. 18장의 개념이 많은 독자들이 고려하지 않았을 트레이딩의 유형을 보여주는 교훈이 되기를 바란다.

여기서 시연하고자 하는 것은 역사적 데이터를 사용하지 않고 미래를 거래하는 방법이다. 그렇다. 여전히 시스템적이고 알고리듬적인 트레이딩을 사용하겠지만 트레이딩 논리에 가격 히스토리는 필요하지 않을 것이다. 현재 가격만 있으면 된다.

캐리 비용cost of carry을 계산해 이것을 트레이딩 선정을 위한 유일한 입력으로 사용할 것이다. 이는 근월물 계약뿐만 아니라 원월물 계약도 살펴봐야 한다는 것을 의미한다. 대부분의 선물 기반 트레이딩 모델은 근월물 계약만 거래하고 다른 거래는 하지 않는다. 여기서 이 모델은 근월물 거래는 전혀 하지 않고, 단지 더 원월물들만 거래할 것이다.

여기서 내가 사용하는 용어는 커브 트레이딩curve trading이며, 이것이 여기서의 트레이딩 방식이다. 우리가 여기서 할 일은 캐리를 거래하는 것이다. 캐리 비용은 기간 구조 곡선의 형태에 의해 암시된다. 익숙한 용어에 따라 커브 트레이딩은 어떤 달을 롱하고 다른 달을 숏하는 커브에서 상쇄되는 포지션을 취한다는 것을 의미한다는 견해를 가질 수 있다. 이는 관련성이 높은 개념이며, 18장에 제시된 모델을 이해하면 나중에 이러한 캘린더 스프레드calendar spread 유형 모델이라고 부르는 것으로 쉽게 확장할 수 있다. 하지만 지금은 단순히 캐리를 트레이딩한다.

기간 구조 기본 사항

어떤 독자들은 이미 내가 어디로 가고 있는지 정확히 알고 있지만, 또 다른 독자들은 기간 구조에 대해 조금 더 새로운 이야기를 듣기를 선호할지도 모른다.

선물 계약은 수명이 제한돼 있다. 각 계약이 소멸되는 날짜가 있다. 이는 선물금 계약이 한 건이 아니라 여러 건이 있다는 뜻이다. 언제라도 유동성이 가장 높은 특정 계약이 하나 있을 것이다. 대부분의 사람들은 첫 번째 통지일notice date을 넘기지 않는 한 만기가 가장 가까운 계약을 트레이딩할 것이다.

최초 통지일(일반적으로 만기 1개월 전)은 계약이 인도될 수 있는 날짜를 말하며, 여전히 계약을 보유하고 있는 사람에게 인도를 하거나 받을 수 있다. 트레이더로서 우리는 정말로 그런 일에 일어날까 걱정하지만 현실에서는 위험하지 않다. 어쨌든 그날 이후 브로커가 당신이 포지션을 유지하도록 허용하지 않을 것이다. 첫 번째 통지일은 주로 상품 선물에 대한 개념이며, 18장에서 트레이딩할 유일한 부문이다. 기간 구조 트레이딩Term Structure Trading이라는 용어가 가장 관심 있는 것은 상품 분야이다.

그림 18.1은 대두soybean(콩)에 대한 기간 구조가 이 책을 저술할 당시 어떻게 보이고 있는지를 보여준다. 다른 금융 데이터와 마찬가지로 이는 물론 변화한다. 이 그림은 X축의 만기일과 각 계약의 해당 가격 및 미결제 약정을 나타낸다. 이것은 이 책을 저술할 당시 현재 거래되고 있는 계약이다.

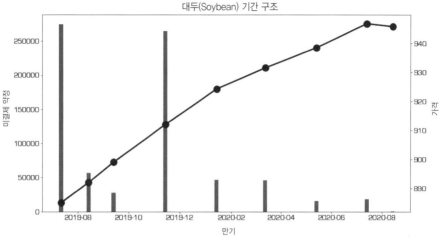

그림 18.1 콘탱고 기간 구조

이 예제에서는 곡선의 각 연속된 점이 이전 점보다 약간 더 높은 것을 볼 수 있다. 즉, 계약이 만료될 때까지의 기간이 길수록 비용이 더 많이 든다. 그 상황을 **콘탱고**contango라고 한다. 각 포인트의 가격이 낮아진다면 그 반대를 **백워데이션**backwadation이라고 부르는데, 이는 그림 18.2에서 볼 수 있다.

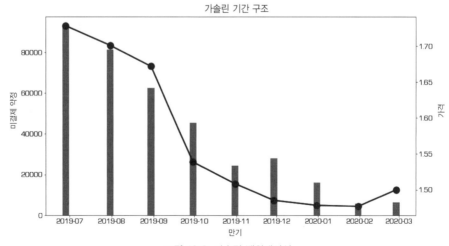

그림 18.2 가솔린 백워데이션

최근 월물 계약은 기초 자산과 상당히 근접하게 거래되는 경향이 있다. 만기까지의 기간이 짧을수록 가격은 더 근접하는 경향이 있다. 그 이유는 간단하다. 만기 시점에 계약 가치는 기초 가치와 동일하며, 기초 가치로 결제될 것이다. 하지만 시간이 많이 남으면 다른 요인들을 고려해야 한다.

선물에서 가격이 더 나가는 데는 여러 이유가 있지만, 퀀트 트레이더로서 이러한 이유를 깊이 파헤칠 필요가 거의 없다. 이자율, 보관 비용, 계절성 등이 주요 요인이다.

중요한 것은 이 패턴을 어떻게 해석하느냐다. 여기에 그것에 대해 생각할 수 있는 간단한 방법이 있다. 그림 18.1과 같이 기간 구조가 콘탱고에 있는 경우, 약세 편향이 있다. 그 이유는 계약이 거의 만료될수록 가격은 기초 자산의 가격에 더 가까워지기 때문이다. 따라서 기초 자산이 정확히 동일하게 유지된다면, 그림 18.1의 각 곡선 포인트는 기초 자산 가격에 도달할 때까지 서서히 하락할 것이다.

그러므로 그 반대의 경우는 백워데이션에 해당하며 이는 강세 편향이 내재돼 있다. 백워데이션 구조(의 포인트들)가 동일하게 유지되려면 기초 자산은 아래로 이동해야 한다. 기초 자산이 움직이지 않으려면 계약이 그것을 맞추기 위해 올라가야 한다.

이제 일반적인 개념을 이해했다면 여러분은 이 효과를 어떻게 계량화할 것인지 이미 생각하고 있을 것이다.

기간 구조 효과의 계량화

기간 구조를 계량화하는 방법은 여러가지지만 직관적으로 타당하다고 생각하는 방법론을 제시하겠다. 여기에는 내재 연간 수익률 또는 캐리 비용의 계산이 포함된다. 여러 인도일에 걸쳐 결과 수치를 비교할 수 있도록 연율화해야 한다. 금융에서 항상 그렇듯이 시간은 중요하다. 3개월 후의 계약이 같은 2% 할인된 가격으로 거래될 경우, 12개월 후의 계약이 동일한 2% 할인된 가격으로 거래될 때보다 더 큰 의미가 있다. 1년 후보다 오늘 100달러를 버는 게 더 낫다는 것과 같은 이치다.

우리는 이 예에서 그림 18.1과 동일한 데이터를 사용할 것이다. 먼저 한 포인트를 수동으로 계산하는 방법을 살펴보고 전체 커브에 대해 이 작업을 쉽게 수행할 수 있는 방법을 알아보겠다.

가장 가까운 계약인 커브 첫 번째 포인트가 2019년 3월 14일에 만료된다. 이 계약인 SH9은 현재 부셸^{bushel}당 907.50센트에 거래되고 있다. 대두를 거래하기 위해 부셸에 대해 잘 알 필요는 없다. 다음 계약은 같은 해 5월 14일에 만료되는 SK9으로 부셸당 921.50센트에 거래된다.

SK9은 SH9 이후 61일 후에 만료된다. 기초가 되는 현물 대두가 전혀 움직이지 않는다면 SK9은 앞으로 61일 안에 921.50에서 907.50으로 내려갈 필요가 있다. 이로 인해 1.52%의 손실이 발생한다. 61일 동안 1.52%의 손실이 발생하면 연간 8.75%의 손실에 해당한다.

$$(((-0.0152 + 1)^{(365/61)}) - 1 = -8.75\%$$

이는 시장과 만기일에 걸쳐 서로 관련되고 비교할 수 있는 수치를 제공한다. 우리는 계량화할 수 있고 비슷한 연간 수익률을 가진다.

선물 체인에서 이런 종류의 일을 빨리 하는 것은 매우 간단하다. 먼저 가격과 만기가 적힌 표준 판다스 데이터프레임으로 시작하겠다. 표 18.1의 데이터는 조금 전에 우리가 구조 수치에서 사용한 것과 동일하며, 콘탱고 시장을 보여준다. 이 책의 첫 부분에서 파이썬에 대한 소개를 읽는 것을 생략하지 않았다면 이 데이터를 판다스 데이터프레임으로 가져오는 데 문제가 없을 것이다.

표 18.1 기간 구조 데이터

	만기	가격	미결제 약정
0	2019년 3월 14일	907.50	295,414
1	2019년 5월 14일	921.50	206,154
2	2019년 7월 12일	935.00	162,734
3	2019년 8월 14일	940.25	14,972
4	2019년 9월 13일	943.50	7,429
5	2019년 11월 14일	952.00	75,413
6	2020년 1월 14일	961.50	7,097

위의 표를 df라 부르는 DataFrame에 넣는다고 가정하면, 다음과 같이 단계별로 우리가 찾고 있는 분석을 할 수 있다.

```
df['day_diff'] = (df['expiry'] - df.iloc[0]['expiry']) / np.timedelta64(1, 'D')
df['pct_diff'] = (df.iloc[0].price / df.price) - 1
df['annualized_carry'] = (np.power(df['pct_diff'] + 1, (365 / df.day_diff))) - 1
```

이 시점에서 파이썬에 대해 이미 알고 있듯이, 원한다면 이 모든 작업을 한 행으로 수행할 수 있다. 파이썬의 여러 개의 복잡한 작업을 한 행에서 수행하는 기능은 때때로 훌륭할 수 있지만 코드 따르기를 더 어렵게 만드는 경향이 있다.

이 코드를 실행하고 이들 열들을 추가하면 표 18.2의 데이터프레임과 같은 데이터프레임이 생성된다. 이것이 트레이딩 논리에 바로 사용할 수 있는 표다.

표 18.2 연율화된 캐리

	만기	가격	미결제 약정	최근 월물과의 일 차이	퍼센트 가격 차이	연율화된 캐리
0	2019년 3월 14일	907.50	295,414	0	0.00%	0.00%
1	2019년 5월 14일	921.50	206,154	61	−1.52%	−8.75%
2	2019년 7월 12일	935.00	162,734	120	−2.94%	−8.68%
3	2019년 8월 14일	940.25	14,972	153	−3.48%	−8.11%
4	2019년 9월 13일	943.50	7,429	183	−3.82%	−7.47%
5	2019년 11월 14일	952.00	75,413	245	−4.67%	−6.88%
6	2020년 1월 14일	961.50	7,097	306	−5.62%	−6.66%

이와 같은 표는 이론적으로 최상의 수익을 얻을 수 있는 커브의 위치를 알려준다. 하지만 유동성 또한 고려해야 한다. 종종 당신은 커브에서 멀리 거래함으로써 얻을 수 있는 상당한 이론적인 이득이 있다는 것을 알게 될 것이다. 그러나 유동성이 전혀 없다는 것 또한 알게 될 것이다.

그러나 이 경우 두 번째로 가까운 5월 계약에서 거의 9%의 음의 수익률이 있는 것으로 보이며, 충분한 유동성이 있는 것으로 고려된다.

이 논리는 우리의 다음 트레이딩 모델이 무엇을 할 것인지에 대한 기초를 형성한다.

커브 모델 논리

우리는 방금 설명한 논리를 바탕으로 아주 간단한 모델을 만들 것이다. 우리는 상품만 거래할 것이고, 유동성이 꽤 많은 상품만 거래할 것이다. 이는 어느 시장에서나 사용할 수 있는 전략이 아니며, 통화 선물이나 저유동성 시장에서도 같은 방법론을 시도해봐야 별 소용이 없을 것이다.

이 버전에서는 1년 원월물을 트레이딩하려고 한다. 즉, 현재의 근월물 계약보다 1년 늦게 만기되는 계약이다. 거래는 일주일에 한 번만 이루어지며, 각 시장을 검토해 1년 원월물을 찾아서 연율화된 캐리를 계산한다.

이 모델은 우리가 다루는 모든 시장에 대해 이 값을 계산한 결과, 시장을 캐리를 기반으로 분류해 상위 5개의 백워데이션을 선택해 롱하고 상위 5개 콘탱고를 선택해 숏한다.

여기서는 기본적으로 각 계약을 동일한 금액으로 거래하려고 한다. 당신은 이 책에 대한 나의 이전 소문을 듣고, 변동성 패리티 배분을 왜 사용하지 않는가에 대해 질문할 것이다. 두 가지 이유. 첫째, 나는 이미 독자들로 하여금 이 매우 다른 모델 구축 방법에 대해 충분히 혼란스럽게 했을지도 모른다는 생각이 들었고, 논리를 단순하고 쉽게 따르게 하고 싶다. 둘째, 이 접근법의 경우 큰 차이가 없을 것이다. 우리는 하나의 자산 클래스만 거래하고 있으며 변동성 차이는 크지 않을 것이다.

이 책의 다른 모델들과 달리, 우리는 현재 잠재적으로 낮은 유동성 시장을 다루고 있으며, 이것은 약간의 추가 고려가 필요하다. 금 근월물 계약이 많이 거래되더라도 1년 만기 계약은 아마 아닐 것이다.

이것은 우리의 모델, 아니 오히려 우리의 백테스터가 그것을 현실적으로 다룰 수 있도록 해야 한다는 것을 의미한다. 우리는 어떤 크기로도 체결시킬 수 있을 것이라고는 도저히 생각할 수 없다. 운 좋게도 Zipline은 이것을 꽤 잘하며, 모델은 우리가 하루에 20% 이상의 물량을 거래하지 않도록 슬리피지 조건을 사용할 것이다.

이때 모델은 거래량의 최대 20%를 차지하게 되면, 나머지 주문은 다음 거래일로 넘어간다. 대량 주문은 필요시 며칠에 걸쳐 분산될 것이다.

그렇기 때문에 트레이딩하고자 하는 계약의 하루 평균 거래량을 확인하고, 그것의 25%를 초과하는 주문은 삼가도록 하겠다. 종종 체결되는 데 2일이 걸릴 수도 있지만, 그 이상은 걸리지 않을 것이다. 이 조건은 주문의 최대 크기를 제한한다.

소스 코드에서 볼 수 있듯이 여기서 보여주는 기본 버전은 순 노출이 0에 가까운 롱 150%, 숏 150%의 노출도를 구축하려고 시도한다. 물론 예를 들어 원유의 롱 포지션을 상쇄하는 대두의 숏 포지션을 가짐으로써 "델타 중립delta neutral"이 될 것이라고 기대할 수는 없다. 델타 중립이라는 용어는 옵션 시장에서 유래됐으며, 이론적으로는 시장에 대한 방향적 노출이 없다는 것을 의미한다.

어떤 종류의 완벽한 헷지도 기대하지는 마라. 하지만 물론 롱과 숏 사이드를 갖는 것이 전반적인 위험에 조금이나마 도움이 되는 것은 사실이다. 대체로 300%의 총 노출gross exposure 수준은 합리적으로 분산된 선물 모델로 고려될 수 있다.

이전과 같이 모든 주요 설정이 코드의 맨 위에 있으므로 로컬 파이썬 모델링 환경을 설정한 후 사용자 고유의 변형을 쉽게 시도할 수 있을 것이다.

커브 트레이딩 소스 코드

지금쯤이면 Zipline 백테스트 코드의 일반적인 구조에 대해 잘 알고 있을 것이다. 이 특정 모델의 주요 부분을 먼저 보여주고, 평소와 같이 이 절의 끝부분에서 완전한 소스 코드를 찾을 수 있도록 하겠다.

먼저 모델에 대한 설정이다.

```
# 설정
spread_months = 12
pos_per_side = 5
target_exposure_per_side = 1.5
initial_portfolio_millions = 1
volume_order_cap = 0.25
```

이 설정으로 우리는 조금 더 변화를 주고 쉽게 변형해볼 수 있다. 첫 번째 설정인 spread_months는 목표 커브의 범위를 설정한다. 기본값인 경우, 우리는 한 달 후의 계약을 찾는다.

두 번째 설정인 pos_per_side는 현재 우리가 얼마나 많은 시장을 롱하고 싶은지와 얼마나 많은 시장을 숏하고 싶은가에 대한 것이다. 현재 구현에서 이 숫자는 롱 포지션과 숏 포지션을 모두 설정한다.

다음 설정 target_exposure_per_side는 사이드당 노출 비율을 설정한다. 기본값인 1.5에서는 롱 150%, 숏 150%의 노출을 구축하려고 한다.

다음으로 몇백만 달러부터 시작할지 설정하고 마지막으로 거래량 주문 한도를 설정한다. 마지막 설정은 이 모델에 매우 중요하다. 이렇게 유동성이 적은, 긴 만기의 계약을 트레이딩하는 것은 우리가 유동성에 주의해야 한다는 것을 의미한다. 거래 규모를 크게 할 수 없으며, 항상 거래가 충분히 소화될 수 있는지 확인해야 한다.

volume_order_cap의 기본값 0.25에서 우리의 트레이딩 코드는 주문을 일일 평균 거래량의 25%로 제한한다. 이렇게 하면 시장에서 처리할 수 있는 것보다 훨씬 더 많은 주문을 하지 않고 결국 몇 주 동안 주문을 실행하는 데 시간을 허비할 수 있다.

트레이딩 논리는 일주일에 한 번씩 이루어지는데, 이때가 포트폴리오 구성을 조정하는 유일한 시기이다. 우리는 여기서 특정 계약을 트레이딩하고 있고 다른 일반적인 경우처럼 근월물 계약을 유지하려고 하지 않기 때문에 롤링 로직이 필요하지 않다.

이 모델에 대해 매월 수행되는 작업이 무엇인지 확인하기 위해 논리를 단계별로 살펴보겠다.

먼저 투자 유니버스의 시장 리스트를 사용해 빈 DataFrame을 만든다. 잠시 후 이 **데이터프레임**을 계산된 캐리 분석으로 채울 예정이다.

```python
def weekly_trade(context, data):
    # 나중에 채워질 빈 DataFrame
    carry_df = pd.DataFrame(index = context.universe)
```

일단 빈 DataFrame을 가지면, 모든 시장을 루핑하면서 1년 원월 계약을 체결하고 캐리를 계산해 DataFrame에 단계별로 저장할 것이다.

첫 번째 부분은 루프를 시작하고 계약 체인을 가져온 다음 계약 및 해당 만기일을 포함하는 DataFrame으로 변환한다.

```python
for continuation in context.universe:
    # 체인을 얻는다.
    chain = data.current_chain(continuation)

    # 체인을 DataFrame으로 변환한다.
    df = pd.DataFrame(index = chain)
    for contract in chain:
        df.loc[contract, 'future'] = contract
        df.loc[contract, 'expiration_date'] = contract.expiration_date
```

다음으로 우리는 목표 날짜에 가장 가까운 계약을 찾는다. 기본 설정이 12개월 트레이딩이기 때문에 1년 후에 만료되는 계약을 찾는다. 12개월 후의 계약을 찾을 가능성이 높지만, 모든 시장이 3개월이나 9개월 후의 계약을 가지고 있을지는 확실하지 않기 때문에 모델이 이러한 변형을 처리할 수 있도록 하기 위한 논리이다.

```python
closest_expiration_date = df.iloc[0].expiration_date
        target_expiration_date = closest_expiration_date +
relativedelta(months=+spread_months)
        df['days_to_target'] = abs(df.expiration_date - target_expiration_date)
        target_contract = df.loc[df.days_to_target == df.days_to_target.min()]
```

우리가 찾은 계약 target_contract는 우리가 찾고 있는 것과 가장 가까운 계약이다. 위의 논리는 먼저 최근월에서 X개월 떨어진 정확한 날짜를 확인한다. 여기서 X의 기본값은 12이다. 그런 다음 체인의 모든 계약에 대해 목표 날짜와 며칠 차이가 나는지 보여주는 열을 작성한다. 마지막으로 우리는 가장 차이가 적은 계약을 선정한다.

이제 우리는 목표 계약뿐만 아니라 최근월 계약의 마지막 종가를 구해 연율화된 캐리를 계산해야 한다.

```python
# 최근월 계약과 타깃 계약에 대한 가격을 얻는다.
prices = data.current(
    [
        df.index[0],
        target_contract.index[0]
    ],
    'close'
)

# 계약 간 정확한 날짜 차이를 계산한다.
days_to_front = int(
    (target_contract.expiration_date - closest_expiration_date)[0].days
```

```
)

# 연율화된 캐리(보유 비용)를 계산한다.
annualized_carry = (np.power(
                    (prices[0] / prices[1]), (365 / days_to_front))
                    ) - 1
```

지금까지 이 책에서 주목했다면, 연율화된 수익률을 계산하는 공식이 조금 친숙
해졌다는 것을 알아차렸을 것이다. 이것은 물론 우리가 12장에서 연율화된 모멘텀
점수를 계산할 때 사용한 것과 같은 논리다.

이제 처음에 생성한 DataFrame을 채우는 데 필요한 데이터를 확보했다. 모든 시
장을 비교하고, 가장 매력적인 캐리 상황을 선택하기 위해서는 어떤 것이 최근월
계약이고, 어떤 것이 목표 계약이며, 연율화된 캐리가 무엇인지 알아야 한다.

```
carry_df.loc[continuation, 'front'] = df.iloc[0].future
carry_df.loc[continuation, 'next'] = target_contract.index[0]
carry_df.loc[continuation, 'carry'] = annualized_carry
```

이제 정렬하고 잠재적으로 빈 행을 제거한다.

```
# 캐리를 정렬한다.
carry_df.sort_values('carry', inplace=True, ascending=False)
carry_df.dropna(inplace=True)
```

코드에서 carry_df라고 하는 이 DataFrame 객체는 이제 무엇을 거래할지 결정하
는 데 필요한 분석을 보유하고 있다. 이제 롱과 숏을 해야 할 상위와 하위 5개 계약
을 고르는 것부터 시작할 수 있다.

```
# 계약 선택
for i in np.arange(0, pos_per_side):
    j = -(i+1)

    # 상단을 매수, 하단을 숏
    long_contract = carry_df.iloc[i].next
    short_contract = carry_df.iloc[j].next

    new_longs.append(long_contract)
    new_shorts.append(short_contract)
```

이 코드가 하는 일은 숫자 0부터 4까지를 반복해 위에서 5개의 계약을 선택하고 데크 아래에서 5개의 계약을 선택하는 것이다. 이제 어떤 계약을 롱하고 어떤 계약을 숏하고 싶은지 알게 됐으니, 각 계약을 얼마만큼씩 트레이딩하고 체결할지 결정하면 된다.

```
# 새로운 포트폴리오에 대한 날짜를 얻는다.
new_portfolio = new_longs + new_shorts
hist = data.history(new_portfolio, fields=['close','volume'],
    frequency='1d',
    bar_count=10,
    )
```

이걸 알아내려면 역사적인 자료를 뽑아내야 한다. 앞서 말했듯이 우리는 하루 평균 물량의 25%로 주문을 제한할 예정이므로 하루 평균 물량이 얼마인지 알아야 한다.

```
# Get data for the new portfolio
new_portfolio = new_longs + new_shorts
hist = data.history(new_portfolio, fields=['close','volume'],
    frequency='1d',
    bar_count=10,
    )
```

또한 동일 비중 배분을 하고 있다고 말했다. 만약 당신이 변경하고 싶다면, 배분 부분이 바로 혼자서 더 작업하고 싶은 부분일 것이다.

```python
# 단순 동일 비중
target_weight = (
    target_exposure_per_side  * context.portfolio.portfolio_value
    ) / pos_per_side
```

이 시점에서, 우리는 모두 다음주 동안 보유하고자 하는 시장을 루핑할 준비가 돼 있다. 우리가 할 일은 이렇다. 각 시장에 대해, 우리는 보유할 목표 계약을 계산하고, 평균 거래량을 기준으로 한도를 적용하고 이행한다.

```python
# 트레이딩
for contract in new_portfolio:
    # 계약 히스토리를 슬라이싱한다.
    h = hist.xs(continuation, level=1)

    # 거래량 기반 상한을 가진 균등 비중
    contracts_to_trade = target_weight / \
        contract.price_multiplier / \
        h.close[-1]

    # 포지션 크기 상한
    contracts_cap = int(h['volume'].mean() * volume_order_cap)

    # 포지션 크기 상한으로 거래 크기 제한
    contracts_to_trade = min(contracts_to_trade, contracts_cap)

    # 숏을 위한 음의 포지션
    if contract in new_shorts:
        contracts_to_trade *= -1

    # 주문 집행
    order_target(contract, contracts_to_trade)
```

이제 전체 작업의 마지막 한 부분만 남았다. 무엇을 아직 안 했을까?

시장을 분석하고, 계약을 선정하고, 새로운 포트폴리오를 구축하고, 포지션 크기를 계산하고, 거래를 수행했다. 하지만 우리는 아직 이전 포지션들을 청산하지 않았다. 남은 것은 열려 있는 모든 포지션을 루핑하고, 다음 주^{next week}의 포트폴리오에 포함되지 않는 포지션은 청산하는 것 뿐이다.

```
# 다른 모든 열린(미결제) 포지션을 청산한다.
for pos in context.portfolio.positions:
    if pos not in new_portfolio:
        order_target(pos, 0.0)
```

이전 모델과 마찬가지로 여기에 사용된 전체 모델 코드를 다음에서 보여준다. 보다시피 시뮬레이션 실행 중에 동적 업데이트 차트를 사용했다. 앞에서 살펴본 바와 같다. 이번에는 어떻게 진행되는지 보여주기 위해 낙폭 차트를 추가했다.

```
%matplotlib notebook

import zipline
from zipline.api import future_symbol, \
    set_commission, set_slippage, schedule_function, \
    date_rules, time_rules, continuous_future, order_target

import matplotlib.pyplot as plt
import pyfolio as pf
import pandas as pd
import numpy as np

from zipline.finance.commission import PerTrade, PerContract
from zipline.finance.slippage import FixedSlippage, VolatilityVolumeShare

# 이를 이용해 X개월 미래의 날짜를 발견한다.
from dateutil.relativedelta import relativedelta
```

```
# 설정
spread_months = 12
pos_per_side = 5
target_exposure_per_side = 1.5
initial_portfolio_millions = 1
volume_order_cap = 0.25


# 그래프를 그리고자 하는 날짜을 정렬하고, 업데이터하기 위한 DataFame
dynamic_results = pd.DataFrame()

fig = plt.figure(figsize=(10, 6))
ax = fig.add_subplot(211)
ax.set_title('Curve Trading')
ax2 = fig.add_subplot(212)
ax2.set_title('Drawdown')

def initialize(context):
    """
    트레이딩 마찰(거래 비용) 설정
    """
    context.enable_commission = True
    context.enable_slippage = True

    if context.enable_commission:
        comm_model = PerContract(cost=0.85, exchange_fee=1.5)
    else:
        comm_model = PerTrade(cost=0.0)
    set_commission(us_futures=comm_model)

    if context.enable_slippage:
        slippage_model=VolatilityVolumeShare(volume_limit=0.3)
    else:
        slippage_model=FixedSlippage(spread=0.0)
    set_slippage(us_futures=slippage_model)

    """
    트레이딩할 시장
```

```
    """
    most_liquid_commods = [
        'CL','HO','RB','NG','GC','LC','_C','_S','_W','SB', 'HG', 'CT', 'KC'
    ]

    context.universe = [
        continuous_future(market, offset=0, roll='volume', adjustment='mul')
        for market in most_liquid_commods
        ]

    schedule_function(weekly_trade, date_rules.week_start(), time_rules.market_
close())

    schedule_function(update_chart,date_rules.month_start(), time_rules.market_
close())

def update_chart(context,data):
    # 이 함수는 백테스트 동안 그래프를 연속적으로 업데이트한다.
    today = data.current_session.date()
    pv = context.portfolio.portfolio_value
    exp = context.portfolio.positions_exposure
    dynamic_results.loc[today, 'PortfolioValue'] = pv

    drawdown = (pv / dynamic_results['PortfolioValue'].max()) - 1
    exposure = exp / pv
    dynamic_results.loc[today, 'Drawdown'] = drawdown

    if ax.lines:
        ax.lines[0].set_xdata(dynamic_results.index)
        ax.lines[0].set_ydata(dynamic_results.PortfolioValue)
        ax2.lines[0].set_xdata(dynamic_results.index)
        ax2.lines[0].set_ydata(dynamic_results.Drawdown)
    else:
        ax.plot(dynamic_results.PortfolioValue)
        ax2.plot(dynamic_results.Drawdown)

    ax.set_ylim(
        dynamic_results.PortfolioValue.min(),
```

```python
        dynamic_results.PortfolioValue.max()
    )
    ax.set_xlim(
        dynamic_results.index.min(),
        dynamic_results.index.max()
    )
    ax2.set_ylim(
        dynamic_results.Drawdown.min(),
        dynamic_results.Drawdown.max()
    )
    ax2.set_xlim(
        dynamic_results.index.min(),
        dynamic_results.index.max()
    )

    fig.canvas.draw()


def weekly_trade(context, data):
    # 나중에 채울 빈 DataFrame
    carry_df = pd.DataFrame(index = context.universe)

    for continuation in context.universe:
        # 체인을 얻는다.
        chain = data.current_chain(continuation)

        # 체인을 dataframe으로 변환한다.
        df = pd.DataFrame(index = chain)
        for contract in chain:
            df.loc[contract, 'future'] = contract
            df.loc[contract, 'expiration_date'] = contract.expiration_date

        # 최근 월 계약으로부터 X개월 떨어진 날짜의 계약으로
        # 타깃 날짜에 가장 가까운 계약을 찾는다.
        closest_expiration_date = df.iloc[0].expiration_date
        target_expiration_date = closest_expiration_date +
relativedelta(months=+spread_months)
        df['days_to_target'] = abs(df.expiration_date - target_expiration_date)
```

```
        target_contract = df.loc[df.days_to_target == df.days_to_target.min()]

        # 최근 월 계약과 타깃 계약에 대한 가격을 구한다.
        prices = data.current(
            [
                df.index[0],
                target_contract.index[0]
            ],
            'close'
        )

        # 계약 간의 정확한 날짜 차이를 체크한다.
        days_to_front = int(
            (target_contract.expiration_date - closest_expiration_date)[0].days
        )

        # 연율화된 캐리(보유 비용)를 계산한다.
        annualized_carry = (np.power(
                            (prices[0] / prices[1]), (365 / days_to_front))
                            ) - 1

        carry_df.loc[continuation, 'front'] = df.iloc[0].future
        carry_df.loc[continuation, 'next'] = target_contract.index[0]
        carry_df.loc[continuation, 'carry'] = annualized_carry

# 캐리를 정렬한다.
carry_df.sort_values('carry', inplace=True, ascending=False)
carry_df.dropna(inplace=True)

new_portfolio = []
new_longs = []
new_shorts = []

# 계약 선택
for i in np.arange(0, pos_per_side):
    j = -(i+1)

    # 상단은 매수하고, 하단은 숏한다.
```

```
        long_contract = carry_df.iloc[i].next
        short_contract = carry_df.iloc[j].next

        new_longs.append(long_contract)
        new_shorts.append(short_contract)

# 새로운 포트폴리오에 대한 날짜를 얻는다.
new_portfolio = new_longs + new_shorts
hist = data.history(new_portfolio, fields=['close','volume'],
    frequency='1d',
    bar_count=10,
    )

# 단순 동일 비중
target_weight = (
    target_exposure_per_side  * context.portfolio.portfolio_value
    ) / pos_per_side

# 트레이딩
for contract in new_portfolio:
    # 계약에 대한 히스토리 슬라이싱
    h = hist.xs(continuation, level=1)

    # 동일 비중 및 거래량 기반 상한
    contracts_to_trade = target_weight / \
        contract.price_multiplier / \
        h.close[-1]

    # 포지션 크기 상한
    contracts_cap = int(h['volume'].mean() * volume_order_cap)

    # 포지션 크기 상한으로 거래 크기 제한
    contracts_to_trade = min(contracts_to_trade, contracts_cap)

    # 숏에 대해 음의 포지션을 취한다.
    if contract in new_shorts:
        contracts_to_trade *= -1
```

```
        # 주문 집행
        order_target(contract, contracts_to_trade)

    # 다른 모든 열린(미결제) 포지션을 청산한다.
    for pos in context.portfolio.positions:
        if pos not in new_portfolio:
            order_target(pos, 0.0)

start = Timestamp('2001-01-01',tz='UTC')
end = Timestamp('2018-12-31',tz='UTC')

perf = zipline.run_algorithm(
    start=start, end=end,
    initialize=initialize,
    capital_base=initial_portfolio_millions * 1000000,
    data_frequency = 'daily',
    bundle='futures' )
```

커브 트레이딩 결과

이는 역사적 가격 시리즈를 사용하지 않는 알고리듬 거래 모델이다. 다소 이례적인 일이고, 만약 여러분이 이전에 기간 구조나 캘린더 트레이딩의 개념을 잘 알지 못한다면, 이것은 매우 이상한 아이디어로 보일 수도 있다. 그러나 백테스트 결과를 보면 알겠지만 이와 같은 간단한 구현도 실제로 매우 효과적이다.

월별 표를 먼저 훑어보고 시간이 지남에 따라 전략이 어떻게 동작하는지 알아본다. 역사적 데이터, 손절, 목표값, 지표가 없고 단순 동일 비중 모델이지만, 실제로 결코 나쁘지만 않다.

표 18.3 커브 트레이딩 월 수익률

연도	1월	2월	3월	4월	5월	6월	7월	8월	9월	10월	11월	12월	연율
2001	+4.2	+1.4	+5.8	+2.5	+2.7	+2.5	−3.0	+7.7	−3.1	−7.0	−2.3	−0.1	+10.7
2002	+0.6	+3.0	−6.0	+6.1	−2.1	−1.0	+4.1	+0.8	+0.9	−3.7	−2.6	+2.2	+1.7
2003	+5.1	+11.4	−5.5	−1.5	+5.6	+0.3	−0.8	−3.8	+0.3	−0.3	−2.0	+0.1	+8.1
2004	−4.2	+4.2	−0.3	+5.3	−0.5	+3.1	+15.3	−2.1	+12.9	+11.7	−2.0	−5.7	+41.2
2005	+5.7	−0.6	+10.6	−0.2	+3.5	+4.5	+0.5	+6.0	+4.3	−0.2	+7.3	+1.2	+51.1
2006	−1.6	+0.4	+3.1	+3.1	−1.2	+7.5	−1.5	−4.7	−0.7	−1.9	+1.2	+1.0	+4.2
2007	+1.2	+2.5	+1.1	+4.8	−2.6	+0.4	−1.6	+5.3	+1.9	+5.1	+2.2	+2.0	+24.2
2008	−1.0	+3.8	+5.2	+2.7	+15.2	−1.1	−11.4	−4.5	+5.9	−6.8	+8.9	+9.7	+26.3
2009	+5.9	+6.0	−5.4	+0.1	−6.7	+1.2	+1.6	+10.5	−1.3	−4.8	+0.8	+0.8	+7.3
2010	+6.4	−3.0	+0.4	−1.6	+6.0	+3.0	−8.3	+6.8	+7.9	+14.3	−5.2	+6.6	+36.1
2011	+4.2	+2.5	+0.3	−2.9	+0.5	+6.6	+3.6	+1.2	+0.0	+2.8	+0.0	+3.0	+23.9
2012	+0.3	+6.4	+3.4	+1.5	−6.5	+5.7	+1.6	+1.6	−3.3	+1.2	+3.1	−0.1	+15.2
2013	+2.2	−2.0	+1.7	−0.8	+3.7	+2.3	+3.5	+2.0	−2.1	+1.4	+0.0	+1.2	+13.6
2014	+0.2	−8.4	−3.1	−2.5	+6.8	+2.6	−0.5	−1.5	+5.8	−13.5	−2.9	+1.4	−16.1
2015	−1.2	+0.0	+6.7	−1.8	+2.9	−5.6	+4.8	+3.0	−0.8	+3.1	+0.0	+7.3	+19.4
2016	−3.9	+2.9	−3.3	−8.5	−3.6	+1.2	+8.3	−4.3	−0.3	−1.5	+2.0	−3.5	−14.5
2017	−0.5	+0.9	+0.4	+4.7	−2.3	−1.5	−4.6	+5.2	+0.1	+7.7	+4.2	+4.5	+19.6
2018	+1.6	+1.1	+4.4	+3.1	+3.7	+9.0	−1.3	+8.1	+3.4	−8.6	−6.0	+0.8	+19.1

그림 18.3의 주식 곡선을 보면 놀랍도록 평탄하다는 것을 알 수 있다. 그러나 그것이 주식 지수와 구별할 수 있는 상관관계를 보이지 않는다는 것은 놀랄 일이 아니다. 이 전략은 소위 (주식시장과) 상관관계가 없는[uncorrelated] 전략이다. 이 용어는 업계에서 많이 사용되고 있으며, 적어도 이론상으로는 주식시장과 무관한 전략을 가리킨다.

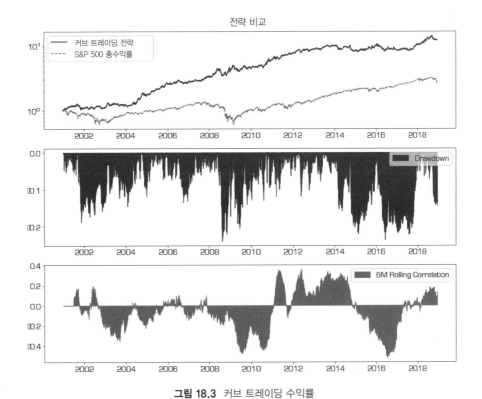

그림 18.3 커브 트레이딩 수익률

표 18.4는 보유 기간 수익률 즉 특정 연도 초까지 이 전략을 시작하고 일정 기간 동안 유지했다면 수익률이 어떻게 됐을지 보여준다. 여기 보는 것은 대부분의 출발점에 대해 상당히 좋은 장기 수치다. 아무리 최악의 시작 연도를 선택해도 회복에 시간이 오래 걸리지 않고 곧 기존 투자 방식을 능가하는 방법임을 확인할 수 있다.

표 18.4 보유 기간 수익률 – 커브 트레이딩

연도	1	2	3	4	5	6	7	8	9	10	11	12	13	14	15	16	17	18
2001	11	6	7	14	21	18	19	20	18	20	20	20	19	16	17	14	15	15
2002	2	5	16	24	20	20	21	19	21	21	21	20	17	17	15	15	15	
2003	8	24	32	25	24	25	22	24	24	23	22	18	18	16	16	16		
2004	41	46	31	29	28	25	26	26	25	24	19	19	16	16	17			
2005	51	25	25	25	22	24	24	23	22	17	17	14	15	15				
2006	4	14	18	15	19	20	19	18	14	15	12	12	13					
2007	24	25	19	23	23	22	21	15	16	12	13	13						
2008	26	16	23	23	21	20	14	15	11	12	12							
2009	7	21	22	20	19	12	13	9	10	11								
2010	36	30	25	22	13	14	10	11	12									
2011	24	19	17	8	10	6	8	9										
2012	15	14	3	7	2	5	7											
2013	14	-2	4	-1	3	6												
2014	-16	0	-5	1	4													
2015	19	1	7	10														
2016	-14	1	7															
2017	20	19																
2018	19																	

모델 고려 사항

이 모델이 유동성에 매우 민감하다는 것은 아무리 강조해도 지나치지 않다. 이 모델의 소스 코드에서 보다시피 거래 기준으로 100만 달러가 사용됐다. 선물용 모델을 트레이딩하기엔 너무 적은 금액이지만, 이 모델은 작은 것의 장점이 있는 모델이다. 자본금 배치를 낮추면 꽤 높은 수익을 낼 수 있지만, 9자리수를 트레이딩하려면 판도가 크게 바뀔 수 있다.

물론 나는 많은 독자들이 100만 달러는 아주 작은 돈이라는 것을 나의 구색에 주저하고 있다는 것을 알고 있다. 물론 현실 세계에서는 엄청난 돈이긴 하지만 전문적인 선물 거래에 관한 한 정말 큰 금액이 아니다.

이 모델은 스케일업 및 스케일다운이 가능하다. 조금 더 적은 금액과 조금 더 많은 금액으로 트레이딩할 수 있지만 여전히 흥미로운 수익률을 보이고 있다. 하지만

심각한 제도권 규모의 금액은 힘들 것이다.

여기서 이 모델 구현은 개념을 가르치고 알고리듬 모델링 접근법을 시연하기 위한 것으로 매우 간단하다. 여기서 있는 소스 코드를 사용해 사용자 자신의 상황과 요구 사항에 따라 조정하고 개선할 수 있다.

일반적으로 왼쪽 커브에서 조금 더 나은 유동성을 찾을 수 있다. 이 구현은 12개월까지의 원월 계약을 거래하며, 대개 상당히 제한적인 거래가 이루어진다. 예를 들어 3개월까지의 원월물을 거래하면 유동성이 조금 더 좋아진다. 거래에 얼마나 공격적으로 트레이딩할 것인지에 대한 당신의 슬리피지 가정과 선호는 당신의 결과에 큰 영향을 미칠 것이다.

여기서 모델을 주의하라. 이 코드에서 몇 개의 숫자를 변경하는 것은 매우 쉬우며 결국 연간 50% 이상의 수익률을 기록할 수 있다. 그러나 시뮬레이션은 시뮬레이션에 들어가는 가정만큼만 좋으며, 실제 거래에서는 그러한 수익을 실현하지 못할 가능성이 높다.

또 다른 연구 분야는 이 기간 구조 정보를 다른 분석과 결합하는 것이다. 여기에 나와 있는 접근법은 내재 수익률 즉 캐리 비용만을 보는 것이지만, 실제 상황에서 여러분의 모델이 그렇게 순수해야 할 이유는 없다. 그렇다! 독자들은 이것을 버리고, 더 좋은 모델을 찾기 위해 노력해야 한다.

모델 비교와 결합

선물 측면에서 우리는 이제 몇 가지 상이한 접근법을 살펴봤다. 첫째, 추세 필터 trend filter, 추적 손절trailing stop 및 돌파breakout 논리가 있는 표준 추세 모델이다. 둘째, 1년 전과 반년 전의 가격과 월 가격만 비교하는 단순 시간 수익률 모델이다. 셋째, 추세 추종자들이 손절할 때 진입하는 것을 목표로 하는 역추세 또는 평균 회귀 접근법으로, 더 짧은 기간으로 운영된다. 마지막으로 기간 구조 커브의 형태만 살펴보는 캐리 기반 트레이딩 모델이다.

또한 주식의 롱 사이드만을 거래하는 시스템 주식 모멘텀 모델로 시작하므로 절대 수익 선물 모델과는 상당히 다른 수익률 프로파일을 가질 것이다.

이러한 각 모델에 대한 장에서 일반적인 수익률 통계를 보이지 않았다는 것을 알아차렸을 것이다. 많은 독자가 그런 그림들을 너무 많이 쳐다보고, 더 큰 그림을 놓치고 있음을 깨닫게 되면서, 의도적으로 한 것이었다. 발표 전에 슬라이드 출력물을 나눠주는 것과 비슷하다. 그 이후 아무도 당신의 말을 듣지 않을 것이다.

하지만 이제 이전 장들을 이미 살펴봤으니 통계를 보여주기에 충분히 안전할 것이다. 당신이 찾고 있는 데이터는 표 19.1에 나와 있으며, 앞서 살펴본 전략과 S&P 500 전체 수익률 지수에 대한 동일한 통계가 나열돼 있다. 이 통계는 2001년 초부터 2018년 말까지의 백테스트 기간에 대한 것이다.

표 19.1 선물 전략 통계

	연율화 수익률	최대 손실낙폭	연율화 변동성	샤프 비율	칼머 비율	소르티노 비율
추세 모델	12.12%	−25.48%	19.35%	0.69	0.48	0.98
역추세	11.00%	−30.09%	18.55%	0.66	0.37	0.92
커브 트레이딩	14.89%	−23.89%	18.62%	0.84	0.62	1.22
시간 수익률	11.78%	−40.31%	21.09%	0.63	0.29	0.9
시스템 모멘텀	7.84%	−39.83%	16.48%	0.54	0.2	0.76
SP500 총수익률(SPXTR)	5.60%	−55.25%	18.92%	0.38	0.1	0.5

확실히 커브 트레이딩 모델이 가장 좋은 모델인 것 같다. 그러면 이러한 실적은 신경 쓸 가치가 없는 건가? 그런 결론이 내가 이 간단한 통계 자료를 일찍 공개하지 않은 이유다. 트레이딩 모델을 평가하는 것은 단순히 이와 같은 표를 보는 것보다 더 복잡한 작업이다. 당신은 세부 사항과 장기 수익 프로파일을 연구해야 한다. 확장성도 물론이다. 비즈니스의 첨예한 극단에서 여러분은 종종 수익률 프로파일의 특정 행태를 찾으며, 종종 다른 요인과 관련되기도 한다. 어떤 모델이 더 유망한지에 대한 답은 현재 무엇을 찾고 있는지, 무엇이 현재 모델 포트폴리오에 적합하거나 보완할 수 있는지에 따라 달라진다.

이 모든 모델은 간단한 시연 모델이다. 그것들은 실전용 배치 모델이 아니라 교육 도구다. 하지만 그것들은 모두 가능성을 보이고, 다듬어져 실전용 모델이 될 수 있다.

또한 이 모든 것이 매수 후 보유 주식시장 접근법보다 훨씬 매력적인 규모를 가지고 있음을 알 수 있다. 일부 독자들은 시간이 지남에 따라 주식시장의 수익률이 얼마나 보잘것없는지를 보고 놀랄지도 모른다. 2001년부터 2018년까지 이 기간 S&P 500 지수는 배당금을 포함하고 최근 10년간 강세장을 포함함에도 연간 6% 미만을 기록했다. 그리고 그것도 선물 모델들보다 더 큰 최대 낙폭을 가지고 말이다.

또 하나 놀랄 만한 점은 샤프 비율의 수준이다. 커브 트레이딩을 제외하고는 1을 넘기는 것이 없다. 1 미만의 샤프는 형편없는 것이라는 불행한 오해가 있다. 꼭 그렇지만은 않다. 사실 시스템 전략의 경우 실현된 샤프 비율이 1 이상인 경우는 흔치 않다.

그림 19.1 선물 모델 비교

그림 19.1은 주식시장의 전략과 비교했을 때 이 다섯 가지 전략의 장기적인 전개를 보여준다. 이렇게 오랜 기간의 지수 비교는 공정해 보이지 않는다. 하지만 사실 단기적으로 보면 당신은 항상 그것에 비교될 것이다. 이건 비즈니스의 저주이다.

이러한 백테스트가 2001년부터 시작하는 이유는 Zipline의 현재 그리고 곧 해결되기를 원하는 문제로가 2000년 이전의 데이터를 사용하기 까다롭게 만들기 때문이라는 것을 기억하라. 주가 지수가 급락으로 출발한다는 사실이 이런 비교를 좀 불공평하게 만들 수도 있는데, 그런 이유로 약세장의 바닥인 2003년부터 같은 그래프를 보여주겠다. 2008~2009년 약세장 바닥부터 시작하지는 않겠다. 그건 명백히 어리석은 짓이다. 역사상 가장 긴 강세장으로의 완벽한 시장 타이밍과 대안의 전략들을 비교하는 것은 타당하지 않다.

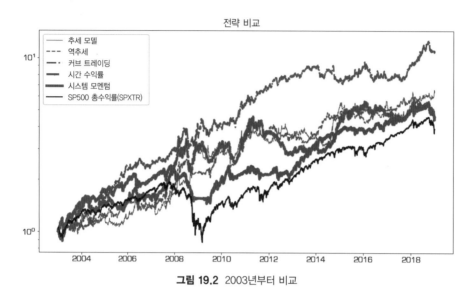

그림 19.2 2003년부터 비교

설령 기술주의 붕괴 바닥에서 흠잡을 데 없는 타이밍으로 지수를 매수하는 선견지명이 있었더라도 지수는 여전히 낮은 수익률과 더 깊은 낙폭을 보였을 것이다.

모델 결합

분산diversification이 유익하다는 것은 누구나 알고 있다. 적어도 모든 사람이 그걸 알아야 한다. 하지만 대부분의 사람들은 여러 포지션을 가진다는 측면에서만 분산을 생각한다. 그것도 완전히 괜찮지만, 트레이딩 스타일을 분산하는 것에서도 부가가치를 발견할 수 있다. 단일 트레이딩 모델을 포트폴리오 구성 요소로 생각하라.

전체적인 모델의 포트폴리오는 그 어떤 개별 전략보다 훨씬 더 우수한 성능을 발휘할 수 있다는 것을 알 수 있다. 지금까지 살펴본 5가지 트레이딩 모델로 구성된 간단한 포트폴리오로 이를 시연하겠다.

우리는 5가지 모델이 있으므로 자본의 20%를 동일하게 배분할 것이다. 리밸런싱 기간은 월간으로, 매달 모든 포지션을 이에 따라 조정해 비중을 목표치 20%로 재설정해야 한다. 모델 수준에서 이러한 리밸런싱 빈도는 소규모 고객에게는 어렵고 시간이 많이 걸릴 수 있지만, 대규모 고객에서는 완벽하게 합리적이다. 원한다면 연간 데이터를 사용해 이 실험을 반복하라. 이렇게 포트폴리오 계산을 하는 것은 다른 언어에 비해 파이썬이 빛을 발하는 분야다.

이 포트폴리오 조합이 어떻게 계산됐는지에 관한 코드는 20장에서 확인할 수 있다.

표 19.2 선물 모델의 포트폴리오

	연율화 수익률	최대 낙폭	연율화 변동성	샤프 비율	칼머 비율	소르티노 비율
추세 모델	12.12%	−25.48%	19.35%	0.69	0.48	0.98
역추세	11.00%	−30.09%	18.55%	0.66	0.37	0.92
커브 트레이딩	14.89%	−23.89%	18.62%	0.84	0.62	1.22
시간 수익률	11.78%	−40.31%	21.09%	0.63	0.29	0.9
시스템 모멘텀	7.84%	−39.83%	16.48%	0.54	0.2	0.76
SP500 총수익률(SPXTR)	14.92%	−17.55%	11.81%	1.24	0.85	1.79

표 19.2는 전체 주식시장뿐만 아니라 각 개별 모델의 성과를 결합 포트폴리오의 성과와 비교한 것이다. 이 숫자들은 충분히 분명해야 한다. 결합된 포트폴리오는 낮은 변동성으로 각 개별 전략을 훨씬 능가했다. 우리는 더 높은 연간 수익률, 더 낮은 최대낙폭, 낮은 변동성, 더 높은 샤프 비율 등을 얻었다.

이것이 새로운 트레이딩 모델을 평가할 때 상세한 수익률 프로파일을 봐야 한다는 나의 주장을 명확히 하는 데 도움이 되기를 바란다. 수익률 자체가 아니라 프로파일, 그리고 기존 모델에 얼마나 적합한지 등을 고려해야 한다.

시간 경과에 따른 기대 수익률이 낮지만 다른 모델과의 상관관계가 낮거나 부정적인 모델을 찾을 수 있으며, 따라서 전체 트레이딩 모델의 포트폴리오에 큰 도움이 될 수 있다.

그림 19.3 트레이딩 모델의 포트폴리오

또한 그림 19.3과 표 19.3에서 모델이 결합되면 전반적인 수익률 프로파일이 훨씬 더 매력적으로 보인다는 것을 확인할 수 있다. 개별 모델은 종종 서로 다른 시기의 손익을 갖기 때문에 서로를 잘 보완하고 장기적인 변동성을 완화하는 데 도움이 된다. 낙폭이 억제돼 장기 수익률이 높아진다.

몇 년 동안 아슬아슬했지만 결국 이 결합 포트폴리오의 단 한 해도 손해를 보지 않았다.

표 **19.3** 결합 모델에 대한 보유 기간 분석

연도	1	2	3	4	5	6	7	8	9	10	11	12	13	14	15	16	17	18
2001	8	13	17	18	17	16	18	19	19	20	18	17	17	17	17	16	16	15
2002	18	22	22	20	17	19	21	20	21	20	18	18	18	17	16	16	15	
2003	27	24	21	17	20	21	21	21	20	18	18	18	17	16	16	15		
2004	21	18	14	18	20	20	21	19	17	17	17	17	16	15	14			
2005	15	11	17	20	20	21	19	16	16	17	16	15	15	14				
2006	7	18	21	21	22	19	17	16	17	16	15	15	14					
2007	29	29	26	26	22	18	18	19	17	16	16	14						
2008	29	24	24	20	16	16	17	16	15	14	13							
2009	20	22	17	13	14	15	14	13	13	12								
2010	25	16	11	12	14	13	12	12	11									
2011	8	5	8	12	11	10	10	9										
2012	1	8	13	12	10	11	9											
2013	16	20	16	13	13	11												
2014	24	16	12	12	10													
2015	9	6	8	7														
2016	4	8	6															
2017	13	7																
2018	2																	

모델의 포트폴리오 구현

이와 같은 시연은 모든 투자 서약에 대한 간단한 해결책을 보여주는 것처럼 보일 수 있지만, 구현이 쉽지 않을 수 있다. 이 모델들은 거래에 수백만 달러를 필요로 한다. 확실히 그것들을 거래하는 것은 수백만 달러보다도 훨씬 더 많은 금액을 필요로 한다. 나는 이 책을 읽는 모든 독자들이 1억 달러를 가지고 거래를 준비하고 있지 않다는 것을 알고 있다. 하지만 당신이 불행한 몇 안되는 억만장자 중 하나라 할지라도, 다른 접근법들을 결합하는 힘을 이해하는 것은 큰 도움이 될 수 있다.

모델의 포트폴리오 구축에 있어 자금 부족만이 잠재적인 문제는 아니다. 19장에 나와 있는 모델 결합을 구현하는 것은 실제로 매우 복잡할 수 있다. 복잡성이 높아지면 단일 모델로 가능한 간단한 개요를 제시하기 힘들며 포지션 신호, 위험 배분 등을 추적하기 위한 좀 더 정교한 소프트웨어가 필요할 수 있다.

전문 거래 기관은 이러한 복잡한 결합을 거래할 수 있는 능력을 구축해 위험을 모니터링하고 적절한 보고 및 분석을 구축할 수 있다. 개별 트레이더는 이것이 불가능할 수 있다.

물론 그것을 볼 수 있는 다른 방법들이 존재한다. 모델 포트폴리오를 얼마나 복잡하게 구성하고 구현할 수 있는지 이해하면 업계에서 좋은 일자리를 얻는 데 필요한 기술을 습득할 수 있다. 산업의 최첨단에서 일하는 것은 당신의 포트폴리오를 트레이딩하는 것보다 훨씬 더 많은 돈을 벌 수 있는 잠재력을 가지고 있다.

이 비즈니스의 큰 자금은 다른 사람의 자금을 거래함으로써 만들어진다는 것을 잊지 마라. 당신이 개인적으로 그런 모델을 거래할 돈이 있는지 없는지는 중요한 부분이 아니다. 물론 그런 것을 가질 수 있으면 좋겠지만 당신은 여전히 이런 종류의 지식을 활용할 수 있고 그것으로부터 이익을 얻을 수 있다. 헤지펀드 등으로 좋은 직장을 구하면 어차피 자기 돈을 거래하는 것보다 훨씬 더 많은 보수를 받을 수 있을 것이다.

20
성과 시각화와 결합

19장에서는 백테스트의 성능을 보여주는 다양한 표와 그래프를 살펴봤다. 이 책은 완전히 투명한 책이다. 시각화가 어떻게 만들어졌는지 보여주겠다. 파이썬에서 하는 일은 매우 간단하다. 시계열만 있으면 모든 종류의 그래프, 분석, 표 및 기타 출력을 작성할 수 있다.

모델 결과 저장

8장에서는 Zipline 백테스트에서 결과를 추출하고 이를 기반으로 몇 가지 분석과 차트를 구성하는 몇 가지 방법을 살펴봤다. 여기에는 동일한 원칙이 적용되지만 나중에 추가 분석을 위해 백테스트를 저장하는 것이 도움이 된다는 차이점이 있다.

지금까지 살펴본 바와 같이 Zipline 백테스트를 실행하면 결과가 반환된다. 이 책의 앞부분 샘플 모델에서 이는 다음과 같이 보일 것이다.

```
perf = zipline.run_algorithm(
    start=start, end=end,
    initialize=initialize,
    analyze=analyze,
```

```
capital_base=millions_traded * 1000000,
data_frequency = 'daily',
bundle='futures' )
```

이 경우 백테스트 실행이 완료된 후 변수 perf가 모든 결과를 보유한다. 이것은 DataFrame으로, 실행 중에 수집되거나 계산된 상당히 많은 데이터로 구성된다. 백 테스트에서 매일의 포트폴리오 가치만 저장하고자 한다면 매우 쉽게 저장할 수 있 다. 이 파일은 portfolio_value 열에 저장되며, 이 코드 행 하나에 쉼표로 구분된 파 일(csv 파일)로 저장하면 된다.

```
perf.portfolio_value.to_csv('model_performance.csv')
```

이것이 필요한 모든 것이다. 이 한 줄로 종종 주식 곡선equity curve이라고 부르는 백테스트의 포트폴리오 가치가 지정된 이름의 파일에 저장된다. 백테스트의 다른 측면을 분석하려는 경우 수행된 거래와 성과에서 발견되는 기타 모든 데이터를 저 장할 수 있다.

DataFrame을 쉼표로 구분된 파일에 저장하는 이 트릭은 많은 경우에 매우 유용 할 수 있다. 디버깅 중에 특히 유용한 관련 도구는 .to_clipboard()이다. 디스크에 저장하는 대신 DataFrame을 메모리의 클립보드에 저장한다. Excel에 바로 붙여넣 을 수 있도록 올바른 형식으로 돼 있을 것이다. 디버깅 시 육안 검사를 위해 Excel 로 빠르게 복사할 수 있는 것이 도움이 될 수 있다.

모델 성과 분석을 수행한 방법

각 모델 장의 성과 분석을 계산하고 시각화하기 위해 주피터 노트북으로 시작했다. 이 책의 앞부분에서 설명한 것처럼, 서로 다른 논리 조각들을 노트북의 서로 다른 셀로 분리하는 것이 합리적이다. 하위 셀은 상위 레벨에서 가져오거나 계산한 데이터에 액세스할 수 있다.

백테스트를 실행한 후 과거 포트폴리오 값을 로컬 CSV 파일에 저장했다. 그런 다음 성과 분석 노트북은 이러한 CSV 파일 중 하나와 비교를 위한 S&P 500 총수 익률 지수의 벤치마크 데이터를 읽는다. 이것이 내 노트북의 첫 번째 셀이 하는 기 능이다.

```python
%matplotlib inline

import matplotlib.pyplot as plt
import pandas as pd

# 날짜(date)가 있는곳
path = 'data/'

# 비교할 벤치마크를 설정
bm = 'SPXTR'
bm_name = 'S&P 500 Total Return'

# 이들은 우리 책의 모델로부터 저장된 성과 csv 파일들이다.
strat_names = {
    "trend_model" : "Core Trend Strategy",
    "time_return" : "Time Return Strategy",
    "counter_trend" : "Counter Trend Strategy",
    "curve_trading" : "Curve Trading Strategy",
    "systematic_momentum" : "Equity Momentum Strategy",
}

# 분석할 모델을 선택한다.
strat = 'curve_trading'

# 이름을 조회(룩업)한다.
strat_name = strat_names[strat]

# 전략을 읽는다.
df = pd.read_csv(path + strat + '.csv', index_col=0, parse_dates=True, names=[strat] )
```

```
# 벤치마크를 읽는다.
df[bm_name] = pd.read_csv(bm + '.csv', index_col=0, parse_dates=[0] )

# 히스토리를 2018년 말까지 히스토리로 제한한다.
df = df.loc[:'2018-12-31']

# 완료됐다는 확인을 프린트한다.
print("Fetched: {}".format(strat_name))
```

그런 다음 잘 구조화된 DataFrame에 필요한 데이터를 확보한다. 그다음에 하고 싶은 일은 월 수익률을 보기 좋게 보여주는 표를 만드는 것이었다. 월간 성과 집계 및 연간 거래 빈도 집계를 위한 파이썬 코드는 많은 작업이 필요하지 않다. 흔히 있는 일이지만, 이미 다른 누군가가 이 문제에 대한 코드를 작성해놨기 때문에 작업을 재창조할 필요가 없다. 이 경우, 19장을 따랐다면 컴퓨터에 이미 설치돼 있을 라이브러리 Empyrical을 사용하고자 한다. 8장 앞부분에서 사용한 PyFolio 라이브러리와 함께 제공된다.

따라서 월별 및 연도별 수익률을 계산하려면 각각 코드 한 줄만 필요하다. 다음 셀의 나머지 부분은 깔끔한 형식의 테이블을 구성하는 것이다. 그러기 위해 이 책에 내가 원하는 대로 보이도록 하기 위해서 오래됐지만 친숙한 HTML을 사용하기로 결정했다. 텍스트로 월별 값을 덤프하려는 경우, 대부분의 다음 셀이 중복된다. 다음 코드의 대부분은 HTML 테이블을 포맷해 예쁘게 보이기 위한 것이다.

```
# 성과 계산을 위해 사용한다.
import empyrical as em

# 노트북에 HTML로 포맷된 콘텐츠를 보이는 데 사용한다.
from IPython.core.display import display, HTML

# Empyrical을 사용해 월과 연간 합계를 한다.
monthly_data = em.aggregate_returns(df[strat].pct_change(),'monthly')
```

```
yearly_data = em.aggregate_returns(df[strat].pct_change(),'yearly')

# 예쁘게 보이기 위한 HTML 테이블을 시작한다.
table = """
<table id='monthlyTable' class='table table-hover table-condensed table-striped'>
<thead>
<tr>
<th style="text-align:right">Year</th>
<th style="text-align:right">Jan</th>
<th style="text-align:right">Feb</th>
<th style="text-align:right">Mar</th>
<th style="text-align:right">Apr</th>
<th style="text-align:right">May</th>
<th style="text-align:right">Jun</th>
<th style="text-align:right">Jul</th>
<th style="text-align:right">Aug</th>
<th style="text-align:right">Sep</th>
<th style="text-align:right">Oct</th>
<th style="text-align:right">Nov</th>
<th style="text-align:right">Dec</th>
<th style="text-align:right">Year</th>
</tr>
</thead>
<tbody>
<tr>"""

first_year = True
first_month = True
yr = 0
mnth = 0

# 월별로 보고, HTML 테이블에 추가한다.
for m, val in monthly_data.iteritems():
    yr = m[0]
    mnth = m[1]

    # 만약 연의 처음 달이면, 테이블에 연 레이블을 추가한다.
    if(first_month):
```

```
        table += "<td align='right'><b>{}</b></td>\n".format(yr)
        first_month = False

    # sim이 1월에 시작하지 않으면 첫 해를 빈 월로 패딩한다.
    if(first_year):
        first_year = False
        if(mnth > 1):
            for i in range(1, mnth):
                table += "<td align='right'>-</td>\n"

    # 월간 성과를 더한다.
    table += "<td align='right'>{:+.1f}</td>\n".format(val * 100)

    # 12월을 체크하고, 연도 숫자를 더한다.
    if(mnth==12):
        table += "<td align='right'><b>{:+.1f}</b></td>\n".format(yearly_data[yr]
* 100)
        table += '</tr>\n <tr> \n'
        first_month = True

# 빈 월과 마지막 해의 값에 대한 패딩을 더한다.
if(mnth != 12):
    for i in range(mnth+1, 13):
        table += "<td align='right'>-</td>\n"
        if(i==12):
            table += "<td align='right'><b>{:+.1f}</b></td>\n".format(
                yearly_data[yr] * 100
            )
            table += '</tr>\n <tr> \n'

# 테이블을 마무리한다.
table += '</tr>\n </tbody> \n </table>'

# 그리고 보인다.
display(HTML(table))
```

각 전략 분석 장에 대해 이 책에서 몇 번 본 것과 동일한 표가 출력돼야 한다. 그 다음은 성과 차트다. 앞부분에서는 각 전략을 주식 지수와 비교하기 위해 로그 차트를 사용했다. 당신의 전략을 S&P 500과 비교하는 것은 말이 되지 않을 수도 있지만, 논리적이든 아니든 다른 사람들이 당신을 그것에 비교할 가능성이 높다.

같은 차트 이미지에서 6개월 연속 상관관계와 낙폭 그래프도 작성했다. 이러한 값은 계산하기 매우 쉬우며 그래프를 만드는 방법을 이미 알고 있어야 한다. 그 안에 책이 보기 좋도록 텍스트를 정말 크게 만들고, 검은색과 회색 선을 얻기 위한 코드도 있다.

```python
import matplotlib

# 1년의 거래일을 가정한다.
yr_periods = 252

# 보이기 위한 포맷
font = {'family' : 'eurostile',
        'weight' : 'normal',
        'size'   : 16}
matplotlib.rc('font', **font)


# 첫째 줄을 기준으로 다시 설정한다.
df = df / df.iloc[0]

# 상관관계를 계산한다.
df['Correlation'] = df[strat].pct_change().rolling(window=int(yr_periods / 2)).
corr(df[bm_name].pct_change())

# 누적 낙폭을 계산한다.
df['Drawdown'] = (df[strat] / df[strat].cummax()) - 1

# NA값이 없도록 확인한다.
df.fillna(0, inplace=True)
```

```
# 그래프 figure를 시작한다.
fig = plt.figure(figsize=(15, 12))

# 첫 번째 차트
ax = fig.add_subplot(311)
ax.set_title('Strategy Comparisons')
ax.semilogy(df[strat], '-',label=strat_name, color='black')
ax.semilogy(df[bm_name] , '--', color='grey')
ax.legend()

# 두 번째 차트
ax = fig.add_subplot(312)
ax.fill_between(df.index, df['Drawdown'], label='Drawdown', color='black')
ax.legend()

# 세 번째 차트
ax = fig.add_subplot(313)
ax.fill_between(df.index,df['Correlation'], label='6M Rolling Correlation',
color='grey')
ax.legend()
```

마지막으로 각 장마다 특정 연도의 1월에 시작해 일정 기간 동안 전략을 유지한 경우 수익률을 보여주는 소위 보유 기간 표를 작성했다. 다시 한 번 나는 HTML 출력을 사용해 이 책에 잘 표시될 수 있도록 선택했다. 이 페이지들의 너비가 제한돼 있기 때문에, 또한 숫자를 퍼센트로 반올림했다.

```
def holding_period_map(df):
    # 연간 수익률을 합계한다.
    yr = em.aggregate_returns(df[strat].pct_change(), 'yearly')

    yr_start = 0

    # 테이블을 시작한다.
    table = "<table class='table table-hover table-condensed table-striped'>"
    table += "<tr><th>Years</th>"
```

```
    # 테이블의 첫째 행을 구축한다.
    for i in range(len(yr)):
        table += "<th>{}</th>".format(i+1)
    table += "</tr>"

    # 연을 반복한다.
    for the_year, value in yr.iteritems():
        # New table row
        table += "<tr><th>{}</th>".format(the_year)

        # 보유 연도를 반복
        for yrs_held in (range(1, len(yr)+1)): # 보유 yr 반복
            if yrs_held   <= len(yr[yr_start:yr_start + yrs_held]):
                ret = em.annual_return(yr[yr_start:yr_start + yrs_held], 'yearly' )
                table += "<td>{:+.0f}</td>".format(ret * 100)
        table += "</tr>"
        yr_start+=1
    return table

table = holding_period_map(df)
display(HTML(table))
```

결합 포트폴리오 분석 방법

19장에서는 모델의 결합과 모델의 포트폴리오를 트레이딩하는 분산 이점을 살펴 봤다. 19장에서 사용한 방법은 매월 초에 리밸런싱해 각 전략의 비중을 그 간격으 로 재설정하는 것이었다. 여기에 나와 있는 코드로 또 다른 리밸런싱 방법도 알려 주겠다. 다음 코드 영역에서 볼 수 있듯이, 시장 움직임으로 인해 일정 비율 이상 떨어진 전략이 있을 경우 비율 차이를 리밸런싱할 수도 있다.

이는 다소 고급 주제이며, 이 책에서 보여주려던 것을 정말로 넘어서는 주제다. 투명성을 위해 이 소스 코드를 여기에 포함시켰다. 그러나 이 코드가 어떻게 구성

되고 그 이유에 대한 잠재적인 장황한 논의는 피하겠다. 이는 성능 향상을 위해 몇 가지 트릭을 사용하며, Numpy를 사용해 작업 속도를 높인다.

일단 파이썬과 백테스트에 익숙해지면, 이 주제는 더 깊이 파고들어야 할 것이다. 복잡한 작업을 최적화하고 코드 속도를 높이는 방법을 더 탐구해야 한다. 하지만 이것은 이 책의 범위 밖의 주제다.

```python
import pandas as pd
import numpy as np

base_path = '../Backtests/'
# % 이격 리밸런싱
class PercentRebalance(object):
    def __init__(self, percent_target):
        self.rebalance_count = 0
        self.percent_target = percent_target

    def rebalance(self, row, weights, date):
        total = row.sum()
        rebalanced = row
        rebalanced = np.multiply(total, weights)
        if np.any(np.abs((row-rebalanced)/rebalanced) > (self.percent_target/100.0)):
            self.rebalance_count = self.rebalance_count + 1
            return rebalanced
        else:
            return row

# 캘린더에 대해 리밸런싱
class MonthRebalance(object):
    def __init__(self, months):
        self.month_to_rebalance = months
        self.rebalance_count = 0
        self.last_rebalance_month = 0

    def rebalance(self, row, weights, date):
        current_month = date.month
```

```
        if self.last_rebalance_month != current_month:
            total = row.sum()
            rebalanced = np.multiply(weights, total)
            self.rebalance_count = self.rebalance_count + 1
            self.last_rebalance_month = date.month
            return rebalanced
        else:
            return row
```

```
# 리밸런싱된 연속 가격 시리즈 계산
def calc_rebalanced_returns(returns, rebalancer, weights):
    returns = returns.copy() + 1

    # 누적 수익률을 보유하는 넘파이 배열을 생성
    cumulative = np.zeros(returns.shape)
    cumulative[0] = np.array(weights)

    # 또한 빠른 접근을 위해 수익률을 넘파이로 변환한다.
    rets = returns.values

    # 모는 곱의 ndarrays의 사용은 이제 넘파이로 처리
    for i in range(1, len(cumulative) ):
        np.multiply(cumulative[i-1], rets[i], out=cumulative[i])
        cumulative[i] = rebalancer.rebalance(cumulative[i], weights, returns.index[i])

    # 누적 수익률을 다시 DataFrame으로 전환
    cumulativeDF = pd.DataFrame(cumulative, index=returns.index, columns=returns.columns)

    # 리밸런싱 발생 횟수를 발견하는 것은 흥미로운 연습
    print ("Rebalanced {} times".format(rebalancer.rebalance_count))

    # 누적값을 일간 수익률로 변환
    rr = cumulativeDF.pct_change() + 1
    rebalanced_return = rr.dot(weights) - 1
    return rebalanced_return

def get_strat(strat):
```

```python
    df = pd.read_csv(base_path + strat + '.csv', index_col=0, parse_dates=True,
names=[strat] )
    return df
# 한 달 간격의 월간 리밸런싱을 사용
rebalancer = MonthRebalance(1)

# 전략과 비중을 정의한다.
portfolio = {
    'trend_model': 0.2,
    'counter_trend': 0.2,
    'curve_trading': 0.2,
    'time_return': 0.2,
    'systematic_momentum' : 0.2,
}

# 모든 파일을 DataFrame으로 읽어들인다.df = pd.concat(
        [
            pd.read_csv('{}{}.csv'.format(
                        base_path,
                        strat
                        ),
                        index_col=0,
                        parse_dates=True,
                        names=[strat]
                        ).pct_change().dropna()
            for strat in list(portfolio.keys())
        ], axis=1
)

# 결합 포트폴리오 계산
df['Combined'] = calc_rebalanced_returns(
    df,
    rebalancer,
    weights=list(portfolio.values())
    )

df.dropna(inplace=True)
# 그래프 만들기
```

```
import matplotlib
import matplotlib.pyplot as plt

include_combined = True
include_benchmark = True
benchmark = 'SPXTR'

if include_benchmark:
    returns[benchmark] = get_strat(benchmark).pct_change()

# returns = returns['2003-1-1':]
normalized = (returns+1).cumprod()

font = {'family' : 'eurostile',
        'weight' : 'normal',
        'size'   : 16}

matplotlib.rc('font', **font)


fig = plt.figure(figsize=(15, 8))

# First chart
ax = fig.add_subplot(111)
ax.set_title('Strategy Comparisons')

dashstyles = ['-','--','-.','.-.', '-']
i = 0
for strat in normalized:
    if strat == 'Combined':
        if not include_combined:
            continue
        clr = 'black'
        dash = '-'
        width = 5
    elif strat == benchmark:
        if not include_benchmark:
            continue
```

```
        clr = 'black'
        dash = '-'
        width = 2
    # elif strat == 'equity_momentum':
    #     continue

    else:
        clr = 'grey'
        dash = dashstyles[i]
        width = i + 1
        i += 1
    ax.semilogy(normalized[strat], dash, label=strat, color=clr, linewidth=width)

    ax.legend()
```

21

원숭이를 항상 이길 수는 없다

원숭이보다 성과를 못 낸다고 걱정하지 마라. 아무리 뛰어난 사람한테도 일어날 수 있는 일이다. 그러나 밑바닥부터 다시 살펴보자.

1973년 버턴 말킬Burton Malkiel이 쓴 상징적인 책 『랜덤워크 투자수업Random Walk Down Wall Street』(골든어페어, 2020)이 출간됐다. 이 책에는 시간의 테스트를 잘 견디지 못한 부분도 많지만 예언적인 부분도 있다. 아이러니한 것은 그의 분석이 상당 부분 적중했지만, 결론은 조금 달랐다는 점이다.

이 책은 이른바 효율적 시장 가설Efficient Market Hypothesis의 주요 지지자다. 자산 가격은 알려진 모든 정보를 충분히 반영하고 있으며 시간이 지나면 시장을 이길 수 없다는 학설이다. 새로운 정보가 나오지 않았을 때 수가의 움직임은 순전히 랜덤하므로 예측할 수 없다.

물론 이 이론은 영화 〈트랜스포머〉의 범블비가 날 수 없다는 것을 증명하는 학술 논문만큼이나 많은 가치를 가지고 있다. 경험적 관찰은 수십 년 동안 계속해서 이 학문적 모델을 비난해왔고, 오직 순수 학계만이 현재 심각하게 받아들이고 있는 상황이다.

하지만 난 말킬 교수의 이론을 의심하기 위해 이 글을 쓰는 게 아니다. 결국 워렌 버핏은 이미 그 분야에서 꽤 잘 해냈다. 나는 이 책에서의 유명한 인용문 때문에 이 책을 소개하는 것이다. 이는 저자가 예상했거나 원하는 것보다 더 사실로 판명된 것이다.

> "눈가리개를 쓰고 다트를 신문의 금융 페이지에 던지는 원숭이는 전문가들이 엄선해준 포트폴리오만큼 잘 어울리는 포트폴리오를 선택할 수 있다."

이건 틀림없는 사실이다. 원숭이들을 소외시키고 그들의 능력을 깎아내린다면 그것은 실수하는 것이다. 물론 나는 그 불쌍한 원숭이를 웃기게 만드는 것 외에 그 원숭이의 눈을 가리는 것의 이점을 보지 못한다.

주식시장을 능가하는 영장류의 능력은 논쟁의 여지가 없다. 문제는 우리가 이 지식으로 무엇을 하느냐이다. 말킬 교수의 결론은 털북숭이 꼬마들과 경쟁하려는 모든 희망을 버리고 단순히 뮤추얼 펀드를 사야 한다는 것이었다. 1970년대에는 그게 좋은 생각처럼 보였지만, 이것은 뮤추얼 펀드 산업의 실패에 대한 결정적인 증거가 생기기 전이었다. 침팬지들은 뮤추얼 펀드보다 더 좋은 성과를 낼 수 있는 기회를 얻게 될 것이다.

뮤추얼 펀드가 나쁜 발상이라고 지적하는 것은 정확히 새로운 것을 내놓는 것은 아니다. S&P 다우존스 지수가 발표한 분기 S&P 지수 대 적극적 운용(SPIVA, 2019) 보고서는 충격적이다. 전체 뮤추얼 펀드의 약 80%가 주어진 3년 또는 5년 기간 동안 벤치마크 지수를 따르지 못한다. 벤치마크를 초과하는 수치는 매년 달라지며, 이는 순수한 우연의 영향을 나타낸다.

뮤추얼 펀드는 펀드 매니저와 은행의 수익을 극대화하면서 대부분의 리테일 저축가들이 상황을 인식하지 못할 정도로 적은 수익을 창출하도록 설계됐다. 좋은 비즈니스 모델이다. 주어진 지수 구성처럼 거의 모든 자산을 투자하는 펀드를 개시한다. 작은 편차는 허용되지만 매우 엄격한 추적 오차 예산 내에서 가능하다. 이 설계는 지수에서 눈에 띄는 편차를 방지하기 위한 것이다.

뮤추얼 펀드는 자산의 백분율로 연간 고정 관리 수수료를 부과하지만, 물론 전체 수익 기반은 아니다. 뮤추얼 펀드를 제공하는 대부분의 은행에도 중개 부서가 있으며, 이곳은 물론 펀드가 거래하는 곳이다. 자금이 언제 어떻게 리밸런싱되고 어떤 주문을 할 것인지에 대해 아는 자금 흐름 정보는 중요하다. 뮤추얼 펀드로 좋은 돈을 벌 수 있는 방법은 많고 당신이 해야 할 일은 그들이 벤치마크를 크게 벗어나지 않도록 하는 것이다.

문제의 책이 쓰여진 1970년대에는 아마도 이런 패턴이 눈에 잘 띄지 않았을 것이다. 그때는 뮤추얼 펀드가 정말 좋은 생각처럼 보였을 것이다. 현재 우리가 알고 있는 것은 다르다. 그리고 뮤추얼 펀드가 인용문의 영장류를 능가할 가능성은 매우 낮다. 뮤추얼 펀드는 그러려고 하지도 않는다. 안전하게 운용하고 약간의 저조한 실적을 보이며 거액의 수수료로 현금화할 수 있는 것에 비하면 이러한 성과 향상 노력은 수익성이 없다.

이는 주제에서 벗어나는 것이지만, 이 가운데 새로운 정보는 없다. 결국 뮤추얼 펀드가 대단한 투자가 아니라는 지적은 현 시점에서 한 발짝도 물러서지 않는다. 말이 결국 슈퍼마켓에 가서 개 사료 통조림에게 소리를 지르는 것과 더 흡사하다. 뮤추얼 펀드를 사는 것은 답이 아니다.

그냥 사직하고 사무실 침팬지를 고용해야 하는 게 낫다. 말킬이 원숭이를 원하는 것은 알지만, 유인원을 쓰는 건 속임수다. 결국 낮은 급여, 더 나은 행동, 더 침착한 성질 등 헤지펀드 업계에서 채용하는 것보다 침팬지를 채용하는 이점은 명백하다. 그러나 협조적인 영장류의 서비스를 가진다는 것은 현실에서는 불가능한 엄청나게 운이 좋은 일일 것이다. 좋은 소식은 우리가 이 놀라운 생물들의 기술을 시뮬레이션할 수 있다는 것이다. 난수 생성기가 바로 그것이다.

버블씨가 월스트리트에 간다

주식시장을 위한 트레이딩 전략을 설계하기 전에 여러분은 여러분의 평균적이고 합리적으로 행동하는 침팬지가 어떤 성과를 낼 것으로 예상되는지 알아야 한다. 문제는 랜덤 주식 선택 접근법이 시간이 지남에 따라 좋은 수익을 낼 수 있다는 것이다. 물론 무작위로 주식을 고르라는 건 아니지만, 이 지식은 시사하는 바가 있다.

아마도 당신은 꽤 좋은 장기적 결과를 보여주는 주식 선정 모형을 설계할 것이다. 기술적 지표와 기본적 비율을 결합하고 정확한 규칙을 설계하는 복잡한 방법을 구축하면서 오랫동안 작업해왔을 것이다. 이제 시뮬레이션은 이들 규칙으로 수익을 올릴 수 있다는 결과를 보여준다.

문제는 물론 랜덤 접근법보다 더 돈을 많이 벌까 적게 벌까의 여부이며, 더 높은 위험 또는 더 낮은 위험을 감수할지의 여부에 있다. 랜덤 접근법과 거의 동일한 성과를 내는 모델을 구축하기가 매우 쉬우며, 이 경우 실제로 가치를 추가했는지 자문해볼 필요가 있다.

그 원리를 증명하기 위해 나는 우리의 상상 속의 사무실 침팬지인 버블씨가 그의 최고의 전략을 보여주도록 하겠다.

간단한 고전적인 경우로 시작하도록 하겠다. 즉 동일 랜덤 50$^{\text{Equal Random 50}}$으로 규칙은 정말 간단하다. 매월 초에 버블씨는 가상의 다트를 똑같이 상상 속의 주식 리스트에 던져, S&P 500 지수의 일부인 50개의 주식을 선정할 것이다. 매월 1일에 포트폴리오 전체가 청산되고, 50개 새로운 종목으로 교체된다.

이제 우리가 여기서 하는 일을 오해하지 마라. 침팬지만이 실제로 이런 식으로 거래할 것이다. 우리는 주식의 행태에 대해 배우기 위해 이 일을 하고 있는 것이다. 키보드를 치워라. 나중에 나에게 화난 메일을 보낼 시간은 충분할 것이다.

랜덤하게 50개의 주식을 선택했으므로, 우리는 단지 각각 같은 양을 구매한다. 물론 주식의 수는 아니고 가치다. 우선 10만 달러부터 시작해서 각 주식에 2,000달러씩 투자한다. 그래서 우리는 이 전략을 동일 랜덤 50이라고 부른다. 이 전략은 각 포지션의 크기가 같고, 랜덤하게 선택하고, 포지션이 50개다.

배당금이 들어오면 다음달 리밸런싱을 할 때까지 계좌에 현금으로 남게 되는 데, 리밸런싱 시 다시 주식을 사들이는 데 사용된다. 이러한 현금 배당을 제외하고 이 전략은 항상 완전히 투자된다.

이 원숭이 전략은 그것이 어떤 주식을 사들이고 있거나 전반적인 시장이 무엇을 하고 있는지에 전혀 신경 쓰지 않는다. 그런 전략이 어떻게 작용할까?

직관적인 결과는 정확하지 않은 만큼 합리적일 수 있으며, 결과가 지수 중심으로 집중된다는 것이다. 다트를 칠판에 던지는 것과 비슷하다. 중심을 겨냥하고 충분히 여러 번 던진다면 이론적으로 중심 주위에 상당히 고른 분포를 얻어야 한다. 물론 왼쪽으로 쏠 수 있는 이상한 팔을 가지고 있지 않다면 말이다.

이 결과의 논리적 오류는 지수가 일종의 평균이라고 가정하는 것이다. 아니다. 지수는 완전히 다른 시스템 트레이딩 전략이다. 그러기에는 현재의 전략은 설계가 형편없다.

여기 시뮬레이션에서는 난수를 사용하기 때문에 한 번만 하는 것은 물론 무의미할 것이다. 결국 룰렛 테이블을 한두 번 돌리면 무슨 일이든 일어날 수 있다. 당신은 심지어 돈을 딸 수도 있다. 하지만 충분히 돌리면 최종 결과는 매우 예측 가능하고, 벨라지오^{Bellagio}[1]에서 돈을 가지고 떠날 확률은 사실상 없다.

21장의 모든 랜덤 전략에 대해 50회의 반복 시행을 보여주겠다. 통계를 공부한 몇몇 독자들은 이 시점에서 페이지를 향해 소리를 지르고 있을 것이지만 걱정할 필요는 없다. 각각 500회 반복 시행 시뮬레이션을 수행했지만 결과는 500회 실행을 시각적으로 보여야 할 정도로 큰 차이는 없있다.

그림 21.1은 이러한 50회 반복의 결과를 보여준다. 모든 선의 차이를 파악하기 위해 눈을 가늘게 뜨고 있을 필요는 없다. 이 차트에서 읽어야 할 가장 중요한 것은 지수를 다른 지수와 비교하는 것이다. 이 경우 S&P 500 총수익률 지수는 다른 지수와 구별하기 위해 진한 검은색 선으로 표시한다.

---

1   라스베이거스의 호텔 – 옮긴이

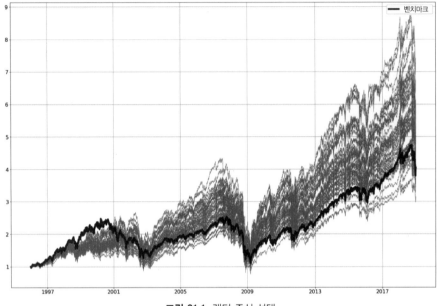

그림 21.1 랜덤 주식 선택

이 그림에서 가장 먼저 주목해야 할 점은 거의 모든 랜덤 주식 선택 시뮬레이션이 지수보다 더 많은 돈을 벌게 됐다는 것이다.

두 번째로 여러분이 알아차릴 수 있는 것은 랜덤 주식 선택 접근법이 세기가 바뀌는 순간부터 지수를 앞지르기 시작했다는 것이다. 1990년대에는 지수가 선두를 달리고 있었다. 그 이유는 나중에 다시 설명하도록 하겠다.

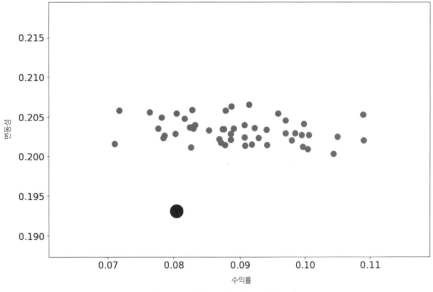

그림 21.2 랜덤 50 수익률 대 변동성

전체 수익률이 더 높은 것은 물론 공짜가 아니다. 수익률은 거의 공짜가 아니다. 그림 21.2는 수익률 대 변동성의 산점도다. 이것은 약간 다른 그림을 그린다. 보다시피 모든 랜덤 전략에서 변동성이 더 높다. 일부 랜덤 실행의 경우 장기적으로 볼 때 거의 같은 수익률을 갖지만 변동성이 더 높았으며 이는 분명 매우 매력적이지 않지만, 상당수의 경우 수익률이 추가 변동성을 보상할 정도로 충분히 높다.

당신은 내가 아직 거래 비용에 대해 언급하지 않은 것을 눈치챌 수 있다. 슬리피지와 커미션은? 지금까지는 어느 것도 적용하지 않았다. 당신이 생각하는 이유 때문이 아니다. 즉 원숭이를 선택하는 것을 더 좋게 만들기 위해서는 아니다. 적어도 그 이유는 사실 이 경우 이러한 비용을 포함한다면 공정한 비교가 이루어지지 않을 것이기 때문이다.

우리는 예상 수익률에 도달하기 위해 비용, 슬리피지 등의 현실적으로 고려하는 실질적인 트레이딩 계획을 여기서 구상하려는 것이 아니다. 우리는 침팬지가 칠판에 다트를 던지도록 하고 있다. 이는 현실성이 거의 없다. 여기서 우리는 버블씨의 다트 던지기 기술 개념과 지수의 개념을 비교하고 있는 것이다. 그의 전략에 거래 비용을 더한다면 S&P 지수에도 거래 비용을 더해야 한다.

이 지수에는 그러한 수수료가 포함돼 있지 않다. 지수는 슬리피지와 수수료를 가진 일종의 현실적인 트레이딩 전략으로 구성되지 않았다. 그들은 당신이 수수료나 슬리피지 없이 어떤 금액으로도 즉시 시장에서 사고 팔 수 있다고 가정한다. 그러니 버블씨도 그렇게 하는 게 공평하다.

이 책의 다른 모델들은 현실적인 거래 비용을 사용하지만, 더 이론적인 21장에서는 우리는 공짜로 거래할 것이다. 지금은 주식시장에 대해 요점을 밝히려는 것뿐이다.

명백히 우스꽝스럽게 보이는 이 전략은 장기적으로 시장을 능가하고 있다. 적어도 평균보다 높은 수익률과 약간 높은 변동성을 보일 확률은 있다. 최소한 지수 방법론과 비교했을 때 결과가 완전히 터무니없지는 않다는 결론을 내릴 수 있다.

여기서 속임수는 없다. 랜덤 주식 선택 모델은 지난 수십 년간 수익률 면에서 지수를 앞지를 가능성이 높았을 것이다. 여기에는 물론 이유가 있지만, 21장의 실제 요점에 도달하기 전에 다트를 몇 개 더 던질 예정이다.

방금 시도한 모델은 동일한 크기를 사용했다. 아마도 그것이 여기서 요령일 것이다. 만약을 대비해서 우리는 그 요인을 방정식에서 제거할 것이다. 랜덤 랜덤 50 모델Random Random 50 Model을 제시한다.

랜덤 랜덤 50 모델은 대부분 동일 비중 랜덤 50과 동일하다. 지수 구성 주식으로부터의 랜덤 선택을 기반으로 전체 포트폴리오를 매월 교체한다. 유일한 차이점은 포지션에 동일한 비중을 할당하지 않는다는 것이다. 대신 임의의 가중치를 할당한다. 우리는 항상 가용 현금을 100% 사용하지만 각 주식을 얼마나 매수하는지는 완전히 랜덤이 된다.

이건 타당하다. 결국 침팬지가 각각의 주식을 같은 양으로 샀을 리가 없을 것이기 때문이다.

그림 21.3은 매우 유사한 패턴을 보인다. 1990년대 후반에는 실적이 저조했고 그 후 10년 반 동안 매우 높은 실적을 거두었다.

최고와 최악의 랜덤 반복 사이에는 꽤 넓은 범위가 있지만, 1990년대 후반의 낮은 성과에도 거의 모든 경우가 지수를 앞지른다. 이 그래프가 실제 뮤추얼 펀드를 같은 방식으로 인덱스에 대해 표시하는 경우 어떻게 보일지 염두에 두라. 랜덤하게 선택된 뮤추얼펀드 50개 중 1개 또는 2개가 통계적으로 지수 위에 있을 것이다. 그 이상은 아닐 것이다. 침팬지의 전략과는 정반대다. 뮤추얼 펀드로 투자하면 벤치마크를 넘을 확률이 20%이다. 침팬지로 투자하면 80%의 확률이 있다.

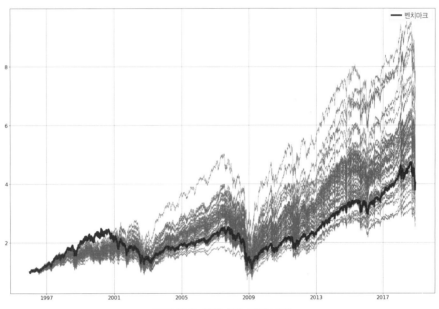

그림 21.3 랜덤 선택, 랜덤 크기

산점도도 역시 상당히 비슷해 보인다. 우리는 변동성과 수익률 면에서 더 넓은 범위를 가진다. 랜덤 포지션 크기와 극단적인 배분 효과를 고려할 때 예상된 결과다.

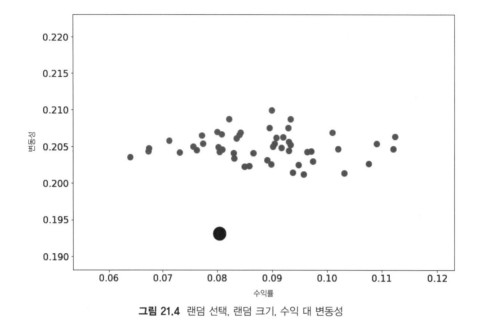

그림 21.4 랜덤 선택, 랜덤 크기, 수익 대 변동성

　우리는 지수보다 확실히 더 나쁜 몇 가지 반복 시행을 갖는다. 낮은 수익률에 대해서는 높은 변동성을 나타내거나 높은 수익률에 대해서는 비슷한 이익을 나타낸다. 그러나 대부분의 반복 시행은 장기적으로 더 강한 수익률을 보여준다.

　이 작은 게임을 더 진전시켜 선택할 수 있는 종목의 수에 대한 랜덤화기^{randomizer}를 추가할 수 있다. 하지만 그건 그렇게 중요하지 않을 것이다. 최종 결과는 예측 가능하다. 우리는 수익률과 변동성 모두에서 더 넓은 범위를 볼 수 있을 것이고, 랜덤 모델의 경우 더 높은 기대 수익률을 볼 것이다.

　내 생각에는 이들은 단지 생략하고 21장의 요점으로 바로 건너뛰면 될 것 같다.

문제는 인덱스에 있다

좋다. 이제 우리는 랜덤 주식 선택이 지수를 능가한다는 것을 알았다. 적어도 그것이 우수한 장기 수익률을 보일 가능성이 매우 높다는 점에서 말이다. 이 효과는 크기가 동일하며 랜덤하고, 주식 수가 랜덤인 경우에도 마찬가지다. 합리적인 양의 주식을 가지고 있고 배분이 완전히 이상해지지 않는 한, 실적을 능가하는 것 같다. 적어도 1990년대 이후에는. 그래서 이게 무슨 일인가? 내가 당신들의 시간을 헛된 전략을 읽게 해서 낭비한 것인가, 아니면 여기서 얻을 포인트가 있는가?

간과하기 쉬운 문제가 바로 우리가 비교하는 것이다. 지수를 벤치마크로 삼아야 할 이유가 정말 있을까? 랜덤 주식 선택이 유리한 이유를 이해하려면 실제 지수가 무엇인지 이해해야 한다. 그냥 또 하나의 트레이딩 모델일 뿐이다.

시장 지수는 금융 시장을 객관적으로 측정하는 것이 아니다. 나는 그러한 것이 존재하는지 심지어 공정한 시장 측정을 어떻게 해야 할지 잘 모르겠다. 사실 나는 이런저런 면에서 흠이 없는 지수 방법론을 본 적이 없다. 하지만 그것은 지수 제공자의 잘못이 아니다. 지수를 어떻게 구성하든 그것은 필연적으로 어떤 요인에 맞춰져 있을 것이다.

대부분의 현대적 시장 지수는 두 가지 주요 시장 요인을 기반으로 한다. 장기적인 모멘텀과 시가총액. 먼저 내가 이 지수들이 모멘텀을 기반으로 한다고 주장하는 이유를 살펴본 다음 더욱 분명한 시가총액 문제에 대해 알아보겠다.

주식이 S&P 500 지수에 가입하려면 무엇이 필요할까? 실제 선택은 위원회의 재량에 의해 이루어지지만, 고려돼야 할 모든 주식은 특정 기준을 충족시켜야 한다. 이 가운데 가장 중요한 것은 50억 달러 이상의 시장 가치를 보유해야 한다는 점이다. 유동성과 유동 주식 비율free float에 관한 규칙도 있는데, 이는 주식이 실제로 대규모로 거래될 수 있도록 하기 위해서다.

가치가 50억 달러인 기업은 그냥 생겨나는 것이 아니다. 그들은 작게 시작해서 크게 성장했다. 주가가 오를수록 그것들은 가치가 높아졌다. 어느 순간 그것들은 어떤 지수에 포함될 만큼 충분히 가치가 있게 됐다. 그래서 S&P 500의 주식이 포함된 것은 과거에 가격 실적이 좋았기 때문이다. 이것이 지수를 일종의 모멘텀 전략으로 만드는 것이다. 큰 모멘텀 전략은 아닐지 모르지만, 그럼에도 주식 선택의 주요 요인이다.

두 번째 요인은 밀접한 관련이 있다. 현재 시가총액. 그러나 이 경우 문제는 비중 부여에 있다. 대부분의 주요 지수는 시가총액을 기준으로 비중을 부여한다. 가장 명백한 예외는 다우존스 지수로, 이는 순수하게 가격 수준에 따라 가중된다.

시가총액 문제는 심각하다. 만약 당신이 위의 침팬지 전략이 효과가 있는 것처럼 보이게 하는 요령을 찾고 있었다면, 바로 이것이다. 대부분의 주요 지수의 시가총액 비중 모델은 의도치 않게 분산을 파괴하는 부작용이 있다.

대부분의 사람들은 S&P 500과 같은 광범위한 지수가 매우 분산돼 있다고 가정할 것이다. 결국 그것은 미국에서 가장 큰 500개의 회사들을 포함한다. 문제는 하위 300개 종목만 건너뛰면 지수 상승률이 거의 같아 보인다는 점이다. 이것은 분산된 지수가 아니다. 몇몇 대기업에 집중돼 있다.

지수 상위 3대 기업의 비중은 모두 약 10.5%다. 이는 하위 230개 종목과 거의 같은 비중이다. 현재 가장 높은 비중은 거의 4%인 반면, 가장 낮은 가중치는 0.01% 미만이다. 이것은 분산이 아니다.

이것이 의미하는 것은 전통적인 지수 방식으로 투자할 때 실제로 시가총액을 기준으로 한 요인 전략을 매수한다는 것이다. 당신은 당신의 모든 돈을 소수의 초대형 회사에 투자하고 있다. 지수의 나머지 주식은 정말 중요하지 않다.

이것이 침팬지가 우리를 앞지르고 있는 이유다. 그들이 특별히 옳은 일을 하고 있는 것은 아니다. 지수가 뭔가 잘못하고 있는 것 같다.

때때로 대형주가 소형주를 능가한다. 그것은 1990년대 중후반에 일어났다. 그러나 대부분의 경우 대형주는 중소형주보다 성과가 떨어진다. 이는 S&P 500과 같은 지수에서도 볼 수 있는 효과인데, S&P 500은 모든 종목이 정의상 대형주다. 스위스 국내총생산^{GDP}이 반올림 오류처럼 보일 정도로 수십억 달러 규모의 주식과 1주 간의 차이가 꽤 크다.

세계 최대 기업들이 그 정도로 커진 것은 중대형 기업의 실적이 좋았기 때문이다. 하지만 일단 남미의 GDP에 해당하는 시가총액을 갖게 되면, 문제는 거기서 몇 배나 두 배로 늘릴 수 있느냐 하는 것이다. 필요에 따라 이 거인들은 시간이 지나면 느리게 움직이게 된다. 그들은 위쪽보다 아래쪽 가능성이 훨씬 더 많을 것이다.

이러한 고집중 지수는 매우 인기가 있다. 한 가지 이유는 물론 많은 사람들이 그들이 얼마나 집중돼 있는지 완전히 이해하지 못하기 때문이지만, 그것은 이야기의 일부분에 불과하다. 작동하는 큰 요인은 집단 사고group think다.

이러한 맥락에서 매우 적합한 매우 오래된 산업 격언이 있다. "IBM을 샀다고 해고된 사람은 아무도 없다." 이 속담은 IBM이 세계에서 가장 큰 회사 중 하나였던 시대에서 유래됐다. 현재의 Apple 또는 Microsoft이다. 유명한 IBM을 매수하면, 다른 모든 사람이 하는 일과 동일한 일을 하는 것이다. 그렇다고 해서 비난받지 않을 것이다. 대부분의 투자는 다른 사람들을 대신해 이루어진다. 다양한 종류의 펀드 매니저와 자산 매니저가 존재하지만, 이러한 관점에서 비난받지 않는 것이 우선 순위이다. 당신은 수수료로 지불받는다. 다른 사람들이 돈을 잃었을 때 당신이 돈을 잃으면 당신은 괜찮을 것이다. 아무도 당신을 탓하지 않을 것이다. 하지만 최선을 다하려고 노력하다 실패의 위험을 무릅쓰면 해고당할 수도 있다. 따라서 IBM을 구입하는 것이 당신에게 이득이 된다.

랜덤 전략의 겉보기에 우수한 성과가 나타난 이유는 시가총액 가중치를 사용하지 않았기 때문이다. 이것이 그들이 1990년대에 실적이 저조한 이유이기도 하다. 2000년부터 2002년까지의 IT 붕괴 기간 동안 가장 큰 기업들이 가장 큰 타격을 받았다. 이것이 대부분의 랜덤 전략은 그렇지 않았던 이유다.

요점은 여러분이 지수가 무엇인지 알아야 한다는 것이다. 또한 지수를 이기는 것이 목표인지 또는 지수 독립적인 것이 목표인지 결정해야 한다.

금융 산업에서는 상대적 전략과 절대적 수익률 전략에 대해 이야기한다. 너무 자주 이러한 매우 다른 접근 방식들이 뒤섞인다. 상대적 전략은 항상 벤치마크 지수와 비교돼야 하는 반면 절대적 수익률 전략은 비교돼서는 안 된다.

이것은 종종 업계에서 문제가 될 수 있다. 대부분의 사람들이 그 구별을 모르고 있다는 사실이 문제가 될 수 있다. 만약 당신이 절대적인 수익률 전략을 가지고 있고 15% 상승하는 것으로 1년을 마감한다면, 그해는 보통 좋은 해로 여겨질 것이다. 만약 그해에 주식시장이 20% 하락했다면, 당신의 고객들은 주말에 당신의 아이들을 돌볼 것이다. 하지만 주식시장이 25% 상승했다면 당신은 크리스마스 카드 리스트에서 금방 제외될 것이다.

버블씨 찾기

만약 당신이 이것을 집에서 시도하고 싶다면, 이 실험에 사용된 소스 코드를 제공하겠다. 여기서 대부분의 코드는 모멘텀 모델과 동일하지만 화려한 모멘텀과 배분 논리가 없다. 전체 코드를 보여주기 전에 흥미로운 부분을 살펴보자.

지난번과 같은 불러오기 구문 외에도, 우리는 랜덤 숫자를 생성할 수 있는 라이브러리도 불러와야 한다.

```
# 난수를 생성하기 위해
from random import random, seed, randrange
```

이걸 사용해서 랜덤하게 주식을 선택한다. 실제 적격한 주식 리스트는 이전과 동일한 방식으로 가져온다.

```
# 주식 적격성 체크
todays_universe = [
    symbol(ticker) for ticker in
    context.index_members.loc[context.index_members.index < today].iloc[-1,0].
split(',')
    ]
```

실제 선택은 한 달에 한 번 실행되는 루프로 수행된다. 여기서는 선택해야 하는 주식별로 한 번씩 루프하고 랜덤 라이브러리를 사용해 숫자를 생성한다. 우리는 이 숫자가 0에서 1을 뺀 리스트 길이 사이일 것을 확인한다. 리스트는 0을 기준으로 한다.

또한 pop()을 사용하면 리스트에서 아이템을 선택하고 리스트에서 아이템을 동시에 제거할 수 있다. 이렇게 하면 같은 주식을 두 번 선택하지 않을 수 있다.

```
for i in np.arange(1, number_of_stocks +1):
    num = randrange(0, len(todays_universe) -1)
    buys.append(todays_universe.pop(num))
```

여기서 유일한 다른 부분은 저장된 결과를 백테스트를 여러 번 실행하는 것이다. 이 경우, 관심을 갖는 것은 시간이 지남에 따른 포트폴리오 가치이며, 바로 이 루프에서 저장하는 것이다.

```
# 백테스트 실행
for i in np.arange(1, number_of_runs + 1):
    print('Processing run ' + str(i))

    result = zipline.run_algorithm(
        start=start, end=end,
        initialize=initialize,
        capital_base=100000,
        data_frequency = 'daily',
        bundle='ac_equities_db' )

    df[i] = result['portfolio_value']
```

결국, 시간이 지남에 따라 포트폴리오 가치가 저장되는 DataFrame(백테스트 실행당 한 열)을 갖게 될 것이다. 이제 멋진 그래프를 만들거나 유용한 분석을 계산하기만 하면 된다.

랜덤 주식 선택 모델의 전체 소스 코드는 다음과 같다.

```python
%matplotlib inline

import zipline
from zipline.api import order_target_percent, symbol, set_commission, \
    set_slippage, schedule_function, date_rules, time_rules

from zipline.finance.commission import PerTrade, PerDollar
from zipline.finance.slippage import VolumeShareSlippage, FixedSlippage

import pandas as pd
import numpy as np

# 난수를 생성하기 위해
from random import random, seed, randrange

"""
설정
"""
number_of_runs = 2
random_portfolio_size = False
number_of_stocks = 50  # portfolio size, if not random
sizing_method = 'equal' # equal or random

enable_commission = False
commission_pct = 0.001
enable_slippage = False
slippage_volume_limit = 0.025
slippage_impact = 0.05

def initialize(context):
    # Fetch and store index membership
    context.index_members = pd.read_csv('../data/index_members/sp500.csv', index_
col=0, parse_dates=[0])
```

```python
    # 커미션과 슬리피지 설정
    if enable_commission:
        comm_model = PerDollar(cost=commission_pct)
    else:
        comm_model = PerDollar(cost=0.0)
    set_commission(comm_model)

    if enable_slippage:
        slippage_model=VolumeShareSlippage(volume_limit=slippage_volume_limit,
price_impact=slippage_impact)

    else:
        slippage_model=FixedSlippage(spread=0.0)
    set_slippage(slippage_model)


    schedule_function(
        func=rebalance,
        date_rule=date_rules.month_start(),
        time_rule=time_rules.market_open()
    )

def rebalance(context, data):
    today = zipline.api.get_datetime()

    # 주식 적격성 체크
    todays_universe = [
        symbol(ticker) for ticker in
        context.index_members.loc[context.index_members.index < today].iloc[-1,0].
split(',')
    ]

    # 매수 주식 리스트 작성
    buys = []

    # 글로벌 변수를 수정하고, 새로운 것을 만들지 않기 위해
    global number_of_stocks
```

```python
    # 랜덤 주식이 선택되는 경우
    if random_portfolio_size:
        # Buy between 5 and 200 stocks.
        number_of_stocks = randrange(5, 200)

    # 주식 선택
    for i in np.arange(1, number_of_stocks +1):
        num = randrange(0, len(todays_universe) -1)
        buys.append(todays_universe.pop(num))

    # 더 이상 원하지 않는 포지션을 매도
    for security in context.portfolio.positions:
        if (security not in buys):
            order_target_percent(security, 0.0)

    # 타깃 포지션 크기를 보유하기 위한 빈 DataFrame 생성
    buy_size = pd.DataFrame(index=buys)

    # 만약 가능하면 랜덤 크기를 얻는다.
    if sizing_method == 'random':
        buy_size['rand'] = [randrange(1,100) for x in buy_size.iterrows()]
        buy_size['target_weight'] = buy_size['rand'] / buy_size['rand'].sum()
    elif sizing_method == 'equal':
        buy_size['target_weight'] = 1.0 / number_of_stocks

    # 매수 주문 보낸다.
    for security in buys:
        order_target_percent(security, buy_size.loc[security, 'target_weight'])

start = Timestamp('1996-01-01',tz='UTC')
end = Timestamp('2018-12-31',tz='UTC')

# 결과를 보유할 빈 DataFrame
df = pd.DataFrame()

# 백테스트 실행
for i in np.arange(1, number_of_runs + 1):
    print('Processing run ' + str(i))
```

```
    result = zipline.run_algorithm(
        start=start, end=end,
        initialize=initialize,
        capital_base=100000,
        data_frequency = 'daily',
        bundle='ac_equities_db' )

    df[i] = result['portfolio_value']

print('All Done. Ready to analyze.')
```

이 코드가 모두 완료되면 결과 데이터가 df 객체에 있으므로 디스크에 저장하거
나 21장에서 설명한 기법을 사용해 차트를 작성하거나 분석할 수 있다.

초청 강의: 상대성과 측정

로버트 카버(Robert Carver)는 독자적인 시스템 선물 트레이더, 작가, 연구 컨설턴트이며 현재 런던대학교 퀸 메리(Queen Mary)의 객원 강사다. 그는 『Sytematic Trading』과 『Smart Portfolios』의 저자다.

2013년까지 대규모의 시스템 트레이딩 헤지 펀드인 AHL과 Man Group의 부서에서 근무했다. AHL의 근본적인 글로벌 매크로 전략 수립을 담당했고, 이후 수십억 달러의 고정소득 포트폴리오를 운용했다. 그 전에는 바클레이스 투자은행과 이색적인 파생상품을 거래했다.

맨체스터대학교(University of Manchester)에서 경제학 학사 학위를 받았고, 런던대학교 버크벡 칼리지(Birkbeck College)에서도 경제학 석사 학위를 받았다.

파이썬은 백테스트를 실행하고 트레이딩 전략의 잠재적 성과에 대한 진단 정보를 많이 제공하는 훌륭한 도구다. 그러나 도구는 올바르게 사용하는 방법을 알고 있는 경우에만 유용하다. 그렇지 않으면 위험할 수 있다. 눈을 가린 상태에서 전기톱으로 나뭇토막을 잘라보고, 얼마나 잘 되는지 확인해보라. 이와 유사하게 만약 당신이 개발한 전략이 견고하지 않다는 것이 밝혀질 경우, 피상적으로 훌륭한 백테스트로 당신의 부를 심각하게 손상시킬 수 있다.

22장에서는 상대적 성과 분석, 즉 한 트레이딩 전략과 다른 트레이딩 전략을 집중적으로 분석하고자 한다. 상대적 성과가 중요한 상황은 여러 가지가 있다. 첫째, 모든 전략을 어떤 종류의 벤치마크와 비교해야 한다. 예를 들어 당신의 전략이 선별된 S&P 500 주식을 사는 것에 초점을 맞춘다면, S&P 500 지수를 능가해야 할 것이다.

또 다른 중요한 비교는 동일한 전략의 서로 다른 변형이다. 최적 전략 변형을 찾는 것을 적합화^{fitting}라고도 한다. 안드레아스(Andreas Clenow, 이 책의 저자)가 21장에서 소개한 선물 추세 추종 모델을 생각해보라. 진입 규칙에는 두 개의 이동 평균 길이와 브레이크아웃을 확인하는 일수의 세 가지 파라미터가 있다. 안드레아스는 이러한 파라미터에 40일, 80일 및 50일 값을 사용한다. 이들은 아마도 나쁜 파라미터 값이 아닐 것이다(그의 농담을 주시하라: 안드레아스는 바보가 아니다). 하지만 더 잘할 수 있었을 것이다. 이를 테스트하기 위해 서로 다른 파라미터 값 집합에 대한 백테스트를 생성하고 가장 적합한 값을 선택할 수 있다.

여러 전략을 실행하는 경우에도 전략 간의 비교가 중요할 수 있으며 각 전략에 배분할 소중한 현금의 양을 결정해야 한다. 백테스트에서 더 나은 결과를 얻을 수 있는 전략은 아마도 더 많은 배분의 가치가 있을 것이다.

마지막으로 트레이딩 전략의 이전 버전과 최신 버전 간에 비교하고자 할 수 있다. 일단 전략 트레이딩을 하게 되면 그것을 손보고 개선해야 한다는 거의 참을 수 없는 충동이 일어난다. 머지않아 당신은 조금 개선된 백테스트를 발견하게 될 것이다. 그러나 최신 모델로 업그레이드할 가치가 있는지, 또는 신뢰할 수 있는 원본 버전을 유지할 가치가 있는지 확인하려면 적절한 비교가 필요하다.

이렇게 서로 다른 비교를 할 때 가장 큰 문제는 유의성이다. 전략은 벤치마크보다 훨씬 더 우수해야 한다. 특정 파라미터 세트를 사용해 트레이딩 전략의 한 변형을 선택하려는 경우 다른 대안보다 훨씬 더 나은 결과를 얻을 수 있다. 전략 중 자본을 배분할 때 주어진 바구니에 달걀을 많이 넣으려면 바구니에 담긴 달걀이 다른 달걀 용기보다 훨씬 낫다는 확신이 필요하다. 끝으로 한 전략에서 다른 전략으로 전환하려는 경우 수익률 개선이 작업을 정당화할 만큼 중요한지 여부를 결정해야 한다.

또 다른 중요한 주제는 비교 가능성이다. 전략에 적합한 벤치마크를 선택하지 않은 경우 결과가 무의미해진다. 분산된 선물 추세종자가 S&P 500 지수를 벤치마크로 삼는 것은 말이 되지 않지만 마케팅 자료에서 이러한 비교를 자주 보게 될 것이다. 벤치마크와 전략은 유사한 리스크를 가져야 하며 그렇지 않으면 리스크가 더 큰 전략이 유리하게 된다.

22장에서는 안드레아스의 주식 모멘텀 모델의 수익률을 S&P 500 지수와 비교하는 데 초점을 맞출 것이다. 그러나 일반적인 아이디어는 다른 상황에서도 적용될 수 있다.

이러한 종류의 비교는 pyfolio와 같은 도구를 사용해 자동으로 수행될 수 있다. 22장에서는 첫 번째 원칙으로 직접 계산하는 방법을 보여주겠다. 이렇게 하면 상황을 더 잘 이해할 수 있을 것이다.

일단 수익률부터 받자. 안드레아스의 웹사이트에서 이 소스 코드와 함께 이 파일들을 다운로드할 수 있다. 필요한 파일은 SPXTR.csv 및 equity_momentum.csv 이며, 둘 다 Backtests 폴더의 소스 코드 다운로드 파일에 있다. www.followingthetrend.com/trading-evolved에서 파일을 찾을 수 있다.

```
import pandas as pd
data_path = '../Backtests/'
strat = "equity_momentum"
bench = 'SPXTR'
benchmark = pd.read_csv("{}{}.csv".format(data_path, bench), index_col=0,
header=None, parse_dates=True)
strategy = pd.read_csv("{}{}.csv".format(data_path, strat), index_col=0,
header=None, parse_dates=True)
```

두 가지 전략을 비교할 때, 수익률이 동일한 기간에 해당하는지 확인해야 한다.

```
first_date = pd.Series([benchmark.index[0], strategy.index[0]]).max()
benchmark = benchmark[first_date:]
strategy = strategy[first_date:]
```

또한 결측 데이터를 대체하기 위해 'ffill(Forward fill)'을 사용해 벤치마크 수익률을 전략과 매칭시켜 동일한 시간 간격으로 수익률이 나타나도록 해야 한다.

```
benchmark = benchmark.reindex(strategy.index).ffill()
```

이제 우리는 두 전략의 계정 곡선을 그릴 것이다. 나는 누적 수익률을 사용해 이 작업을 수행하는 것을 선호한다.

첫 번째 단계는 수익률을 계산하는 것이다.

```
benchmark_perc_returns = benchmark.diff()/benchmark.shift(1)
strategy_perc_returns = strategy.diff()/strategy.shift(1)
```

이제 다음과 같이 누적한다.

```
benchmark_cum_returns = benchmark_perc_returns.cumsum()
strategy_cum_returns = strategy_perc_returns.cumsum()
both_cum_returns = pd.concat([benchmark_cum_returns, strategy_cum_returns], axis=1)
both_cum_returns.columns=['benchmark', 'strategy']
both_cum_returns.plot()
```

그림 22.1 누적 수익률

이는 로그 척도로 계정 곡선을 표시하는 것과 같다. 10%의 손익은 어느 기간을 보더라도 정확히 동일한 스케일을 가지므로, 이러한 종류의 그래프를 사용하면 계정 곡선의 전체 히스토리를 더욱 쉽게 볼 수 있다.

겉으로 보기에는 벤치마크보다 전략이 훨씬 나은 것 같다. 성과의 차이점을 살펴보자.

```
diff_cum_returns = strategy_cum_returns - benchmark_cum_returns
diff_cum_returns.plot()
```

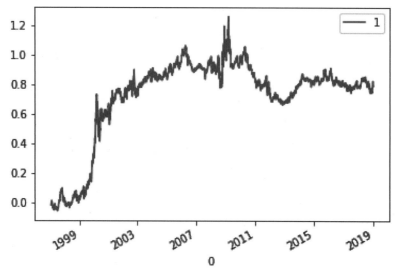

그림 22.2 누적 수익률의 차이

이제 초과 성과가 백테스트의 처음 7년 정도로 국한된다는 것을 더 명확하게 알 수 있다. 그 이후에는 상대적 성과는 평탄하다. 이러한 성과 변화가 유의한 것인가? 좋은 질문이다. 우리가 사용하는 툴이 답변할 때, 다시 질문을 하도록 하자.

그러기 전에 몇 가지 기본적인 분석부터 시작하겠다. 각 전략은 얼마나 많은 돈을 버는가? 개인적으로 나는 연간 수익률을 계산하는 것을 좋아한다. 수익률 건수가 매일이라 연단위로 환산하기 위해 일수를 곱해야 한다. 주말 및 기타 비거래일은 수익률에서 제외된다. 연간 영업일은 대략 256일이다(사실 이 특정 숫자를 사용하는 또 다른 이유가 있다).

```
print(strategy_perc_returns.mean()*256)
```

0.124743

```
print(benchmark_perc_returns.mean()*256)
```

0.094309

이는 전략적으로 볼 때 연간 12.5%의 우수한 성과로 벤치마크의 9.4%를 약간 웃도는 수치다. 하지만 벤치마크보다 훨씬 더 위험한 전략이라면 공정한 비교가 되지 않을 것이다. 위험의 척도로 연간 표준편차를 이용해 확인해보자. 이는 완벽한 위험 척도가 아니다. 이는 우리의 수익이 가우시안 정규분포로 알려진 특정 통계 분포를 따른다고 가정하기 때문이다. 하지만 지금으로서는 충분할 것이다.

```
print(strategy_perc_returns.std()*16)
```

0.189826

```
print(benchmark_perc_returns.std()*16)
```

0.192621

표준편차를 연율화하기 위해 연간 일수의 제곱근을 곱한다. 256의 제곱근은 정확히 16이다. 이제 내가 왜 256이라는 숫자를 그렇게 좋아하는지 알 수 있을 것이다.

전략 리스크는 매우 유사하지만 동일하지는 않다. 이를 보완하기 위해 리스크 조정 수익을 사용해야 한다. 전략이 더 위험하다면 투자자는 벤치마크를 매수하고 레버리지leverage를 조금 더 추가함으로써 비교 가능한 리스크 수준으로 만들 수 있으며, 전략이 지금처럼 덜 위험하다면 투자자는 매칭하기 위해 더 적은 양의 벤치마크를 매수하고, 이자를 버는 초과 현금을 보유한다.

엄격히 말하자면 우리는 샤프 비율을 사용해 리스크 조정 수익률을 계산해야 한다. 샤프 비율은 레버리지 사용 시 우리가 지불해야 하는 이자 또는 초과 현금을 보유하여 얻은 이자를 모두 반영한다. 그러나 22장에서는 단순성을 유지하기 위해 수익률을 표준편차로 나눈 것과 동일한 단순화된 버전의 **샤프 비율**을 사용할 것이다.

```
def simple_sharpe_ratio(perc_returns):
    return (perc_returns.mean()*256) / (perc_returns.std()*16)

simple_sharpe_ratio(strategy_perc_returns)
```

0.657144

```
simple_sharpe_ratio(benchmark_perc_returns)
```

0.489609

리스크 조정 후에도 전략은 더 좋아 보인다. 이를 입증하는 또 다른 방법은 전략과 동일한 리스크를 갖도록 벤치마크를 조정하는 것이다.

```
adjusted_benchmark_perc_returns = benchmark_perc_returns * strategy_perc_returns.
std() / benchmark_perc_returns.std()
adjusted_benchmark_cum_returns = adjusted_benchmark_perc_returns.cumsum()
```

이는 전략의 리스크를 맞추기 위해 100% 자금을 벤치마크에 투입할 필요가 없기 때문에 전략의 리스크를 일치시키기 위해 전략을 활용하는 비용이나 초과 현금에 대해 획득한 이자를 무시한다는 점을 기억하라. 이것은 전략에 약간 평탄하게 만든다. 이번에는 수익률의 평균 차이를 연율화해 초과 성과를 다시 계산한다.

```
diff_cum_returns = strategy_cum_returns - adjusted_benchmark_cum_returns
diff_returns = diff_cum_returns.diff()
diff_returns.mean()*256
```

0.032538

　전략 리스크를 낮추기 위해 조정한 결과 연간 개선이 연 3.3%로 소폭 높아졌다. 정말 좋게 보인다. 하지만 정말 믿을 수 있을까? 요행은 트레이딩에서 큰 역할을 하고, 우리는 항상 우리 자신에게 트레이딩 이익이 단지 요행인지 자문해야 한다.

　't-테스트'라고 알려진 이를 테스트하는 공식적인 방법이 있다. t-테스트는 전략 수익률의 평균이 벤치마크 수익률의 평균보다 클 가능성을 계산한다. t-테스트는 다른 파이썬 라이브러리인 'scipy'에 있다.

```
from scipy.stats import ttest_rel
ttest_rel(strategy_perc_returns, adjusted_benchmark_perc_returns, nan_policy='omit')
```

```
Ttest_relResult(statistic=masked_array(data = [1.0347721604748643],
            mask = [False],
      fill_value = 1e+20)
, pvalue=masked_array(data = 0.30082053402226544,
            mask = False,
      fill_value = 1e+20)
)
```

　여기서 주요 숫자는 t-테스트 통계량(1.03477)과 p-값(0.3082)이다. t-통계량이 높으면 전략이 벤치마크보다 나을 가능성이 높다. p-값은 가능성의 정도를 계량화한다. p-값이 0.3이면 전략이 벤치마크와 동일한 평균 수익률을 가질 확률이 30%임을 나타낸다. 이것은 요행보다 조금 낮지만(이는 50%의 확률일 것이다), 그 이상은 아니다.

　5% 미만이면 보통 유의미한 결과로 간주된다. 따라서 이 전략은 유의성 테스트를 통과하지 못했다. 5% 규칙을 사용할 경우 다음 단점을 유념해야 한다. 즉 20개의 트레이딩 전략을 테스트할 때 벤치마크보다 훨씬 나은 전략(p-값이 5%인 전략)을 하나 이상 발견할 수 있다. 많은 전략을 고려했다가 버린다면, 좀 더 엄격한 p-값을 사용해야 한다.

또 하나의 경고를 할 필요가 있다. t-테스트는 수익률의 통계적 분포에 대해 몇 가지 가정을 한다. 정규분포 가정은 금융 데이터를 사용할 때 일반적으로 심하게 위반되는 가정이다. 이를 해결하려면 '비모수 t-테스트'라는 다소 거창한 이름으로 다른 작업을 수행해야 한다.

이 테스트는 '몬테카를로' 기법을 사용해 수행될 것이다. 트레이딩과 도박은 사촌간이지만 이는 도박과는 무관하고 무작위성^{randomness}과는 많은 관련이 있다. 우리는 랜덤하게 많은 수의 '대체 히스토리'를 생성할 것이다. 각 히스토리는 실제 백테스트 데이터와 길이가 동일하며 백테스트에서 랜덤하게 추출된 포인트로 구성된다. 각 히스토리에 대해 벤치마크와 전략의 수익률 차이를 측정한다. 그런 다음 모든 차이의 분포를 살펴본다. 이 가운데 5% 미만이 음수(전략이 벤치마크 성과보다 저조함)이면 전략이 t-테스트를 통과한다.

```python
import numpy as np

monte_carlo_runs = 5000 # make this larger if your computer can cope
length_returns = len(diff_returns.index)
bootstraps = [[int(np.random.uniform(high=length_returns)) for _not_used1 in
range(length_returns)] for _not_used2 in range(monte_carlo_runs)]

def average_given_bootstrap(one_bootstrap, diff_returns):
    subset_returns = diff_returns.iloc[one_bootstrap]
    average_for_bootstrap = np.float(subset_returns.mean()*256)
    return average_for_bootstrap

bootstrapped_return_differences = [average_given_bootstrap(one_bootstrap, diff_
returns) for one_bootstrap in bootstraps]

bootstrapped_return_differences = pd.Series(bootstrapped_return_differences)
bootstrapped_return_differences.plot.hist(bins=50)
```

다음에서 분포의 시각화를 보인다.

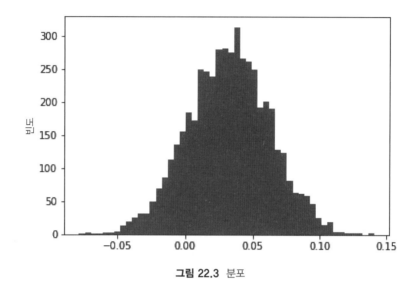

그림 22.3 분포

이 분포의 평균은 약 3%로 전략의 평균 초과 성과에 일치한다. 그러나 분포의 일부가 0% 미만임을 알 수 있으므로 실제로 수익의 차이가 0이거나 음수일 가능성이 높다. 이를 수학적으로 확인할 수 있다.

```
sum(bootstrapped_return_differences<0)/float(len(bootstrapped_return_differences))
```

0.1466

무작위성 때문에 조금 다른 숫자가 나와도 걱정하지 마라.

우리는 이것을 전략이 실제로 벤치마크를 능가하지 않을 가능성이 14.7%라는 것을 보여주는 것으로 해석할 수 있다. 이것은 비록 여전히 일반적으로 사용되는 5% 임계치에는 미치지 못하지만, 허위 표준 T-검정을 사용해서 이전에 얻었던 30%보다 더 나은 결과이다.

전략과 벤치마크를 비교하는 다른 방법은 알파와 베타를 계산하는 것이다. 그릭 문자를 많이 본문에 넣은 것에 대해 사과한다. 이러한 값들은 시장 벤치마크에 노출됨으로 초래되는 수익률을 차감한 후의 초과 성과에 투자자가 관심을 가져야 한다는 생각에서 비롯된다. 시장 벤치마크에 대한 노출은 베타beta로 측정된다. 그런 다음 나머지 성능에는 알파alpha라는 레이블이 붙는다.

기술적으로 베타는 벤치마크에 대한 전략의 공분산이다. 덜 기술적으로, 1.0의 베타는 벤치마크와 거의 같은 양의 수익률을 얻을 수 있음을 나타낸다. 베타 버전이 1.0보다 높으면 전략이 더 위험하기 때문에 더 높은 수익을 얻을 수 있다는 것을 의미한다. 1.0 미만의 베타에서는 전략의 표준편차가 벤치마크보다 낮거나 벤치마크와의 상관관계가 상대적으로 낮기 때문에 수익률이 낮을 것으로 예상된다.

베타 측정을 위해서는 또 다른 고급 통계 기법인 선형 회귀를 사용해야 한다. 첫 번째 단계는 우리의 벤치마크가 우리의 전략에 합리적인지 확인하는 것이다. 여기서 우리가 찾고 있는 것은 전략과 벤치마크 수익 사이의 좋은 선형적 관계이다. 몇 가지 이상치를 제외하면, 그것으로 우리가 보는 대부분을 설명할 수 있다. 이렇게 하는 데는 더 정교한 방법이 있겠지만, 나에게는 데이터를 보는 것보다 더 좋은 방법은 없다.

```
both_returns = pd.concat([strategy_perc_returns, benchmark_perc_returns], axis=1)
both_weights.columns = both_returns.columns = ['strategy', 'benchmark']


both_returns.plot.scatter(x="benchmark", y="strategy")
```

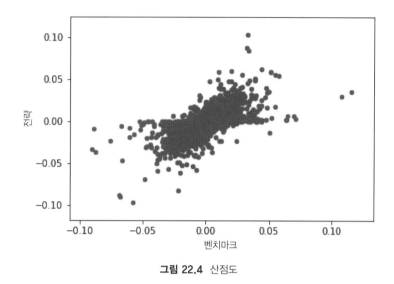

그림 22.4 산점도

선형 회귀 분석에서는 상이한 리스크 수준을 고려하기 때문에 여기서는 원래의 조정되지 않은 수익률을 사용할 수 있다.

```python
import statsmodels.formula.api as smf

lm = smf.ols(formula='strategy ~ benchmark', data=both_returns).fit()
lm.params
```

Intercept   0.000227
benchmark   0.706171

절편^{intercept}이라는 첫 번째 수치는 알파다. 벤치마크라는 두 번째 수치는 베타 값이다. 알파는 양인데 이는 좋은 것이며, 연간 약 5.8%를 보인다. 하지만 이건 그냥 운인가, 아니면 통계적으로 의미 있는 것인가? 확인해보자.

```python
lm.summary()
```

OLS Regression Results

Dep. Variable:	strategy	R-squared:	0.513
Model:	OLS	Adj. R-squared:	0.513
Method:	Least Squares	F-statistic:	5840.
Date:	Fri, 07 Jun 2019	Prob (F-statistic):	0.00
Time:	07:47:09	Log-Likelihood:	18687.
No. Observations:	5536	AIC:	−3.737e+04
Df Residuals:	5534	BIC:	−3.736e+04
Df Model:	1		
Covariance Type:	nonrobust		

	coef	std err	t	P>|t|	[0.025	0.975]
Intercept	0.0002	0.000	2.041	0.041	8.97e-06	0.000
benchmark	0.7062	0.009	76.422	0.000	0.688	0.724

Omnibus:	921.677	Durbin-Watson:	1.921
Prob(Omnibus):	0.000	Jarque-Bera (JB):	17845.374
Skew:	−0.145	Prob(JB):	0.00
Kurtosis:	11.791	Cond. No.	83.1

많은 통계가 있는데, 여기서 다 설명하지는 않을 것이다. 그러나 중요한 것은 '절편' 행 위에 있는 'P>|t|' 열이다. 즉, 절편 값이 양수라는 t-테스트의 p-값을 보인다. 0.041 또는 4.1%의 값은 절편이 실제로 0이거나 음수일 가능성이 4.1%에 불과함을 나타낸다. 이는 5%의 임계치 미만이기 때문에 전략이 벤치마크보다 낮다고 합리적으로 확신할 수 있다.

실제로 이러한 결과는 더 많은 가정에 의존한다. 전략과 벤치마크의 수익률은 (가능하지 않을) 좋은 통계 분포를 가져야 하며 선형 관계를 가져야 한다(육안으로 확인한 결과 대부분 사실로 보임). 원칙적으로 부트스트랩을 사용해 이 테스트를 비모수적으로 수행할 수 있지만, 이는 22장의 범위를 넘어간다.

이제 앞에서 질문한 질문으로 돌아가보겠다. 2005년 이후 전략의 평탄한 상대적 성과가 중요한가? 테스트하는 두 데이터 세트가 일치하지 않아도 되는 다른 종류의 T-테스트를 사용해 확인할 수 있다.

```python
from scipy.stats import ttest_ind
split_date = pd.datetime(2006,1,1)
ttest_ind(diff_returns[diff_returns.index<split_date], diff_returns[diff_returns.
index>=split_date], nan_policy='omit')
```

Ttest_indResult(statistic=masked_array(data = [1.6351376708112633],
        mask = [False],
    fill_value = 1e+20)
, pvalue=masked_array(data = 0.10207707408174886,
        mask = False,
    fill_value = 1e+20)
)

지금쯤이면 당신은 이 숫자들을 해석하는 전문가가 돼 있을 것이다. p-값(0.102)이 상당히 낮아서(5% 미만이 아니더라도) 2006년 1월 이후의 실적이 그 이전의 수익률보다 나쁠 가능성이 높다는 것을 나타낸다.

이 정보를 어떻게 사용할 수 있을까? 여러분은 "좋아, 전략을 수정해야 2006년 이후에도 성능이 계속 향상될 수 있어"라고 생각할 수 있다. 이러면 안 된다. 이것은 내가 **암묵적 적합화**implicit fitting라고 부르는 것의 예다. 암묵적 적합화는 백테스트 결과를 모두 보고 트레이딩 전략을 변경하는 것이다.

이건 반칙이다! 백테스트는 우리가 과거에 어떻게 할 수 있었는지 보여주기로 돼 있다. 하지만 1997년에 거래를 시작했을 때 타임머신을 이용하지 않았다면 2006년 이후 전략에 어떤 변화가 일어날지 알 수 없었을 것이다.

암묵적 적합화는 두 가지 심각한 문제를 야기한다. 첫째로, 우리는 아마도 너무 복잡하고, 아마 지나치게 적합화될 것이고, 따라서 미래에 좋지 않은 트레이딩 전략을 갖게 될 것이다. 둘째, 우리 전략의 과거 성과가 실제보다 더 좋아 보일 것이다.

전략을 조정할 수 없으므로 포트폴리오의 얼마만큼을 트레이딩 전략에 배분하고, 벤치마크에 넣을 것인가를 결정하는 간단한 시나리오를 생각해보겠다.

먼저 암묵적 적합화를 사용하겠다. 우리는 2006년 1월까지(전략이 훨씬 우수하기 때문에) 100%를 전략에 할당하고, 그 이후에는 각 전략과 벤치마크에 50%씩 투자한다(그 이후에도 똑같이 잘 작동하는 것처럼 보이므로).

```
strategy_weight = pd.Series([0.0]*len(strategy_perc_returns), index=strategy_perc_
returns.index)
benchmark_weight = pd.Series([0.0]*len(benchmark_perc_returns), index=benchmark_
perc_returns.index)

strategy_weight[strategy_weight.index<split_date] = 1.0
benchmark_weight[benchmark_weight.index<split_date]=0.0

strategy_weight[strategy_weight.index>=split_date] = 0.5
benchmark_weight[benchmark_weight.index>=split_date]=0.5

both_weights = pd.concat([strategy_weight,benchmark_weight], axis=1)
both_returns = pd.concat([strategy_perc_returns, benchmark_perc_returns], axis=1)
both_weights.columns = both_returns.columns = ['strategy', 'benchmark']

implicit_fit_returns = both_weights*both_returns
implicit_fit_returns = implicit_fit_returns.sum(axis=1)
```

이제 타임머신 없이 과거 데이터만 사용해 배분 결정을 내리는 적절한 작업을 수행할 것이다. 자본 배분은 상당히 복잡한 비즈니스이므로 단순성을 유지하기 위해 연간 11%의 수익률(전략과 벤치마크 모두의 평균 성과)을 기준으로 각 자산의 과거 연간 수익률에 비례해 배분하는 규칙을 사용할 것이다.

상대적 성과가 시간이 지남에 따라 저하된다는 것을 알고 있기 때문에 지난 5년 동안의 수익률을 사용해 과거 평균을 확인할 것이다(정확히 말하면 2.5년의 반감기를 갖는 지수 가중 이동 평균을 사용하고 있다. 이는 5년 단순 이동 평균에 해당한다). 더 짧은 기간을 사용하면 비중에 너무 큰 잡음을 초래할 수 있다.

```
rolling_means = pd.ewma(both_returns, halflife = 2.5*256)
rolling_means = rolling_means + (0.16/256)
rolling_means[rolling_means<0]=0.000001
total_mean_to_normalise = rolling_means.sum(axis=1)
total_mean_to_normalise = pd.concat([total_mean_to_normalise]*2, axis=1)
total_mean_to_normalise.columns = rolling_means.columns
rolling_weights = rolling_means / total_mean_to_normalise
rolling_weights.plot()
```

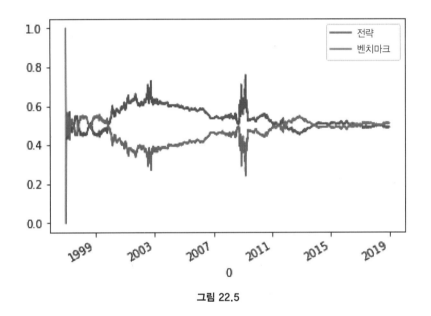

그림 22.5

이러한 비중은 부정행위의 암묵적 비중과 크게 다르지 않아 보인다. 즉 우리는 2006년 이전에 대부분의 자본을 전략에 투입했고, 2011년 이후에는 거의 동등한 분할에 가까운 것을 가진다. 그러나 2006년과 2011년 사이의 기간 동안 롤링 평균은 여전히 상대적 성과의 변화에 맞춰 조정되고 있기 때문에 우리는 암묵적 적합화보다 전략에 더 많은 것을 투입하게 된다.

```
rolling_fit_returns = rolling_weights*both_returns
rolling_fit_returns = rolling_fit_returns.sum(axis=1)

compare_returns = pd.concat([rolling_fit_returns, implicit_fit_returns], axis=1)
compare_returns.columns = ['rolling', 'implicit']
compare_returns.cumsum().plot()
```

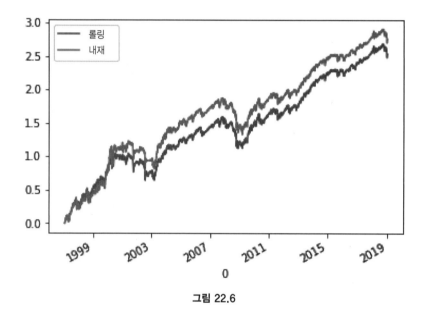

그림 22.6

```
diff_compare = implicit_fit_returns - rolling_fit_returns
diff_compare.cumsum().plot()
```

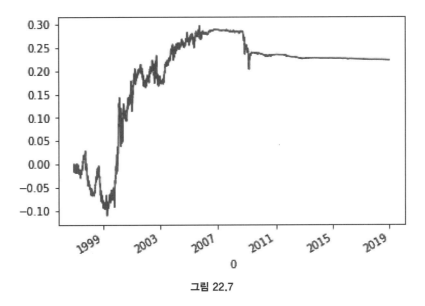

그림 22.7

전략에 모든 것을 배분함으로써 부정행위를 하는 2008년 이전에 모든 초과 성과가 발생하기 때문에 암묵적 적합화^{implicit fit}가 롤링 적합화^{rolling fit}보다 나은 것은 당연하다. 2009년 이후 두 방법 모두 거의 동일한 작업을 수행하고 있다(2008년에는 벤치마크를 능가하는 전략에 대한 비중이 여전히 높기 때문에 암묵적 적합화가 더 좋은 성과를 보인다).

정확한 숫자로 위험 조정 수익률을 비교해보면 다음과 같다.

```
simple_simpe_simple(rolling_fit_simple)
```

0.669280152423306

```
simple_simpe_simple(simple_fit_simple)
```

0.6708715830455622

우리는 약간의 부정행위를 하는 것만으로 샤프 비율을 높일 수 있었다. 심각하게 조작하면 얼마나 더 높일 수 있을지 상상해보라. 곧 당신은 2.0의 샤프 비율을 갖게 될 것이고, 당신은 과도한 레버리지를 마음대로 사용할 수 있고 당신의 중개인에게 상당한 거래 비용을 지불할 수 있는 천재 트레이더라고 믿게 될 것이다. 이런 것들은 결국 자금을 다 날려 깡통 트레이딩 계좌를 갖게 할 위험한 가정들이다.

암묵적 적합화의 길로 가지 않도록 매우 주의하라. 트레이딩 전략을 수정, 적합화 또는 배분하는 데 과거에 실제로 사용 가능했을 데이터만 사용하라.

23
데이터 임포트

첫 번째 파이썬 백테스트 환경을 설정하고자 할 때의 가장 흔한 장애는 데이터를 연결하는 일이다. 적어도 혼자서 모든 것을 알아내야 한다면 이는 사소한 일이 아니다. 그래서 이 주제에 시간을 할애해 여러분에게 도움이 되고 두통을 덜 수 있는 소스 코드를 보여주고자 한다.

첫 번째 단계는 물론 실제 데이터를 획득하는 것이다. 원하는 가격으로 필요한 데이터를 얻을 수 있는 데이터 공급자를 찾아야 한다. 여기에 제안을 하는 대신 나는 내 웹사이트에 이러한 정보를 업데이트하고 추가하기 더 쉬운 데이터 공급업체에 대해 적을 것이다.

단순히 파이썬 백테스트에 대해 익숙하게 되기를 원한다면 내 책의 웹사이트 www.followingthetrend.com/trading-evolved에서 랜덤하게 생성된 데이터를 다운로드하면 된다. 여기서 이 책과 관련된 데이터와 코드를 게시하겠다.

이 책에서는 모든 샘플 코드에 백테스트 엔진 Zipline을 사용한다. 나는 책을 위해 백테스터를 하나 골라야 했고, 좋은 선택인 것 같았다. 백테스터에 데이터를 연결하면 백테스터 소프트웨어마다 다르게 작동한다. 다른 소프트웨어를 사용하려면 당신은 데이터를 연결하는 방법을 알아내야 한다.

주식 데이터와 선물 데이터는 상당히 다르게 작동하며, 이는 우리가 그러한 데이터를 불러들일 때 조금 다르게 작동한다는 것을 의미한다. 두 자산 클래스에 대해 조금 다른 코드가 필요한데, 먼저 주식 데이터 불러오기를 시작하겠다.

로컬 데이터 관리에 접근하는 방법에는 크게 두 가지가 있다. 이중 어떤 것을 선택할지는 자신의 상황과 데이터 사용 계획에 따라 크게 달라진다. 데이터 공급자가 제공하는 모든 형식의 데이터를 Zipline으로 직접 가져올 수도 있다. 또는 로컬 데이터베이스에 있는 모든 데이터를 구성하고 이를 데이터 공급자와 Zipline 사이의 계층으로 사용할 수 있다.

백테스트 환경에서 시작하는 경우 데이터를 불러오는 것부터 시작하는 것이 좋다. 쉽고 빠르게.

반면 더 고급이거나 원하는 경우 로컬 보안 데이터베이스를 사용할 경우의 이점을 볼 수 있다. 이렇게 하면 여러 데이터 공급자의 데이터를 균일한 형식으로 결합할 수 있다. 이제 파이썬으로 구축할 수 있는 다양한 도구를 통해 데이터에 직접 액세스할 수 있으며 모든 종류의 유용한 메타데이터 정보를 추가할 수 있다.

번들 만들기

번들을 만드는 것은 트레이더가 시장이 좋은 날에 하는 무언가처럼 들릴 수 있지만, 사실은 여러분의 데이터를 Zipline으로 가져오는 과정을 말한다.

이 부분은 Zipline 특화된 것으로 다른 백테스트 엔진을 사용하기로 결정한 경우에는 적용되지 않는다. 다른 백테스트 라이브러리에서는 데이터를 연결하기 위한 서로 다른 고유한 방법을 사용한다. Zipline에서 사용하는 방법은 분명 더 복잡한 측면이 있지만, 이는 이 백테스터의 추가 기능성, 확장성 및 특성 세트를 갖추는 데 드는 비용이다.

23장에서는 먼저 주식을 위해 번들을 만드는 방법과 선물을 위해 번들을 만드는 방법에 대해 살펴보겠다. 비슷한 점이 꽤 많지만, 상이한 몇 가지 중요한 점이 있다.

여기 샘플 번들들에 대해서는 일별 히스토리만 받고 있지만 Zipline은 분단위 수준의 해상도도 지원하며 처리 속도도 상당히 빠르다.

이 책에서는 지금까지 **주피터 노트북**에만 코드를 작성했다. 백테스트를 쓰기, 실행 및 분석하기 좋은 환경이지만 번들을 구축하려면 다른 무엇인가가 필요하다. Anaconda 패키지와 함께 이미 컴퓨터에 설치된 또 다른 프로그램이 있다. **스파이더**라는 프로그램을 컴퓨터에서 찾을 수 있을 것이다. 이것은 범용 파이썬 코드 편집기로 코드를 쓰고, 실행하고, 디버그할 수 있으며 여기서 번들을 작성할 것이다.

새로운 번들을 만들 때 수행해야 할 부분은 두 가지다. 첫 번째 부분은 실제로 번들을 작성하는 것이다. 이것이 대부분의 작업이며 앞으로 자세히 검토될 내용이다. 쉽지만 잊지 않는 두 번째 부분은 새로운 번들을 등록해야 한다는 것이다. 텍스트 파일에 작은 텍스트가 추가되지만 그렇지 않으면 Zipline은 새로운 번들이 있다는 사실을 알지 못할 것이다.

특히 명확한 문서를 찾기 어려울 수 있으므로 첫 번째 번들을 작성하는 것은 다소 어려워 보일 수 있다. 대부분의 경우처럼, 일단 방법을 알게 되면 그렇게 어렵지 않다.

우선 번들이 수반하는 것에 대한 간단한 개요다. 분명히 데이터 번들은 어디인가에서 데이터를 읽어야 한다. 그것이 아마 가장 간단한 부분일 것이다. Pandas 라이브러리는 여기에서 사용자의 친구이며 로컬 텍스트 파일, 데이터베이스 파일, 데이터베이스 서버, 웹 호출 또는 당신의 선호하고 필요한 어떤 것으로부터 데이터를 쉽게 읽을 수 있다.

번들에는 특정 함수 서명이 있어야 한다. 그것은 단지 당신의 인제스트ingest 함수에 대한 특정한 인수 집합이 필요하다는 것을 의미한다. 만약 당신이 이 모든 것을 꽤 처음 접한다면, 이에 대해 크게 걱정하지 마라. 내 샘플 코드를 사용해 당신의 데이터를 읽기 위해 아마도 바꿔야 할 것을 몇 가지만 바꾸면 된다.

이 책의 원칙 "보이고 말하지 마라"를 따라서, 디스크에서 역사적 주가 데이터를 읽기 위해 단순하지만 완전하게 기능하는 번들을 어떻게 만들 수 있는지 알아보자. 조금씩 보여주고 설명하다가 이 절이 끝날 때쯤이면 모든 코드를 한 번에 보여주도록 하겠다.

먼저 일반적인 불러오기^{import} 구문이다.

```
import pandas as pd
from os import listdir
```

디스크에서 CSV 파일을 읽고 일반적인 DataFrame 종류의 작업을 위해서 Pandas가 필요하고, 어떤 파일이 사용 가능한지를 확인하기 위해 listdir 함수를 필요로 한다.

다음으로 데이터가 있는 경로를 설정한다. 숙련된 프로그래머들은 이와 같은 문자열을 하드 코딩하는 것이 훌륭한 코딩 연습은 아니라고 지적할 것이다. 그러나 이 예는 훌륭한 코딩 연습에 관한 것은 아니다. 나는 여러분에게 작업을 수행하는 간단한 방법들을 보여줄 것이고, 당신은 이것이 어떻게 작동하는지에 대해 좀 더 자신이 생기면 이를 개선해나갈 것이다.

```
# 데이터를 가진 곳으로 경로를 변경한다.
path = 'C:\\yourdatapath\\data\\random_stocks\\'
```

자, 여기서 진짜 일이 시작된다. 다음으로 우리는 우리의 인제스트^{ingest} 함수를 시작할 것이다. 이 함수에는 특정 서명^{signature}이 있어야 한다고 간략히 언급했는데, 이 함수 정의에서 볼 수 있다.

```
"""
ingest 함수는 이 정확한 서명을 가져야 한다.
```

```
이는 다음과 같이 이들 인수들이 전달돼야 함을 의미한다.
"""
def random_stock_data(environ,
                      asset_db_writer,
                      minute_bar_writer,
                      daily_bar_writer,
                      adjustment_writer,
                      calendar,
                      start_session,
                      end_session,
                      cache,
                      show_progress,
                      output_dir):
```

다음은 파이썬에서의 깔끔한 작업 방식에 대한 시연이다. 다음 코드 영역을 보면 코드 한 줄에 얼마나 많은 작업을 할 수 있는지 알 수 있다. 이 행은 지정된 폴더의 모든 파일을 읽고 마지막 네 문자를 절단한 후 이들 잘린 파일 이름 리스트를 반환한다.

이는 물론 지정된 폴더의 모든 파일이 주식 티커의 이름을 따서 .csv 뒤에 오는 csv 파일이라는 가정을 바탕으로 한다. 예를 들어 IBM.csv 또는 AAPL.csv 등이다.

```
# 경로로부터의 파일 리스트를 얻는다.
# 마지막 부분을 다음과 같이 절단한다.
# 'example.csv'[:-4] = 'example'
symbols = [f[:-4] for f in listdir(path)]
```

혹시 이 폴더에 데이터를 넣는 걸 잊었을 때를 대비해서 오류error가 나오게 한다.

```
if not symbols:
    raise ValueError("No symbols found in folder.")
```

이제 잠시 후 데이터로 채워야 할 DataFrame 3개를 준비하겠다. 지금은 단지 이들 DataFrame의 구조를 만든다.

```python
# 배당금을 위한 빈 DataFrame을 준비한다.
divs = pd.DataFrame(columns=['sid',
                             'amount',
                             'ex_date',
                             'record_date',
                             'declared_date',
                             'pay_date']
)

# 주식 분할을 위한 빈 DataFrame을 준비한다.
splits = pd.DataFrame(columns=['sid',
                               'ratio',
                               'effective_date']
)

# 메타데이터를 위한 빈 DataFrame을 준비한다.
metadata = pd.DataFrame(columns=('start_date',
                                 'end_date',
                                 'auto_close_date',
                                 'symbol',
                                 'exchange'
                                         )
                                )
```

Zipline 백테스터는 거래소 캘린더를 지킬 것을 요구한다. 대부분의 백테스터가 제공된 데이터를 사용하는 반면 Zipline은 주어진 거래소에 유효한 거래일이 언제인지 알고 있으며 이들 날짜들만 과거 데이터로 채워지며 다른 날짜들은 채워지면 안 된다.

실제로 공급업체에서 제공하는 데이터는 이러한 엄격한 규칙에서 약간 벗어날 수 있다. 유효한 거래일에 특정 주식에 대한 데이터가 결측됐거나 유효하지 않은 날짜에 잘못 제공된 데이터가 있을 수 있다. 물론 이런 일은 없어야 하지만 완벽한 데이터 공급자를 찾게 되면 알려주기 바란다. 난 정말 그런 경우를 본 적이 없다.

우리는 나중에 등록register할 때 어떤 거래소 캘린더를 따라야 하는지 정의할 것이며, 이 번들 코드는 그 캘린더를 인식한다. 함수 정의 서명을 다시 보면 캘린더가 그곳에 제공돼 있음을 알 수 있다. 그로부터 우리는 이제 어떤 요일이 유효한지 확인할 수 있다.

```
# 선택한 거래소 캘린더에 따라 유효한 거래일을 체크한다.
sessions = calendar.sessions_in_range(start_session, end_session)
```

이제 데이터를 가져오고 날짜를 캘린더에 맞추고 배당금 및 메타데이터를 처리하기만 하면 된다. 실제 번들의 대부분을 차지한다. 하지만 여기서 흥미로워진다. 지금까지 우리는 random_stock_data라고 부르는 함수 하나만 보았다. 이 함수를 위해 단지 세 개의 행만 추가하면 된다.

```
# 모든 주식에 대한 데이터를 얻고 Zipline에 쓴다.
daily_bar_writer.write(
        process_stocks(symbols, sessions, metadata, divs)
        )

# 메타데이터를 쓴다.
asset_db_writer.write(equities=metadata)

# 주식 분할과 배당금을 쓴다.
adjustment_writer.write(splits=splits,
                        dividends=divs)
```

이들 행을 보면 다른 함수, 즉 process_stocks에서 마법 같은 일이 발생한다는 것을 알 수 있다. 이 함수는 이른바 생성기generator 함수로서, 각 주식에 대해 반복적으로 데이터를 처리하며 필요한 DataFrame을 채운다.

이 함수는 일일 바 작성기daily bar writer에 필요한 역사적 데이터를 반환하고, 메타데이터와 배당금을 채운다. 또한 대부분의 데이터에서와 같이 데이터가 이미 주식 분할에 맞게 조정돼 있기 때문에 단지 앞에 만든 빈 분할 데이터프레임empty split DataFrame을 제공하면 된다.

그러면 데이터를 가져와 처리하는 생성기 함수만 남는다. 함수를 정의하고 심볼 리스트, 유효한 거래일, 메타데이터 및 배당 객체를 전달한 후 모든 주식 심볼의 루프를 시작한다.

주식을 루핑하는 enumerate를 사용하는 포인트는 각 주식에 대한 숫자를 순서대로 자동적으로 얻을 수 있다는 것이다. 첫 번째는 0, 그다음은 1, 이런 식으로 될 것이다. 주식별로 고유한 증권 ID SID, Security ID가 필요하며, 숫자이고 고유하면 모두 괜찮다. enumerate가 제공하는 자동적으로 증가하는 숫자들은 완벽하게 작업을 수행할 것이다.

```
"""
주식을 반복 시행하기 위한 Generator 함수
역사적 데이터, 메타데이터와 배당 데이터를 구축한다.]
"""
def process_stocks(symbols, sessions, metadata, divs):
    # 주식을 루핑하고, 고유한 증권 ID(SID)를 설정한다.
    for sid, symbol in enumerate(symbols):
```

함수의 나머지 부분은 해당 루프 안에 있다. 즉, 데이터 폴더에서 사용 가능한 모든 주식 심볼에 대해 나머지 코드가 한 번씩 실행된다. 제공하는 많은 데이터에 따라 몇 분 정도 걸릴 수 있다. 작업이 다소 시간이 걸릴 경우 모든 작업이 정상적으로 진행되고 있음을 알 수 있도록 진행 상황을 출력하는 것이 유용할 수 있다. 이것은 훨씬 더 예쁘게 할 수 있지만, 여기서는 간단한 프린트 문구를 사용한다.

```
print('Loading {}...'.format(symbol))
# csv 파일로부터 주식 데이터를 읽는다.
df = pd.read_csv('{}/{}.csv'.format(path, symbol), index_col=[0], parse_dates=[0])
```

이 코드에서 볼 수 있듯이 Pandas 라이브러리를 사용해 파일의 데이터를 읽고 이전에 설정한 경로를 지정하고 파일 이름을 만들기 위해 심볼을 추가한다. 우리는 첫 번째 열을 인덱스로 설정하고, Pandas에게 날짜 형식^{data format}로 구문 분석^{parse}하도록 요청한다.

다음으로 우리는 우리의 데이터가 지정된 거래소 캘린더와 일치하는지 확인한다. 참고로 Python과 Zipline에 익숙해지면 캘린더 편집이나 자신만의 캘린더 만들기를 시도할 수 있다.

날짜를 캘린더에 맞출 때 불일치할 경우 수행할 작업을 결정해야 한다. 별 차이는 없길 바라지만, 만약 그런 일이 일어난다면 어떤 종류의 대처가 필요하다. 다음 코드에서 예를 들어 Pandas에게 결측된 날짜를 전방 채우기^{forward fill}하고 none 값을 오류 방지^{failsafe}를 위해 삭제하라고 했다.

다음 코드는 디스크에서 읽은 실제 데이터의 처음과 마지막 날짜를 확인한 다음 이 데이터를 다시 인덱싱해 해당 범위의 유효한 거래일을 사용한다.

```
# 처음과 마지막 날짜 체크
start_date = df.index[0]
end_date = df.index[-1]

# 공식 거래소 캘린더와 동기화
df = df.reindex(sessions.tz_localize(None))[start_date:end_date]

# 결측치 전방 채우기
df.fillna(method='ffill', inplace=True)

# 남은 NaN을 제거한다.
df.dropna(inplace=True)
```

이제 메타데이터를 저장할 수 있는 충분한 정보를 확보했다. 회사 이름과 같은 정보를 원하는 경우 메타데이터에 추가할 수 있지만, 작동에 필요한 모든 정보를 보유하고 있다. 함수 정의에서 전달한 metadata DataFrame에 추가하기만 하면 된다.

흔한 함정은 거래소를 위한 필드를 간과하는 것이다. 결국 우리는 그 정보가 꼭 필요하지 않고 어떤 용도로도 사용하지 않을 것이다. 그러나 문제는 해당 필드를 생략할 경우 Zipline이 번들을 사용할 수 없다는 것이다. 여기서는 문제를 피하기 위해 하드코딩만 하면 된다.

```python
# auto_close 날짜는 마지막 거래 후의 날짜다.
ac_date = end_date + pd.Timedelta(days=1)

# 메타데이터 DataFrame에 행을 더한다.
metadata.loc[sid] = start_date, end_date, ac_date, symbol, "NYSE"
```

데이터를 돌려주기 전에 마지막으로 해야 할 일은 배당금 확인이다. 당신이 이용할 수 있는 배당 데이터가 있을 수도 있고 없을 수도 있기 때문에, 데이터 파일에 그러한 열이 있는지 체크하는 것을 추가했다. 만약 배당 데이터가 있다면, 우리는 그것을 처리하고 divs DataFrame에 배당 데이터를 추가한다.

```python
# 만약 배당 데이터가 있다면, 이를 배당 DataFrame에 더한다.
if 'dividend' in df.columns:

    # 배당이 있는 날짜들을 슬라이싱한다.
    tmp = df[df['dividend'] != 0.0]['dividend']
    div = pd.DataFrame(data=tmp.index.tolist(), columns=['ex_date'])

    # 지금 이 데이터를 가지고 있지 않으므로 빈 열을 제공한다.
    div['record_date'] = pd.NaT
    div['declared_date'] = pd.NaT
    div['pay_date'] = pd.NaT
```

```
# 배당을 저장하고 증권 ID를 설정한다.
div['amount'] = tmp.tolist()
div['sid'] = sid

# 마지막에 남긴 곳에서 숫자 매기기를 시작한다.
ind = pd.Index(range(divs.shape[0], divs.shape[0] + div.shape[0]))
div.set_index(ind, inplace=True)

# 이 주식 배당을 모든 배당 리스트에 결합(append)한다.
divs = divs.append(div)
```

그러면 호출자^{caller}에게 역사적 데이터를 다시 전달하는 최종 세부 사항만 남게 된다. 이 함수는 생성기 함수이므로 yield를 사용한다.

```
yield sid, df
```

이게 전부이다. 파이썬 프로그래머가 아니라면 온라인 설명서를 읽고 이 작업을 수행하는 방법이 다소 어려워 보일 수 있다는 것은 인정하지만, 내 샘플을 사용해 데이터에 맞게 수정하는 것은 쉬운 일이 될 것이다.

이 데이터 번들에 대한 전체 코드가 다시 보여준다.

```
import pandas as pd
from os import listdir

# 데이터를 가지고 있는 곳으로 경로를 변경한다.
path = 'C:\\Users\\Andreas Clenow\\BookSamples\\BookModels\\data\\random_stocks\\'


"""
인제스트(ingest) 함수는 정확한 서명(signature)이 필요하다.
서명은 다음에서 보이는 바와 같이 전달되는 인수들을 의미한다.
"""
def random_stock_data(environ,
```

```
                    asset_db_writer,
                    minute_bar_writer,
                    daily_bar_writer,
                    adjustment_writer,
                    calendar,
                    start_session,
                    end_session,
                    cache,
                    show_progress,
                    output_dir):

# 경로로부터 파일 리스트를 얻는다.
# 마지막 부분을 슬라이싱한다(다음과 같이).
# 'example.csv'[:-4] = 'example'
symbols = [f[:-4] for f in listdir(path)]

if not symbols:
    raise ValueError("No symbols found in folder.")



# 배당을 위해 빈 DataFrame을 준비한다.
divs = pd.DataFrame(columns=['sid',
                             'amount',
                             'ex_date',
                             'record_date',
                             'declared_date',
                             'pay_date']
)

# 주식 분할을 위해 빈 DataFrame을 준비한다.
splits = pd.DataFrame(columns=['sid',
                               'ratio',
                               'effective_date']
)

# 메타데이터를 위해 빈 DataFrame을 준비한다.
metadata = pd.DataFrame(columns=('start_date',
                                 'end_date',
                                 'auto_close_date',
```

```
                                        'symbol',
                                        'exchange'
                                    )
                            )


    # 선택한 거래소 캘린더에 따라 유효한 거래일을 체크한다.
    sessions = calendar.sessions_in_range(start_session, end_session)

    #모든 주식에 대한 데이터를 얻고 Zipline에 쓴다.
    daily_bar_writer.write(
            process_stocks(symbols, sessions, metadata, divs)
            )

    # 메타데이터를 쓴다.
    asset_db_writer.write(equities=metadata)

    # 주식 분할과 배당 데이터를 쓴다.
    adjustment_writer.write(splits=splits,
                                dividends=divs)


"""
주식, 역사적 데이터, 메타데이터와 배당데이터를
반복하는 생성자(Generator) 함수
"""
def process_stocks(symbols, sessions, metadata, divs):
    # 주식을 루핑하고, 고유 증권 ID(SID)를 설정한다.
    for sid, symbol in enumerate(symbols):

        print('Loading {}...'.format(symbol))
        # csv 파일로부터 주식 데이터를 읽는다.
        df = pd.read_csv('{}/{}.csv'.format(path, symbol), index_col=[0], parse_
dates=[0])

        # 첫째와 마지막 날짜 체크
        start_date = df.index[0]
        end_date = df.index[-1]
```

```python
# 공식 거래소 캘린더와 동기화
df = df.reindex(sessions.tz_localize(None))[start_date:end_date]

# 결측 데이터 전방 채우기(Forward fill)
df.fillna(method='ffill', inplace=True)

# 남아 있는 NaN 제거
df.dropna(inplace=True)

# auto_close date는 마지막 거래 다음날
ac_date = end_date + pd.Timedelta(days=1)

# 메타데이터 DataFrame에 한 행을 더한다. 거래소 필드를 더할 것을 잊지 마라.
metadata.loc[sid] = start_date, end_date, ac_date, symbol, "NYSE"

# 만약 배당 데이터가 있으면 이를 배당 DataFrame에 더한다.
if 'dividend' in df.columns:

    # 배당 날짜를 슬라이싱한다.
    tmp = df[df['dividend'] != 0.0]['dividend']
    div = pd.DataFrame(data=tmp.index.tolist(), columns=['ex_date'])

    # 이 데이터를 지금 가지고 있지 않으므로 빈 열을 제공한다.
    div['record_date'] = pd.NaT
    div['declared_date'] = pd.NaT
    div['pay_date'] = pd.NaT

    # 배당을 저장하고 증권 ID를 설정한다.
    div['amount'] = tmp.tolist()
    div['sid'] = sid

    # 마지막 남겨진(작업한) 곳에서 번호를 매기기 시작한다.
    ind = pd.Index(range(divs.shape[0], divs.shape[0] + div.shape[0]))
    div.set_index(ind, inplace=True)

    # 이 주식 배당을 모든 배당의 리스트에 붙인다.
    divs = divs.append(div)

yield sid, df
```

이 코드는 Zipline 번들 폴더에 .py 파일로 저장돼야 한다. 컴퓨터의 정확한 위치는 사용자의 설치 및 로컬 설정에 따라 달라진다. 검색하면 쉽게 찾을 수 있지만, 참고로 내 것은 바로 아래에 있는 경로에 있다. 예를 들어 이 번들 코드를 random_stock_data.py로 저장했다고 가정하겠다. 원하는 대로 파일 이름을 불러도 되지만, 잠시 후 번들 등록을 해야 할 때 이를 가리켜야 한다.

```
C:\ProgramData\Anaconda3\envs\zip35\Lib\site-packages\zipline\data\bundles
```

이제 번들을 구성했으니 Zipline에 등록해야 한다. 그건 extention.py라는 파일에서 수행하는데, 홈 디렉터리의 /.zipline 아래서 찾을 수 있다. Windows를 사용하는 경우 c:/users/subline/.zipline/extension.py라는 이름으로 있을 수 있으며, UNIX 스타일 OS를 사용하는 경우 ~/.zipline/extension.py가 될 수 있다. 파일이 없으면 파일을 만든다.

random_stock_data.py라는 이름을 사용해 번들 코드를 올바른 폴더에 저장했다고 가정하고, 이 파일에서 번들을 가져와 다음 구문에 따라 등록해야 한다.

```
from zipline.data.bundles import register, random_stock_data
register('random_stock_data', random_stock_data.random_stock_data,
        calendar_name='NYSE')
```

여기서 볼 수 있는 것처럼 앞서 살펴본 거래소 캘린더를 지정하고 어떤 날짜가 유효한 거래일인지를 정의하는 곳이다. 아마도 당신은 우리가 왜 random_stock_data.random_stock_data라는 이름을 두 번 반복하고 있는지 궁금해할 것이다. 단순히 이 예에서 파일 이름과 파일의 함수 이름이 동일하기 때문이다. 또한 단순성을 유지하기 위해 번들에 동일한 이름을 붙이고 있다.

이 파일이 수정되고 저장되면 번들을 인제스트할 준비가 된다. 인제스트 프로세스는 데이터를 Zipline으로 가져오기 위해 번들 코드를 실제로 실행하는 프로세스를 말한다.

이제 새로운 번들을 인제스트할 준비가 됐다. 이전에 7장에서 했던 것을 기억하라. zip35 환경에 맞는 터미널 창을 연다. 아나콘다 네비게이터를 통해 가능하다. 그럼 이전처럼 새로운 번들을 인제스트하라.

```
zipline ingest -b random_stock_data
```

이제 모든 데이터가 정상적으로 작동된다면 어떻게 주식별로 데이터를 가져와서 Zipline에 저장하는지 확인할 수 있다. 이 프로세스가 완료되면 다소 무작위적이긴 하지만 심각한 백테스트 구축을 시작할 수 있다.

22장에서 살펴본 바와 같이 각 모델의 백테스트 코드는 어떤 번들에서 데이터를 가져올지 지정한다. 이제 당신의 랜덤 번들을 사용하기 위해 코드 부분(보통 맨 아래 부분)을 수정하기만 하면 된다.

Zipline과 선물 데이터

파이썬 백테스트 엔진의 지형은 빠르게 움직이고 있으며, 아마도 이 책을 읽을 때쯤에는 뭔가 혁신적인 일이 일어나 이 책의 일부가 쓸모없게 됐을 것이다. 그러나 나는 Zipline이 선물을 위한 가장 강력하고 풍부한 파이썬 백테스트 환경을 제공한다는 점에서 선두를 달리고 있다고 생각한다. 이미 14장에서 이에 관해 논의했다.

그러나 로컬 설치에서 올바르게 설정하려면 약간의 작업이 필요하다. 하지만 두려워하지 마라. 내가 안내할 것이다. 23장까지 왔으니 23장의 앞부분에서 설명한 것처럼 주식용 Zipline 번들 제작 방법을 이미 배웠을 것이다. 거기서 배운 것 중 상당 부분은 선물에도 유효하지만 몇 가지 까다로운 점이 있다.

파이썬 세계에서 항상 주의해야 하는 점은 유감스럽게도 완성된 소프트웨어란 없다는 것이다. 누군가가 마치지 않은 것처럼 보이는 무언가를 남겨둔 이유나 당신의 솔루션을 작동시키기 위해 다른 사람의 소스 코드를 편집해야 하는 이유가 궁금한 상황이 종종 발생한다. 그게 바로 그냥 파이썬 세계다. 하지만 다른 한편으로는 이것들이 모두 무료다.

우선 Zipline의 선물 백테스트를 준비하고 실행하기 위해 필요한 사항은 다음과 같다.

- 선물 번들 구축
- 번들에 정확한 선물 메타데이터 제공
- 선물 루트 심볼에 대한 추가 메타데이터 제공
- extension.py에서 선물 번들의 등록
- constants.py를 편집해 모든 시장에 슬리피지 및 거래소 수수료에 대한 기본 정의가 있는지 확인한다.

주의해야 할 몇 가지 함정이 있다.

- Zipline은 선물 심볼에 대한 매우 구체적인 구문을 기대한다. 심볼의 형식을 RRMYY로 지정해야 한다. 여기서 RR은 두 글자 루트 심볼, M은 한 글자 월 코드, YY는 두 자리 숫자 연도다. 예: 2002년 1월 원유 계약에 대해서는 CLF02이다.
- 두 글자 루트 심볼이 필요하다. 하나, 셋, 넷이 아니라, 두 글자 구문을 적용해야 한다.
- 모든 시장 루트 심볼은 기본 수수료와 슬리피지와 함께 constants.py 파일에 리스트돼야 한다. 해당 파일에 없는 시장을 포함하기를 원한다면 해당 시장을 추가해야 한다.
- 주식 번들의 경우 Zipline은 배당과 주식 분할 조정을 위한 데이터프레임

이 제공될 것으로 예상한다. 확실히 합리적이지는 않지만 단순히 빈 데이터프레임을 제공하면 백테스터는 만족한다.

- Zipline은 휴일 캘린더^{holiday calendar}로 지정된 정확한 날짜에 데이터가 제공되기를 기대하며 데이터가 일수가 부족하거나 일수가 초과될 경우 데이터 인제스트가 실패한다. 그럴 수도 있기 때문에 당신의 날짜가 예상 날짜와 일치하도록 Pandas를 이용해야 한다. 이는 앞서 살펴본 주식 번들과 동일하며, 해결책도 동일하다.

- Zipline의 현재 버전은 1.3이며, 2000년 이전 버전의 데이터에 일부 문제가 있다. 데이터를 2000년 이후로 제한하면 프로세스가 단순화된다.

- 첫 번째 통지일^{notice date}[1]에 대한 데이터가 있는 경우 이 데이터를 번들에 포함할 수 있다. 많은 독자들이 그렇지 않겠지만, 나는 일단 단순화하고 넘어가겠다. 마지막으로 거래된 날짜로부터 한 달 전에 자동 마감일을 설정해 대부분의 상품에 대한 첫 번째 통지일을 대략적으로 예측할 수 있다.

선물 데이터 번들

일반적으로 선물 번들은 주식 번들과 동일하게 작동하지만, 이 자산 클래스에 대한 특별한 고려 사항에 유의하라. 여기 샘플 번들에서는 책 사이트에서 다운로드할 수 있는 랜덤 데이터를 읽을 것이다.

더 빨리 시작하고 실행할 수 있도록 이 랜덤 데이터를 제공한다. 이 랜덤 샘플 데이터 집합과 이들에 대한 번들을 사용하면 논리를 확인하고 테스트한 후 필요한 곳을 수정할 수 있다.

이 샘플을 실행하려면 이 책의 웹사이트 www.followingthetrend.com/trading-evolved/에서 내 랜덤 샘플 데이터를 다운로드하거나 자신의 데이터를 사용하도록

---

1   해당 포지션에 대해 실물 인수도 의무가 발생하는 날 – 옮긴이

코드를 수정해야 한다. 랜덤 데이터 외에도 포인트 가치, 섹터 등 중요한 선물 정보를 담고 있는 메타데이터 룩업^{lookup} 파일도 사이트에서 다운로드할 수 있다. 우리의 선물 번들도 이 파일을 사용해 정보를 Zipline 프레임워크에 제공한다.

이 코드 샘플에 담긴 새로운 요령도 소개하겠다. 데이터를 로딩하는 데 시간이 걸릴 수 있으며, 주식 번들에서처럼 모든 시장에 대해 새로운 텍스트 행을 출력하는 것은 약간 원시적이다. 이번에는 깔끔하고 작은 진행 표시줄^{progress bar}을 대신 사용한다.

코드부터 먼저 진행 표시줄에 사용할 **tqdm** 라이브러리를 포함한 일반적인 불러오기 구문이 있다.

```
import pandas as pd
from os import listdir
from tqdm import tqdm # Used for progress bar
```

언급한 바와 같이 랜덤 히스토리 데이터와 메타데이터 룩업이 모두 제공된다. 코드의 다음 부분은 데이터의 위치를 지정한 다음 메타데이터 룩업을 메모리로 읽어 나중에 액세스할 수 있도록 한다. 다운로드한 데이터를 넣은 위치와 일치하도록 경로를 변경한다.

```
# 데이터가 있는 곳으로 경로를 변경한다.
base_path = "C:/your_path/data/"
data_path = base_path + 'random_futures/'
meta_path = 'futures_meta/meta.csv'
futures_lookup = pd.read_csv(base_path + meta_path, index_col=0)
```

다운로드한 선물 룩업 테이블의 레이아웃은 표 23.1에 나와 있다. 이들 필드의 대부분은 루트 심볼, 설명 및 섹터와 같이 자체 설명이 가능하다. 하지만 당신은 승수^{multiplier}와 마이너 통화 조정^{minor fx adjustment}에 대해 궁금할 수 있다.

표 23.1 선물 룩업 테이블

	root_symbol	multiplier	minor_fx_adj	description	exchange	sector
0	AD	100000	1	AUD/USD	CME	Currency
1	BO	600	0.01	Soybean Oil	CBT	Agricultural
2	BP	62500	1	GBP/USD	CME	Currency

포인트 가치$^{point\ value}$ 또는 계약 크기$^{contract\ size}$라고도 하는 승수는 선물 계약의 핵심 속성이다. 그것은 계약 가격이 1달러 변동될 경우 당신이 몇 달러를 얻거나 잃는지를 규정한다. 따라서 이름이 승수^{multiplier}가 된다.

마이너 통화 조정 계수$^{minor\ fx\ adj.}$는 주의 사항으로 포함시킨 것이다. 일부 미국 선물 시장은 미국 달러가 아닌 미국 센트로 평가되는데, 만약 당신이 조정하지 않으면 이상한 결과를 얻을 수 있다. 현지 데이터 공급자에게 문의해 해당 시장에서 USD(달러) 또는 USc(센트) 가격을 제공하는지 확인해야 한다.

당신이 주식 샘플 번들에서 본 것과 같은 서명^{signature}으로 인제스트 함수를 시작한다.

```
"""
인제스트 함수는 정확한 서명(signature)을 가질 필요가 있다.
서명은 다음과 같이 전달되는 인수들을 의미한다.
"""
def random_futures_data(environ,
                asset_db_writer,
                minute_bar_writer,
                daily_bar_writer,
                adjustment_writer,
                calendar,
                start_session,
                end_session,
                cache,
                show_progress,
                output_dir):
```

지금까지는 우리가 아까 본 것과 별로 다르지 않다. 다음 부분도 매우 유사하지만 메타데이터에 몇 가지 필드를 추가로 제공해야 한다.

```python
# 배당을 위해 빈 DataFrame을 준비한다.
divs = pd.DataFrame(columns=['sid',
                             'amount',
                             'ex_date',
                             'record_date',
                             'declared_date',
                             'pay_date']
    )

# 주식 분할을 위해 빈 DataFrame을 준비한다.
splits = pd.DataFrame(columns=['sid',
                               'ratio',
                               'effective_date']
)

# 메타데이터를 위해 빈 DataFrame을 준비한다.
metadata = pd.DataFrame(columns=('start_date',
                                 'end_date',
                                 'auto_close_date',
                                 'symbol',
                                 'root_symbol',
                                 'expiration_date',
                                 'notice_date',
                                 'tick_size',
                                 'exchange'
                                 )
                        )
```

선물 계약에 대한 루트 심볼, 만기일, 통지일, 틱 크기 등에 대한 정보를 제공해야 하며 메타데이터로 제공할 예정이다.

다음 영역은 놀라울 정도로 새롭지 않다. 여기서 선택한 캘린더에 대한 유효한 거래일을 얻고, 데이터를 가져와 처리할 함수를 호출하고, 결과를 기록한다. 물론 그 특정 함수에서 흥미로운 부분이 발생하며, 곧 자세히 살펴보도록 하겠다.

주식 분할 및 배당에 대한 빈 데이터도 작성해야 한다. 선물 시장에서 그러한 정보는 확실히 없으므로, 기대되는 헤더만 있는 빈 프레임만 제공하면 된다.

```python
# 선택한 거래소 캘린더에 따라 유효한 거래일을 확인한다.
sessions = calendar.sessions_in_range(start_session, end_session)

# 모든 주식에 대한 데이터를 얻고 Zipline에 기록한다.
daily_bar_writer.write(
        process_futures(symbols, sessions, metadata)
        )


adjustment_writer.write(splits=splits, dividends=divs)
```

메타데이터를 쓰는 것이 마지막 단계였다는 것을 앞에서 기억할 것이다. 이것은 여기서 거의 비슷하게 작동하며 process_futures라고 부르는 생성기^{generator} 함수가 우리를 위해 계약 메타데이터를 준비했다.

이제 루트 레벨에서 메타데이터를 준비하고 이를 Zipline 프레임워크에 작성해야 한다. 우리가 이전에 얻은 선물 룩업 테이블을 거의 그대로 사용할 수 있다. 고유한 root_symbol_id 열을 추가하고 이제는 필요하지 않은 minor_fx_adj 필드를 삭제하면 된다.

그것이 인제스트 함수 전부지만, 데이터를 실제로 읽고 처리하는 함수는 아직 살펴보지 않았다. 이것의 구조는 주식 번들과 동일하지만 선물과의 특별한 고려 사항에 주목하라.

먼저 함수를 정의하고 모든 기호의 루프를 시작한다. 루프를 시작할 때 여기서 tqdm을 사용하는 방법에 주목하라. 루프 중에 멋진 진행 표시줄을 표시하려면 그것을 사용하면 된다.

```
def process_futures(symbols, sessions, metadata):
    # 주식을 루프하고 고유 증권 ID를 설정한다.
    sid = 0

    # tqdm을 사용해 진행 표시줄을 표시하면서 심볼을 루프한다.
    for symbol in tqdm(symbols, desc='Loading data...'):
        sid += 1

        # csv 파일로부터 주식 데이터를 읽는다.
        df = pd.read_csv('{}/{}.csv'.format(data_path, symbol), index_col=[0],
parse_dates=[0])
```

이제 디스크에서 데이터를 읽었으므로 디스크 위에서 데이터 처리를 시작할 수 있다. 우선 마이너 통화 조정 계수를 확인하고 모든 가격을 곱해보겠다.

```
# 마이너 통화 호가에 관해서 확인한다.
    adjustment_factor = futures_lookup.loc[
            futures_lookup['root_symbol'] == df.iloc[0]['root_symbol']
            ]['minor_fx_adj'].iloc[0]

    df['open'] *= adjustment_factor
    df['high'] *= adjustment_factor
    df['low'] *= adjustment_factor
    df['close'] *= adjustment_factor
```

value += x가 value=value + x인 것처럼, 위에 사용된 구문 value *= x은 value = value * x와 같다

완벽한 데이터를 얻는 것은 거의 헛된 일이 될 수 있다. 선물 데이터의 가장 일반적인 한 가지 문제는 때때로 종가보다 낮은 고가를 얻거나 이와 유사한 문제를 갖는다는 것이다. 이와 같은 작은 오류가 당신의 코드를 망치는 작은 오류를 방지하는 방법을 보여주기 위해 이 부분을 다음에 포함시켰다.

```
# 데이터 세트의 잠재적 큰/작은 데이터 오류를 방지한다.
# 그리고 USC 호가에 대해 마이너 통화 조정을 적용한다.
df['high'] = df[['high', 'close']].max(axis=1)
df['low'] = df[['low', 'close']].min(axis=1)
df['high'] = df[['high', 'open']].max(axis=1)
df['low'] = df[['low', 'open']].min(axis=1)
```

이제 날짜를 유효한 세션 날짜와 일치하도록 다시 인덱싱하고 2000년 이전의 날짜를 잘라 해당 날짜에 대한 현재 버전의 Zipline 문제를 우회한다.

```
# 공식적 거래소 캘린더와 동기화한다.
df = df.reindex(sessions.tz_localize(None))[df.index[0]:df.index[-1] ]

# 전방 채우기(Forward fill)를 결측 데이터에 수행한다.
df.fillna(method='ffill', inplace=True)

# 남은 NaN을 제거한다.
df.dropna(inplace=True)

# 2000년 이전의 날짜들을 절단해서 Zipline 문제를 피한다.
df = df['2000-01-01':]
```

각 계약별로 메타데이터를 수집해야 한다. 코드를 좀 더 쉽게 읽고 관리하기 위해 이를 별도의 함수로 아웃소싱했다. 여기서 이 함수를 호출한다. 함수의 세부 사항은 잠시 후에 알려주겠다.

```
# 계약 메타데이터를 준비한다.
make_meta(sid, metadata, df, sessions)
```

마지막으로 더 이상 필요하지 않은 필드를 삭제하고 증권 ID와 데이터를 반환해 이 심볼 루프와 함수를 마무리한다.

```
del df['openinterest']
del df['expiration_date']
del df['root_symbol']
del df['symbol']

yield sid, df
```

그럼 메타데이터 구축이 남는데, 이는 별도의 함수로 수행한다. 이 함수는 각 개별 계약에 대한 metadata DataFrame에 행을 추가한다.

```
def make_meta(sid, metadata, df, sessions):
    # 처음과 마지막 날짜를 확인한다.
    start_date = df.index[0]
    end_date = df.index[-1]

    #  auto_close 날짜는 마지막 거래 후의 날짜다.
    ac_date = end_date + pd.Timedelta(days=1)

    symbol = df.iloc[0]['symbol']
    root_sym = df.iloc[0]['root_symbol']
    exchng = futures_lookup.loc[futures_lookup['root_symbol'] == root_sym ]
['exchange'].iloc[0]
    exp_date = end_date

    # 만약 통지일이 있으면, 통지일을 추가한다.
    # 코드 개선을 위한 팁: 상품 시장에 대해 통지일을 만기일 한 달 전으로 설정한다.
    notice_date = ac_date
    tick_size = 0.0001   # Placeholder

    # 메타데이터 DataFrame에 한 행을 추가한다.
    metadata.loc[sid] = start_date, end_date, ac_date, symbol, \
                    root_sym, exp_date, notice_date, tick_size, exchng
```

make_meta 함수는 루트 심볼, 시작 및 종료 날짜 등을 추가해 각 계약에 대한 값을 채운다. 이것은 꽤 간단한 함수이지만, 여기서 언급할 흥미로운 점이 하나 있다.

단순화를 위해 이 코드에서 첫 번째 통지일을 만기일과 동일하게 설정했다. 금융
선물만 거래한다면 그것은 사실 문제가 되지 않지만 상품 시장에서는 문제가 될 수
있다.

데이터 공급자가 실제 첫 번째 통지일을 알고 있는 경우 단지 해당 날짜만 제공
하면 된다. 하지만 대부분의 독자들은 그렇지 않을 것이다. 그래서 제안을 하나 하고
숙제를 조금 낼 것이다. 여기까지 왔다면 이걸 알아낼 수 있을 것이다.

첫 번째 통지일을 대략적으로 예상할 수 있는 방법은 상품 시장인 경우 만기 1개
월 전으로 설정하는 것이다. 따라서 룩업 테이블에서 섹터를 확인하고 상품이라면
만기에서 한 달을 차감해주면 된다. 이것을 알아내는 데는 문제가 없을 것이다.

편의를 위해 이 선물 번들의 전체 소스 코드를 제공한다.

```python
import pandas as pd
from os import listdir
from tqdm import tqdm # Used for progress bar

# 데이터가 있는 곳으로 경로를 변경한다.
base_path = "C:/your_path/data/"
data_path = base_path + 'random_futures/'
meta_path = 'futures_meta/meta.csv'
futures_lookup = pd.read_csv(base_path + meta_path, index_col=0)

"""
인제스트(ingest) 함수는 정확한 서명(signature)이 필요하다.
서명은 다음에서 보이는 바와 같이 전달되는 인수들을 의미한다.
"""
def random_futures_data(environ,
                asset_db_writer,
                minute_bar_writer,
                daily_bar_writer,
                adjustment_writer,
                calendar,
                start_session,
                end_session,
```

```
            cache,
            show_progress,
            output_dir):


# 경로로부터 파일 리스트를 얻는다.
# 마지막 부분을 슬라이싱한다(다음과 같이).
# 'example.csv'[:-4] = 'example'
symbols = [f[:-4] for f in listdir(path)]

if not symbols:
    raise ValueError("No symbols found in folder.")

# 배당을 위해 빈 DataFrame을 준비한다.
divs = pd.DataFrame(columns=['sid',
                             'amount',
                             'ex_date',
                             'record_date',
                             'declared_date',
                             'pay_date']
)


# 주식 분할을 위해 빈 DataFrame을 준비한다.
splits = pd.DataFrame(columns=['sid',
                               'ratio',
                               'effective_date']
)


# 메타데이터를 위해 빈 DataFrame을 준비한다.
metadata = pd.DataFrame(columns=('start_date',
                                 'end_date',
                                 'auto_close_date',
                                 'symbol',
                                 'root_symbol',
                                 'expiration_date',
                                 'notice_date',
                                 'tick_size',
                                 'exchange'
                                 )
                        )
```

```python
    # 선택한 거래소 캘린더에 따라 유효한 거래일을 체크한다.
    sessions = calendar.sessions_in_range(start_session, end_session)

    # 모든 주식에 대한 데이터를 얻고 Zipline에 쓴다.
    daily_bar_writer.write(
            process_futures(symbols, sessions, metadata)
            )

    adjustment_writer.write(splits=splits, dividends=divs)

    # 루트 수준 메타데이터를 준비한다. Prepare root level metadata
    root_symbols = futures_lookup.copy()
    root_symbols['root_symbol_id'] = root_symbols.index.values
    del root_symbols['minor_fx_adj']

    # 메타데이터를 쓴다.
    asset_db_writer.write(futures=metadata, root_symbols=root_symbols)

def process_futures(symbols, sessions, metadata):
    # 주식을 루핑하고, 고유 증권 ID(SID)를 설정한다
    sid = 0

    # tqdm을 사용해 진행 표시줄을 표시하면서 심볼을 루프한다.
    for symbol in tqdm(symbols, desc='Loading data...'):
        sid += 1

        # csv 파일로부터 주식 데이터를 읽는다.
        df = pd.read_csv('{}/{}.csv'.format(data_path, symbol), index_col=[0],
parse_dates=[0])

        # 마이너 통화 호가에 대해서 확인한다.
        adjustment_factor = futures_lookup.loc[
                futures_lookup['root_symbol'] == df.iloc[0]['root_symbol']
                ]['minor_fx_adj'].iloc[0]

        df['open'] *= adjustment_factor
        df['high'] *= adjustment_factor
        df['low'] *= adjustment_factor
```

```
        df['close'] *= adjustment_factor

        # 데이터 세트의 잠재적 큰/작은 데이터 오류를 방지한다.
        # 그리고 USC 호가에 대해 마이너 통화 조정을 적용한다.
        df['high'] = df[['high', 'close']].max(axis=1)
        df['low'] = df[['low', 'close']].min(axis=1)
        df['high'] = df[['high', 'open']].max(axis=1)
        df['low'] = df[['low', 'open']].min(axis=1)

        # 공식적 거래소 캘린더와 동기화한다.
        df = df.reindex(sessions.tz_localize(None))[df.index[0]:df.index[-1] ]

        # 전방 채우기(Forward fill)를 결측 데이터에 수행한다.
        df.fillna(method='ffill', inplace=True)

        # 남은 NaN을 제거한다.
        df.dropna(inplace=True)

        # 2000년 이전의 날짜들을 절단해 Zipline 문제를 피한다.
        df = df['2000-01-01':]

        # 계약 메타데이터를 준비한다.
        make_meta(sid, metadata, df, sessions)

        del df['openinterest']
        del df['expiration_date']
        del df['root_symbol']
        del df['symbol']

        yield sid, df

def make_meta(sid, metadata, df, sessions):
        # 처음과 마지막 날짜를 체크한다.
        start_date = df.index[0]
        end_date = df.index[-1]

        # auto_close 날짜는 마지막 거래 후의 날짜다.
        ac_date = end_date + pd.Timedelta(days=1)
```

```
        symbol = df.iloc[0]['symbol']
        root_sym = df.iloc[0]['root_symbol']
        exchng = futures_lookup.loc[futures_lookup['root_symbol'] == root_sym ]
['exchange'].iloc[0]
        exp_date = end_date

        # 만약 통지일이 있으면 통지일을 추가한다.
        # 개선을 위한 팁: 상품 시장에 대해 통지일을 만기일 한 달 전으로 설정한다.
        # expiry for commodity markets.
        notice_date = ac_date
        tick_size = 0.0001   # Placeholder

        # 메타데이터 DataFrame에 한 행을 추가한다.
        metadata.loc[sid] = start_date, end_date, ac_date, symbol, \
                        root_sym, exp_date, notice_date, tick_size, exchng
```

또한 이 번들을 등록해야 한다. 앞서 주식 번들에 대해 살펴본 것처럼 extension. py 파일에 등록한다. 랜덤 주식 번들에 대해 이 파일을 이미 만들거나 수정했다고 가정하고, 당신이 Zipline 번들 폴더에 선물 번들을 random_futures_data.py로 저장 했을 때, 당신의 새 파일은 다음과 같아야 한다.

```
from zipline.data.bundles import register, random_stock_data, random_futures_data
register('random_stock_data ', random_stock_data.random_stock_data,
        calendar_name='NYSE')
register('random_futures_data', random_futures_data.random_futures_data,
        calendar_name='us_futures')
```

이렇게 하면 번들이 등록되므로 인제스트할 수 있다. 즉, 이제 디스크의 csv 파 일에서 데이터를 가져와 Zipline에서 사용할 수 있게 할 수 있다.

당신이 종이 책을 읽고 있다면, 이를 위해 타이핑을 좀 해야 한다. 또는 www. followingthetrend.com/trading-evolved에서 다운로드하면 된다. 킨들로 이 책을 읽고 있다면 당신은 텍스트를 복사해 붙여넣을 수 있을 것이다(그리고 당신이 이것을 해적판 PDF로 읽고 있다면 나는 오랜 경력으로 습득한 나의 특별한 기술을 사용해 당신을 찾을 것이다).

번들의 소스 코드가 보여주듯이 이 파일은 Pandas가 쉽게 읽을 수 있으며 각 시장에 대한 필수 정보를 Zipline에 제공하는 데 사용된다.

마지막으로 독자들이 이 책을 읽을 때까지도 이 문제가 아직 해결되지 않았다면 constants.py 파일을 찾아라. 이 책으로부터 경로를 입력하는 것보다 파일을 검색하는 것이 더 빠를 것이다. 이 파일에는 수정이 필요한 딕셔너리가 두 개 있다. FUTURES_EXCHANGE_FEES_BY_SYMBOL이라고 하는 첫째 딕셔너리는 각 선물 루트 심볼 및 해당 거래소 수수료를 열거한다. 다루고자 하는 모든 시장이 해당 시장에 열거돼 있는지 확인하라. 그렇지 않으면 추가하라.

동일한 파일에 있는 둘째 딕셔너리는 ROOT_SYMBOL_TO_ETA이며 슬리피지 조건에 영향을 미친다. 백테스트에서 다루려는 모든 시장이 여기에 열거돼 있는지 다시 확인하라.

이제 번들을 인제스트할 준비가 다 됐다.

```
zipline ingest -b random_futures_data
```

프레임워크 패치하기

이 문서를 작성할 때, Zipline 프레임워크에 누락된 코드 행이 있어 선물 데이터를 로딩할 수 없다. 당신이 이 책을 읽을 때까지 이 문제가 이미 해결됐기를 바라지만 그렇지 않으면 당신이 직접 수정해야 할 것이다. 걱정 마라. 뭘 해야 할지 알면 어렵지 않다.

run_algo.py라는 파일을 설치된 Zipline 폴더의 하위 폴더 utils에서 찾아서 약간 수정해야 한다. 컴퓨터 경로가 내 파일과 약간 다를 수 있으므로 이 파일을 바로 찾을 수 없으면 검색하라.

    Spyder에서 이 파일을 열고 아랫줄 160까지 스크롤하면 다음 코드를 발견할 것
이다.

```
data = DataPortal(
        env.asset_finder,
        trading_calendar=trading_calendar,
        first_trading_day=first_trading_day,
        equity_minute_reader=bundle_data.equity_minute_bar_reader,
        equity_daily_reader=bundle_data.equity_daily_bar_reader,
        adjustment_reader=bundle_data.adjustment_reader,
        )
```

    이 코드에 한 줄을 더해 아래와 같아지게 만들어라. 그러면 Zipline과 당신의 선
물 데이터는 잘 맞을 것이다.

```
data = DataPortal(
        env.asset_finder,
        trading_calendar=trading_calendar,
        first_trading_day=first_trading_day,
        equity_minute_reader=bundle_data.equity_minute_bar_reader,
        equity_daily_reader=bundle_data.equity_daily_bar_reader,
        future_daily_reader=bundle_data.equity_daily_bar_reader,
        adjustment_reader=bundle_data.adjustment_reader,
        )
```

    파이썬 세계에서는 아무것도 끝나지 않는다고 미리 경고했다. 때때로 다른 사람
의 코드를 수정해 작업을 기대한 대로 진행할 수 있도록 해야 할 필요가 있다.

24
데이터와 데이터베이스

금융 모델링 및 백테스트와 관련해 데이터가 가장 큰 단일 문제일 것이다. 트레이딩 알고리듬이 아무리 뛰어나더라도 결함이 있는 데이터를 기반으로 한다면 그건 시간 낭비다. 데이터에는 두 가지 주요 측면이 있다. 데이터의 품질과 데이터의 적용 범위가 있다. 품질은 그것이 얼마나 믿을 수 있는가를 나타낸다. 일반적으로 무료 데이터는 비싼 데이터보다 품질이 떨어진다.

품질 문제는 종류와 심각도가 다를 수 있다. 잘못된 틱^{tick}이 들어가 실제 아무 일도 일어나지 않았는데, 가격 폭등이 있었던 것처럼 보이거나 주가가 갑자기 부도난 것처럼 보이도록 0값이 잘못 들어간 것처럼 보일 수 있다. 데이터가 결측되거나 NaN 값이 갑자기 입력될 수 있다. 주식 분할에 대한 조정이 누락되거나 잘못돼 알고리듬이 중단될 수 있다. 잠재적으로, 어떤 종류의 문제도 있을 수 있다.

이러한 품질 문제는 자유롭게 이용할 수 있는 데이터 소스에서 더 흔하지만, 비용이 많이 들고 큐레이션된 시계열 데이터베이스에서도 전례가 없는 것은 아니다. 양질의 데이터를 추구하는 것은 지속적인 투쟁이다.

다른 측면은 보통 단지 돈만 쓰면 때문에, 다루기가 다소 쉽다. 또 다른 측면은 적용 대상 금융 상품과 이용 가능한 데이터 유형 모두의 관점에서의 커버리지다.

두 번째 측면에서 볼 때 데이터 소스를 자유롭게 사용할 수 있다고 해서 충분한 것은 아니라는 것을 곧 알게 될 것이다.

주식 자료는 왜 그러한지 가장 잘 보여주는 예다. 무료 온라인 데이터 소스가 주식 데이터에 대한 꽤 좋은 커버리지를 갖고 있는 것처럼 보일 수 있다. Yahoo와 Google이 API 접속을 중단하기로 결정한 후에도 적어도 일별 주식 히스토리를 볼 수 있는 곳은 꽤 있다.

하지만 조금 더 자세히 들여다보고 정말 필요한 것이 무엇인지 생각해보면 이 무료 소스들은 필요한 것을 가지고 있지 않다는 것을 알게 될 것이다. 무료 또는 저비용 데이터는 일반적으로 주식 분할 및 회사 행동을 조정한다. 결국 이것을 조정하지 않으면 데이터는 전혀 쓸모없게 될 것이다.

이러한 무료 또는 저비용 데이터베이스 대부분은 배당 정보가 부족하며, 큰 문제는 아닌 것처럼 보일 수 있지만 큰 영향을 미칠 수 있다. 장기적으로는 배당 효과가 상당히 클 수 있다. 하지만 더 짧은 기간에도 모델에 실제 왜곡이 발생할 수 있다. 만약 당신의 백테스트가 배당락$^{ex-div}$ 주식을 보유하고 있고, 그것을 처리할 데이터나 논리가 부족하다면 백테스터는 당신이 돈을 잃었다고 생각할 것이다. 적절한 주식 시뮬레이션을 하기 위해서는 배당 정보와 이를 다루는 논리가 절대적으로 필요하다.

그러나 배당만큼 중요한 또 다른 중요한 것이 있다. 실제 백테스트를 구축하려면 과거로 되돌아서 데이터를 사용할 수 있어야 한다. 이러한 무료 및 저비용 소스가 부족한 한 가지는 상장폐지, 합병 또는 다른 방식으로 변경된 주식들이다. 현재 이용 가능한 종목들은 살아남을 수 있을 만큼 좋은 성적을 거둔 종목들이다. 이것은 생존 편향$^{survivorship bias}$이라는 용어로 표현된다.

1990년대 말까지 얼마나 많은 기술주들이 사라졌는지 기억하라. 당시에 망했던 주식들은 이제 없어졌을 것이다. 저비용 데이터 소스에서는 이들이 제거된다. 그들은 존재하지 않았다.

확실히 그건 당신의 백테스트에 편향을 만들 것이다. 트레이딩할 수 있는 유일한 종목은 현재 존재할 만큼 실적이 좋은 종목들이다. 이 문제를 무시하는 것은 백테스트가 현실보다 훨씬 더 나은 결과를 보여줄 것이라는 점에서 잘못된 안정감을 줄 것이 거의 확실하다. 따라서 상장폐지된 모든 주식, 이른바 무덤graveyard을 포함해야 한다.

이와 밀접한 관련이 있는 문제는 과거에 어떤 주식을 고려했을지 결정하기 위한 일종의 정보다. 이 글을 쓰는 현재 Apple은 세계에서 가장 큰 회사다. 이 회사가 과거에 눈부신 실적을 거둔 매우 큰 회사라는 것은 누구나 알고 있다. 하지만 만약 당신의 백테스트가 20년 혹은 30년 전으로 돌아간다면, 상황은 상당히 달랐을 것이다.

나는 Apple이 파산할 뻔해서 빌 게이츠에게 청구서 지불에 도움을 요청해야 했을 때를 기억할 만큼 나이가 들었다. 당시 Apple이 중요하지 않은 작은 컴퓨터 제조업체처럼 보였을 때, 아마 당신의 레이더에 잡히지 않았을 것이다. 지금 대형주라고 해서 수십 년 전에 백테스트가 그것을 거래할 거라고 가정하는 건 실수다.

이 문제를 완화하기 위해 동적인 투자 유니버스를 구축하는 두 가지 일반적인 방법이 있다. 첫 번째는 시가총액 또는 유동성에 대한 과거 데이터를 사용하는 것이다. 이를 통해 과거 어느 시점에 후보가 될 가능성이 충분히 컸거나 유동적인 주식이었는지를 파악할 수 있으며, 그런 다음 코드를 통해 거래할 동적 주식 리스트를 만들 수 있다.

다른 방법은 지수를 선택하고 해당 지수의 과거 구성 종목들을 확인하는 것이다. 그러기 위해서는 주식에 대한 추가적인 유동성이나 시가총액 데이터가 필요하지 않고 단지 지수의 편입과 퇴출에 대한 정보만 필요하다.

이 책을 읽는 독자들에게는 지수 방법index method이 더 쉬울 것 같고 어느 정도 동등한 최종 결과를 얻을 수 있을 것 같아서 이 책에서 주식 포트폴리오 모델에 사용했다.

이 모든 것에 대해 말하고 싶은 것은 당신이 무료 데이터로 무엇을 할 수 있는지에 대해 매우 신속하게 결론을 내려야 한다는 것이다. 그래야 어떤 데이터 소스를 사용하고, 그것을 백테스터에 연결할지를 파악할 수 있다.

23장에서는 로컬 텍스트 파일에서 맞춤형 데이터를 읽는 방법에 대해 살펴봤다. 맞춤형 데이터의 세계로 진입하는 것은 좋은 것이지만, 더 전문적으로 되면서 더 정교한 것을 필요로 할 수 있다.

데이터의 고급적 측면을 살펴보고 다양한 소스의 데이터를 결합하기 시작하면 로컬 증권 데이터베이스를 직접 설정하는 것이 좋다. 물론 이것은 결코 요구 사항이 아니며, 아직 기술 공포증으로 어려움을 겪고 있다면 24장을 건너뛰어도 된다.

자체 증권 데이터베이스

선택한 데이터 공급자가 사용자에게 제공하는 형식에 관계없이 데이터를 적절한 데이터베이스에 저장하는 것이 좋다.

이제 우리는 트레이딩이라는 핵심 주제를 약간 벗어나 조금 더 기술적인 주제로 넘어가고 있다. 하지만 이유를 설명하겠다.

예컨대 데이터 공급자가 특정 레이아웃에서 주식당 10개의 필드로 매일 CSV 플랫 파일을 제공한다고 가정하자. 이제 이 파일의 정확한 위치, 이름 지정 체계 및 필드 레이아웃 방법을 지정해 이제 백테스터가 이 데이터를 읽게 할 수 있다. 컴퓨터에 이 데이터에 액세스하는 데 사용할 다른 소프트웨어 도구가 있을 수 있으며, 이 도구에서도 동일한 작업을 수행해 파일을 직접 읽도록 할 수 있다. 이 데이터에 액세스하는 데 사용할 소프트웨어는 백테스터뿐만이 아닐 것이다.

문제는 데이터 공급자가 무엇인가를 변경하는 날 또는 공급자를 변경하기로 결정한 날 발생한다. 이러한 상황이 발생하지 않더라도 두 번째 데이터 공급자를 추가하거나 코드 조회, 섹터 정보 및 기타 메타데이터와 같은 정보를 추가할 때 문제가 발생할 수 있다.

대신 당신은 데이터 공급자와 도구 사이에 고유한 증권 데이터베이스를 배치하고 싶을 것이다. 독자 여러분, 이것은 데이터베이스 작동에 대한 기본 사항을 배워야 한다는 뜻이다. 물론 당신은 이 책이 트레이딩 책인 줄 알았겠지만 내가 기술 책을 읽도록 했으니 당신을 그쪽으로 몰고 갈 수밖에 없다.

로컬 증권 데이터베이스가 있는 경우 데이터를 훨씬 더 효과적으로 제어할 수 있다. 데이터 처리, 문제 해결, 데이터 소스 추가 등이 훨씬 간단해진다.

다행히 완벽하게 작동하는 고성능 데이터베이스 서버가 무료로 제공된다. 당신이 낭비할 많은 돈을 가지고 있다면, 계속해서 상업적 대안들 중 하나를 선택하라. 하지만 우리 목적상 그런 접근법으로 얻을 수 있는 어떤 이익도 없을 것이다. 여기서 사용할 제품은 MySQL로, 무료일 뿐만 아니라 다양한 운영체제에서 사용할 수 있다.

MySQL Server 설치

이 설명서의 예에서는 무료 MySQL Community Edition을 사용한다. 다른 데이터베이스를 선호하는 경우에도 거의 모든 작업이 동일한 방식으로 작동한다. 데이터베이스를 시작하는 중이라면 일단 MySQL Community Edition을 사용하는 것이 좋다. 다음 URL을 통해 다운로드할 수 있으며, 이 URL을 읽을 때까지 변경되지 않았기를 바란다.

https://dev.mysql.com/downloads/mysql/

표준 시각적 설치 프로그램을 사용하면 설치가 매우 간단하다. 기본값으로 Python Connector가 설치돼 있는지 확인하고 설정해야 하는 루트 암호root password를 잊지 마라. 여기 예에서는 해당 암호를 단순히 root로 유지하겠다.

소프트웨어 설치가 끝나면 설치를 시작할 수 있다. MySQL 서버 설치 프로그램인 MySQL Workbench가 설치돼 있으며 데이터베이스와 테이블을 설정하는 데 사용할 수 있다.

MySQL Workbench를 시작하고 데이터베이스 서버에 대한 연결을 연다. 서버를 작업 중인 동일한 시스템에 설치했다고 가정하면, 로컬 호스트에의 표준 루프백인 호스트 네임 127.0.0.1에 연결할 수 있다. 설치에서 선택한 사용자 이름과 암호를 입력하면 모두 설정된다.

새 데이터베이스 서버에 대한 연결이 열리면 서버에 새 데이터베이스를 작성해야 한다. MySQL Server는 여러 데이터베이스를 실행할 수 있으며, 서버를 여러 가지 용도로 사용하는 경우에는 일반적으로 관련 없는 작업을 별도로 두는 것이 좋다. 우리의 경우, 금융 시장의 시계열과 메타데이터를 포함하는 증권 데이터베이스를 구축하고 있다.

데이터베이스 서버의 데이터베이스를 종종 스키마schema라고 부르는데, MySQL Workbench도 이 데이터베이스를 부르는 이름이기도 하다. 새 데이터베이스를 만들거나 당신이 다르게 부르기를 원한다면 즉, 스키마를 만들고 그 이름을 영리한 것으로 정하라. 만약 여러분이 기술적인 측면에서 너무 많은 시간을 소비하지 않았다면, 기술자들이 이름 짓기에 얼마나 많은 노력을 기울이는지 그리고 그들이 좋은 이름 짓기 계획을 알아냈을 때 얼마나 영리한 느낌을 받는지 놀랄지도 모른다.

그림 24.1에서 볼 수 있듯이 내 데이터베이스는 mimisbrunnr이다(이것은 물론 명백히 오딘이 자신의 무엇인가를 희생한 지혜의 우물에 대해 언급한 것이다. 이것은 아무도 신경 쓰지 않을 것이니 그냥 넘어가자).

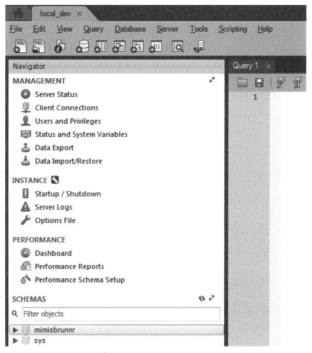

그림 24.1 MySQL Workbench

주식 시계열 테이블 만들기

지금은 데이터베이스가 있지만, 우리가 놓치고 있는 것은 여전히 테이블이다. 데이터베이스 작업에 익숙해질수록 다른 작업에 대해 몇 가지 다른 테이블을 갖는 것이 매우 도움이 될 수 있음을 깨닫게 될 것이다. 가장 간단한 예는 역사적 데이터에 대한 주식 시계열 테이블과 회사 이름, 통화, 섹터, 산업 및 다양한 코드 체계와 같은 정보에 대한 메타데이터를 갖는 것이다.

그러나 현재로서는 주식형 금융 상품에 대한 간단한 시계열 테이블만 있으면 된다. 새 테이블을 만들고 equity_history라고 한다. 이 예에서 이 테이블에는 시고저종과 거래량과 같은 일반적인 시계열 필드뿐만 아니라 다른 몇 가지 중요한 필드도 포함된다.

배당 필드와 지수 구성 종목 여부 필드도 추가하겠다. 배당 필드는 대부분의 날 0이 되며, 그날 주식이 배당락$^{ex\text{-}div}$을 겪어야만 값을 갖는다. 앞서 언급했듯이 배당은 적절한 백테스트를 고려하기 위해 매우 중요하다. 이 정보를 가지고 있는 신뢰할 수 있는 데이터 소스를 이미 확보하셨기를 바란다.

이 테이블에 포함할 두 번째 다소 다른 필드는 in_sp500이다. 이 필드는 해당 주식이 특정 요일에 S&P 500 지수에 속하지 않은 경우 0, 지수에 속하지 않은 경우 1의 값을 갖는다. 이렇게 하면 나중에 백테스트에서 특정 요일에 지수의 일부였던 주식으로 트레이딩을 제한할 수 있다.

이미 데이터베이스에 익숙한 독자들은 이제 이것이 그러한 데이터를 저장하는 아주 훌륭한 방법은 아니라고 소리치고 있을 것이다. 이 시점에서 배당 및 지수 구성 종목 여부 데이터가 어떻게 저장되는지에 대해 분노하고 있는 독자들이 있을 것이다. 그렇다, 물론 맞다. 이렇게 하는 것은 좋은 방법이 아니다. 하지만 그것은 가장 간단하다.

이 형식은 구현하기 쉽고 작동 방식을 설명하기 쉽기 때문에 일단 유지하겠다. 그것은 우리가 더 빨리 나아갈 수 있게 해주고 실제 거래로 다시 집중할 수 있게 해줄 것이다.

데이터베이스를 충분히 사용할 수 있는 경우 배당 정보와 인덱스 구성 종목 여부를 위한 별도의 룩업 테이블을 자유롭게 만들라. 이렇게 하면 이 논리를 더욱 쉽게 확장하고 더 많은 지수들을 포함하도록 할 수 있으며 스토리지의 효율성을 높일 수 있다. 그러나 그것이 이 책의 목적상 크게 중요하지 않다.

그림 24.2 주식 히스토리 테이블

그림 24.2에서 볼 수 있듯이, 처음 두 필드인 trade_date와 ticker를 기본 키와 고유 인덱스로 설정했다. 이렇게 하면 쿼리 속도를 높이고 중복 항목을 방지하는 데 도움이 된다. 이 테이블은 일별 데이터에 대한 것이므로 각 주식과 일별로 가능한 행이 하나만 있어야 한다.

테이블을 만들어보라. 이제 우리는 약간의 데이터로 채울 수 있다.

데이터베이스 채우기

다행히도 Pandas는 우리의 데이터베이스와 대화하는 것을 쉽게 만든다. Pandas 라이브러리를 사용하면 데이터를 읽고 쓰는 것이 매우 간단하다. Pandas를 통해 데이터베이스 연결을 설정하려면 SqlAlchemy라는 도우미[helper] 라이브러리가 도움이 될 수 있으므로 먼저 이를 설치하겠다.

이 라이브러리 설치는 이 책의 앞부분에서 파이썬 라이브러리를 설치할 때와 동일한 방법으로 수행된다. Anaconda Navigator에서 터미널을 열고 설치할 수 있다. Zip35 환경을 선택해야 이 라이브러리를 Zipline 코드와 함께 사용할 수 있다.

```
Conda install sqlalchemy
```

이 라이브러리를 설치하면 파이썬을 통해 새 데이터베이스와 대화할 수 있다. 상대하는 데이터 공급자와 함께 선택한 전송 옵션에 따라 데이터의 형식이 다양할 수 있다. 결국 Pandas는 이 일을 처리하는 데 꽤 유능하다.

예컨대 플랫 CSV 파일을 깔끔한 데이터베이스 테이블로 변환하는 방법에 대해 알아보겠다. 이 예에서는 데이터 공급업체로부터 받은 데이터의 형식이 무엇이든 처리할 수 있도록 코드를 조정할 수 있다.

이런 종류의 작업은 여러분이 자주 필요로 할 것이다. 여기서 무슨 일이 벌어지는지, 어떻게 돌아가는지 이해하는 것이 중요하기 때문에 차근차근 진행하겠다.

디스크에서 CSV 파일을 읽어 MySQL 데이터베이스에 삽입하는 기능을 만들 예정이다. 그런 다음 폴더에 있는 CSV 파일을 루핑해 하나씩 처리할 것이다.

첫 번째 단계로 CSV 파일을 읽고 포함된 내용을 확인한다. 사용할 준비가 된 CSV 파일이 없고 배운 것을 시도해보고 싶다면 책 웹사이트 www.followingthetrend .com/trading-evolved에서 다운로드할 수 있는 랜덤하게 생성된 데이터를 사용할 수 있다.

이 예에서는 당신이 나에게서 랜덤 데이터를 다운로드받았다고 가정한다. 또한 이전처럼 Pandas를 pd로 불러오는 것을 잊지 마라.

학습하는 동안 코드의 일부를 작성한 다음 중지하고 결과를 출력하는 것이 도움이 될 수 있다. 이렇게 하면 출력이 예상대로인지 확인하고 잠재적인 문제를 조기에 식별할 수 있다. 먼저 다음의 코드를 사용해보라. data_path 변수를 업데이트해 데이터가 있는 위치를 가리켜야 한다. 다른 데이터가 없으면 언제든지 내 세트 또는 랜덤 데이터를 다운로드할 수 있다.

```python
import pandas as pd

data_path = '../data/random_stocks'

def import_file(symbol):
    path = '{}/{}.csv'.format(data_path,symbol)
    df = pd.read_csv(path, index_col=[0], parse_dates=True)
    return df

df = import_file('A')
df.head()
```

모든 것이 잘 작동하고 코드에 지정된 경로에 A.csv라는 파일이 있다면 다음과 같은 내용을 볼 것이다.

거래일	시가	고가	저가	종가	거래량	배당	지수 편입 여부 (in_sp500)
1999-11-18	100.5	100.5	100.5	100.5	1000000.0	0.0	0
1999-11-19	100.0	100.0	100.0	100.0	1000000.0	0.0	0
1999-11-22	99.5	99.5	99.5	99.5	1000000.0	0.0	0
1999-11-23	100.0	100.0	100.0	100.0	1000000.0	0.0	0
1999-11-24	100.5	100.5	100.5	100.5	1000000.0	0.0	0

이 코드가 뭘 하는지 보면 import_file 함수를 호출하고 문자열 'A'를 기호로 제공한다. 함수는 파일이 있어야 하는 위치를 가리키는 경로 문자열을 구성한다.

그런 다음 Pandas가 CSV 파일을 읽으며, 우리는 숫자 0으로 시작하는 첫 번째 열이 데이터 열과 함께 인덱스라고 그것에 알린다. Pandas에게 날짜를 구문 분석 parse하라고 하는 것은 사실상 모든 종류의 날짜 형식을 제공할 수 있다는 것을 의미하며, 이는 우리를 위해 일, 월, 해가 무엇인지 알아낼 것이다. 마지막으로 완료된 DataFrame을 반환한다.

코드의 마지막 행은 DataFrame의 처음 10개 행을 프린트한다. 그것은 안에 무엇이 있는지 확인하고, 모든 것이 잘 작동하는지 확인하는 유용한 방법이다. 마지막 열 행을 인쇄하려면 .head() 대신 .tail()로 호출할 수 있다.

이제까지 잘 된 것 같다. 다음으로 데이터베이스에 연결해 데이터를 쓰는 코드를 추가할 것이다.

흐름의 관점에서 우리가 여기서 하고 싶은 것은 다음과 같다.

- 디스크에서 사용 가능한 데이터 파일을 확인한다.
- Pandas를 사용해 한 번에 하나의 파일을 읽는다.
- 데이터 읽기를 사용해 SQL 삽입문을 구성한다.
- 삽입문을 서버로 보낸다.

이 작업을 위해 우리는 3개의 라이브러리만 가져오면 된다. OS 라이브러리는 사용 가능한 파일을 열거하고 Pandas는 데이터를 읽고 SQLAlchemy는 데이터베이스와 대화한다. 여기에 tqdm_notebook을 불러왔는데[import], 이것은 단지 우리가 기다리는 동안 주피터 노트북 환경에 대한 시각적 진행 표시줄을 제공한다.

```
import os
import pandas as pd
from sqlalchemy import create_engine
from tqdm import tqdm_notebook

engine = create_engine('mysql+mysqlconnector://root:root@localhost/mimisbrunnr')

data_location = '../data/random_stocks/'
```

다음으로, 주식 심볼을 입력으로 사용해 디스크에서 데이터를 읽고 SQL문을 구축한 후 실행시키는 단일 함수를 수행할 것이다. 우리가 필요로 하는 거의 모든 논리를 하나의 함수로 수행할 것이다.

이 함수를 통해 파이썬이 이처럼 복잡해 보이는 작업을 매우 간단하게 만드는 데 얼마나 도움이 되는지 보여 주고자 한다. 내가 여기서 할 일은 수천 개의 작은 구문을 만드는 것이 아니라 거대한 insert 구문을 구축하는 것이다. 날짜별과 심볼별로 insert문을 보낼 수 있지만, 그건 고통스러울 정도로 느릴 것이다. 대신, 주식 심볼별로 insert문을 하나씩 보낼 것이다.

이 insert문에 대해 원하는 구문은 다음과 같다. 다음 예제 문장에 3일의 샘플 일수가 표시되지만, 이런 식으로 많은 일수를 추가할 수 있다. 보다시피 먼저 행 헤더 레이아웃을 정의한 다음 각 날짜의 값을 정의한다.

구문의 마지막 부분은 중복되는 경우에 발생하는 일을 다룬다. 당신이 필요할 것 같아서 이것을 추가했다. 데이터베이스에 이미 데이터가 있는 경우 주식 데이터를 가져오려고 하면 오류가 발생한다. insert문 끝에 이 추가된 지침을 사용해 중복되는 경우 최신 데이터로 덮어쓰기하도록 지정한다.

```
insert into equity_history
(trade_date, ticker, open, high, low, close, volume, dividend, in_sp500)
values
('2000-01-01', 'ABC', 10, 11, 9, 10, 1000, 0, 1),
('2000-01-02', 'ABC', 10, 11, 9, 10, 1000, 0, 1),
('2000-01-02', 'ABC', 10, 11, 9, 10, 1000, 0, 1),
on duplicate key update
open=values(open),
high=values(high),
low=values(low),
close=values(close),
volume=values(volume),
dividend=values(dividend),
in_sp500=values(in_sp500);
```

이 지식을 바탕으로 우리의 import 함수가 어떻게 거대한 텍스트 문자열을 만들 수 있는지 살펴보겠다. 첫 번째 부분, 데이터를 읽는 것은 지금쯤 매우 익숙할 것이다. 그 후에 insert문의 처음 부분을 추가한다.

```
# insert문의 처음 부분
insert_init = """insert into equity_history
    (trade_date, ticker, open, high, low, close, volume, dividend, in_sp500)
     values
    """
```

이제까지 평범하지 않은 것은 없지만, 다음 코드의 내용은 영리해지는 부분이다. 여기서 (매일 괄호 안에 포함된 것들로) 쉼표로 구분된 값의 거대한 텍스트 문자열을 작성한다. 이 행은 소화할 것이 많다.

행은 단일 문자 텍스트 문자열로 시작한 다음 결합^{join} 함수로 시작된다. join 논리는 구분 기호를 설정하고 리스트를 제공한 다음 구분된 문자열을 다시 가져오는 것이다. 예를 들어 "-".join(['a'',b'',c')은 a-b-c를 반환한다.

이후 대괄호를 사용하는 list가 작성된다. df.iterrow()를 사용해 각 행을 반복하며, 이는 각 행의 행 인덱스와 행 값을 제공한다. 그런 다음 각 날짜에 대한 텍스트 문자열을 조합한다. 여기서 .format 함수는 각 값을 지정된 중괄호 위치에 삽입한다.

이러한 파이썬 작업 방식은 매우 일반적이며, 이 논리에 어려움을 겪고 있다면 잠시 시간을 내 이 다음 행을 학습하는 것이 좋다. 직접 시험해보고 변화를 주고 어떤 일이 일어나는지 보라.

```
# insert문에 모든 날짜에 대한 값을 더한다.
vals = ",".join(["""('{}', '{}', {}, {}, {}, {}, {}, {}, {})""".format(
    str(day),
    symbol,
    row.open,
    row.high,
```

```
    row.low,
    row.close,
    row.volume,
    row.dividend,
    row.in_sp500
) for day, row in df.iterrows()])
```

이제 대부분의 논리가 완료됐으므로 insert문의 마지막 부분만 추가하면 된다.
즉, 중복된 값을 업데이트하는 부분이며, 마지막으로 insert문의 세 조각을 결합
한다.

```
# 중복값을 처리 - 당신의 테이블에 어떤 데이터를 이미 가지고 있다면 오류를 피한다.
insert_end = """  on duplicate key update
    open=values(open),
    high=values(high),
    low=values(low),
    close=values(close),
    volume=values(volume),
    dividend=values(dividend),
    in_sp500=values(in_sp500);"""

# 부분들을 결합한다.
query = insert_init + vals + insert
```

바로 그거다. 그럼 다음 구문을 서버로 보낼 준비가 됐다.

```
# insert문을 작동시킨다.
engine.execute(query)
```

이게 주식 데이터가 있는 CSV 파일을 데이터베이스 행으로 변환하는 데 필요한
코드다. 하지만 그건 단지 단일 주식을 위한 것이었으니 분명히 우리는 이 함수를
한 번 이상 호출해야 한다.

OS 라이브러리를 사용해 지정한 폴더에 있는 파일을 열거한 다음 파일별로 루프를 진행한다. 언급한 것처럼 tqdm 라이브러리를 사용해 시각적 진행 표시줄을 만들 것이다.

```
"""
함수: get_symbols
목적: 데이터 디렉터리에 있는 파일 이름들을 반환한다.
"""
def process_symbols():
    # 슬라이싱을 기억하라.
    # 마지막 네 문자를 슬라이싱하는데 이것은 '.csv'가 될 것이다.
    # []를 사용해 모든 심볼 리스크를 만든다.
    symbols = [s[:-4] for s in os.listdir(data_location)]
    for symbol in tqdm_notebook(symbols, desc='Importing stocks...'):
        import_file(symbol)

process_symbols()
```

이것이 우리가 필요한 모든 것이다. 다음의 모든 코드를 한 번에 보일 것이다.

```
import os
import pandas as pd
from sqlalchemy import create_engine
from tqdm import tqdm_notebook

engine = create_engine('mysql+mysqlconnector://root:root@localhost/mimisbrunnr')

data_location = '../data/random_stocks/'

"""
함수: import_file
목적: CSV 파일을 읽고 데이터베이스 안에 데이터를 저장한다.
"""
def import_file(symbol):
    path = data_location + '{}.csv'.format(symbol)
```

```
        df = pd.read_csv(path, index_col=[0], parse_dates=[0])

        # insert문의 처음 부분
        insert_init = """insert into equity_history
            (trade_date, ticker, open, high, low, close, volume, dividend, in_sp500)
            values
            """

        # insert문에 모든 날짜의 값을 더한다.
        vals = ",".join(["""('{}', '{}', {}, {}, {}, {}, {}, {}, {})""".format(
            str(day),
            symbol,
            row.open,
            row.high,
            row.low,
            row.close,
            row.volume,
            row.dividend,
            row.in_sp500
        ) for day, row in df.iterrows()])

        # 중복값 처리 - 테이블에 어떤 데이터를 이미 가졌을 오류를 피하기 위해
        insert_end = """  on duplicate key update
            open=values(open),
            high=values(high),
            low=values(low),
            close=values(close),
            volume=values(volume),
            dividend=values(dividend),
            in_sp500=values(in_sp500);"""

        # 부분을 결합한다.
        query = insert_init + vals + insert

        # insert문을 실행한다.
        engine.execute(query)
"""
함수: get_symbols
목적: 데이터 디렉터리의 파일 이름들을 반환한다.
```

```
"""
def process_symbols():
    # '.csv'인 마지막 4문자를 슬라이싱해서 제거한다.
    # []를 사용해 모든 심볼 리스트를 작성한다.
    symbols = [s[:-4] for s in os.listdir(data_location)]
    for symbol in tqdm_notebook(symbols, desc='Importing...'):
        import_file(symbol)

process_symbols()
```

데이터베이스 쿼리

이제 멋진 시계열 데이터베이스가 생겼기 때문에 쉽고 빠르게 액세스할 수 있다. SQL을 사용해 데이터베이스와 대화해야 하지만 더 깊이 있는 SQL 기술은 필요하지 않다. 이 쿼리 언어에 대한 매우 기본적인 이해로 충분할 것이다.

시연하기 위해 데이터베이스에서 시계열을 가져오고 차트를 표시하는 코드를 작성할 것이다. 매우 쉽다.

데이터베이스에 정보를 요청하는 기본 구문은 다음과 같다.

```
SELECT fields FROM table WHERE conditions
```

물론 SQL은 여러분이 원한다면 훨씬 더 많은 것을 할 수 있다. 플랫 파일을 직접 처리하지 않고 적절한 데이터베이스를 사용하는 것을 추천하는 이유 중 하나는 더 많은 가능성이 있기 때문이다. 더 깊이 파고들어 지식을 넓히면서 MySQL 데이터베이스를 사용하면 복잡한 모델을 구축하거나 데이터 범위를 확장할 때 큰 도움이 된다는 것을 알게 될 것이다.

다음 코드는 티커 AAPL에 대한 시계열 히스토리를 가져오고 이 책에서 앞부분에서 배운 것과 동일한 기술을 사용해 차트를 작성한다. 여기서 Pandas DataFrame

을 슬라이싱하는 새로운 방법의 예를 제공한다. 이 코드에서는 두 번째 줄에 2014년
에서 2015년 사이의 모든 데이터를 선택하고, 이들만을 사용해 차트 작성을 한다.

```python
%matplotlib inline
import pandas as pd
from  matplotlib import pyplot as plt, rc
from sqlalchemy import create_engine

engine = create_engine('mysql+mysqlconnector://root:root@localhost/mimisbrunnr')

# 포맷을 위한 차트 (책의 이미지를 위해 사용한다.)
font = {'family' : 'eurostile',
        'weight' : 'normal',
        'size'   : 16}
rc('font', **font)

# db로부터 히스토리를 가져오는 함수
def history(symbol):
    query = """select trade_date, close, volume
        from equity_history where ticker='{}'
    """.format(symbol)
    print('This is the SQL statement we send: \n {}'.format(query))
    df = pd.read_sql_query(query, engine, index_col='trade_date', parse_
dates=['trade_date'])
    return df

# 주식 데이터를 가져온다.
ticker = 'AAPL'
hist = history(ticker)

# 차트를 만든다.
fig = plt.figure(figsize=(15, 8))
ax = fig.add_subplot(111)
ax.grid(True)
ax.set_title('Chart for {}'.format(ticker))

# 이제 시계열을 슬라이싱하기 위해 데이터 범위를 사용할 수 있다.
plot_data = hist['2014-01-01':'2015-01-01']
```

```
# 종가 데이터를 그린다.
ax.plot(plot_data.close, linestyle='-', label=ticker, linewidth=3.0, color='black')
ax.set_ylabel("Price")

# 동일한 X를 공유하는 두 번째 Y축을 만든다.
ax2 = ax.twinx()
ax2.set_ylabel("Volume")

# 거래량 바를 그린다.
ax2.bar(plot_data.index, plot_data.volume, color='grey')
```

이 코드는 완료된 쿼리 문자열의 모양을 명확히 보여주기 위해 SQL 쿼리 자체를 출력한다.

보내는 SQL문은 다음과 같다.

```
select trade_date, close, volume
      from equity_history where ticker='AAPL'
```

마지막으로 이제는 익숙해진 그래프를 출력한다. 거래량 정보가 포함된 두 번째 Y축도 추가했다. 단지 어떻게 할 수 있는지 보여주기 위해서다.

AAPL 가격이 기억하는 것과 조금 다르게 보이는 이유가 있다면 그럴 만한 이유가 있다. 이 예에서는 올바른 데이터 소스가 없어도 독자들이 작업을 시작하고 학습할 수 있도록 내 웹사이트의 임의 데이터를 사용했다. 이 데이터는 **랜덤 워크** 방법을 사용해 랜덤으로 생성된 데이터다.

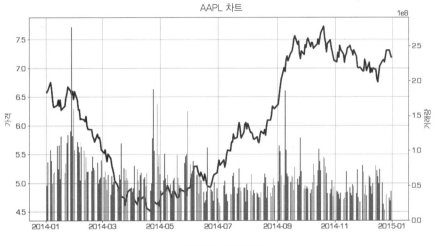

그림 24.3 랜덤 애플

여기에서 볼 수 있듯이 데이터베이스에 지정된 테이블의 시계열 히스토리를 묻는 것은 매우 간단하다. 지금 당신이 알 필요가 있는 것은 단지 SQL뿐이다. SQL을 조금 더 이해하면 얻을 수 있는 분명한 이점이 있지만, 24장에서는 단지 주제에 좀 더 관심을 가지기를 바란다.

데이터베이스 번들 만들기

증권 데이터베이스에서 Zipline으로 데이터를 가져오는 논리는 이제 꽤 익숙할 것이다. 다음 코드는 우리가 이전에 csv 파일에서 데이터를 읽을 때와 실질적으로 동일하다. 유일한 차이점은 이제 플랫 파일 대신 데이터베이스의 데이터를 읽고 있다는 것이다.

디스크에서 csv 파일을 읽을 때 pd.read_csv() 함수를 사용했는데 여기서의 주요 차이점은 대신 pd.read_sql_query()를 사용해 데이터를 가져온다는 것이다. 이 함수는 데이터베이스 연결 및 가져올 데이터를 지정하는 간단한 SQL 쿼리와 함께 제공된다.

24장의 앞부분에서 새로운 데이터베이스를 주식으로 채웠다는 점을 감안할 때, 이제 데이터베이스에 어떤 주식이 있는지 정확히 물어보면 된다. 아래 함수는 최소 코드로 이 작업을 수행하는 방법을 보여준다.

```python
from sqlalchemy import create_engine

engine = create_engine('mysql+mysqlconnector://root:root@localhost/mimisbrunnr')

def available_stocks():
    symbol_query = "select distinct ticker from equity_history order by ticker"
    symbols = pd.read_sql_query(symbol_query, engine)
    return symbols.ticker # 티커(주식) 리스트를 반환
```

가용한 주식 리스트를 가져오는 방법은 앞에서 본 csv 주식 번들과 코드가 다른 두 부분 중 하나다. 다른 두 번째 부분은 각각의 주식에 대해서 데이터를 읽는 방식이다. 이전에 주식당 하나의 파일을 읽었던 곳에서 주식당 하나의 데이터베이스에 대한 쿼리를 실행한다.

```python
# 데이터베이스 쿼리를 실행한다.
query = """select
            trade_date as date, open, high, low, close, volume, dividend
            from equity_history where ticker='{}' order by trade_date;
    """.format(symbol)

# 데이터를 찾기 위해 데이터베이스에 문의한다.
df = pd.read_sql_query(query, engine, index_col='date', parse_dates=['date'])
```

그것이 유일하게 정말 다른 점이다. 물리적으로는 동일하지만, 데이터베이스 번들의 전체 소스 코드를 다음에 첨부한다. 당연히 선물 데이터에도 동일한 작업을 수행할 수 있다.

```
import pandas as pd
from tqdm import tqdm # Used for progress bar
from sqlalchemy import create_engine

engine = create_engine('mysql+mysqlconnector://root:root@localhost/mimisbrunnr')

def available_stocks():
    symbol_query = "select distinct ticker from equity_history order by ticker"
    symbols = pd.read_sql_query(symbol_query, engine)
    return symbols.ticker # Returns a list of tickers


"""
인제스트 함수는 다음의 정확한 서명(signature)을 필요로 한다.
즉 이들 인수들이 아래에 보인 대로 전달돼야 한다.
"""
def database_bundle(environ,
                    asset_db_writer,
                    minute_bar_writer,
                    daily_bar_writer,
                    adjustment_writer,
                    calendar,
                    start_session,
                    end_session,
                    cache,
                    show_progress,
                    output_dir):

    # 경로로부터 파일 리스트를 얻는다.
    # 마지막 부분을 잘라낸다. 예를 들어 다음과 같다.
    # 'example.csv'[:-4] = 'example'
    symbols = available_stocks()

    # 배당을 위한 빈 DataFrame을 준비한다.
    divs = pd.DataFrame(columns=['sid',
                                 'amount',
                                 'ex_date',
                                 'record_date',
                                 'declared_date',
```

```
                              'pay_date']
    )

    # 주식 분할을 위한 빈 DataFrame을 준비한다.
    splits = pd.DataFrame(columns=['sid',
                                   'ratio',
                                   'effective_date']
    )

    # 메타데이터를 위한 빈 DataFrame을 준비한다.
    metadata = pd.DataFrame(columns=('start_date',
                                     'end_date',
                                     'auto_close_date',
                                     'symbol',
                                     'exchange'
                                     )
                            )


    # 선택한 거래소 캘린더에 따라 유효한 거래일을 확인한다.
    sessions = calendar.sessions_in_range(start_session, end_session)

    # 모든 주식에 대한 데이터를 얻고 Zipline에 쓴다.
    daily_bar_writer.write(
            process_stocks(symbols, sessions, metadata, divs)
            )

    # 메타데이터를 쓴다.
    asset_db_writer.write(equities=metadata)

    # 주식 분할과 배당을 쓴다.
    adjustment_writer.write(splits=splits,
                            dividends=divs)


"""
생성기(Generator) 함수는 주식을 반복 시행해
역사적 데이터, 메타데이터와 배당데이터를 구축한다.
"""
```

```python
def process_stocks(symbols, sessions, metadata, divs):
    # Loop the stocks, setting a unique Security ID (SID)

    sid = 0
    for symbol in tqdm(symbols):
        sid += 1


        # 데이터베이스 쿼리를 실행한다.
        query = """select
                    trade_date as date, open, high, low, close, volume, dividend
                    from equity_history where ticker='{}' order by trade_date;
                """.format(symbol)

        # 데이터베이스에 데이터를 요구한다.
        df = pd.read_sql_query(query, engine, index_col='date', parse_dates=['date'])

        # 처음과 마지막 날짜를 확인한다.
        start_date = df.index[0]
        end_date = df.index[-1]

        # 공식 거래소 캘린더에 일치시킨다.
        df = df.reindex(sessions.tz_localize(None))[start_date:end_date]

        # 결측치에 대해 전방 채우기(Forward fill)를 실행한다.
        df.fillna(method='ffill', inplace=True)

        # 남아 있는 NaN을 제거한다.
        df.dropna(inplace=True)

        # auto_close 날짜는 마지막 거래 이후의 날이다.
        ac_date = end_date + pd.Timedelta(days=1)

        # 메타데이터 DataFrame에 행 하나를 추가한다.
        metadata.loc[sid] = start_date, end_date, ac_date, symbol, 'NYSE'

        # 만약 배당 데이터가 있다면 이를 배당 DataFrame에 추가하라.
        if 'dividend' in df.columns:
```

```python
        # 배당이 있는 날들을 잘라낸다.
        tmp = df[df['dividend'] != 0.0]['dividend']
        div = pd.DataFrame(data=tmp.index.tolist(), columns=['ex_date'])

        # 지금은 이 데이터를 가지고 있지 않으므로 빈 열을 공급한다.
        div['record_date'] = pd.NaT
        div['declared_date'] = pd.NaT
        div['pay_date'] = pd.NaT

        # 배당을 저장하고, 종목 ID를 설정한다.
        div['amount'] = tmp.tolist()
        div['sid'] = sid

        # 마지막에 끝난 곳에서 순서 매기기를 시작한다.
        ind = pd.Index(range(divs.shape[0], divs.shape[0] + div.shape[0]))
        div.set_index(ind, inplace=True)

        # 주식 배당을 모든 배당 리스트에 결합한다.
        divs = divs.append(div)

    yield sid, df
```

25
마지막 말 – 앞으로의 길

이 책은 꽤 긴 책이었고, 아마도 대부분의 독자들을 위한 새로운 정보로 가득 차 있을 것이다. 여기까지 책을 읽으면서 그 내용을 다 흡수하고자 안간힘을 쓴다면 걱정할 필요가 없다. 대부분의 독자들에게 이 책은 상당한 양의 새로운 정보를 담고 있으며, 이 책을 여러 번 읽고 샘플 코드를 사용해봐야 완전한 이해를 얻을 수 있을 것이라고 예상한다. 한 번에 받아들이기엔 너무 많을 것이다.

이 책의 앞에서 언급했듯이 실제적이고 실제적인 경험을 대체할 수 있는 것은 없다. 이 책을 최대한 활용하기 위해서는 이 책에 설명된 대로 환경을 조성하는 것이 좋다. 소프트웨어를 설치하고 데이터를 가져오고 모델을 복제한다.

아마도 이 책에서 제시된 종류의 트레이딩 모델에 당신은 전혀 관심이 없을 것이다. 그건 아주 괜찮고, 아마 많은 독자들이 그럴 것이다. 그러나 이러한 모델을 복제하는 것으로 시작하면 아이디어를 코딩할 때 탄탄한 기반을 구축할 수 있다.

이 책과 같은 성격의 책은 트레이딩이나 파이썬에 관한 모든 것을 가르쳐줄 수는 없다. 그것은 둘 다 표면에 흠집을 낼 뿐이고, 오히려 희망컨대 스스로 더 멀리 나아가는 것에 대한 관심을 가지는 데 도움이 될 수 있다.

자신만의 모델 구축

당신은 아마 흥미로운 거래 아이디어가 있을 것이다. 아마도 전에 파이썬에서 시험해보고 싶은 리테일 트레이딩 소프트웨어 라인업에서 흔히 사용하는 것 중 하나로 모델을 구성해봤을 것이다. 다른 플랫폼으로부터 기존 모델을 옮기는 것은 좋은 연습이다.

이와 같은 모델이 이미 있으면 파이썬으로 변환하는 것부터 시작하라. 이렇게 하면 단계별로 쉽게 비교할 수 있어 기대하는 출력과 결과를 얻을 수 있다. 학습할 때 원하는 결과를 이미 알고 있다면 디버깅이 훨씬 쉬워진다.

다른 플랫폼에서 만든 모델이 없더라도 여전히 트레이딩 아이디어가 있을 것이다. 당신의 트레이딩 아이디어에 대한 정확한 규칙을 세우는 것은 처음에는 새로운 세계이며, 매우 가치 있는 경험이 될 수 있다.

대부분의 사람들에게 일어나는 일은 예상했던 것보다 훨씬 더 자세하게 규칙을 정의해야만 한다는 것이다. 당신은 이 규칙들에 어떤 재량적인 요소가 있다는 것을 깨닫지 못한 채 몇 년 동안 이 규칙들을 트레이딩해왔을지도 모른다. 이제는 의심의 여지 없이 이것이 사실인지 알게 될 것이고, 그것은 본격적인 시스템 트레이더가 되기 위한 큰 발걸음이 될 수 있다.

기타 백테스트 엔진

이 책 전체는 백테스트 엔진에 초점을 맞췄고, 별 하나짜리 아마존 도서 리뷰를 몇 개 얻을 수 있을 것 같다. 여러 가지 백테스트 소프트웨어 패키지에 대한 지침과 샘플 코드를 제공할 수 있다면 좋겠지만, 이와 같은 책으로 도저히 가능하지 않다. 이렇게 하려면 책을 5배 더 길게 하거나, 실제 모델링을 간략한 개요로 줄여야 한다.

백테스터들 중 두 개가 현재 가장 진보된 백테스트 엔진으로서 경쟁하고 있기 때문에 여기서는 이들 두 개의 백테스트 엔진만을 다루기로 했다. 이 가운데 하나의 엔진은 LEAN이고 QuantConnect에 의해 구축 및 유지 관리되고 있다.

LEAN은 Zipline과 마찬가지로 오픈 소스 백테스트 엔진이며 데이터에 무료로 액세스할 수 있는 온라인 버전도 갖추고 있다. Quantopian 웹사이트를 사용해 호스트 환경에서 데이터를 사용해 테스트를 다시 실행할 수 있듯이 QuantConnect 웹사이트에서도 동일한 테스트를 실행할 수 있다.

그러나 기술적인 관점에서 두 엔진은 매우 다르다. Zipline이 기본 파이썬 솔루션인 반면, LEAN은 C#에서 개발됐으며 사용자가 알고리듬을 작성하기 위한 여러 프로그래밍 언어 중에서 선택할 수 있다.

LEAN 설치 및 구성 프로세스는 Zipline과 매우 다르며 이 설명서의 적용 범위 밖이다. 이 백테스트 엔진은 견고한 백테스트 엔진이며, 내 웹사이트에 좀 더 많은 내용을 작성하고자 한다.

여러 언어로 알고리듬을 작성하는 기능은 QuantConnect에 큰 장점이지만, 단점은 토종의 파이썬 경험을 할 수 없다는 것이다.

시간을 너무 많이 투자하지 않고 LEAN을 사용해보고 싶다면 QuantConnect 웹사이트(QuantConnect, 2019)에서 데이터에 대한 샘플 코드를 사용해볼 수 있다.

또 다른 하나의 백테스트 엔진은 오픈소스인 백트레이더(Backtrader, 2019)로, 완전 무료다. 현재 Backtrader 커뮤니티가 있으며 온라인 포럼에서 샘플 코드와 도움말을 찾을 수 있다.

하지만 다른 백테스트 엔진을 사용해봐야 하는가? 그건 모두 당신만의 트레이딩 스타일, 아이디어, 요구 사항에 달려 있다. 많은 시스템 트레이더들에게 Zipline은 당신이 하고 싶은 모든 것을 수행한다. 하지만 어떤 트레이더들은 서론에서 이미 Zipline에 대한 탐구를 중단했을지도 모른다.

아마도 당신은 옵션 전략이나 현물 외환에만 관심이 있을 수 있다. 다중 통화 자산 지원이 필요하거나 다른 백테스트 엔진을 사용해야 하는 다른 이유가 있을 수 있다.

내 생각에는 어떠한 백테스트 엔진도 완벽하지 않다. 원스탑 샵 같은 것은 없다.

Zipline이 훌륭한 소프트웨어라는 것을 알게 됐지만, 이것은 당신과 당신의 상황에 진실일 수도 있고 아닐 수도 있다.

이 책을 읽고 나면 파이썬과 백테스트를 충분히 할 수 있는 백그라운드를 가질 것이고, 다른 백테스터가 필요한지 그리고 다른 백테스터를 설정하는 방법을 파악할 수 있어야 한다.

시장에서 돈을 버는 방법

이 책을 마무리하면서, 전 세계 콘퍼런스에서 연설할 때 전달하고자 하는 포인트를 다시 한 번 강조하고자 한다. 금융시장에서 돈을 벌고자 하는 대부분의 사람들은 진짜 돈이 어디에 있는지 잘못 알고 있다. 진짜 돈은 자기 계정을 거래하는 데에 있지 않다.

극소수의 사람들만이 자신의 계정을 트레이딩함으로써 재정적으로 독립한다. 당신은 다른 사람의 돈을 트레이딩함으로써 경제적으로 독립하게 된다.

이 말의 요지는 만약 당신이 당신의 돈을 트레이딩한다면, 당신은 제한된 이익을 가지고 모든 위험을 감수한다는 것이다. 고도의 기술을 갖춘 전문 트레이더는 시간이 지남에 따라 연간 12~18%의 수익률을 보일 가능성이 높으며, 때때로 3배 정도 하락하기도 한다. 위험도가 낮은 세 자릿수 수익률을 기대하는 것은 현실적으로 근거가 없다.

하지만 다른 사람의 돈을 트레이딩한다면 아마도 자기 돈과 함께, 당신은 거의 무제한의 상승과 제한된 하락의 폭에서 더 많은 돈을 관리해 소득 잠재력을 배가하고 규모를 확장할 수 있다. 이에 비해 자기 돈만 관리하기로 한 결정은 부실한 트레이딩 결정에 해당한다.

일부러 자극하기 위해 이 이야기를 꺼내는 것이 아니다. 이것은 진정한 충고이다. 다른 사람의 자산을 생계를 위해 트레이딩하는 것이 경제적인 관점에서 가는 길이다. 트레이딩에서 흥미로운 돈이 나오는 곳이 바로 그 길이다.

이 책에 기술된 모델들의 종류는 이것을 염두에 두고 일부러 선택된 것이다. 예컨대 선물 모델은 작은 개인 계정으로는 구현하기 어려울 수 있지만 전문적인 자산 운용업에는 상당히 흥미로울 수 있다.

만약 당신이 초기 경력이고 이 모든 금융 모델링과 백테스트를 시작한다면, 내가 당신에게 드리는 첫 번째 조언은 전문적인 길을 가는 것을 고려하고, 생계를 위해 다른 사람들의 돈을 관리하는 것을 목표로 삼으라는 것이다.

참고문헌

Anaconda Download. (n.d.). Retrieved from https://www.anaconda.com/download/

Backtrader. (2019, June). Retrieved from https://www.backtrader.com/

Carver, R. (2015). *Systematic Trading*. Harriman House.

Carver, R. (2019). *Leveraged Trading*. Harriman House.

Clenow, A. (2013). *Following the Trend*. Wiley.

Clenow, A. (2015). *Stocks on the Move*.

Grinold, R. (1999). *Active Portfolio Management*. Wiley.

Hilpisch, Y. (2018). *Python for Finance*. O'Reilly Media.

Lewis, M. (1989). *Liar's Poker*.

McKinney, W. (2017). *Python for Data Analysis*.

QuantConnect. (2019, June). Retrieved from https://quantconnect.com

SPIVA. (2019). Retrieved from https://us.spindices.com/spiva/

사용된 소프트웨어 버전

이 책에 사용한 정확한 환경을 복제하고자 하는 사람들을 위해 제공한다. 여러분 대부분이 그럴 필요는 없겠지만, 만약을 위해 공유한다.

책에서 사용된 모델들은 Windows 10이 설치된 개발 머신에서 작성됐다. 또한 Windows 7 및 일부 설정이 다른 컴퓨터에서 테스트됐다. 다음은 책에 있는 zip35 환경에 사용되는 파이썬 패키지 버전이다.

파이썬 버전 3.5와 아나콘다 버전 4.5.10이 처음부터 사용됐다.

```
# C:\ProgramData\Anaconda3_new\envs\zip35 환경의 패키지
#
# Name                    Version                   Build  Channel
_nb_ext_conf              0.4.0                     py35_1
alabaster                 0.7.10                    py35_0
alembic                   0.7.7                     py35_0    Quantopian
alphalens                 0.3.6                       py_0    conda-forge
anaconda-client           1.6.14                    py35_0
asn1crypto                0.24.0                    py35_0
astroid                   1.5.3                     py35_0
babel                     2.5.0                     py35_0
backcall                  0.1.0                     py35_0
bcolz                     0.12.1               np111py35_0    Quantopian
blas                      1.0                          mkl
bleach                    2.1.3                     py35_0
blosc                     1.14.3                he51fdeb_0
bottleneck                1.2.1             py35h452e1ab_1
bzip2                     1.0.6                 hfa6e2cd_5
ca-certificates           2019.3.9              hecc5488_0    conda-forge
certifi                   2018.8.24              py35_1001    conda-forge
cffi                      1.11.5            py35h74b6da3_1
```

chardet	3.0.4	py35_0	
click	6.7	py35h10df73f_0	
clyent	1.2.2	py35h3cd9751_1	
colorama	0.3.9	py35h32a752f_0	
contextlib2	0.5.5	py35h0a97e54_0	
cryptography	2.3.1	py35h74b6da3_0	
cycler	0.10.0	py35_0	
cyordereddict	0.2.2	py35_0	Quantopian
cython	0.28.3	py35hfa6e2cd_0	
decorator	4.3.0	py35_0	
docutils	0.14	py35_0	
empyrical	0.5.0	py35_0	quantopian
entrypoints	0.2.3	py35hb91ced9_2	
freetype	2.9.1	ha9979f8_1	
funcsigs	0.4	py35_0	
hdf5	1.10.2	hac2f561_1	
html5lib	1.0.1	py35h047fa9f_0	
icc_rt	2017.0.4	h97af966_0	
icu	58.2	ha66f8fd_1	
idna	2.7	py35_0	
imagesize	0.7.1	py35_0	
intel-openmp	2018.0.3	0	
intervaltree	2.1.0	py35_0	Quantopian
ipykernel	4.8.2	py35_0	
ipython	6.4.0	py35_0	
ipython_genutils	0.2.0	py35ha709e79_0	
ipywidgets	7.2.1	py35_0	
isort	4.2.15	py35_0	
jedi	0.12.0	py35_1	
jinja2	2.10	py35hdf652bb_0	
jpeg	9b	hb83a4c4_2	
jsonschema	2.6.0	py35h27d56d3_0	
jupyter_client	5.2.3	py35_0	
jupyter_core	4.4.0	py35h629ba7f_0	
kiwisolver	1.0.1	py35hc605aed_0	
lazy-object-proxy	1.3.1	py35_0	
libiconv	1.15	h1df5818_7	
libpng	1.6.37	h7602738_0	conda-forge
libsodium	1.0.16	h9d3ae62_0	

```
libxml2                    2.9.8                hadb2253_1
libxslt                    1.1.32               hf6f1972_0
logbook                    0.12.5                    py35_0     Quantopian
lru-dict                   1.1.4                     py35_0     Quantopian
lxml                       4.2.5             py35hef2cd61_0
lzo                        2.10                 h6df0209_2
m2w64-gcc-libgfortran      5.3.0                          6
m2w64-gcc-libs             5.3.0                          7
m2w64-gcc-libs-core        5.3.0                          7
m2w64-gmp                  6.1.0                          2
m2w64-libwinpthread-git    5.0.0.4634.697f757             2
mako                       1.0.7             py35ha146b58_0
markupsafe                 1.0               py35hc253e08_1
matplotlib                 2.2.2             py35had4c4a9_2
mistune                    0.8.3             py35hfa6e2cd_1
mkl                        2018.0.3                       1
mock                       2.0.0             py35h0f49239_0
msys2-conda-epoch          20160418                       1
multipledispatch           0.5.0                     py35_0
mysql-connector-python     2.0.4                     py35_0
nb_anacondacloud           1.4.0                     py35_0
nb_conda                   2.2.0                     py35_0
nb_conda_kernels           2.1.0                     py35_0
nbconvert                  5.3.1             py35h98d6c46_0
nbformat                   4.4.0             py35h908c9d9_0
nbpresent                  3.0.2                     py35_0
networkx                   1.11              py35h097edc8_0
norgatedata                0.1.45            py35h39e3cac_0     norgatedata
nose-parameterized         0.6.0                      <pip>
notebook                   5.5.0                     py35_0
numexpr                    2.6.8             py35h9ef55f4_0
numpy                      1.11.3            py35h53ece5f_10
numpy-base                 1.11.3            py35h8128ebf_10
numpydoc                   0.7.0                     py35_0
openssl                    1.0.2s               he774522_0
pandas                     0.22.0            py35h6538335_0
pandas-datareader          0.6.0                     py35_0
pandoc                     1.19.2.1             hb2460c7_1
pandocfilters              1.4.2             py35h978f723_1
```

parso	0.2.1	py35_0
patsy	0.5.0	py35_0
pbr	4.0.4	py35_0
pickleshare	0.7.4	py35h2f9f535_0
pip	19.2.3	\<pip\>
pip	9.0.1	py35_1
plotly	2.0.11	py35_0
prompt_toolkit	1.0.15	py35h89c7cb4_0
psutil	5.2.2	py35_0
pycodestyle	2.3.1	py35_0
pycparser	2.19	py35_0
pyflakes	1.6.0	py35_0
pyfolio	0.9.0	\<pip\>
pygments	2.2.0	py35h24c0941_0
pylint	1.7.2	py35_0
pyopenssl	18.0.0	py35_0
pyparsing	2.2.0	py35_0
pyqt	5.9.2	py35h6538335_2
pysocks	1.6.8	py35_0
pytables	3.4.4	py35he6f6034_0
python	3.5.5	h0c2934d_2
python-dateutil	2.7.3	py35_0
pytz	2018.4	py35_0
pywinpty	0.5.4	py35_0
pyyaml	3.12	py35h4bf9689_1
pyzmq	17.0.0	py35hfa6e2cd_1
qt	5.9.6	vc14h1e9a669_2
qtawesome	0.4.4	py35_0
qtconsole	4.3.1	py35_0
qtpy	1.3.1	py35_0
requests	2.14.2	py35_0
requests-file	1.4.3	py35_0
requests-ftp	0.3.1	py35_0
rope	0.9.4	py35_1
scikit-learn	0.19.1	py35h2037775_0
scipy	1.1.0	py35hc28095f_0
seaborn	0.8.1	py35hc73483e_0
send2trash	1.5.0	py35_0
setuptools	36.4.0	py35_1

simplegeneric	0.8.1	py35_2	
singledispatch	3.4.0.3	py35_0	
sip	4.19.8	py35h6538335_1000	conda-forge
six	1.11.0	py35hc1da2df_1	
snappy	1.1.7	h777316e_3	
snowballstemmer	1.2.1	py35_0	
sortedcontainers	1.4.4	py35_0	Quantopian
sphinx	1.6.3	py35_0	
sphinxcontrib	1.0	py35_0	
sphinxcontrib-websupport	1.0.1	py35_0	
spyder	3.2.3	py35_0	
sqlalchemy	1.2.8	py35hfa6e2cd_0	
sqlite	3.28.0	hfa6e2cd_0	conda-forge
statsmodels	0.9.0	py35h452e1ab_0	
terminado	0.8.1	py35_1	
testfixtures	6.2.0	<pip>	
testpath	0.3.1	py35h06cf69e_0	
tk	8.6.7	hcb92d03_3	
toolz	0.9.0	py35_0	
tornado	5.0.2	py35_0	
tqdm	4.26.0	py35h28b3542_0	
trading-calendars	1.0.1	py35_0	quantopian
traitlets	4.3.2	py35h09b975b_0	
urllib3	1.23	py35_0	
vc	14.1	h0510ff6_3	
vs2015_runtime	15.5.2	3	
wcwidth	0.1.7	py35h6e80d8a_0	
webencodings	0.5.1	py35h5d527fb_1	
wheel	0.29.0	py35_0	
widgetsnbextension	3.2.1	py35_0	
win_inet_pton	1.0.1	py35_1	
win_unicode_console	0.5	py35h56988b5_0	
wincertstore	0.2	py35_0	
winpty	0.4.3	4	
wrapt	1.10.11	py35_0	
yaml	0.1.7	hc54c509_2	
zeromq	4.2.5	hc6251cf_0	
zipline	1.3.0	np111py35_0	quantopian
zlib	1.2.11	h8395fce_2	

찾아보기

실전 알고리듬 트레이딩 레벨업
파이썬 백테스트 활용

발 행 | 2022년 7월 29일

지은이 | 안드레아스 F. 클레노우
옮긴이 | 이 기 홍

펴낸이 | 권 성 준
편집장 | 황 영 주
편 집 | 조 유 나
　　　　김 다 예
디자인 | 윤 서 빈

에이콘출판주식회사
서울특별시 양천구 국회대로 287 (목동)
전화 02-2653-7600, 팩스 02-2653-0433
www.acornpub.co.kr / editor@acornpub.co.kr

한국어판 © 에이콘출판주식회사, 2022, Printed in Korea.
ISBN 979-11-6175-650-9
http://www.acornpub.co.kr/book/trading-evolved

책값은 뒤표지에 있습니다.